창작자에게 영감과 비전을 샘솟게 하는
정보와 자료의 무한한 저장고로서 역할을 하며,
다양한 주제와 스토리로 구성된 창작 노하우를 담고 있다.

재미난 주제의 스토리와 아이디어와 창의력을 샘솟게 하
는 자료들이 창고의 보물처럼 쌓여 있다.

정보와 자료의 무한한 저장고!

1845년 영국의 한 탐험대가 북극해를 건너는 해로를 발견하기 위해 대탐험을 시작했다. 철저한 훈련으로 준비된 탐험 대원들은 필요한 물품을 배에 가득 싣고 새 항로를 개척하기 위해 긴 항해를 시작했다. 하지만 배가 광활한 북극해에 도달했을 때 대원들은 어이없는 사실을 발견했다.

쓸데없는 욕심을 버리도록 힘쓰라. 곧바로 형언할 수 없는 만족감과 아울러 행복을 얻을 것이다.

_에픽테토스

알아두면 잘난 척하기 딱 좋은

·

창작자를 위한
에피소드 잡학사전

알아두면 잘난 척하기 딱 좋은
창작자를 위한 에피소드 잡학사전

초판 1쇄 인쇄 2024년 9월 23일
초판 1쇄 발행 2024년 9월 30일

지은이	용혜원
펴낸이	이춘원
펴낸곳	노마드
기 획	강영길
편 집	이서정
디자인	Do'soo
마케팅	강영길

주 소	경기도 고양시 일산동구 무궁화로120번길 40-14 (정발산동)
전 화	(031) 911-8017
팩 스	(031) 911-8018
이메일	bookvillagekr@hanmail.net
등록일	2005년 4월 20일
등록번호	제2005-29호

ISBN 979-11-86288-79-5 (03030)

알아두면 잘난 척하기 딱 좋은

창작자를 위한
에피소드 잡학사전

용혜원 저

nomad
노마드

이 책은 강사들과 스토리텔러를 원하는 사람 그리고 각 분야에서 창의성을 필요로 하는 크리에이터들을 위하여 썼다. 처음부터 강의를 능수능란하고 뛰어나게 잘하는 사람은 없다. 강의가 결코 쉬운 것은 아니다. 강사도 노력하고 연구하고 연습하고 경험하고 투자할 때 강의 방향과 내용이 점점 더 좋아지는 것이다. 나 자신도 20대부터 수많은 곳에서 강의를 해왔다. 강의를 시작한 지 오랜 세월이 지난 지금도 책을 쓰고 시를 쓰고 강의하고 있다.

강사에게 주어지는 강의 시간은 아주 고귀하고 매우 소중하다. 그러므로 강의안을 철저하게 준비해야 한다. 강의할 때 몇 사람 청중이 모일 때도 있고 수천 명이 모일 때도 있다. 강의는 초반에 사람들의 마음을 사로잡아야 한다.

강의 들으며 많은 사람이 동기부여를 받아 도전 정신을 갖고 자신의 삶을 다시 바라보며 희망을 품고 도전하여 변화된 삶을 살아간다. 강의를 준비할 때와 강의를 할 때 명언, 영화 대사, 시 한 편, 책 속의 한 줄, 유머 한마디와 수많은 사람의 감동적인 이야기를 곁들이면 청중들의 마음을 움직일 수 있다. 그러므로 이 책은 그동안 강의에서 사용되었던 그런 자료들을 모아서 한 권의 책으로 엮었다.

그동안 정말 다양한 곳에서 강의하였다. 초등학생부터 박사과정과 최고위과정까지 신입사원부터 CEO의 강의까지 교도소에서 경찰서, 우체국, 소방서, 검찰청까지 강의하였다. 보험회사, 화장품회사, 하이리빙, 암웨이, 병원, 군인부대, 시민대학, 각종 기업, 각종 단체, 상공회의소, 경제인연합회, 최고경영과정, 여성지도자과정, 여성대학, 라이온스클럽, YWCA, 로터리클럽, 새

마을연수원, 농협주부대학, 관공서, 도서관, 때로는 머나먼 외국에서도 강의하였지만, 듣는 사람들은 강의 속에서 자기를 새롭게 만나고 동기를 부여받아 행복하고 기쁜 삶을 살기를 원한다.

강의하면서 느끼는 것은 사람들의 감정은 누구나 같다는 것이다. 강사가 감동스러운 이야기를 진실되게 전달하면 듣는 이들은 감동을 받는다. 강의를 듣고 감동하는 사람도 있지만 때로는 불만을 품는 사람도 있다. 어떤 일이든지 100% 만족은 없다. 강사들은 여러 정황들을 고려하여 더욱더 철저하게 강의 준비를 한다. 강의 자료를 찾아서 책을 보다가 한 줄 멋진 감동 글을 찾았을 때 기쁨은 대단하다. 다른 분의 강의를 듣다가도 영화를 보다가 이야기를 나누다가도 강의를 위한 자료들을 찾아낸다.

강의는 소중하다. 강의를 듣는 분들의 마음이 다르고 저마다 사정이 있고 저마다 삶의 기쁨과 슬픔이 있기에 자기에게 맞는 말이 다가오면 감동하고 기뻐한다.

이 책은 강의를 준비하거나 글을 쓰고 창의적인 일을 할 때 기본적인 재료로 끌어내 쓸 수 있는 정보들을 한데 모아 놓은 저장고이니, 누구라도 자료로 활용할 수 있었으면 한다.

용혜원 시인

차례

Episode Ⅰ. 1-100 ___ 10-159

1. 콜럼버스의 노력 2. 윌리엄 서머싯 몸의 무명 시절 3. 우리 집안은 나로부터 시작한다 4. 가위바위보 5. 에베레스트를 정복한 에드먼드 힐러리 6. 레프 톨스토이와 가방 이야기 7. 다마레이 장군과 실패 8. 헨리 워즈워스 롱펠로 시인의 삶 9. 지름길 10. 미켈란젤로의 다비드상 11. 끝없는 도전과 용기 12. 목표를 잘 세워라 13. 알렉산더와 죽음 14. 성공하려면 최선을 다하라 15. 무하마드 알리의 적극적인 말 16. 인생은 단 한 번뿐이다 17. 로버트 우드러프의 꿈 18. 지미 카터의 자신감 19. 바다와 폭풍우 20. 최고의 연주자 21. 영화 '로키' 22. 프랭클린 루스벨트 대통령의 사랑 23. 라이트 형제의 꿈 24. 월트 디즈니의 그림 25. 링컨의 얼굴 26. 빅토르 위고의 사상 27. 작가 도스토옙스키 28. 위대한 작가들 29. 작가 어니스트 헤밍웨이 30. 스타벅스의 시작 31. 유명한 흑인 교육자 부커 32. 헬렌 켈러와 비전 33. 마거릿 미첼의 단 하나의 작품 34. <올리버 트위스트> 작가 찰스 디킨스 35. 알버트(Albert)란 이름을 가진 두 사람 36. 욕심과 욕망에서 벗어나라 37. 발레리나 강수지의 피나는 노력 38. 성공의 비결 39. 어떤 농부 40. 켈리 박사와 장미 41. 위대한 사람은 만들어진다 42. 테니스 선수 캐시 호프바트 43. 가치 있는 삶 44. 벤허 이야기 45. 조선 중기 명창 학산수 46. 저술하지 않는 이유 47. 영웅이라 불리는 나폴레옹 보나파르트 48. 미국의 철학자 존 듀이의 인생철학 49. 대나무의 기적 50. 불가능은 없다 51. 특이한 상술 52. 세잎 클로버 네잎클로버에 관한 이야기 53. <실낙원>의 작가 존 밀턴 54. 내가 해야 할 일 55. 바이올리니스트 파가니니 연주 56. 프랑스 화가 피에르 오귀스트 르누아르 57. 실패의 고통을 이겨낸다 58. 승리냐 죽음이냐 하나뿐이다 59. 꿈이란 바라는 것이다 60. 피에르 가르뎅의 선택 61. 세계적인 피아니스트 파데레프스키 62. 상상을 현실로 만드는 삶이 멋지다 63. 플라톤과 제자 64. 칭기즈칸의 말 65. 성공을 향한 노력 66. 세계적인 화가 장 프랑수아 밀레 67. 제일 중요한 생각 68. 타악기 연주가 애블린 클레나 69. 약점을 극복하라 70. 에크만 교수가 말하는 거짓말하는 사람의 표정 71. 폴 와일리의 피겨스케이팅 72. 사막의 샘물 73. 발명왕 토머스 에디슨 74. 새롭게 시작한 삶 75. 세계 최고 물리학자 스티븐 호킹 76. 철혈 재상 비스마르크의 희망 77. 유명한 바리톤 가수 쉐릴 밀른 78. 모스크바 예술 극단 연출가 스타니슬랍스키 79. 악성(樂聖), 베토벤의 청각장애 80.

테너 가수 엔리코 카루소 **81.** 영국의 직물 공장 **82.** 철도회사 사장 프레데릭 윌리엄슨의 성공 비결 **83.** 아라비아 종마 **84.** 가정이란? **85.** 마르코니 전파의 실체 **86.** 케네디의 연설 **87.** 오직 한 가지 원칙 **88.** 블루문 치즈 회사 창업자 휘트니 **89.** 욕심쟁이 청년 **90.** 사장과 지도자 **91.** 돌아오지 않는 세 가지 **92.** 괴테와 대작 **93.** 영화배우 브래드 피트 **94.** 성취하려는 의욕이 넘쳐야 한다 **95.** 성공하려면 멈추지 않는다 **96.** 실패는 삶에 찾아오는 손님이다 **97.** 루빈스타인과 연습 **98.** 포기하지 않은 선수 **99.** 1등과 2등 사업이 아니면 청산하라 **100.** 세계 최고 경영자 잭 웰치

Episode II. 101-200 ___ 160-307

101. 아름다운 그림 **102.** 새로운 길을 개척하라 **103.** 목공소에서 시작한 레고 **104.** 훈련된 민족 **105.** 석유회사 사장 베드퍼드 **106.** 이스라엘 유명한 랍비 아키바 **107.** 가장 귀중한 교훈 **108.** 중국의 조각가 환혁 **109.** 말 핸콕의 새로운 출발 **110.** 세계적인 명지휘자 토스카니니 **111.** 레이건의 어린 시절 **112.** 컴퓨터 프로그램 개발자 짐 클라크 **113.** 그리스의 어떤 조각가 **114.** 대통령 후보 지명권 **115.** 유명한 수학자 화이트헤드 **116.** 제일 큰 재산 **117.** 가난 속에서 성공한 사람들 **118.** 위대한 음악가 엘가 **119.** 떨어진 휴지 한 장 **120.** 작곡가 헨델 **121.** 미국 스탠더드 오일 회사 사장 아치볼드 **122.** 독서의 힘 **123.** 어머니와 아들의 대화 **124.** 자기 능력을 소중하게 여겨라 **125.** 아프리카 흑인 노예 새뮤얼 아자이 크라우더 **126.** 소설 <아이반호> 작가 월터 스콧 **127.** 불행 속에서도 용기 **128.** 노벨의 마음 **129.** 최대의 조각가 로댕 **130.** 마리아 앤더슨의 흑인 영가 **131.** 미국의 성공적인 농구 코치 팻 라일리 **132.** 지혜로운 왕 **133.** 가장 귀한 보물 **134.** 비스마르크가 아들에게 보낸 편지 **135.** 명품 바이올린 **136.** 빈껍데기 **137.** 가치 있는 삶 **138.** 어머니를 향한 사랑 **139.** 교육계의 아버지 페스탈로치 **140.** 허버트 후버의 열성 **141.** 하이렘이라는 천덕꾸러기 소년 **142.** 성공한 작가 페니 허스트 **143.** 미소 때문에 **144.** 미지의 땅을 점령하라 **145.** 패배를 인정하는 법 **146.** 꿈은 이루어진다 **147.** 작곡가 라흐마니노프 **148.** 홀리데이 인 호텔 사장, 윌리엄 스턴이 말하는 4가지 위대한 사랑 **149.** 자신이 하는 일에 심혈을 쏟아라 **150.** 젊은이에게 주는 교훈 **151.** 처칠의 위대한 연설 능력 **152.** 성공 원리를 이해하라 **153.** 에베레스트산 정복 **154.** 장애를 이긴 프랭클린 루스벨트 **155.** 자기의 능력을 사용하라 **156.** 두 개의 미로 **157.** 정신과 의사 라마찬드란 **158.** 끝까지 꿈을 포기하지 말라 **159.** 세계적인 디자이너 루치아노 베네통 **160.** 자신의 꿈을 만들어 가는 스필버그 **161.** 마지노선 **162.** 거지의 기도 **163.** 철학자의 마음 **164.** 엄청난 차이의 두 길 **165.** 천재가 된 저능아 **166.** 성경을 읽어라 **167.** 프랑스 곤충학자 장 앙리 파브르

168. 남아 있는 것에 대한 감사 **169.** 카프카의 문 **170.** 성공은 나이와 관계가 없다 **171.** 철도의 아버지 조지 스티븐슨 **172.** 세계적인 거부 존 록펠러 **173.** 겸손의 미덕 **174.** 군인 정신 **175.** 거룩한 사업에 동참하는 기쁨 **176.** 사람마다 각자의 안경을 쓰고 살아간다 **177.** 미국 해군 제독 찰스 스튜어트 **178.** 시드니 훅 교수의 마지막 강의 내용 **179.** 칼릴 지브란의 노동관 **180.** 인간이 살아가는 방법 3가지 **181.** 사하라 사막 횡단 대회 **182.** 용서 **183.** 위대한 사랑 **184.** 존 스타인벡의 <진주> **185.** 21세기를 사는 방법 **186.** 폴 J. 마이어와 성공 **187.** 성공회 사제 찰스 킹슬리 **188.** 사랑하는 사람을 존중하는 마음 **189.** 레니 위트의 진정한 성공 **190.** 바이올린 연주자 사라사테 **191.** 시카고 대학 총장 로버트 허친슨 **192.** 습관 **193.** 조지 새포드 파커와 만년필 **194.** 지도력이 있는 선장 **195.** 로버트 월폴의 대인관계 **196.** 물리학자 켈빈과 전기 **197.** 부지런한 사람 조지 횟필드 **198.** 자신이 있는 왕 **199.** 독일 철학자 피히테의 삶 **200.** 영국 궁전의 포도나무

Episode III. 201-270 ___ 308-411

201. 프랑스 몽티냐크 어린이 탐험대 **202.** 어떤 의사 이야기 **203.** 희망을 이룬 도미노 피자 톰 모너건 **204.** 해야 할 일을 뒤로 미루지 말라 **205.** 복을 받을 사람 **206.** 실패를 두려워하지 말라 **207.** 위대한 사람 부커 워싱톤 **208.** 네델란드 의사 볼 하페 **209.** 캘리포니아만을 수영으로 건넌 최초의 여성 플로렌스 채드윅 **210.** 삶의 목표를 분명하게 가져라 **211.** 왕성한 건강을 유지하라 **212.** 스스로 자랑하지 말라 **213.** 시계 선물 **214.** 성공의 목표를 높여가라 **215.** 피와 땀과 눈물 **216.** 수영 챔피언 제프리 패럴 **217.** 미식 축구선수 스티브 리틀의 가혹한 시련 **218.** 지그 지글러의 성공하는 사람들의 특징 **219.** 미국의 여성 코미디언 토크쇼 진행자 로지 오도넬 **220.** 마르틴 루터 킹의 꿈 **221.** 프랭클린 루스벨트와 개 **222.** 최선의 정직 **223.** 제일 좋은 자리 **224.** 계획을 잘 실천하라 **225.** 올리버 허포드와 웃음 **226.** 라이언 프랭클린 유머학 **227.** 스콧 대장과 남극점 **228.** 옛날의 한 선비 **229.** 돈을 잘 관리하라 **230.** 우리의 마음은 방과 같다 **231.** 노스웨스트 항공사 사보 **232.** 포기하지 않는 열정을 가져라 **233.** 단편 소설 <운수 좋은 날> **234.** 태도의 중요성 **235.** 데이비드 스튜어트 재능은행 **236.** 나이 든 남자의 휴식 **237.** 맥아더 장군과 한국 병사 **238.** 미국 20대 대통령 가필드 **239.** 초청받지 않은 사람 **240.** 지그 지글러와 기회 **241.** 의사가 된 이유 **242.** 견습공의 작품 **243.** 청바지의 시작 **244.** 통로를 찾는 사람들 **245.** 프랑스 영웅 소녀 잔 다르크 **246.** 스피노자의 거절 **247.** 최선을 다한 덴젤 워싱턴 **248.** 신문 왕 노스클리프 **249.** <트로이 헬렌의 사생활>의 작가 존 어스킨 **250.** 캐나다 브리티시 컬럼비아주 감옥 **251.** 발레리나 스테파니 바

스토스 **252.** 노인과 화가 **253.** 보아 전쟁 때 유죄판결을 받은 사람 **254.** 우리가 바로 성벽입니다 **255.** 영화, '슈퍼맨'의 주인공 크리스토퍼 리브 **256.** 당신은 어떤 사람을 쓰겠습니까? **257.** 로마의 멸망 원인 **258.** 최초로 고침을 받은 사람 **259.** 백화점 왕, 워너메이커 **260.** 진정한 혁명가 **261.** 다리 위의 참새 **262.** 윈스턴 처칠의 가장 짧은 연설 **263.** 제일 싼 방 **264.** 워싱턴 인더스트리사 창건자 존 맥코넬 **265.** 영특한 소년 **266.** 간디와 신발 **267.** 맥도날드 햄버거 **268.** 마이크의 삶 **269.** 윌리엄 셰익스피어 이야기 **270.** 영국의 정치가 로이드경

Episode IV. 271-340 ___ 412-512

271. 힌덴부르크의 웃음 **272.** 찰스 스펄전과 독서 **273.** 늑대를 사냥하는 법 **274.** 백만장자의 심리 불안 상태 **275.** 가난한 이들에게 주세요 **276.** 하인리히 슐리만의 꿈 **277.** 험한 산을 어떻게 올랐나? **278.** 슈바이처 박사와 노벨평화상 **279.** 한국 최초 미국 PGA 우승자 최경주 **280.** 집념의 소유자 스티브 잡스 **281.** 맛있는 커피 **282.** 빌 클린턴의 꿈 **283.** 세계적인 소설가 미겔 데 세르반테스 **284.** 소설가 월터 스콧 **285.** 넬슨 만델라 의지 **286.** 소설가 마크 트웨인 **287.** 공수 특공대원 코린스 **288.** 살아있는 나무는 성장한다 **289.** 탁월한 사람 **290.** 세 가지 악마 이야기 **291.** 사업가 프랭크 **292.** 미국의 가수 밥 딜런 **293.** 시카고 이안 그룹 회장 클레멘트 스톤 **294.** 작곡가 프란츠 요제프 하이든 **295.** 미국의 경영학자 알트 링크레터 **296.** 어떤 노인의 과수원 **297.** 가장 빨리 가는 방법 **298.** 웅변가 제임스 얼 존스 **299.** 생각을 정리할 수 있는 시간 **300.** 계획의 명수 프랭크 베트거 **301.** 역경을 극복하라 **302.** 프랭클린 루스벨트의 사람 만나는 법 **303.** 보마르셰와 돈 **304.** 키스의 의미 **305.** 포옹_ 게오프 가드비 **306.** 야구선수 미키 멘틀과 훈련 **307.** 동물 세계 전쟁 **308.** 어리석은 근심 **309.** 위를 보라 **310.** 공짜는 없다 **311.** 기적이란 무엇인가? **312.** 피에로의 지혜 **313.** 존 듀이의 인생 비법 **314.** 인간의 감옥 **315.** 딱정벌레의 힘 **316.** 꿈과 희망을 이루어 가는 용혜원 시인 **317.** 나치 수용소에서 생존한 빅터 프랭클 **318.** 최선의 것 **319.** 피겨스케이트 선수 김연아 **320.** 마지막 순간의 승리 **321.** 가로등을 켜는 사람 **322.** 고통을 이겨낸 조 제이콥 **323.** 긍정적인 사람 **324.** 하늘을 나는 말 **325.** 페트리샤 헤이맨의 세 부류의 사람 **326.** 진정한 의미의 가정 **327.** 뉴욕과 고층빌딩 **328.** 인간의 여섯 가지 기본적인 감정 **329.** 훌륭한 연설 **330.** 탐험가 프리드쇼프 난센 **331.** 마돈나 상 **332.** 간편하다고 다 좋은 건 아니다 **333.** 결코 잊을 수가 없다 **334.** 시작이 중요하다 **335.** 공짜를 제공하는 대통령 **336.** 기회를 잡아라 **337.** 열정의 온도 **338.** 물의 신비 **339.** 겸손한 프랑스 대통령 **340.** 술의 정체

Episode 1.

001
·
·

시작은 감동이다.
내가 바라는 그곳을 향하여 문을 여는 것이다.
시작은 셀렘이고 축복이며 기대하는 마음이다.

·

100

콜럼버스의 노력
성공이나 실패도 습관이다.

성공한 사람들은 노력하며 전력 질주한 사람들이다. 노력은 모든 면을 변화시킨다. 진정한 노력을 기울이면 이루지 못할 일은 없다. 피땀 흘린 노력은 좋은 결과를 가져온다. 성공을 원한다면 노력이 꼭 필요하다. 성공하는 사람들은 모두 다 노력으로 이루어낸 것이다. 노력은 기적을, 훈련은 천재를 만든다.

아메리카 신대륙을 처음 발견한 콜럼버스는 '나는 할 수 있다!'라는 말을 하루에 100번 이상을 반복했다. 망망한 바다 건너 어디엔가 거대한 땅이 있을 것이라 확신했다. 콜럼버스는 그러한 노력에도 서른한 번이나 실패하였다. 그러나 낙심하지 않고 노력하다가 1620년 9월 15일 아메리카 신대륙을 발견하였다. 기나긴 시간을 인내하며 노력한 결과는 보람으로 돌아왔다. 헌신적인 노력으로 뼈를 깎는 아픔을 이겨냈다. 콜럼버스의 아메리카 대륙 발견은 참된 인내와 노력의 결과로 얻어낸 기쁨과 감동이다. 노력은 보람 있는 가치와 놀라운 결과를 만든다.

1분 명언

노력이 최상의 무기다. _지그 지글러

노력하는 사람을 멈출 수는 없다. _볼프강 벨론

노력할수록 행운은 따른다. _토머스 제퍼슨

우리 인생은 노력한 만큼 가치가 있다. _프랑수아 모리악

의지, 노력, 기다림은 성공의 주춧돌이다. _루이 파스퇴르

천재는 노력하는 사람을 이길 수 없고, 노력하는 사람은 즐기는 사람을 이길 수 없다. _롤프 메르콜레

1분 인생 독본 시작은 감동이다. 내가 바라는 그곳을 향하여 문을 여는 것이다. 시작은 셀렘이고 축복이며 기대하는 마음이다. 시작은 과거를 깨고 나

와 내일을 만들어가는 것이다. 맨 처음은 때 묻지 않은 순수함이다. 늘 처음처럼 순수하게 사람답게 살자. 내 인생 최고의 날, 내 인생의 가장 멋진 날을 만들자.

1분 좋은 시
꿈만 꾸지 않고
꿈대로 살았더니
꿈이 이루어졌다 _용혜원, '꿈'

영화·드라마 속 명대사 "고통이 커질수록 사랑도 깊어져 갑니다. 그대의 영혼을 완벽하게 만드는 것은 사랑입니다."_영화, '책을 읽어주는 남자'

002 episode

윌리엄 서머싯 몸의 무명 시절
어려울 때일수록 힘찬 용기가 필요하다.

무명 시절을 거치지 않은 작가는 없다. 작가는 누구나 힘들고 고통스럽고 어려운 무명 시절을 거치기에 유명한 작가가 되고 존재 가치가 있다. 이겨내기 힘든 무명 시절의 어려운 고비를 겪는 경험은 작가 삶의 기초가 된다. 쉽게 된 일은 언제나 쉽게 무너져 내린다. 무명을 이겨내는 끈질긴 싸움이 유명한 작가를 만든다.

영국의 의사, 극작가, 소설가였던 윌리엄 서머싯 몸도 무명 시절에 책을 출간했으나 도무지 팔리지 않았다. 출판사에는 재고가 쌓였고 책을 한 권이라도 더 팔아야겠다고 고민하던 끝에 광고를 냈다.

"결혼할 사람을 찾습니다. 저는 스포츠와 음악을 좋아하는 백만장자입니다. 내가 바라는 여성은 서머싯 몸이 최근에 출판한 소설의 여주인공 같은 사람입니다."

윌리엄 서머싯 몸이 착안하여 만든 문안으로 광고를 내자 책이 많이 팔려 나갔다. 책이 잘 팔려 나가자, 비평가들은 책을 읽고 '프랑스의 모파상 버금가는 영국 작가 윌리엄 서머싯 몸'이라고 평가했다. 어려울 때일수록 극복하려는 담대한 힘찬 용기가 꼭 필요하다.

1분 명언

용기를 내어 배를 타지 않는 사람은 절대 바다를 건너지 못한다.
_인도네시아 속담

용기 있는 곳에 희망이 있다. _타키투스

신은 용기 있는 자를 찾아온다. _프리드리히 실러

용기를 발휘하라. 당신의 힘을 드러내라. _발타자르 그라시안

1분 인생 독본 한 일자를 십 년 쓰면 붓끝에서 강물이 흐른다는 말이 있다. 온 힘과 온 열정을 다하면 작품의 생명력이 살아난다. 인생도 마찬가지다. 열정을 다하면 삶 속에서도 생명력이 살아난다. 언제나 최선을 다하는 사람이 바로 눈앞에서 감동스럽게 결과를 맛볼 수 있다.

1분 좋은 시

하루가 열린다
태양이 떠오른다
꿈이 펼쳐진다
희망이 솟구친다
하루의 시작은 태양이 동터오는
벅찬 감동 속에 힘찬 용기를 갖고
내일을 위한 도전의 첫발을 내딛어라 _용혜원, '아침'

영화·드라마 속 명대사 "내 삶은 때론 불행했고 때론 행복했습니다. 삶이 한낱 꿈에 불과하다지만 그럼에도 살아서 좋았습니다. 새벽에 쨍한 차가운 공기, 꽃이 피기 전 부는 달콤한 바람, 해 질 무렵 우러나는 노을의 냄새, 어느

하루 눈부시지 않은 날이 없습니다." _드라마, '눈이 부시게'

003 우리 집안은 나로부터 시작한다
가족의 힘은 역사를 이룬다.

가문은 가족의 힘이고 가족의 자랑이다. 기원전 325년의 일이다.
아테네 유명한 장군 이휘크라테스라는 장군은 전쟁터에서 계속 승리하며 날로 명성이 높아져 갔다. 이를 알고 시기하던 장군 하모디우스가 모함하기 시작하며 비웃었다.
"이휘크라테스, 너의 집안은 형편없는 집안이 아니냐? 너의 할아버지는 누구인지 모르고 너의 아버지는 천민 출신 신기료장수가 아니야? 천한 집안 출신인 네가 요즘 전쟁에서 몇 번 승리했다고 큰소리를 칠 것은 없지 않으냐? 우리 집을 봐라. 아버지는 장군이다! 이런 집 아들이 바로 나 하모디우스다!" 이 말을 듣고 이휘크라테스가 말했다.
"하모디우스 네 말은 맞다! 너는 명문가의 후손이고 나는 형편없는 집의 자손이다. 중요한 사실은 하모디우스 너의 집안은 너로서 끝이지만 이휘크라테스 우리 집안은 나로부터 시작이다!" 이 얼마나 멋진 선언인가!

▼ 1분 명언

산을 옮기려면 작은 돌부터 옮겨라! _공자
자기 분야에서 주목받는 사람의 기적적인 힘은 적응과 인내 그리고 확고한 결단력에서 나온다. _마크 트웨인
참된 사랑의 힘은 태산보다 강하다. 그러나 그 힘은 거대한 힘을 가진 황금일지라도 무너뜨리지 못한다. _윌리엄 셰익스피어

▼ 1분 인생 독본
세상이 나를 원하고 필요하도록 살자. 내가 있으므로 주변에 좋은 일들이 많이 일어나고 행복한 일이 생기도록 마음을 넓게 살자. 세상과

사람들이 나를 원하고 필요한 삶을 살아가자.

"세상아! 내가 여기 있다. 나를 써라!"

1분 좋은 시

꿈 하나 희망 하나

갖고 살아가며

내일을 기대한다 _용혜원, '꿈 하나 희망 하나'

책 속의 좋은 말 우리가 느끼는 두려움은 대부분 머릿속에서 만든 창작품이다. 그걸 깨닫지 못할 뿐이다. _로랑 구넬, <가고 싶은 길을 가라> 중에서

영화·드라마 속 명대사 "내가 이래서 음악을 사랑하지. 너무도 흔한 아무것도 아닌 듯한 순간순간 하나에 심오한 의미를 부여해!"_영화, '비긴 어게인'

004 **가위바위보**

진리는 바로 우리 곁에 있다.

수많은 진리 속에 살고 있다. 진리는 바로 우리 곁에 있다. 가장 사소하고 평범한 것 속에도 가장 소중한 것이 있다. 이런 소중한 진리를 찾아내고 발견하여 자기 것으로 만드는 것이 매우 중요하다. 하나하나 가치 있게 얻어낸 것들이 삶을 풍요롭게 만든다. '가위, 바위, 보!'는 누구나 안다. 아는 것에도 배울 것이 있고 지극히 평범한 것에서도 깨달음이 생긴다. 흔한 것에 진리가 있다는 말은 참으로 옳은 말이다.

누구에게나 친구들과 가위, 바위, 보를 하며 서로 이기려고 한 기억이 있다. 재미있게도 어느 나라에서든지 '바위'가 '가위'를 이기고 '가위'가 '보'를 이긴다. 참으로 이상한 것은 제일 약한 것 같은 '보'가 제일 강한 '바위'를 이긴다는 사실이다. 여기에서 부드러움이 강함을 이긴다는 진리를 배울 수 있다.

놀이에 담긴 살아 있는 진리다. 작은 것들을 소중히 여길 때 크나큰 것들도 소중하게 여길 수 있다. 이는 사랑의 마음이다. 사랑은 부드러움이다. 먼저 다가가는 마음의 여유다. 사랑은 이 세상 무엇도 이겨낼 힘이다. 사랑은 삶의 힘이다.

1분 명언

질문하는 사람은 답을 피할 수 없다. _카메룬 속담

여유 있는 마음으로 생각하면 좋은 해결법을 찾을 수 있다. _조지 싱

자기 문제를 인식할 여유가 없는 탓으로 실패하는 날이 많다. _조지 싱

나는 삶에서 모두를 가질 수 없고 모두를 한 번에 할 수 없음을 배웠다. _오프라 윈프리

내일 죽을 것처럼 살아라. 영원히 살 것처럼 배워라. _마하트마 간디

웃음없는 하루는 낭비한 하루다. _찰리 채플린

1분 인생 독본 내일을 희망으로 살아가라면 현재의 처지에 머물러 있지 않고 훨씬 더 나은 내일을 만들어가는 것이다. 자기 안에 놀라운 능력이 있다고 굳게 믿는 사람들은 꿈을 성취하여 나간다. 우리의 삶은 자기를 찾는 것이 아니라 자기의 삶을 자신이 원하는 대로 만들어가는 것이다.

1분 좋은 시

바다를 보니 한순간에
가슴이 탁 터지는데
파도는 자꾸만 밀려와서
그리움을 만들어놓는다 _용혜원, '바다'

영화·드라마 속 명대사 "진짜 실패자는 지는 게 두려워서 도전조차 안 하는 사람이다." _영화, '미스 리틀 선샤인'

005 에베레스트를 정복한 에드먼드 힐러리

산악인들은 산을 사랑한다.

1940년대 에드먼드 힐러리라는 영국의 한 청년이 세계에서 가장 높은 에베레스트산 정복에 나섰다가 실패했다. 실패한 에드먼드 힐러리는 '산이여! 너는 자라지 못한다. 그러나 나는 자랄 것이다. 나의 기술도, 나의 힘도, 나의 경험도, 나의 장비도 자랄 것이다. 나는 다시 돌아올 것이다. 기다려라! 나는 기어이 네 정상에 설 것이다.'라고 말했다. 에드먼드 힐러리는 10년 후인 1953년 5월 29일에 에베레스트 정상을 다른 두 명의 동료 산악인과 함께 정복하였다. 그는 '우리가 정복한 것은 산이 아니라 우리 자신이다.'라고 말했다. 성공하는 사람은 자신감이 넘친다.

산악인들은 산이 자신들을 부른다고 한다. 사람들은 자신이 원하는 것을 할 때 행복하고 보람을 느낀다. 산악인들은 산을 사랑한다. 산악인들은 산이 거기에 있어 산에 오른다. 산을 사랑하기에 산꼭대기에 오르고 산을 오르는 기쁨을 마음껏 누린다. 산은 산을 사랑하는 사람들에게 모든 마음을 주고 모든 길을 아낌없이 내어준다.

1분 명언

자신을 정복하는 게 최고의 승리다. _플라톤

자기를 벌레라고 생각하는 사람은 다른 사람에게 벌레처럼 짓밟힌다.
_영국 속담

좋은 것은 천천히 찾아온다. 작은 구멍에서도 햇빛을 볼 수 있다. 사람들은 산에 걸려 넘어지더라도 꿈을 향해 자신 있게 나가면서 꿈대로 살기 위해 진지하게 노력한다면 어느덧 성공은 눈앞에 와 있다. _헨리 데이비드 소로

당신의 미래는 많은 것들에 좌우되지만 대부분 자신에게 달려 있다.
_프랭크 타이

1분 인생 독본 실패했다고 말하지 말고 경험했다고 말하라. 포기했다고 말

하지 말고 체험했다고 말하라. 실패란 바느질할 때 옆에 두는 것이 실패다. 포기란 배추를 셀 때 한 포기, 두 포기 세는 것이다. 달걀도 그냥 깨면 요리가 되지만 스스로 깨고 나오면 병아리가 되고 수탉으로 자라 새벽을 깨운다. 어떤 사람이 한자로 사람 인자 다섯 번을 써서 편지를 보냈다. 그 숨은 뜻은 이것이다. '사람이면 사람이냐, 사람다운 사람이라야 사람이지!' 남들이 나를 보고 '나도 저 사람처럼 살고 싶다!'라는 말을 듣도록 힘차고 멋지게 살자.

1분 좋은 시
하루 중에
하늘에 가장
멋지게 그려놓은 그림이다 _용혜원, '노을'

영화·드라마 속 명대사 "경험은 나이 들지 않아요. 경험은 결코 시대에 뒤떨어지지 않기 때문이죠." _영화, '인턴'

006 레프 톨스토이와 가방 이야기
삶에는 소중한 순간들이 찾아온다.

어느 날 레프 톨스토이가 여행 중 한 주막에 들어갔다. 그런데 몸이 아픈 주막집 딸이 레프 톨스토이의 빨간 가방을 보자마자 달라고 졸라댔다. 레프 톨스토이는 '짐이 있어서 지금은 줄 수 없으니 여행을 마치고 주겠다.'고 약속했다. 여행을 마치고 레프 톨스토이가 가방을 주러 주막집에 들렀다. 그러나 주막집 아이는 죽고 없었다. 레프 톨스토이는 그 아이의 무덤에 찾아가 비석에 이런 글을 새겨 놓았다.
"사랑을 미루지 마라. 꿈도 미루지 마라. 사랑도 미루지 마라. 여행도 미루지 마라. 하고 싶은 일을 미루지 말라. 오늘 할 일을 내일로 미루지 마라. 시간은 용서하지 않는다. 사랑하기에도 시간이 부족한데 미워할 시간이 어디에 있는가?"

우리에게 주어진 시간을 소중히 여기고 아낌없이 사랑을 나누며 살아가자. 후회 없는 삶을 살자. 삶에는 참으로 소중한 순간들이 찾아온다. 두 번 다시 찾아오지 않을 일들이 찾아온다. 그래서 인생의 모든 순간이 아름답고 값지다. 사람들이 살아가는 인생의 어느 순간도 소중하지 않은 때는 없다. 단 한 번의 삶이기에 인생의 모든 날이 소중하고 아름답다.

1분 명언

후회는 약한 마음의 미덕이다. _존 드라이든

한때 자신을 미소짓게 만들었던 것에 대해 후회하지 말라. _엠버 데커스

후회는 수술하는 것과 같다. 마음의 더러운 조직을 잘라내는 것이다.
_크리스토퍼 머레이

후회는 그것이 자라나는 마음 밭과 같다. 훌륭하게 자라면 그것은 참된 가책의 눈물을 고요히 떨군다. 그러나 오만과 위선으로 자라면 그것은 마음 깊은 곳에 독을 뿜는 나무가 되어 맹독의 눈물을 뿌릴 뿐이다. _새뮤얼 테일러 콜리지

행복이란 후회가 없는 만족이다. _레프 톨스토이

1분 인생 독본 비가 내릴 때 나는 인생의 비결을 배웠다. 빗물이 겸손해지면 시냇물이 되고, 시냇물이 겸손해지면 강물이 되고, 강물이 겸손해지면 바다가 된다. 겸손한 마음은 누군가가 선물로 주는 것이 아니라 자기가 스스로 노력해서 얻는다. 겸손은 가치 있는 인생을 만들어준다. 성공하려면 상승기류 타고 올라가라. 고난을 이겨내는 힘이 상승기류다. 지금부터 시작이다.

1분 좋은 시

하늘과 바다는
멀리 떨어져 있어도
마음으로 한마음이다 _용혜원, '하늘과 바다'

007 다마레이 장군과 실패
실패는 누구나 싫어한다.

다마레이 장군이 적군에게 패해 도망을 치다가 수치심에 자살하려고 했다. 그때 그 앞으로 개미 한 마리가 지나가고 있었다. 조그마한 먹이를 힘겹게 물고 가다가는 쓰러지고 또 쓰러지는 것이었다. 개미의 행동에 흥미를 느낀 다마레이 장군은 개미를 지켜보았다. 그 개미는 먹이를 69번이나 떨어뜨렸다. 그리고 70번째 먹이를 물고 개미굴로 들어갔다. 다마레이는 외쳤다! "그래 나는 이제 겨우 한 번밖에 실패하지 않았는가?"용기를 얻는 그는 다시 전쟁에 나가 승리하였다. 모든 일에는 실패가 있기 마련이다. 실패를 이겨내면 성공의 문이 활짝 열린다.

실패는 누구나 싫어한다. 실패는 좌절과 낙망과 포기를 가져오기 때문이다. 그러나 중요한 것은 실패가 값진 성공을 만드는 발판이 된다는 것이다. 실패가 없는 성공은 전혀 없다. 단 한 번의 실패도 없이 성공한 사람은 없다. 실패할수록 강한 마음가짐이 필요하다. 실패를 딛고 일어설 수 있는 마음만 있다면 어떠한 실패도 이겨낼 수 있다.

1분 명언

실패는 성장의 거름이다. _릭 피티노도

실패의 외로움보다 더 무서운 외로움은 없다. _에드워드 호퍼

실패는 낙망의 원인이 아니라 신선한 자극이다. _토머스 사우전

실패란 쓰러지는 것이 아니라 잠깐 정지하는 것이다. _메리 픽 포드

실패는 성공을 만드는 필수재료다. _레인 네메스

실패란 더욱 현명하게 다시 시작할 기회다. _헨리 포드

1분 인생 독본 자기 인생을 풍요한 인생으로 만들어라. 그리고 인생을 아름답고 멋지게 살 가치가 있다고 믿어라. 그러면 당신의 강한 마음이 이 모든 것을 사실로 만들어 줄 것이다. 가장 중요한 것은 다른 사람 때문에 겁먹지 말라는 것이다. 희망보다 더 좋은 것은 없다. 희망보다 더 강력한 활력소는 없다. 희망은 내일을 나의 인생 최고 날을 멋지게 만들어줄 것이다. 내일을 기대하며 사는 것은 행복이며 기쁨이며 감동이다.

1분 좋은 시

강둑에 서 있으면

하늘에 가득

그리움이 떠 있다 _용혜원, '조각구름'

영화·드라마 속 명대사 "문제는 문제가 아니지. 진짜 문제는 그것을 대하는 너의 태도야!"_영화, '캐리비안 해적'

008 헨리 워즈워스 롱펠로 시인의 삶
매일매일 성장한다.

우리의 삶은 언제나 부정적인 상황을 물리치고 성장해야 한다. 미국의 시인 헨리 워즈워스 롱펠로는 하버드 대학에서 근대어를 가르치며 낭만적인 사랑의 시를 써서 대중적인 사랑을 받았다. 세월이 흘러 롱펠로의 머리칼도 하얗게 세었지만, 안색이나 피부는 젊은이처럼 싱그러웠다. 하루는 친구가 나이보다 젊어 보이는 롱펠로에게 물었다.

"여보게 친구! 오랜만이군. 그런데 자네는 여전히 젊어 보여. 자네가 이렇게 젊은 비결은 무엇인가?" 이 말을 들은 롱펠로는 정원에 커다란 나무쪽으로 시선을 옮기며 말했다. "저 나무를 보게나. 이제는 늙은 나무지만 꽃도 피고 열매도 맺는다네. 그것이 가능한 건 그래 봬도 저 나무가 매일 조금이라도 성장하기 때문이야. 나도 그렇다네. 나이가 들었어도 매일매일 성장한다는 생각으로 살아가고 있다네."

1분 명언
성장하고 싶다는 마음은 배부터 용솟음쳐 나와야 한다. 성장은 때로는 고통이 따른다. 하지만 성장의 열매는 매우 달콤하다. _조지 싱

성장은 삶이다. 끊임없이 배우고 성장하는 것은 자신이 살아 있음을 가장 확실하게 느끼는 길이다. 그리고 그것이 바로 당신이 도달할 최고의 존재가 되는 길이다. _보도 섀퍼

무엇이 성장인지 설명할 수 없지만 성장은 부지불식간에 이루어진다. 식물이 얼마나 자랐는지 알아보자고 뿌리까지 파볼 수는 없다. _에밀리 카

1분 인생 독본 성공을 원하는 사람들이 써야 할 말들은 다음과 같다. "사랑합니다. 감사합니다. 반갑습니다. 이해합니다. 아름답습니다. 훌륭합니다. 참 좋습니다. 보고 싶습니다. 좋은 시간입니다. 좋은 생각입니다. 활기차게 보입니다. 건강해보입니다. 약속합니다. 잘하셨습니다. 승리할 것입니다."

1분 좋은 시
인생길은 누구나
가보지 못한 초행길이다
수많은 길을 걸어보았어도
초행길은 낯설다
초행길을 걸으면
만나는 사람들이 모두 다
모르는 사람들 낯선 사람들이다 _용혜원, '초행길'

영화·드라마 속 명대사 "다른 사람을 행복하게 하는 것이 진정한 예술이다." _영화, '위대한 쇼맨'

지름길
지름길이 좋은 것은 아니다.

메이저 리그의 전설 마무리 투수 트레버 호프만의 동상이 미국 캘리포니아 주 샌디에이고 팻코파코 세워져 있다. 1993년 메이저 리그에 입단한 호프만은 18년 동안 선수 생활을 하며 통산 61승 76패 601세이브를 기록한 전설적인 투수로 알려져 있다. 평균자책점도 2.87로 뛰어난 야구 선수다. 호프만의 601세이브는 메이저 리그 역대 최대 세이브 2위의 기록이다. 1위는 652세이부를 기록한 마리아노 리베라가 보유했다. 트레버 호프만의 동상 밑에는 '진정한 성공은 지름길이 없다.'라고 분명하고 확실하게 새겨져 있다. 바른길을 가야 성공이 있다.

사람들의 심리 밑바닥에는 일을 얼른, 후딱, 빨리 끝내고 싶은 마음이 있다. 그래서 지름길을 찾고 싶어 한다. 그러나 서둘러서 끝내려는 지름길이 좋은 것이 아니다. 서투르고 일을 제대로 해내지 못할 때가 많다. 모든 일은 순서와 절차에 따라 차례대로 진행하는 방법이 가장 좋다. 일은 순리대로 질서를 지켜 진행해야 실수가 없는 법이다.

1분 명언

진정한 성공에는 지름길은 없다. _트레버 호프만

가장 빠른 지름길은 대개 가장 나쁜 길이다. 그러므로 순탄한 길을 찾아가려면 다소나마 돌아가지 않으면 안 된다. _새뮤얼 스마일스

지름길로 가지 말고 정도를 걸어라. _공자

바른길이 최선의 길이다. _지그 지글러

인생을 사랑하는가? 그렇다면 시간을 헛되이 쓰지 말라. 인생의 재료가 바로 시간이다. 지름길은 없다. _벤저민 프랭클린

1분 인생 독본
우리의 삶도 사랑도 기다림에 성공한 사람만이 멋지게 살아갈 수 있다. 기다림은 인내를 키워주고 침착한 가운데 자신을 들여다보게 해

준다. 인생은 한순간 하루살이 같은 삶이 아니다. 기다림 속에 이루어지는 멋진 작품이다. 자기 인생은 자기가 만든 작품이다. 세상의 모든 위대한 일과 모든 작품은 기다림과 인내 속에서 이루어진다.

1분 좋은 시
내 귀는
사랑의 말을
듣고 싶어한다 _용혜원, '귀'

영화·드라마 속 명대사 "오늘은 당신의 남은 생애의 첫날이다."
_영화, '아메리칸 뷰티'

010 미켈란젤로의 다비드상
위대한 작가는 바라보는 시선이 다르다.

이탈리아의 유명한 조각가 미켈란젤로가 어느 날 길을 가다가 대리석 한 덩어리가 버려진 것을 발견했다. 누군가 쓸모가 없어서 버린 돌이다. 이 돌을 본 미켈란젤로가 말했다.
"저 쓸모없는 버려진 돌에 갇혀 있는 천사를 내가 풀어놓아주겠다!"
미켈란젤로는 길에 버려진 대리석 덩어리로 유명한 다비드상을 만들었다. 거리에 버려진 쓰레기 속에서 최고의 명작을 탄생시킨 것이다.
세상에는 참으로 놀라운 일들이 많고 많다. 어떤 사람에게는 쓰레기인데 조각가에게는 쓰레기 속에 명작이 숨어 있다는 것을 알고 명작을 만들어낸다. 위대한 작가는 바라보는 시선이 다르다. 위대한 사람도 내일을 바라보는 보는 시선이 다르다. 지금 우리의 시선은 어떤가? 우리의 시선도 성공을 바라보자. 내일의 꿈과 희망을 분명하고 확실하게 바라보고 도전하자.

1분 명언

명예는 정직한 수고에 있다. _클리블랜드

명예는 태도를 바꾼다. _베르길리우스

명예는 올바른 행동을 보장한다. _발타자르 그라시안

모든 훌륭한 명예의 실례는 고난과 불행에서 성장한다. _S 다니엘

1분 인생 독본 지금 삶이 힘든 당신! 이 세상에 태어난 이상 당신은 이 모든 걸 매일 누릴 자격이 있다. 대단하지도 않은 하루가 지나고 또 별거 아닌 하루가 온다 해도 인생은 살 가치가 있다.

1분 좋은 시

그리움뿐이다

슬픔뿐이다

아픔뿐이다

절망뿐이다

고독뿐이다

돌아갈 수 없는 그 길을

바라보지 마라 _용혜원, '뒤돌아보지 마라'

책 속의 좋은 말 "진실은 인간을 자유롭게 한다."

"더 나은 세상 만들려고 싸움을 한다. 사랑은 세상에서 가장 강력한 힘이다."

_미겔 데 세르반테스, <돈키호테> 중에서

영화·드라마 속 명대사 "만약 사랑에 유효 기간이 있다면 나의 사랑은 만 년으로 하고 싶다." _영화, '중경삼림'

끝없는 도전과 용기
성공은 나누는 것이다.

성공을 혼자 누리고 있으면 아무런 가치가 없다. 성공은 나누는 것이다. 혼자 갖고 있는 것보다 나누면 기쁨은 더 커진다. 행복도 더 커진다. 사랑도 커진다. 감동도 커진다. 잭 웰치는 그의 책 <끝없는 도전과 용기>에서 이렇게 말하고 있다.

"나는 일인칭을 쓰는 게 정말 싫다. 지금까지 내가 이룬 모든 것은 다른 사람들이 있었기에 가능하다. 하지만 이런 종류의 책을 쓸 때는 누구나 '우리'를 의미할 때조차 '나'라고 쓰게 한다. 독자들은 나의 책에서 '나'라는 단어를 볼 때마다 그것이 내 동료와 친구들을 함께 의미하는 것임을 기억해주기를 바란다."

성공은 혼자 갖는 것이 아니다. 성공은 함께하는 것이다. 성공은 나누는 것이다. 성공의 가치는 나눌수록 더 커진다.

▼ 1분 명언

성공만큼 성공을 끌어내는 것은 없다. _알렉상드르 뒤마

성공의 궤도에서 자신을 돌아보라. _레인 네메스

성공은 목표가 어디에 있느냐에 달려 있다. _기타 벨린

성공에는 변명이 없다. _덱스터 예거

성공은 능력보다 열정에 의해서 좌우된다. 승리자는 제 일에 몸과 영혼을 다 바친 사람이다. _찰스 북 스톤

성공의 가장 무서운 적은 우유부단, 의심, 두려움이다. 의심과 두려움에 사로잡혀 있는 한 우유부단할 수밖에 없다. 우유부단함은 두려움에서 싹터서 자라는 것이다. 이때 우유부단은 의심으로 구체화하고 그 둘이 합쳐서 두려움을 만든다. _나폴레온 힐

▼ 1분 인생 독본
우리의 삶은 우리에게 주어진 길이다. 하지만 누구나 똑같은

길을 가는 것은 아니다. 저마다 각자의 길을 가다 보면 들판도 나오고 언덕길, 비탈길, 산길, 들길도 나오기 마련이다. 결코 편안한 길만을 가는 사람은 아무도 없다. 따라서 어떤 상황에도 대처할 수 있는 마음과 열정이 아주 중요하다.

1분 좋은 시

들판에 오솔길 하나
그림 같아서
걷지 못하고 바라보았다 _용혜원, '아름다운 들판'

영화·드라마 속 명대사 "누구든 경기에서 한 번은 패할 수 있어. 하지만 그걸 이겨내야만 진정한 챔피언이 될 수 있지." _영화, '밀리언 달러 베이비'

012 목표를 잘 세워라
삶은 단 한 번뿐이다.

미국의 텍사스의 폴 J. 마이어는 서른 살에 큰 부자가 되었다. 그는 성공의 비결을 이렇게 말했다.

"모두를 실현하게 하고 달성시키는 열쇠는 목표 설정이다. 나에게 어떻게 성공했느냐 묻는다면 내 성공의 75%는 목표 설정에 있다고 단언할 수 있다. 인간은 현재의 얼굴과 장차 바라는 얼굴, 두 개의 얼굴을 갖고 있는데, 이 두 얼굴은 대체로 겹치지 않는다."

그래서 불평불만이 나오고 실패의 비극을 본다. 단순한 꿈과 목표는 다르다. 꿈은 생각이고 목표는 동적 행동이다. 삶은 단 한 번뿐이다. 1회로 끝나는 숭고한 삶의 현장이다. 삶은 끝나면 연습도 반복도 없다. 인생에는 딱 정해진 경기는 없다. 삶이란 시계는 단 한 번도 멈추지 않고 흘러간다. 그림을 그려놓은 바다는 파도치지 않는다. 사진 찍어놓은 바다는 파도치지 않는다. 살아 움직이는 바다가 파도친다. 성공하려면 거세게 파도쳐라. 삶에 목표를 잘 세우면 삶이 달라진다. 목표가 분명하면 도전은 확실해진다.

▼ 1분 명언

모두를 실현하고 달성하는 열쇠는 목표 설정이다. _폴 J. 마이어

목표가 선 사람은 더 멀리 그리고 더 빨리 더 많은 것을 얻는다. _지그 지글러

인생에서 가장 즐거운 일은 목표를 갖고 그것을 향해 노력하는 것이다. _탈레스

목표를 달성한 대다수 사람은 '내가 어떻게 성공했는가?'라고 말하지 않는다. '드디어 해냈다!'라고 탄성을 지른다. _헨리 포드

목표를 끝까지 관철하고 말겠다는 집념은 기개가 있는 자의 정신이 단단히 받치고 있는 기둥이며 성공의 최대 조건이다. 이것이 없다면 아무리 천재라도 이리저리 방황하고 헛되이 에너지를 소비할 뿐이다. _필립 체스터필드

▼ 1분 인생 독본 미국 농민 시인 휘티어가 말이나 글로 표현할 수 있는 모든 말 가운데 가장 슬픈 말은 '그렇게 될 수도 있었는데.'라고 했다. 우리는 할 수 있다. 중요한 것은 자기 능력을 개발하고 발전시켜서 전문가가 되는 것이다. 결코 남에게 뒤져서는 안 된다. 땀 흘린 대가, 수고한 대가는 분명하게 나타난다. 인생에 결코 공짜는 없다. 땀을 흘린 대가가 소중하다.

▼ 1분 좋은 시

삶은 길이다
갈 길
혼자 가면 외로운 길이다 _용혜원, '외로운 길'

▼ 영화·드라마 속 명대사 "역경을 이겨내고 피어난 꽃이 가장 아름답다."
_영화, '뮬란'

알렉산더와 죽음

인생은 빈손으로 왔으니, 빈손으로 간다.

삶의 끝은 죽음이다. 인생이란 죽음을 향하여 나가는 길이다. 인간에게는 누구에게나 죽음이 찾아온다. 죽음 앞에서 솔직한 마음이 될 수 있다면 잘 살아온 인생이다. 죽음 앞에서 욕심을 버리고 넉넉한 마음을 가질 수 있다면 소인이 아니라 대인의 마음을 가진 것이다. 인생은 빈손으로 왔으니, 빈손으로 간다.

알렉산더 대왕은 '내가 죽으면 두 손을 관 밖으로 내어놓아라. 세계를 정복해도 빈손으로 떠난다는 것을 보여주고 싶다.'라고 말했다. 한때는 천하를 호령하고 세계를 정복하였어도 죽음을 맞아 떠날 때는 아무것도 가져갈 수 없는 빈손이다. 인간의 욕심은 불행을 만들 뿐이다. 빈손으로 떠날 인생 늘 감사하며 살아야 한다.

1분 명언

죽음의 공포는 죽음보다 더 무섭다. _버튼

죽음은 영원한 잠이다. _J 푸세

죽음과 세금은 피할 수 없다. _할리브턴

죽음은 돌아오지 않는 파도다. _베르길리우스

죽음을 두려워하는 나머지 삶을 시작조차 못 하는 사람이 많다. _벤다이크

죽음이여, 너 때문에 사람이 죽을 때까지 불행하다. _에우리피데스

1분 인생 독본
최선을 다한다는 것은 자신의 지혜와 양심과 능력을 다하는 것이다. 날마다 순간순간을 보람 있게 사는 사람은 하루를 알차게 보낼 수 있고 한 달을 보람 있게 사는 사람은 한 해를 보람 있게 살 수 있고 한 해 한 해를 잘사는 사람은 일생을 잘 살 수 있다. 시간이 무의미하게 흘러가기 전에 열매를 맺어가자.

1분 좋은 시

마음마저 쓸쓸해

공원 벤치에 앉았더니

달마저 외롭다 _용혜원, '고독한 날'

책 속의 좋은 말 우리는 남의 이야기를 듣고 이해할 수 있으며, 다시 그것을 다른 사람에게 옮길 수도 있겠지만 가장 정확하게 '자기'를 설명하는 사람은 오직 자신뿐이다. _헤르만 헤세, <데미안> 중에서

영화·드라마 속 명대사 "내 잘못이 아니야!" _영화, '굿 윌 헌팅'

014 성공하려면 최선을 다하라
훈련은 훌륭한 선수를 만든다.

훈련은 훌륭한 선수를 만든다. 유명한 선수들은 남다른 훈련에 익숙한 선수들이다. 남들이 편히 쉴 때 훈련하며 피, 땀, 눈물을 흘린 선수는 보람과 기쁨의 순간을 만난다. 훈련에서 흘린 땀이 좋은 경기를 만들어낸다. 피와 땀과 눈물을 흘린 훈련은 최고의 선수를 만들어 놓는다. 모든 경기의 최고 선수들은 피나는 훈련을 한 선수들이다. 미국 여자 축구의 최고 스타는 미아햄이다. 그는 넘치는 카리스마로 국제경기에 240회 출전하여 142골을 넣었고 118번 도와주었다. 어느 날 훈련하는 그에게 코치가 물었다. "너는 나중에 무엇이 되고 싶으냐?" 미아햄은 말했다. "최고요, 최고가 되고 싶어요. 이 분야에서 최고요!" 미아햄은 현재 주어진 일에 최선을 다하여 세계적인 축구 스타가 되었다. 최선을 다하면 기분이 좋다.

1분 명언

최선에 진실하라. _덱스터 예거

31

최선을 다하라. 그러면 신이 그 나머지를 하리라. _발타자르 그라시안

최선을 다하고 있다면 우리는 우리의 삶에 혹은 다른 사람의 삶에 기적이 일
어났음을 알아차리지 못한다. 그들에게 기적은 당연한 결과이기 때문이다.
_헬렌 켈러

최선을 다해 일하고 받기보다는 주는 가운데 우리는 완전해지는 것을 느낀다.
이를 통해 이기심이나 거짓보다는 친절, 너그러움, 정직이 우리의 마음에 나타
난다. _마이클인 버그

최선을 다하라. 그것이 전부이다. _랠프 월도 에머슨

1분 인생 독본 우리는 지난 일들을 후회하거나 낙심할 때가 있다. 그러나 지
난날의 아픔을 한탄하기보다는 내일을 기대하며 사는 것이 무엇보다도 중
요하다. 에드윈 마크햄은 '운명의 핵심은 선택'이라고 했다. 일부러 슬픔을
선택할 필요는 없다. 기쁨과 희망을 선택했을 때 새로운 날들이 기쁨으로 다
가오는 것이다. 삶도 하나의 예술이고 하나의 작품이다.

1분 좋은 시

얼마나 사무쳤으면

눈동자만 남았을까 _용혜원, '가로등'

영화·드라마 속 명대사 "밤은 정말 끔찍하지 않아요. 우리 함께 잘래요?"

_영화, '밤에 우리 영혼은'

015 **무하마드 알리의 적극적인 말**
챔피언이란 체육관에서 만들어지는 것은 아니다.

챔피언이란 체육관에서 만들어지는 것이 아니다. 챔피언은 자신 깊은 곳에
있는 소망, 꿈, 이상에 의해서 만들어진다. 태양은 아침에 동쪽에서 뜰 때도

아름답지만 저녁에 서쪽에서 노을이 지고 나서도 아름답다.

무하마드 알리는 조 프레이저와의 15회전 권투 경기에서 1천만 달러, 바그너와의 경기에서 220만 달러의 엄청난 돈을 벌어들인 유명한 권투선수다. 그는 권투 경기에 앞서 꼭 명언을 남기기로 유명하였다. '나비처럼 날아서 벌처럼 쏘겠다!', '일본군의 진주만 습격같이 하겠다!', '전차처럼 들어가 미꾸라지처럼 빠져 나오겠다!' 그는 수많은 승리의 벨트를 받았다. 무하마드 알리는 고백하였다. '나의 승리의 반은 주먹이었고, 반은 말이었다.' 성공하는 사람은 적극적으로 도전하는 사람이다.

1분 명언

승리는 가장 끈기 있는 자의 것이다. _나폴레옹 보나파르트
승리는 의지의 소산이다. _포시
승리는 시작과 함께 출발한다. _작자 미상
승리는 패배의 맛을 알 때 제일 달다. _말콤 포브스
승리로 가는 길목에는 역경이 놓여 있을 때가 많다. _제프 켈러
승리의 싹은 역경에서 일궈내는 것이다. _새뮤얼 스마일스
승리할 때까지 승리의 노래를 부르지 말라. _영국 속담

1분 좋은 시

하늘과 바다는 서로
어떤 마음으로 살아갈까
눈으로 하늘과 바다를 바라보라
서로 푸른 마음으로
한마음이 되어 살아간다
바다는 바다의 크기만큼
바다를 하늘을 담고 산다 _용혜원, '바다와 하늘'

책 속의 좋은 말 어리석은 사람은 인연을 만나도 몰라보고 보통 사람은 인연

인 줄 알면서도 놓치고 현명한 사람은 옷깃만 스쳐도 살려낸다.
_피천득, <인연> 중에서

영화·드라마 속 명대사 "사랑은 절대로 미안하다고 말하는 게 아니에요!"
_영화, '러브 스토리'

016 인생은 단 한 번뿐이다
위대한 사람은 변화의 시기가 있다.

세계적으로 유명한 극작가이자 평론가인 조지 버나드 쇼도 한때는 수줍음이 많아서 밖에 외출하지도 못할 정도로 나약했다. 그는 영국의 최고 웅변가로 유명해졌다. 그가 위대한 웅변가가 될 수 있었던 것은 1876년 되던 해에 아주 중요한 결심을 했기 때문이다. '인생은 단 한 번뿐이다!'라는 결심이 그의 삶을 성공적으로 이끈 된 동기가 된 것이다. 살아가면서 자신감이 부족하다고 느껴질 때면 산에 올라가서 고함을 지르거나 마음껏 웃고 신나게 노래를 불러보자. 가슴이 트일 것이다. 삶을 즐겁게 살아야 힘이 넘친다.

시작이 있으면 끝이 있다. 그러므로 값진 인생을 살아야 한다. 위대한 사람들은 변화의 시기가 있다. 나약함에서 강함으로 변화되는 시기가 인생을 새롭게 변화시켜 놓는다.

1분 명언

변화는 구호가 아니라 실천이다. _지그 지글러

변화는 고통이다. 그러나 그것은 항상 필요한 것이다. _토머스 칼라일

변화란 단순히 과거의 습관을 버리는 것에 그치는 것이 아니다. 과거의 습관 대신에 새로운 습관을 익히는 것이다. _켄 블랜차드

변화는 결코 손해보는 일이 아니다 변화는 변화일 뿐이다. _베논 하워드

변화는 고통스러울 수 있지만 희망을 준다. _데브라 벤트

변화를 원한다면 변화를 시도하기에 적절한 시기를 놓쳐서는 안 된다.
_피터 코헨

변화와 성장은 한 인간이 모험하고 자기의 인생을 시험해 볼 때 이루어진다.
_허버트 오토

1분 인생 독본 삶이란 손님처럼 왔다가 주인처럼 살다가 나그네처럼 떠나
간다. 그러므로 만남을 소중하게 여겨야 한다. 나를 만나면 당신에게 좋은
일이 생길 것이다. 당신을 만나는 사람들이 행복했으면 좋겠다. 만나면 좋고
함께 있으면 더 좋고 떠나가면 그리운 사람이 되자.

1분 좋은 시
달만 사모하다가
외로움만 간직한 체
한 잎 한 잎 떨구니
애처롭게 보인다. _용혜원, '달맞이꽃'

영화·드라마 속 명대사 "하나님께 용기를 달라 기도하면 하나님께서 용기를
줄 것 같습니까? 용기를 가질 기회를 줄 것 같습니까?" _영화, '에반 올마이티'

017 episode **로버트 우드러프의 꿈**
꿈은 이루어지기에 꿈이다.

코카콜라는 세계적으로 가장 유명한 음료수 회사이다. 제2차 세계대전이 끝
났을 때 코카콜라의 사장 로버트 우드러프는 다음과 같이 마음에 다짐하였
다. '나의 꿈은 내 세대에 전 세계 모든 사람에게 코카콜라를 한 잔이라도 맛
보게 하는 것이다.' 그는 사업의 비결을 물어보는 기자들에게 사업 비결을
이렇게 말했다. "내 혈관 속에 피가 아니라 코카콜라가 흐르고 있다." 오늘

날 코카콜라는 아프리카 사막에서부터 전 세계에 팔리고 있다. 로버트 우드러프에게 꿈이 있었다. 그리고 그는 꿈을 이루어나갔다.

꿈은 이루어지기에 꿈이다. 성공하는 사람들은 꿈을 현실로 만든 사람들이다. 꿈은 내일을 만드는 그림판이다. 내가 꿈꾸었던 그림판이 내 눈으로 볼 수 있는 현실이 되었을 때 그 감동과 기쁨은 심장을 뜨겁게 울릴 만큼 대단하다. 이 세상은 수많은 사람의 꿈이 만들어놓은 세상이다. 누구나 꿈의 주인공이 될 수 있다. 누구나 꿈을 현실로 만들 수 있다.

1분 명언

한 번에 한 가지 이상의 문제를 바구니에 담아서 짊어지지 마라.

_에드워드 에버렛 헤일

정상에 오르고 싶은 사업가는 습관이 가진 위대한 힘의 진가를 알아야 한다. 그리고 습관을 창조하는 것이 훈련이라는 사실을 이해해야 한다. 자신의 미래를 깨뜨릴 습관을 미리 고쳐야 한다. 그리고 성공을 쟁취하는 데 도움이 될 습관을 길러야 한다. 그러기 위해서는 필요한 훈련을 받아들여야 한다.

_진 폴 게티

나는 날마다 두 개의 최면을 건다. 오늘은 왠지 좋은 일이 생길 것 같다! 나는 뭐든지 할 수 있다! _빌 게이츠

1분 인생 독본 세상을 바꾸려면 나부터 바꿔라. 내가 먼저 바꾸지 않으면 다른 것을 바꿀 수 없다. 목표는 계획이 아니라 행동이다. 성공하기를 원한다면 진실을 추구하라. 진신을 외면하지 마라. 가장 중요한 것은 현재 자신에게 주어진 길을 똑바로 나가는 것이다. 최선을 다할 때 최선의 결과가 있기 마련이다. 진실을 진심으로 받아들여라. 중요한 것은 오직 현재 자기에게 주어진 길을 꾸준히 똑바로 나가는 것이다.

1분 좋은 시

내가 이 세상에서 찾은

최고의 보물은

바로 당신입니다. _용혜원, '보물찾기'

영화·드라마 속 명대사 "타인의 고통 위에 행복할 수 없어!"

_영화, '오늘 밤에 함께해줘'

018 지미 카터의 자신감

이 세상에 완전한 사람은 아무도 없다.

지미 카터는 대통령으로서 부족함이 많았다. 지도자의 자격과 정치적인 배경이 훌륭하지 못했다. 미소만큼은 아주 훌륭했다. 카터가 미국의 조지아 주지사로 있을 때, 대통령 후보들을 자기 집에 초대한 적이 있다. 후보들을 본 카터는 자신도 대통령이 될 수 있다는 자신감을 얻어 그날을 계기로 대통령 후보로 나서서 마침내 대통령이 되었다. 자신감이 가져다준 결과다.

이 세상에 완전한 사람은 아무도 없다. 누구나 부족하다. 누구나 나약하다. 누구나 연약하다. 자기의 약점을 극복하고 해결하여 나가는 사람이 성공한다. 부족함을 채워나가면 강하고 담대한 사람이 된다. 처음부터 위대한 사람은 없다. 자신의 모두를 개선하여 발전시켜 나가는 사람이 성공한 인물이 되는 것이다.

1분 명언

자신감에 의지하라. _발타자르 그라시안

자신감은 자신감을, 열의가 열의를 부른다. _조지 싱

자신감은 영웅적 자질의 뿌리이다. _영국 속담

자신감은 큰 계획을 세우는데 첫 번째 요건이다. _새뮤얼 존슨

자신감은 당신 자신과 당신의 의도에 대한 확신이 결정적인 힘을 발휘한다.

자신감을 기르기 위해서는 당신 주위의 사랑하는 사람들, 친구들, 동료들 그

리고 일상에서 부딪치는 모든 사람에게서 오는 모든 의견에 귀를 기울이고 당신의 행동이 낳는 결과를 잘 관찰해야 한다. _페르리샤 헤이멘

1분 인생 독본 악수는 여러 가지 의미가 있다. 손에 힘을 많이 주는 악수 '자신감', 힘을 적게 주는 악수 '나약함', 한 손으로 잡는 악수 '강한 자', 두 손으로 잡는 악수 '약한 자', 악수하며 상대방의 눈을 보는 것은 '진솔함', 악수하며 다른 사람을 보는 것은 '무례함', 상대에게 자기 손바닥까지 다 주는 것은 '따뜻함', 상대방에게 손가락 부분만 주는 것은 '차가움'이다

1분 좋은 시
나무는 말이 없다
한 그루 자체가
큰 외침이다 _용혜원, '나무는 말이 없다'

영화·드라마 속 명대사 "약속했잖아. 좋을 때나 나쁠 때나 내 곁에 있겠다고!"_영화, '블루 발렌타인'

019 episode 바다와 폭풍우
작가는 체험 이상 표현할 수 없다.

작가의 삶은 중요하다. 작가가 체험하고 경험한 것은 살아서 움직이는 예술의 힘이다. 영국의 화가 터너의 작품 가운데 '바다와 폭풍우'라는 그림이 있다. 그는 이 그림을 그리기 위해 남다른 경험을 했다. 폭풍우가 몰아치는 어느 날, 터너는 배에 올랐다. 화실에 틀어박혀서는 폭풍우가 몰아치는 바다를 제대로 그릴 수가 없었다. 그는 배를 집어삼킬 듯 거센 풍랑과 싸우면서 휘몰아치는 폭풍을 눈으로 확인했다. 그런 후에 화실로 돌아와 그림을 그렸는데 이전에 그린 어떤 그림보다 훨씬 더 생동감이 넘쳤다. 터너는 직접 보지

않고도 폭풍우가 몰아치는 그림을 그릴 수가 있었다.

지금보다 나은 결과를 얻고 싶은가? 그렇다면 자신감을 느끼고 도전해보기 바란다. 자신 있게 한 걸음씩 꾸준히 노력한다면 좋은 결과를 얻는다.

1분 명언

도전을 받아들여야 승리의 기쁨을 만끽할 수 있다. _조지 S. 페튼

도전하려고 할 때 당신은 이미 성공의 문턱에 서 있다. _컬린 터너

창조적으로 도전하라. _존 발도니

인생의 도전은 당신을 마비시키는 것이 아니라 오히려 당신 스스로에 대해 깨달을 기회를 준다. _버니스 존슨 레이건

자신을 변화시키는 것은 일종의 도전이다. _로버트 앨버티

전대미문의 성공을 앞둔 당신을 생각하라. 명백하고 영광스러운 삶이 당신 앞에 놓여 있다. 도전하라! 그리고 쟁취하라! _데일 카네기

1분 인생 독본 사람들은 자기를 인정해주기를 바란다. 자기를 바라보아 주는 것과 동시에 자기 말을 들어주기를 원한다. 누군가가 자기 말을 들어주기를 원한다. 상대방과 인간관계를 원한다면 바라보아주고 말을 들어주어야 신뢰를 얻는다. 신뢰가 시작되면 서로 믿을 수 있는 인간관계가 될 수 있다. 이 세상에 누군가 나와 함께 같이 할 사람이 있다는 것은 큰 힘이다.

1분 좋은 시

흐르는 물에 징검다리를 놓아

건너갈 수 있는 것처럼

세상의 흐름 속에 어렵고 힘들 때

서로서로 징검다리가 되어줄 때

큰 도움과 큰 힘이 된다 _용혜원, '징검다리'

영화·드라마 속 명대사 "가끔 날 보러 와 주겠죠!" _영화, '여인의 향기'

최고의 연주자

명연주자는 하루아침에 탄생하지 않는다.

최고의 연주자가 되려면 악기를 잘 다룰 수 있도록 오랜 시간의 연습이 필요하다. 명연주자는 하루아침에 탄생하지 않는다. 피나는 노력 속에서 아름다운 연주가 시작되는 것이다. 명연주자는 관객들의 반응과 박수를 알기에 연습을 게을리하지 않는다. 살아있는 곡의 연주를 위해 하루도 쉬지 않고 연습에 연습한다.

첼리스트 파블로 카잘스는 유명해진 후에도 하루에 여섯 시간씩 연습하였다. 하루는 어떤 사람이 파블로 카잘스에게 물었다.

"당신은 이미 최고의 연주자로 인정받고 있지 않습니까? 그런데 왜 이렇게 열심히 연습하는지 이해할 수가 없습니다."

이 말을 들은 파블로 카잘스는 대답하였다.

"나 자신이 날마다 진보하고 있다고 생각하기 때문에 연습한다!"

꾸준한 연습이 명연주를 만들어 놓는다.

1분 명언

진보는 현실을 변화시키는 힘이다. _존 F. 케네디

진보는 과거를 벗어나서 미래를 향해 나간다. _에드워드 케네디

자기 자신을 아는 것은 참된 진보이다. _요한 군나르 안데르센

진보는 단순한 변화가 아니다. 진보는 지속에 의존한다. 절대적인 변화만 있다면 개선할 대상도 존재하지 않고 개선과 방향도 없어진다. 경험이 지속되지 않으면 유년기가 영원할 것이다. _조오지 산타아나

커다란 의문은 크게 진보하고 작은 의문은 작게 진보한다. 의문이 없으면 진보도 없다. _주자

1분 인생 독본

성공 비결은 어떤 직업이든 그 분야에서 일인자가 되려고 노력하는 데 있다. 앤드루 카네기는 젊었을 때 방직공장 공원, 증기관차 화부,

집배원, 철도원 등 다양한 일을 했다. 어떤 일을 하든지 항상 신념을 가지고 그 분야에서 최고가 되겠다고 결심했다. 결국 성공하고나서 말했다.

"내가 성공한 것은 내게 주어진 일에 최선을 다한 결과이다."

1분 좋은 시

눈 뜨면 보이지 않던 그대가

눈 감으면 어느 사이에

내 곁에 와 있습니다. _용혜원, '혼자 생각'

영화·드라마 속 명대사 "사랑이란 처음부터 풍덩 빠져 버리는 줄 알았지. 이렇게 서서히 물들어가는 줄은 몰랐다."_영화, '미술관 옆 동물원'

021 episode 영화 '로키'

도전하는 사람에게 기회는 온다.

'로키'라는 영화는 실베스터 스탤론이 실업자인 상태에서 각본을 쓰고 주연을 맡았는데 성공한 지 40년이 되는 작품이다. 스탤론은 1975년 3월 무하마드 알리와 무명의 척 웨프너가 벌인 복싱 경기를 보고 나흘 만에 시나리오를 쓰고 내가 주인공으로 연기하지 않으면 각본을 팔지 않겠다고 했다. '로키'는 100만 달러로 영화를 만들었지만, 이듬해 개봉작 최고 흥행수입 2억 달러를 올렸다. '로키' 영화의 대사에서 '인생은 얼마나 센 펀치를 날릴 수 있는가가 중요한 것이 아니라 끝없이 맞으면서도 조금씩 전진하면서 하나씩 얻어가는 게 중요한 것이다.'라고 했다.

목표는 계획이 아니라 행동이다. 행동하지 않으면 아무 일도 일어나지 않는다. 도전하는 사람에게 기회는 온다. 열정과 희망에 찬 사람에게 성공은 찾아온다. 꿈을 이루려는 사람에게 기회는 온다.

1분 명언

목표란 기한이 있는 꿈이다. _하이링 스미스

목표는 평생 유효하다. 그것은 자발적이면서 강제적인 의무다. _잭 켄필드

당신의 목표는 성공과 행복을 함께 이루어나가는 것이다. 이것을 달성하기 위한 지혜는 놀라운 것이다. 그리고 당신은 그 결과에 더욱 놀라게 될 것이다.
_보도 섀퍼

당신이 확실한 목표를 가지고 당신의 잠재력을 이용하면 더욱 커다란 일이 일어나기 시작할 것이다. _지그 지글러

1분 인생 독본 우리들의 삶은 시를 쓰는 여행이다. 삶은 한 권의 책이다. 삶이 어떤 사람에게는 소설, 어떤 사람에게는 수필, 어떤 사람에게는 한 편의 시다. 삶이 책이라면 읽히는 책이 되어야 한다. 누가 읽어도 좋을 책이 되어야 한다. 날마다 정겹게 살며 늘 기억하고 싶은 즐거운 날이 되어야 한다. 삶이란 책은 단 한 번밖에 쓸 수 없다. 다시는 반복하여 쓸 수 없고, 절대로 지나간 것을 후회하며 지우거나 고칠 수 없다. 삶의 마지막은 누구에게나 공평하게 찾아온다. 흘러간 시간은 되돌릴 수 없다.

1분 좋은 시

함부로 무시 마라
산과 들 빈 땅의
주인이 바로 나다 _용혜원, '잡풀'

영화·드라마 속 명대사 "나는 목숨 건 사랑을 하고 싶어! 시를 쓰는 그런 사랑을!" _영화, '시라노'

프랭클린 루스벨트 대통령의 사랑
미국에서 가장 존경받는 부부가 되었다.

꿈이 있는 사람은 나약하지 않다. 강하고 담대한 마음으로 꿈을 이루어간 루스벨트 대통령은 청년 시절부터 꿈과 패기가 넘쳤다. 그는 장래가 매우 촉망받는 젊은이였다. 그러나 어려서 뜻하지 않은 사고로 인해 다리를 못 쓰는 불행을 겪었다. 그는 쇠붙이로 다리를 고정하고 휠체어에 몸을 의지할 수밖에 없었다. 실의에 빠진 루스벨트는 약혼녀인 엘레나에게 물었다.

"내가 불구자가 되었는데도 당신은 나를 사랑하오?"

참으로 고통과 피를 마르게 하는 아픔을 삼키며 슬픈 눈빛으로 약혼녀에게 던진 한 마디였다. 그는 그녀의 입에서 어떤 말이 나올지 각오하고 있었다. 그때 엘레나가 루스벨트를 바라보면서 조용히 말했다.

"그러면 당신은 내가 그동안 성한 다리만 사랑할 줄 아셨나요? 내가 사랑한 것은 루스벨트란 사람이에요!"

엘레나는 루스벨트의 꿈과 비전을 믿고 있었기 때문에 불구자가 된 루스벨트를 변함없이 사랑한 것이다. 그들은 미국에서 가장 존경받는 대통령 부부가 되었다.

▼ 1분 명언
존경은 인간관계의 기초다. _톰 포드
존경은 명성이 낳은, 생명이 낳은 생명의 숨결이다. _발타자르 그라시안
존경은 가장 높은 형태의 칭찬이다. _랠프 월도 에머슨
자신을 존경하는 사람을 사랑한다. 존경하는 사람을 찾기란 쉬운 일이 아니다.
_프랑수아 드 라 로슈푸코

▼ 1분 인생 독본
서로 다른 사람이 되는 것은 우리의 목적이 아니다. 중요한 일은 서로 다른 개성을 지닌 사람으로 인정해주는 것이다. 그가 하는 일을 보고 존중하고 각각 다른 사람들을 보고 배우는 일이 중요하다. 서로 다른

사람들은 각자의 다른 성격과 개성을 지니고 있다. 이 세상에 같은 사람은 단 한 명도 없다. 서로 다른 사람을 인정해주고 서로 다른 성격과 개성을 지닌 사람을 통해 내가 지니지 못한 부분을 배울 수 있다.

1분 좋은 시
이 세상에는 아주
작은 행복이 크다
작은 눈에 보이지 않고
손에 잡히지 않는다
그 작은 조각들을 붙여
큰 행복으로 만들어가는 것이 크나큰 행복이다 _용혜원, '삶의 기쁨'

영화·드라마 속 명대사 "나는 젊어지는 데는, 나이가 드는 데는 한순간이었다." _영화, '가을의 전설'

023 라이트 형제의 꿈
꿈은 도전하는 사람이 갖는다.

라이트 형제는 세 가지의 꿈을 가지고 있었다. 미국의 오하이오주의 자전거 수리공이었던 라이트 형제는 그 당시 수많은 엔지니어가 시도했으나 실패하였던 비행기를 발명하는 꿈을 이루어냈다. 그들의 꿈을 이루어낼 수 있었던 것은 목표가 분명한 삶을 살았기 때문이다. 라이트 형제는 세 가지의 꿈을 가지고 있었다. 첫째, 비행기를 만들어서 하늘로 높이 올려야 한다. 둘째, 비행기가 공중에 머물러야 한다. 셋째, 비행기가 가고자 하는 곳으로 날아가야 한다. 자신이 원하는 것을 이룰 때까지 도전하는 것이다.

꿈은 도전하는 사람들이 갖는다. 꿈은 도전하는 사람들이 이루어낸다. 도전하는 사람이 꿈 밭에 성공을 세워놓는다. 꿈이 있으면 삶이 즐겁고 재미가

난다. 꿈이 있으면 일하고 싶고 꿈을 이루어나가고 싶다.

1분 명언
꿈은 우리에게 힘을 준다. 꿈은 세계를 확장한다. _존 맥스웰
꿈꾸기를 멈추는 순간 나이가 든다. _덱스터 예거
땅을 보지 말고 하늘을 보며 꿈을 꾸라. _월트 디즈니
종착할 항구가 없는 사람은 그 어떤 바람도 도와줄 수가 없다. _몽테뉴
인생은 길지 않다. 그러므로 어떻게 인생을 살아갈까 하고 이것저것 생각하는 데 많은 시간을 허비해서는 안 된다. _알렉산더 폰 훔볼트
경험을 통해 내가 직접 깨달은 바, 누구나 꿈을 이루기 위해 자신 있게 밀고 나가고 원하는 삶을 살기 위해 열심히 노력하면 언젠가는 뜻밖의 성공을 거두게 된다. _헨리 데이비드 소로

1분 인생 독본 어느 유명한 사진작가에게 누군가 물었다. "사진 작품을 촬영할 때 가장 중요한 것은 무엇입니까?" 사진작가의 대답은 아주 간단하면서도 의미가 있었다.
"제일 먼저 사진기의 뚜껑을 열어야 한다."
모든 일의 시작이 중요하다는 말이다.

1분 좋은 시
이 길을 걸어가면
겨울을
만날 수 있을까 _용혜원, '가을 길'

영화·드라마 속 명대사 "넌 진실을 감당할 수 없어!"_영화, '어 퓨 굿 맨'

024 월트 디즈니의 그림
고난과 절망을 극복하여 세계적인 인물이 되었다.

고난과 절망을 극복한 사람들이 세계적인 인물이 된다. 어떤 시련과 역경도 그들의 삶을 막을 수 없다. 월트 디즈니는 그림을 그렸다. 그림 원고를 들고 신문사를 찾아다녔으나 허탕을 쳤다. 신문사 편집자들은 하나같이 냉담한 반응을 보였다. '당신은 재능이 없소. 단념하시오!' 하지만 월트 디즈니는 꿈을 저버리지 않았다. 강렬한 삶의 목표가 있었기 때문에 거절을 당해도 체념하지 않았다. 이곳저곳을 찾아다니다가 겨우 행사 광고 표지에 그림을 그릴 수 있는 일을 시작했다. 수입은 적었지만 잠을 잘 장소이기도 하고 그림을 그릴 수 있는 낡은 창고를 얻었다.

어느 날 그림을 그리고 있는데 어디선가 생쥐 한 마리가 나왔다. 월트 디즈니는 그림을 그리던 손을 멈추고 빵 조각을 떼어주고 생쥐를 한번 그려보았다. 이 생쥐가 바로 지금의 디즈니사의 대표 캐릭터가 된 유명한 미키 마우스의 탄생이다. 월트 디즈니가 가장 초라한 시절 자기가 거처하던 곳에 쥐까지 나왔던 비참한 순간에서 도리어 세계인에게 사랑을 받을 수 있는 캐릭터를 만들어내었다. 그는 만화 그리기라는 자기 장점을 최대한 살려내는 자신감이 있었다.

1분 명언
확고한 목표를 지닌 인간은 그것을 반드시 성취하게 되어 있으며 그것을 성취하고자 하는 당신의 의지를 꺾을 만한 것은 아무것도 없다. _벤저민 디즈레일리
할 수 있는 능력이 있는데도 당신이 원하는 발전을 이루지 못한다면 그것은 당신의 목적이 분명하지 않기 때문이다. _폴 J. 마이어
큰 나무도 가느다란 가지에서 시작한다. 높은 탑도 작은 벽돌을 하나씩 쌓아 올리는 데서 시작된다. 마지막에 이르기까지 처음과 마찬가지로 주의를 기울이면 어떠한 일도 해낼 수 있다. _노자

1분 인생 독본 하루의 정리를 하라. 잠들기 전에 그날 하루를 되돌려 생각하면서 그날 있었던 모든 일들을 깨끗이 정리하라. 자신을 용서하고 자신을 괴롭히던 것들을 모두 용서하라. 그렇게 하면 몸과 마음이 편안해질 것이다. 상처들이 마음 밑바닥에 가라앉아 잠재의식의 일부가 되지 않도록 모두 용서하라. 그것들이 당신에게 달라붙어 고질적인 종기가 될지도 모른다.

1분 좋은 시

나만 알고 있는

길을 찾아 나서면

그곳에 그대가 있다 _용혜원, '내 마음의 길'

영화·드라마 속 명대사 "삶은 네가 쉴 숨의 양이 아니라 숨이 멎은 것 같은 순간이야!"_영화, 'HITCH'

---

025 링컨의 얼굴
당신이 위대해진 성공의 비결은 무엇인가?

사람은 표정이 살아야 인생이 산다. 사람의 얼굴에는 그 사람의 인생이 표현된다. 링컨의 얼굴을 보고 잘생긴 미남이라고 하지 않는다. 링컨의 얼굴을 보면 주름이 깊숙이 알맞게 자리 잡고 있다. 높고 두툼하면서도 쭉 뻗은 코가 참 시원하게 생겼다. 보기 좋게 늘어진 인중과 그 밑에 단정하게 자리 잡은 입술을 쳐다보면 아랫입술이 윗입술을 상당히 덮었다. 큰 귀와 살이 하나도 없는 광대뼈가 멋지게 보인다. 링컨의 얼굴은 대단히 복잡한 것 같으면서 단순하다. 촌스러울 것 같지만 위엄을 갖고 있다. 링컨의 얼굴은 입만 열면 유머가 쏟아질 것 같은 얼굴이다.

자기 얼굴을 보라. 얼마나 멋진가. 이 세상에서 하나밖에 없는 걸작이다. 어느 날 기자가 링컨에게 질문을 던졌다. "당신이 위대해진 성공의 비결은 무엇인가?" 링컨은 '나는 실패를 많이 겪었기 때문이다.'라고 말했다.

1분 명언
사람의 얼굴은 하나의 풍경이며 한 권의 책이다. 얼굴은 결코 거짓말을 하지 않는다. _오노레 드 발자크

40세 이후의 사람 얼굴은 말보다 그 사람에 대해서 더 많은 걸 말해준다. _말콤 포브스

당신의 얼굴은 일종의 책과 같아서 사람들이 당신의 얼굴에서 당신의 마음이 이상한 문제들을 읽을 수 있다. _윌리엄 셰익스피어

좋은 얼굴이 추천장이라면 좋은 마음은 신용장이다. _B. 리튼

얼굴은 책처럼 읽기가 쉽다. 그리고 책을 읽고 이해하는 것처럼 긴 시간이 소요되지도 않으며 절대 오독되지도 않는다. _프레더릭 손더스

얼굴 속에서 명예와 진실 그리고 충성심을 본다. _윌리엄 셰익스피어

1분 인생 독본 메모하는 것은 매우 중요한 일이다. 새로운 발상이 떠오르거나 꼭 가슴에 남겨두고 싶은 일들을 메모하여 적어 놓으면 많은 도움이 된다. 일정을 적고 약속을 메모하는 습관을 잘 들이면 실수를 줄이고 삶의 균형이 잡히고 모든 준비를 꼼꼼하게 더 잘할 수 있다.

1분 좋은 시
붉은 독이 잔뜩
오른 걸 보니
당장이라도
큰일을 저지를 것만 같다 _용혜원, '붉은 고추'

영화·드라마 속 명대사 "친구라면 뭐든지 할 수 있어요." _영화, '인어공주'

빅토르 위고의 사상
절망을 끄고 희망을 켜라.

빅토르 위고는 이렇게 말했다.

"나는 40년 동안 시와 산문과 소설극과 풍자 가운데 나의 사상을 담았다. 그러나 나는 내 사상의 100분의 1도 말하지 못했다. 나는 지상에서의 마지막 날이 찾아올 때 병상에서 잠이 든다고 하면 그다음 날 아침 천국에서 잠이 깰 때는 여느 때와 똑같이 나의 일을 계속하고자 한다."

내 삶에 행복의 불을 켜라. 내 삶에 축복의 불을 켜라. 내 생애에서 가장 행복한 순간을 만들어가며 살자. 당신이 불행하다면 그곳이 지옥이고, 당신이 행복하다면 그곳이 천국이다. 세상 살기는 마음먹기에 달렸다. 자신이 행복하기를 원한다면 분명히 행복한 삶을 살 것이다.

1분 명언

사상의 자유는 생명이다. _볼테르

사상을 식별할 줄 알고 지지하며 활용하는 것은 뛰어난 기술이다.
_발타자르 그라시안

사상은 가끔 말보다 더 대담할 때가 있다. _벤저민 디즈레일리

사상의 쇄도는 우리에게 들어올 수 있는 단 하나의 행운이다. _랠프 월도 에머슨

사상이 너무 허약하여 단순히 표현할 수 없을 때 그것은 거부되어야 한다는 분명한 증거가 된다. _클라피에르 보브나르그

사상은 그것을 포용할 수 있고 적당히 배치할 수 있는 사람에게는 재산이다.
_랠프 월도 에머슨

1분 인생 독본

우리는 절대로 절망해서는 안 된다. 굳게 잠가놓은 자물쇠를 열게 하는 것은 종종 열쇠꾸러미의 마지막 열쇠가 될 수 있다. 우리의 마음속에서 날마다 외쳐야 한다. '나는 성공한다!' 마음의 언어가 삶에서 표현되기 시작하면 우리는 이미 성공의 길에 들어선 것이다. 영국 시인 윌리엄 워

즈워스는 '희망이란 무엇인가? 가냘픈 풀잎에 맺힌 아침이거나 좁디좁은 위태로운 길목에서 빛나는 거미줄이다.'라고 말했다. 꿈을 이루어가는 기쁨을 맛보면 살맛이 난다.

1분 좋은 시

손에 잡히는 것 하나 없이
흘러가는 세월이 한 움큼씩
손가락 사이로 다 빠져나갔다 _용혜원, '허탕치던 날'

영화·드라마 속 명대사 "우리는 그대의 속마음에 다가갈 수는 없다."

_영화, '타이타닉'

---

027 작가 도스토옙스키

절망 속에서도 희망을 꽃피우는 사람이 있다.

도스토옙스키는 국가전복 혐의로 체포되어 오랜 세월 시베리아에서 유형 세월을 보냈다. 그는 유형지에서 보낸 강제 노역보다 책 읽기가 더 힘들었다고 말했다. 사형 선고 5분 전에 황제의 칙령으로 간신히 살아난 그는 <죄와 벌>, <카라마조프의 형제들> 등 위대한 소설을 썼다.

고통이 찾아오면 견디기 힘들고 고통스러워 절망하고 포기하는 사람도 있다. 그러나 절망 속에서도 희망의 꽃을 피우는 사람이 있다. 이 세상의 아름다운 모습은 절망 속에서 희망을 꽃피우는 사람들이 만들어간다. 누구나 살다 보면 절망하는 순간이 오고 실패하는 순간이 오고 좌절하는 순간이 있다. 인생이 나에게 태클을 걸어올 때 이겨내야 참다운 삶을 살 수 있다.

1분 명언

기쁨을 놓침은 모두를 놓침의 시작이다. _로버트 루이스 스티븐슨

고뇌 없이 정신적 성장이란 있을 수 없고 인생의 향상도 불가능하다. 고뇌는 생활에 있어서 필요불가결의 유일한 존재다. _랠프 월도 에머슨

긍정의 힘은 삶의 가능성을 말한다. 감사하는 태도는 정말로 우리에게 선물을 안겨준다. 우리는 물론 주변 사람들 모두를 행복하게 해준다. _데보라 노빌

내가 본 최고로 성공한 사람들은 모두 다 명랑하고 희망에 가득 찬 사람들이었다!' _찰스 킹슬리

1분 인생 독본 겸손은 흔들림이 없는 잔잔한 마음이다. 겸손한 마음은 걱정과 근심에 빠지지 않으며 귀찮아하고 괴로워하거나 실망하지 않는다. 아무도 칭찬해주지 않아도 잔잔하며 불평과 멸시를 받아도 잔잔하다. 그 마음은 은밀한 골방에서 하나님과 대화하며 하나님의 능력으로 살며 어떠한 환경에서도 흔들리지 않고 잔잔한 마음으로 살아가는 것이다.

1분 좋은 시
너는 가는 길 가르쳐주지만
나는 죽음의 날
모르기 때문에 살아간다 _용혜원, '이정표'

영화·드라마 속 명대사 "마지막 웃는 사람이 세상을 지배한다." _영화, '아이언맨'

028 **위대한 작가들**
성공은 고난 속에서 아름답게 핀 꽃이다.

알렉산드르 솔제니친은 <암 병동>, <이반 데니소비치의 하루>, <수용소 군도> 등 소설을 썼다. 스탈린을 비판한 편지를 썼다는 이유로 체포되어 8년 동안이나 감옥과 강제 수용소에서의 고통을 이겨내고 노벨문학상을 받은 작가가 되었다. 인생은 시시각각으로 시련과 난관이 찾아온다. 성공은 고난

속에서 아름답게 핀 꽃이다. 성공은 고통과 역경을 이겨낸 결과다. 어떤 난관에 부딪혀도 반드시 자기가 해결하도록 대처해야 한다. 초조하거나 긴장하면 판단하기 어렵고 안정된 마음으로 해결해나가면 모든 일이 올바르게 된다. 어려운 일일수록 시간을 갖고 임하면 모두를 판단할 수 있다.

1분 명언

사랑은 제아무리 이를 막아도 모든 속으로 뚫고 들어간다. 사랑은 영원히 그 날개를 퍼덕이고 있다. _마티아스 클라우디우스

인생의 가장 무거운 짐은 지고 갈 짐이 없는 것이다. 사람의 영향력은 그 사람의 사는 목적과 그것을 위해 어떤 값을 치를 준비가 됐느냐로 결정된다. 삶을 어떻게 바라보고 대응해 나가느냐에 따라 미래를 결정한다. _덱스터 예거

마침내 나는 살아야 할 유일한 이유가 삶을 즐기는 데 있음을 알았다.
_리타 메이 브라운

고결한 추억이야말로 소중한 재료이다. 우리의 정서는 이 재료를 통해 시를 빚는다. _루트비히 판 베토벤

현재의 무거운 짐에 견딜 수 없는 인간은 없다. 현재의 무거운 짐은 과거의 짐이 겹쳐졌기 때문에 견딜 수 없다. _조지 맥도널드

1분 인생 독본 한 젊은이가 힘들고 외로워 보이는 노인에게 물었다. "인생에서 가장 무거운 짐이 무엇인가요!" 노인은 슬픈 얼굴로 대답했다. "짊어질 것이 아무것도 없다는 사실이 무거운 짐이네!" 인생의 가장 무거운 짐은 지고 갈 짐이 없는 것이다. 사람들은 누구나 자기가 져야 할 짐이 있다. 짐을 불평하는 사람도 있지만 말없이 짐을 지고 가는 사람도 있다. 인생에서 가장 무거운 짐은 무엇일까?

1분 좋은 시

달이 피곤한지
구름을

덮고 자네 _용혜원, '한밤중'

▼
영화·드라마 속 명대사 "큰 물고기는 잡히지 않기에 자신만의 길을 갈 수 있지!" _영화, '빅 피쉬'

029 ## 작가 어니스트 헤밍웨이
좋은 작품을 쓰는 것은 체험과 수없이 다듬은 노력의 결과이다.

어니스트 헤밍웨이는 모험심이 가득한 작가였다. 사냥과 낚시를 즐겼고 음악과 그림에도 남다른 관심을 가졌다. 제1차 세계대전에 참전한 후에는 프랑스 파리에 살면서 소설을 썼다.

헤밍웨이의 대표작 <노인과 바다>는 바다와 싸우는 인간을 그린 작품이다. 기자가 헤밍웨이에게 물었다. "당신의 작품에는 쓸데없는 표현이 하나도 없이 깔끔하고 매끄러운 것은 비결이 무엇입니까?"

"서서 쓰기 때문입니다. 배가 고픈 상태에서 쓰기도 하고, 추운 겨울 벌벌 떨면서 쓰기도 합니다. 그래서 쓸데없는 표현을 쓰지 않습니다."

그는 작품을 피와 땀과 눈물을 담아서 썼다. 어떤 소설은 서른아홉 번을 고쳤고 교정도 서른 번을 보았다고 했다. 작가의 작가 정신이 살아 있어야 작품을 쓴다. 좋은 작품을 쓰는 것은 체험과 수없이 다듬은 노력의 결과다. 위대한 소설가는 자신의 열정과 자신의 모두를 다 쏟아내어 소설을 쓴다. 소설 속에 자신의 모든 것과 인생을 담는다.

▼
1분 명언
시간은 만물을 운반해 간다. 마음까지도. _베르길리우스
시간은 진실의 아버지다. _프랑수아 라블레
시간의 절약은 생명의 연장이다. _미국 속담
시간을 지배할 줄 아는 사람이 인생을 지배할 수 있다. _에센바흐

시간을 허비하는 것은 사치의 절정이다. _벤저민 프랭클린

시간은 수선 전문 재봉사다. _볼드윈

시간은 위대한 개혁가다. _프랜시스 베이컨

시간은 기다리는 사람에게 모두를 준다. _영국 속담

1분 인생 독본 시간은 위대한 치료자이며 시간은 변화를 전공한 재단사이다. 어떤 변화들은 악화시키는 것이요 어떤 변화는 더 좋게 만드는 것이다. 시간은 친구도 아니요 적도 아니다. 그것은 우리가 어떻게 하느냐에 달려 있다. 시간은 기계적이다. 그것은 규칙적으로 움직인다. 우리는 시간을 빨리 가게 할 수도 없고 시간을 정지시킬 수도 없고 시간을 돌이킬 수도 없다.

1분 좋은 시

가을밤 귀뚜라미가

가을 편지를

읽고 있다 _용혜원, '가을밤'

영화·드라마 속 명대사 "거만함과 두려움이 너를 가장 간단하고 의미있는 것들을 배우는 것으로부터 막는다." _영화, '닥터 스트레인지'

030 스타벅스의 시작
목표가 분명하면 실패하지 않는다.

뉴욕 브루클린에서 신문을 돌리던 소년 하워드 슐츠는 전 세계인이 로맨스를 느끼며 편안한 휴식을 취하면서 새로운 문화를 창조하는 시간에 최고의 맛을 내는 커피를 마시게 하겠다는 꿈과 비전으로 스타벅스를 만들었다. 목표가 분명한 사람은 어떤 고난이 다가와도 이겨낸다. 목표가 있으면 쓰러져도 곧 일어난다. 목표가 분명하고 눈앞에 다가올 날이 보이기 때문이다.

천재는 노력하여 성취해 나간다. 끈기와 노력은 절망을 성공으로 바꾼다. 목표가 분명하면 실패하지 않는다. 세계 정상급에 서 있는 스포츠 선수들에게 많은 것을 배울 수 있다. 똑같이 자신이 하는 일에 자부심을 품고 눈물과 피와 땀과 청춘을 경기에다 쏟는다. 인생이란 경기장에 꿈과 비전을 쏟아부어야 한다.

1분 명언
목표는 성취라는 용광로 속의 연료다. _톰 홉킨스
성취의 비밀은 당신이 어떤 목적을 두고 하는 일이 오히려 당신을 지배하도록 그냥 내버려 두지 않는 것이다. _로이드 코리건
탁월한 성취 뒤에는 언제나 끈덕지게 버티는 힘이 숨은 법, 버텨라. 끝내 버티면 이긴다. _앤드류 매튜스
자신이 성취하려는 것이 무엇인지 구체적으로 알고자 하는 사람은 극소수에 불과하다. 대부분 눈앞의 상황이나 이익에만 집착한다. _주디스 바드워크
본다는 것은 인간의 지식에 있어서 최종의 성취이다. _카를로스 캐스타네다

1분 인생 독본 열정을 만드는 데 자극제가 되는 것은 무엇인가? 가장 좋아하는 일을 직업으로 가질 때, 열정적으로 낙관적인 사람과 접촉할 수 있는 환경에 있을 때, 날마다 성공법칙을 적용해 나갈 때, 금전적으로 성공을 거둘 때, 건강할 때, 타인에게 도움이 될 수 있는 지식을 갖출 때, 직업에 맞는 옷을 입었을 때 열정을 만드는 자극이 된다.

1분 좋은 시
나무 핏줄이 터져
오색 그리움으로
단풍이 물든다 _용혜원, '단풍'

영화·드라마 속 명대사 "그대의 눈동자에 건배!" _영화, '카사블랑카'

031 유명한 흑인 교육자 부커

가벼운 육체 노동을 좋아한다.

유명한 흑인 교육자 부커 워싱턴 박사가 미국 앨라배마주의 터스키기 대학교 총장으로 취임한 후에 동네를 산책하고 있었다. 어느 백인 부인이 그가 워싱턴 박사인 줄 모르고 그냥 지나가는 흑인이라고 생각해 몇 달러 줄 테니 장작을 패달라고 했다. 총장은 그때 특별히 할 일도 없었고 시간적 여유도 있어서 소매를 걷어붙이고 장작을 패서 그녀의 벽난로 옆에 차곡차곡 쌓아 주었다.

그런데 그가 일을 다 끝내고 돌아간 후에 그 집의 흑인 하녀가 그를 알아보고 주인에게 알려주었다. 그 부인은 너무 부끄럽고 당황해서 다음 날 아침에 총장실로 찾아가 백배 사죄를 하였다. 그러자 부커 총장은 '부인 괜찮습니다. 저는 가끔 가벼운 육체 노동을 좋아합니다. 그뿐입니까? 이웃을 위해 돕는 것은 언제나 기쁜 일이지요.' 하며 오히려 위로했다. 착하고 진실한 마음이 세상을 아름답게 만든다. 넓고 깊은 마음이 세상을 따뜻하게 만든다.

1분 명언

축복받은 사람이란 자기 일을 발견한 사람이다. 가벼운 짐도 오래 지고 있으면 점점 더 무거워진다. _엘버트 허버드

다른 사람의 짐을 덜어주는 사람은 이 세상에 필요한 사람들이다. _와그너

이 세상에 태어나 우리가 경험하는 가장 멋진 일은 사랑을 배우는 것이다.
_조지 맥도날드

언제나 사랑하는 사람은 불평을 늘어놓거나 불행에 빠질 겨를이 없다.
_주베르

1분 인생 독본 성공에 대해 알아야 할 모든 과정을 다름의 세 단어로 표현할 수 있다. ① 할 수 있다. ② 할 것이다. ③ 바로 지금.

슬프면 서럽게 울어라

슬플 때 서럽게 울어야

기쁠 때 웃음도 함박꽃처럼

활짝 환하게 필 것이다 _용혜원, '슬프면'

영화·드라마 속 명대사 "어디서든지 삶은 계속된다. 그 어떤 삶이라도 어떻게 해석하느냐에 따라 그것이 좋은지 나쁜지가 결정되는 것은 아닐까? 아니 세상에 나쁜 것은 없다."_영화, '고령화 가족'

032 헬렌 켈러와 비전
삶의 고통을 이겨내는 사람은 위대하다.

헬렌 켈러는 생후 8개월 만에 질병으로 시각장애, 청각장애, 언어장애를 가졌다. 그러나 자신이 살았던 때는 물론 지금도 우리에게 많은 이야기로 영향력을 보여주고 있다. 헬렌 켈러가 노년에 자기 일생을 제작하는 아나운서와 방송하였다. 아나운서가 질문을 던졌다. "헬렌 켈러 여사! 눈이 안 보이는 것보다 더 불운한 일이 있을까요?" 이 말을 들은 헬렌 켈러는 좀 생각하더니 말했다. "시각장애인이라는 장애보다 궁색한 것은 눈은 가졌으나 꿈과 희망이 없는 것이다."

삶의 고통을 이겨내는 사람은 위대하다. 홀로 당하는 아픔과 고통은 견디기 힘들지만 이겨내야 한다. 고통과 역경을 이겨내면 감동이 찾아온다. 씨앗도 찢어지는 아픔이 없으면 싹트지 않는다.

1분 명언

기회는 날아가는 새와 같다. 잡아라! 나는 지금까지 그야말로 우연한 기회에 값어치가 있는 일을 성취한 적은 없다. 나의 여러 가지 발명 중에 그 어느 것

도 우연히 얻어진 것은 없다. 그것은 꾸준하고 성실하게 일을 함으로써 이루어진 것들이다. _토머스 에디슨

지금 자면 꿈을 꾸지만 지금 공부하면 꿈을 이룬다. _하버드대 낙서

꿈이란 당신이 잠에서 깨어나면 잊어버리는 그 무엇이 아니라 당신을 잠에서 깨우는 그 무엇이다. _찰리 헤지스

기회가 노크하지 않는다면 문부터 만들어라. _밀턴 빌

1분 좋은 시
죽고 싶도록 못 견디게 힘들었지! 지금은 어때, 괜찮아

잘 견딜 수 있지

뼈아픈 고통도 세월이 흘러가면

잊히는 거야 _용혜원, '괜찮아'

책 속의 좋은 말 한 번뿐인 인생에서 나를 이용해 무언가 꼭 이르고 싶은 마음은 멀리 뻗어가 기적이 일어나도록 한다. 무언가 되고 싶고, 하고 싶고, 앞으로 나가고 싶고, 위로 오르고 싶고, 삶에 더 많은 의미를 부여하고 싶은 욕망은 기적을 만드는 재료다. _노먼 빈센트 빌, <믿는 만큼 이루어진다> 중에서

영화·드라마 속 명대사 "때로는 미풍이 가장 강한 메시지를 전한다. 우리의 불꽃은 따뜻한 힘이 될 수 있다." _영화, '엘리멘탈'

033 마거릿 미첼의 단 하나의 작품
실패는 당신이 패배자임을 뜻하지 않는다.

작가 중에는 단 하나의 작품만 남겨 놓고 떠난 작가도 있다. 장편 소설 <바람과 함께 사라지다>의 마거릿 미첼은 1949년 48세의 나이로 교통사고로 죽었다. <네 여자>, <어린 여동생>, <로파 키마진>이란 소설도 있었지만 실

종되어 단 한 편의 소설만 남기고 작고했다. 실패란 당신이 패배자임을 뜻하지 않는다. 다만 당신이 성공하지 못했음을 의미한다. 실패는 당신이 아무것도 성취하지 못했다는 것을 의미하지 않는다. 다만 무엇인가를 새롭게 배웠음을 의미할 뿐이다. 실패는 당신이 열등하다는 것을 의미하지 않는다. 다만 완전한 존재가 아님을 의미한다. 실패는 당신이 포기해야 한다는 것을 의미하지 않는다. 다만 더 열심히 해야 한다는 것을 의미할 뿐이다. 실패는 당신이 인생을 낭비했다는 것을 의미하지 않는다. 다만 다시 출발해야 할 좋은 이유가 있음을 의미할 뿐이다.

1분 명언

실수와 패배는 전진하기 위한 훈련이다. 가장 위대한 성공은 수많은 위기와 실패를 통하여 얻어낸 값지고 고귀한 성공이다. _윌리엄 채닝

실패란 성공으로 가는 고속도로다. 실패란 쓰러지는 것이 아니라 잠깐 정지하는 것이다. _메리 픽퍼드

얼마나 많이 쓰러지든 일어서면 실패는 아니다. _덱스터 예거

성공은 1%의 재능, 99% 노력이다. 나는 천 가지 실패한 방법을 알고 있을 뿐이다. 그러므로 천 가지 실패한 방법으로 가까이 가게 된 것이다.
_토머스 에디슨

가장 중요한 원칙은 다른 사람 때문에 겁먹지 않는 것이다. 인생의 기간은 짧다. 그 짧은 인생도 천하게 보내기에는 너무 길다. _윌리엄 셰익스피어

1분 인생 독본 진실한 삶을 살아가는 사람은 아름답다. 거짓된 삶이 습관화되면 추해지고 겉만 자꾸 포장하게 된다. 진실은 있는 그대로 삶을 보여준다. 천지 만물은 있는 그대로 모습을 우리에게 보여주고 있다. 그러나 유독 인간만이 가식과 교만과 오만으로 과장하고 포장하여 허세를 부리는 경우가 있다. 우리 주변을 밝게 해주는 이들은 역시 진실한 사람들이다.

▼ 1분 좋은 시

한겨울처럼 꽝꽝 얼어붙은

싸늘하고 차가운

그대 마음 어떻게 녹일까 _용혜원, '냉정한 마음'

▼ 영화·드라마 속 명대사 "내일 보자! 그 말이 언제부턴가 암호가 되었다. 사랑의 말이 되었다."_애니메이션 '목소리의 형태'

034 <올리버 트위스트> 작가 찰스 디킨스
희망을 닦는 소년

영국 런던의 한 거리에서 구두를 닦는 소년이 있었다. 빚 때문에 아버지는 감옥에 갔고 생활이 어려워져서 소년은 구두를 닦기 시작했다. 소년은 이른 아침부터 늦은 저녁까지 구두를 닦으면서도 항상 밝은 표정을 지으며 노래를 불렀다. 구두를 닦는 사람들이 물었다. "너는 구두를 닦는 것이 그렇게 즐겁니?" 소년은 말했다. "구두를 닦는 것이 즐겁다. 나는 구두를 닦고 있는 것이 아니라 희망을 닦고 있다."

이 소년이 <올리버 트위스트>의 작가 찰스 디킨스이다. 꿈은 삶에 어둠을 밝혀 놓는다. 꿈과 희망이 있는 사람은 항상 밝고 절망하지 않는다.

▼ 1분 명언

희망이란 꿈에서 깨어나는 것이다. _아리스토텔레스

희망이란 두려움을 대신하는 완곡한 표현이다. _아라비아 속담

희망은 가능성에 대한 정열이다. _쇠렌 키르케고르

희망은 가장 위대한 정신 상태인 신념의 씨앗이다. _나폴레온 힐

큰 희망은 위안을 만든다. _영국 속담

희망은 가난한 자의 빵이다._영국 속담

희망은 자신을 갈망하고 추구하는 사람을 절대로 외면하지 않는다. _J 플레

희망은 강한 용기이며, 새로운 의지이다. _마르틴 루터

1분 인생 독본 행복은 원하는 사람에게만 찾아온다. 글을 쓰는 작가도 행복한 글쟁이가 되어야 한다. 자기도취에 빠져 있지 말고 부단히 노력하고, 여름날 소낙비 같은 열정을 쏟아서 작품을 써야 한다. 글은 지식으로만 되는 것이 아니다. 살아있는 감성과 지혜가 있어야 한다. 독자들과 공감을 같이 해야 한다.

1분 좋은 시
너의 신발을
한 번 살펴보라
신발 모양이
너의 삶의 모습이다 _용혜원, '신발'

영화·드라마 속 명대사 "별들이 불이라는 것을 의심하고, 태양이 움직이지 않는다는 것을 의심하고, 거짓이 진실이 될 수 있다는 것을 의심할지라도 내 사랑만은 의심하지 마세요!"_영화, '햄릿'

035 ## 알버트(Albert)란 이름을 가진 두 사람
진정한 성공은 무엇인가 사람들이 평가해 줄 것이다.

사람은 이름이 중요하다. 세상에 나왔으면 자기 이름값을 하고 살아야 한다. 프랑스에는 알버트라는 이름을 가진 두 사람이 있다. 알베르 카뮈(Albert Camus)는 문학가로 1958년 <전락>이란 작품으로 노벨문학상을 받았다. 그리고 다른 한 사람은 알버트 슈바이처(Albert Schweitzer)로 의사였다. 그는 프랑스 식민지인 가봉에 건너가 원시림 속에 병원을 세우고 흑인들의 벗이

되어 1952년 노벨평화상을 받았다. 이 두 사람은 재능으로 자신의 가치를 유감없이 발휘한 것과, 같은 이름을 가졌다는 공통점이 있지만 두 사람이 세상에 남긴 것은 매우 다르다.

한 사람은 문학가이고 한 사람은 의사인 것도 다르지만 카뮈는 노벨문학상의 상금으로 파리 근교에 좋은 별장을 마련하고 그곳에서 여생을 즐기며 편안히 살다가 교통사고로 생명을 잃었다. 그리고 슈바이처는 노벨평화상의 상금으로 아프리카 밀림 지대에 나병 환자를 위한 병원과 수용소를 세우고 그곳에서 일생을 봉사하였다. 두 사람은 지금 모두 다 세상을 떠나고 없지만 그들이 남겨놓은 별장과 병원은 남아 있다. 별장은 쓸쓸한 채로 남아 있고 병원은 슈바이처의 행적과 함께 감동과 존경을 나타내고 있다. 진정한 성공은 사람들이 평가해 줄 것이다.

1분 명언

인간은 남이 자신에게 호의를 보낸다고 너무 과대평가해 배신당하기 쉽다.
_니콜로 마키아벨리

인간은 자기를 높이 평가할수록 남을 미워하기 쉽다. 인간은 겸허하면 겸허할수록 선량해지며 화를 내는 일도 적어진다. _레프 톨스토이

타인을 평가하기 전에 자기를 평가하라. _컬린 터너

돈과 재산은 성공의 정도를 평가하기 쉽다는 특징을 가지고 있다.
_마이클 린버그

1분 좋은 시

늦가을 마른 나뭇가지 끝에
가만히 앉아 있는 새같이
외로움을 느껴본 사람은
포근한 둥지를 틀고 싶어
사랑을 한다 _용혜원, '외로움을 느껴본 사람은'

036 욕심과 욕망에서 벗어나라
인간다운 삶을 살아야 한다.

우리는 쓸데없는 욕심과 욕망에서 과감하게 벗어나야 한다. 인간다운 삶을 살아가야 한다. 1845년 영국의 한 탐험대가 북극해를 건너는 해로를 발견하기 위해 대탐험을 시작했다. 철저한 훈련으로 준비된 탐험 대원들은 필요한 물품을 배에 가득 싣고 새 항로를 개척하기 위해 긴 항해를 시작했다. 하지만 배가 광활한 북극해에 도달했을 때 대원들은 어이없는 사실을 발견했다. 그들의 배에 연료가 남아 있지 않았다. 대원들이 배의 창고를 확인해보니 그 안에는 뜻밖의 물건들로만 가득 차 있었다. 1,200권의 장서와 사기로 된 접시, 크리스털 컵과 장교의 이름이 적혀 있는 은 식기 등 온갖 사치품으로 가득 차 있었다. 배를 지휘하던 프랭클린이라는 장교가 새 항로를 개척해 다른 나라에 도착하면 사절품으로 사용하려고 가져온 사치품이었다. 하지만 더욱 놀라운 것은 탐험 대원들의 행동이었다. 이들은 배가 곧 가라앉게 되리라는 사실을 알고는 모두 썰매를 이용해 탈출했다. 그러나 이 장교는 자신의 썰매 위에 더 많은 은 식기를 싣기 위해 몸부림을 쳤다. 결국 그는 은 식기 때문에 목숨을 잃고 말았다.

▼

1분 명언

욕심은 자신의 무덤을 판다. _영국 속담

욕심은 눈을 어둡게 한다. _영국 속담

유한한 목숨으로서 어찌 무한한 욕심을 따르려 하는가. _장자

쓸데없는 욕심을 버리도록 힘쓰라. 곧바로 형언할 수 없는 만족감과 아울러 행복을 얻을 것이다. _에픽테토스

▼ **1분 인생 독본** 종이에 그리면 그림이고, 마음에 그리면 그리움이다. 그리움의 뜻은 어떤 대상을 좋아하거나 곁에 두고 싶어 하지만 그럴 수 없어서 애타는 마음이다. 영화 '철도원'에서 '그리움을 놓치지 않으면 꿈이 이루어진다!'라는 말이 나온다. 사람이 죽는 데 1분도 안 걸리고 장례식도 3분도 안 걸린다. 한순간이다. 살아가는 동안 참으로 멋지고 신나고 행복하게 살자.

▼ **1분 좋은 시**
네가 그리울 때면
너를 안은 듯
허공을 안았다 _용혜원, '그리움'

▼ **영화·드라마 속 명대사** "신이 아닌 인간이 피 흘리는 시대에 그 피로 작품을 완성했네!" _영화, '버드맨'

037 **발레리나 강수지의 피나는 노력**
나는 오랫동안 깨어 있는 사람이다.

시간을 효과적으로 사용하는 사람이 성공한다. 한국의 대표적인 발레리나 강수지는 '나는 오랫동안 깨어 있는 사람이다.'라며 이렇게 말하였다.

"발레는 다른 예술보다 무대에서 활동할 수 있는 시간이 짧다. 죽을 때까지 하기는 힘들다. 그래서 연습이 필수다. 나는 3시간만 자고 연습에 몰두했다. 새벽 5시에 일어나서 연습했고, 밤 12시가 넘어도 연습실로 늘 향했다. 시간은 사람이 만든 개념이 아닌가. 시간을 안 보면 시간이 가는 줄 모른다. 나는 한 번 쉬면 회복기가 더 길어진다는 것을 발견했다. 상처를 입었을 때도 연습은 계속되었다. 침대에서 일어나지 못하는 날이 아니면 계속 연습실로 향했다. 나는 우리나라 발레단에서 가장 나이가 많은 사람이지만 가장 오랫동안 깨어 있는 사람이다. 물론 부상 때문에 팔이나 다리를 들어 올리지 못하거나 구부리지 못할 때도 있었다. 그러나 막상 무대에 서서 흥분하면 내 몸의 아드레날린이 활성화되었고 몸의 움직임이 달라지는 것을 느낄 수 있었다. 그렇기에 게으른 사람은 무엇인가 하기가 어렵다는 말을 하고 싶다."

'나는 저 사람보다 부족하다.'라는 사실에서 계속 벗어나지 못하면 안 된다. 하면 할수록 발전할 수 있다. 물론 재능도 중요하다. 그러나 재능보다 중요한 것은 연습이다. 같은 동작도 계속해서 연습하면 다른 의미를 읽을 수도 있다.

1분 명언
노력하지 않는 천재보다 노력하는 둔재가 더 많은 일을 한다. _존 아베 보리
노력은 기적을, 훈련은 천재를 만든다. _무명
노력은 만사를 정복한다. _금언
예술가의 재능은 천부적으로 타고난다. 그러나 성실하게 노력해야 훌륭한 작품을 만들 수 있다. _조슈아 레이놀즈

1분 인생 독본
아무리 좋은 씨앗도 씨앗 보관소에 들어만 있으면 아무 소용이 없다. 씨를 심고 가꾸어야 자라고 꽃이 피고 귀한 열매를 맺을 수 있다. 재능이란 언제나 우리 안에서 발견되어 활짝 피어나기를 기다리는 에너지의 원천이다. 피와 눈물과 땀은 인간의 힘과 능력을 만든다. 피는 용기와 결단의 상징이요, 눈물은 정성과 사랑의 상징이요, 땀은 근면과 열심의 표상이다. 이 3대 정신을 뼈저리게 느끼지 않고 위대한 업적을 이룬 사람은 없다.

1분 좋은 시
나에게 주어진 세월
얼마나 소중한 시간인가
넋 줄 멍하게 놓고
곤죽 되지 말자 _용혜원, '나에게 주어진 세월'

038 성공의 비결
도전할 수 있는 잠재력이 있다.

프로 권투 헤비급 챔피언인 제임스 콜베트는 성공의 비결을 한 번 더 도전하는 근성이라고 말했다.

"1라운드만 힘내서 싸우면 챔피언이 된다. 지쳤지만 한 번만 더 힘을 내 링 한복판으로 뛰어들어라. 팔이 매우 아파서 들어올리기조차 힘들더라도 마지막이라고 생각하고 한 번만 더 팔을 뻗어라! 코피가 나고 눈이 멍들고 너무 힘들어서 차라리 상대방이 어서 때려눞혀 주었으면 하는 생각이 들더라도 마지막으로 한 번만 더 싸워라! 한 번 더 싸우겠다는 정신으로 달려드는 사람은 절대 죽지 않는다. 인간에게는 두 번, 세 번, 네 번 심지어는 일곱 번이라도 도전할 수 있는 잠재력이 있다."

성공의 가장 큰 비결은 도전하는 정신이다. 도전은 성공을 만드는 도구다. 도전은 성공을 만드는 정신이고 힘이고 능력이다.

▼ 1분 명언

잠재력을 시도해보기 전에는 자신이 무엇을 할 수 있는지 장담할 수가 없다. 잠재력을 실현하고 특별한 삶을 만들고자 노력할 때 당신의 사소한 승리들이 모여 당신을 지탱해 줄 것이다. 그리고 당신의 꿈까지 다리를 놓아줄 것이다. _마이클 린버그

자기 잠재력을 발휘할 때 가장 큰 만족을 얻을 수 있다. 나에게 있어 성공이란 자신이 갖고 있는 최고의 능력을 발휘하는 것이다. 나의 모두를 쏟아부었을 때 가장 큰 활력을 느낀다. _보도 섀퍼

나의 잠재력을 남김없이 써서 내 능력에 도달할 수 있는 가장 높은 단계에

이르고 싶었다. 나는 자신을 개발하기로 결심했다. _존 맥스웰

1분 좋은 시
맨몸뚱이 하나로 거친 세상과 맞부딪치며
온갖 시련을 이겨내야 참맛을 알 수 있다
홀로 버려져 의지할 곳 없어
울음만 터져 나와도 가야 할 길을 가야 한다
막막하기만 할 때 좌절의 눈물을 알기에
이를 악물고 뛰어들어 헤쳐나가야 한다.
피와 눈물과 땀으로 진실을 말하는 사람이
삶의 참 의미를 알고 있다. _용혜원, '삶의 참 의미'

영화·드라마 속 명대사 "맞아, 과거는 아플 수도 있지. 하지만 내가 봤을 때,
넌 그 과거로부터 도망칠 수 있고 무언가 배울 수도 있어!"_영화, '라이언 킹'

039 episode **어떤 농부**
바로 내가 찾는 농장이야!

어떤 농부가 오랫동안 좋은 농장을 가꾸면서 행복하게 살았다. 그런데 점점
자신의 농장에 싫증이 나기 시작했다. 그래서 농장을 팔고 새 농장을 사고
싶은 생각이 들어 농장을 팔기로 결심했다. 부동산 중개소는 신문에 다음과
같은 문구로 광고했다.
"넓고 기름진 땅, 좋은 농가, 큰 곡식 창고, 이상적인 위치, 최신식 농기구를
갖춘 농장을 판다."
어느 날 신문광고를 보던 농부는 이 농장이야말로 바로 자기가 찾는 농장이
라고 생각하여 농장의 위치를 자세히 살펴보니 바로 자기 농장의 광고였다.
농부는 자기 농장이 가장 좋은 농장임을 새삼 깨닫고 매물을 취소하고 농장

을 전보다 더 잘 가꾸면서 행복하게 살았다.

1분 명언
행복의 추억만큼 행복을 방해하는 것은 없다. _앙드레 지드

행복은 모든 인간의 목표다. 남녀노소를 불문하고 모든 사람이 바라는 것이다. 그러나 자연법칙이 있듯이 행복도 법칙이 있다는 사실을 모르는 사람들이 많다. 행복의 법칙을 이해하면 행복해질 기회는 많다. _벤저민 프랭클린

행복은 무엇보다도 건강 속에 있다. _조지 윌리엄 커티스

1분 인생 독본 이동순 시인은 '바람에 찢긴 돛처럼 너풀거리는 세상을 하나로 꿰맬 수 있는 바늘은 오직 사랑뿐입니다.'라고 노래했다. 사람에게는 사람 냄새, 인간미, 정이 있어야 한다. '나도 저 사람처럼 살고 싶다!'라고 말할 수 있을 정도로 인간미가 있어야 한다. 우리는 만남 속에 서로 함께 있으면 좋은 사람이 되어야 한다.

1분 좋은 시
그대를 만난 오늘은
오랜 시간이 흐른 후에도
가장 아름다운 추억으로
남아 있을 것입니다 _용혜원, '그대를 만난 오늘은'

책 속의 좋은 말 이 세상 떠날 때 갖고 갈 수 있는 것은 돈이 아닌 감동이라는 추억뿐이다. _히라노 히데노리, <감동 예찬> 중에서

영화·드라마 속 명대사 "내가 했던 그 모든 것은 다 당신을 위한 것이었소. 사랑하고, 또 사랑하고, 또 사랑하오." _영화, '오만과 편견'

040 **켈리 박사와 장미**
날마다의 삶이 매우 즐겁다.

삶을 즐겁게 살아가는 사람들은 스스로 즐거운 일을 만든다. 존스 홉킨스 대학교수요 의사인 켈리 박사에게는 장미에 관한 일화가 있다. 그는 언제나 양복에 장미꽃을 꽂고 다녔는데 이 장미가 시들지 않았다. 언제나 방금 꽂은 장미처럼 보였다. 학생들이 호기심에 그 이유를 켈리 박사에게 물었다. 켈리 박사는 웃으면서 양복 안 주머니를 보여주었다. 양복 안 주머니에는 장미꽃에 물을 공급해주는 작은 병이 있었다. 장미꽃은 물을 공급받아서 싱싱했다. 인생을 재미있게 삶을 즐겁게 사는 사람들이 있다. 그들은 재미와 재치가 넘친다. 날마다의 삶이 매우 즐겁다.

▼ 1분 명언

재미있는 삶의 법칙 하나, 최고만 고집하지 않는다면 최고를 얻을 수 있다.
_윌리엄 서머싯 몸

재미나는 골에 범 난다.
_남몰래 재미를 붙여 자주 가면 결국에는 큰 봉변을 당한다는 뜻_한국 속담

자신이 하는 일을 재미없어 하는 사람치고 성공하는 사람 못 봤다.
_데일 카네기

창조적인 아이디어는 재미를 잃지 않는 분위기에서 가장 잘 나온다. 누구도 재미로 기업을 하지는 않지만, 그렇다고 해서 기업에 재미를 잃어서도 안 된다. _레오 버넷

같은 말도 재미있게 할 수 있다. _로버트 프로스트

사랑은 결혼보다도 재미있다. 소설은 역사보다도 재미있기 때문이다.
_토머스 칼라일

내가 하는 농담은 사실 진실을 이야기하는 것이다. 진실이야말로 이 세상에서 가장 재미있는 농담이다. _조지 버나드 쇼

깨가 쏟아진다. _오붓하여 몹시 재미가 난다는 뜻_한국 속담

1분 인생 독본 삶 속에서 피할 수 없는 세 가지는 죽음, 세금, 외로움이다. 사람에게 숨길 수 없는 세 가지는 기침, 가난, 사랑이다. 질투는 1천 개의 눈을 가지고 있다. 하지만 한 가지도 제대로 보지를 못한다. 진실만이 언제 어디서나 통하는 마음의 길이다. 진실한 마음으로 살자.

1분 좋은 시
빈 항아리
배가 고파서
입을 크게 벌렸다 _용혜원, '빈 항아리'

영화·드라마 속 명대사 "당신의 말 한 마디면 나는 영원히 침묵하겠소!"
_영화, '오만과 편견'

041 # 위대한 사람은 만들어진다
성취한 사람들은 열정을 쏟아낸 사람들이다.

누구도 완전히 갖춰져 태어난 사람은 없다. 위대한 사람은 스스로 만들어진다. 사람들은 누구나 갓난아이로 태어난다. 성장 과정에서 어떤 것을 선택하고 열정을 쏟아내느냐에 따라서 전혀 다른 삶을 살아가는 것이다. 레오나르도 라벤힐은 유럽을 여행하던 중 어느 마을에 들렀다. 동행하던 여행자 중의 한 사람이 그 마을 노인에게 물었다.

"이 마을에 위대한 사람이 태어난 일이 있는가?"
노인은 이렇게 대답했다.
"아니요, 그저 갓난아이들이지요."

성취한 사람들은 열정을 쏟아낸 사람들이다. 위대한 사람들은 위대한 꿈을 갖고 도전하여 이루어내는 사람들이다.

1분 명언

위대하다는 것은 오해받고 있다는 것이다. _랠프 월도 에머슨

위대한 것은 방향을 결정하는 것이다. _프리드리히 니체

위대한 인물은 자기 운명을 탓하지 않는다. _아르투어 쇼펜하우어

위대한 사람은 소인배를 대하는 방법에서 그 위대함을 드러낸다.
_토머스 칼라일

위대한 사람이 아니라 좋은 사람을 얻어야 한다. _데브라 벤트

위대한 사람은 목적을 품고, 평범한 사람은 소망을 품는다. _워싱턴 어빙

위대한 인물들은 성공의 열매를 즐기기 위해 기꺼이 실패의 가능성에 맞서
왔다. _브라이언 트레이시

1분 인생 독본 나이가 들수록 멋지게 살자. 젊은 날도 아름답지만 나이가 들
어서 경험이 풍부한 노년의 모습도 멋지다. 나이가 들어가면 갈수록 나이만
큼 추하게 늙지 않고 나이가 들수록 멋지게 살고 싶다. 늘 건강하고 할 일을
꾸준히 해가며 가족과 주변 사람들에게 짐이 되지 않는 즐거움 속에 살고 싶
다.

1분 좋은 시

한바탕 쏟아져
내 갈 길 막아놓더니
구름 따라가 버렸다
마음이나 적셔주고 가지 _용혜원, '소나기'

영화·드라마 속 명대사 "가끔은 아주 작은 것들이 사람의 마음을 가득 채우
는 거야!"_영화, '곰돌이 푸'

테니스 선수 캐시 호프바트
나는 이기기 위해서 싸웠다.

온몸을 던져 집중하고 몰입하여 경기하는 선수는 승리한다. 승리는 내가 만드는 것이지 남이 승리를 대신해주지 못한다. 나브라틸로바는 1993년 5월 28일 프랑스 오픈 테니스 대회가 열리는 파리 대회에 참석하였다. 나브라틸로바와 캐시 호프바트의 대전이었는데 모든 테니스 팬은 나브라틸로바에게 관심을 보였다. 세계 1위 나브라틸로바와 세계 45위 캐시 오프바트의 대전이었기 때문이다. 나브라틸로바는 그해 35전 전승이었다. 1992년까지 나브라틸로바의 기록은 90승이었다. 이 경기는 1만 6천 명의 관중이 보는 가운데 진행되었다. 캐시 호프바트는 나이가 17세였다. 경기에서 놀랍게도 캐시 호프바트가 이겼다. 경기가 끝난 다음 승리의 비결을 묻는 질문에 캐시 호프바트는 이렇게 대답했다. "나는 이기기 위해서 싸웠다!" 모든 경기에서는 상대방을 파악하는 지식이 있다면 이길 수 있다.

1분 명언

다른 사람을 아는 것은 지식이지만 자신을 아는 것은 진정한 지혜다. 다른 사람을 휘두르는 것은 힘이지만 자신을 휘두르는 것은 진정한 능력이다.
_라오 츄

성공의 첫 번째 조건은 자신의 육체적·정신적 에너지를 하나의 문제에 지치지 않고 계속해서 집중할 수 있는 능력이다. _토머스 에디슨

기회가 없다면 능력도 쓸모가 없다. _나폴레옹 보나파르트

1분 인생 독본
한 시간 동안 행복하고 싶다면 낮잠을 자고, 하루 동안 행복하고 싶다면 낚시를 하고 한 달 동안 행복하고 싶다면 결혼하고 한 해 동안 행복하고 싶다면 유산을 물려받고 평생 행복하고 싶다면 남에게 베풀어라.

043 episode 가치 있는 삶
성공이나 실패도 버릇이다.

헨리 워즈워스 롱펠로는 가치 없는 종이쪽지에 시를 써서 6천 불의 가치를 만들었다. 록펠러는 종이쪽지에 자기 이름을 사인함으로써 그것을 백만 불이 될 수 있게 하였다. 미술가는 50센트짜리 캔버스 위에 그림을 그려 10,000달러의 작품도 만들 수 있다. 우리의 삶도 마찬가지다. 기회가 올 때 기회를 잡아 열정적으로 도전하여 나간다면 어떤 어려움도 극복하여 나갈 수 있다.

싱폴이 이런 말을 했다. "기회란 두 번 다시 자네의 문을 노크한다고 생각하지 말라." 실러는 '기회는 새와 같은 것, 날아가기 전에 붙잡아라.'라고 말했다. 실패에서 교훈을 얻을 수 있는 사람은 시원치 않게 성공한 사람보다 큰 성공을 얻을 수가 있다. 떡은 떡집에서 만들어내듯이 열정을 갖고 살아갈 때 꿈과 비전을 이루어갈 수가 있다. 실패는 도리어 배울 기회를 준다. 누구나 실패를 싫어한다. 그러나 실패를 체험하지 않은 사람은 참다운 성공의 진가와 가치를 모른다. 유대인의 속담에 '성공이나 실패도 버릇이다.'라는 말이 있다. 삶을 멋지게 펼쳐 나가자. 단 한 번뿐인 삶을 가치 있게 살아야 한다.

1분 명언
기회는 온갖 노력의 최상 선장이다. _소포클레스
기회가 오지 않을 때는 스스로 기회를 만들라. _새뮤얼 스마일스
기회는 발견할 때마다 붙잡지 않으면 안 된다. _벤저민 프랭클린
기회가 두 번 너의 문을 두드린다고 생각하지 말라. _샹포르

1분 인생 독본 수우미양가는 다음과 같다. 수(秀)는 '빼어날 수'로 특히 우수하다. 우(優)는 '넉넉할 우' 역시 우수하다. 미(美)는 '아름다울 미'로 좋다. 양(良)은 '좋을 양'으로 훌륭하다. 착하다 가(可)는 '가능할 가'로 가능성을 갖고 있다는 말이다.

1분 좋은 시
나무는 말이 없다
한 그루 자체가
커다란 외침이다 _용혜원, '나무는 말이 없다'

책 속의 좋은 말 꿈은 모든 사람의 삶에 꼭 필요한 재산이며 최후의 희망이다. 설사 가진 것이 없더라도 꿈이 있다면 어떤 일이라도 다시 시작할 수 있다. _위화의 소설, <형제> 중에서

영화·드라마 속 명대사 "기다려라! 그리고 희망을 품어라."
_영화, '몬테크리스토 백작'

벤허 이야기

오! 하나님, 이 영화를 정말 내가 만들었습니까?

'벤허' 영화는 1907년에 15분 정도의 단편 무성 흑백 영화로 처음 만들어졌다. 그리고 1925년 다시 한 차례 무성 영화로 리메이크되었다. 오늘날 우리가 알고 있는 '벤허' 영화는 윌리엄 와일러 감독의 작품이다. 찰턴 헤스턴이 주연이다. 총출연 인원 125,477명 제작 기간 10년 걸린 1959년도 작품이다. 와일러 감독은 영화 시사회 때 자리에서 벌떡 일어나서 외쳤다.

"오! 하나님, 이 영화를 정말 내가 만들었습니까?"

어떤 목표를 세우고 나간다는 것은 인생에 있어서 지극히 필요한 일이다. 이미 지나간 일에 대한 체념 또한 절대로 필요하다. 다시 말해서 힘차게 나갈 때는 나가고 물러설 때는 물러설 줄 아는 것이 인생을 행복하게 만드는 지혜다. 실패에 대해서 너무 상심하고 심각하게 고민하기 때문이다.

▼ 1분 명언

감동은 자신의 가능성과 만나는 것이다. 사람마다 지닌 감동의 안테나가 다르고 따라서 감동하는 대상도 다르다. _히라노 히데노리

어떤 이는 우리의 삶 안으로 들어왔다가 바로 사라진다. 그러나 어떤 이는 우리의 마음과 영혼을 일깨우는 감동으로 머무르며 영원히 우리를 변화시킨다. _작자 미상

타인에게 감동을 주려면 먼저 자기가 감동하지 않으면 안 된다. 그렇지 못하면 제아무리 우수한 작품일지라도 생명이 길지 못하다. _장 프랑수아 밀레

우리들은 감탄과 희망과 사랑으로 산다. _윌리엄 워즈워스

▼ 1분 인생 독본

데일 카네기는 자기 나름대로 경영 철학이 있었다. 그는 돈을 버는 것에만 목적을 두지 않았다. 모든 직업에서 저금통장을 만들어주고 희망을 품게 했으며, 모든 직원이 자기 집을 갖고 행복하게 살 수 있도록 힘썼다. 자신만을 위한 사업은 금방 망한다. 더불어 행복한 삶을 살아가는 사업

의 철학을 갖는 것도 중요하다.

1분 좋은 시
온 세상이
찬바람에 싸여
꽁꽁 얼어붙고 있지만
포장을 살짝 걷고
들어오세요.
따뜻함이 있어요. _용혜원, '포장마차'

영화·드라마 속 명대사 "나는 거짓으로 살 수 없어. 헬렌아! 할 수 없어."
_영화, '트루 라이즈'

045 조선 중기 명창 학산수
기회는 날아가는 새와 같다.

조선 중기의 학산수는 명창으로 이름이 났다. 산에 들어가 노래 공부를 했다. 신발을 벗어놓고 한 곡을 부를 때마다 모래를 한 알씩 던져 신이 모래로 가득 차야 돌아왔다. 나중에는 신발에서 풀이 돋아났다. 한 번은 도적을 만나 죽을 처지에 놓였다. 서글픈 생각이 들어 바람결 따라 노래를 불렀더니 도적 떼가 감격하여 모두 눈물을 흘렸다. 도적들은 빼앗은 물건을 돌려주고 잘 대접하여 보냈다는 이야기가 박지원의 <형언도필첩서>에 나온다.
사람은 제각기 자신만이 가지고 있는 기질이 있고 자기가 살아나가는 방법이 있다. 한마디로 그 사람마다 자신이 가진 습관과 개성이 있다. 명창이 되고 명인이 되고 장인이 되려면 삶의 계획을 분명하게 세워 때를 맞추어 이루어 가야 한다. 기회는 날아가는 새와 같다. 날아가기 전에 잡아라.

1분 명언

계획이란 미래에 대한 현재의 결정이다. _피터 드러커

계획을 이해하기 위해서 당신은 많은 것을 결정해야 한다. _데브라 벤트

계획이 있는 사람은 힘이 있는 사람이다. _존 맥스웰

계획을 세우지 못하는 것은 실패를 계획하는 것이다. _에피 존스

계획을 수립하는 데는 일을 성취하는 데 드는 만큼의 노력을 기울여야 한다.
_지그 지글러

계획 없는 목표는 단지 소망일 뿐이다. _앙투안 드 생텍쥐페리

1분 인생 독본 표정이 살아야 인생이 산다. 인간의 표정은 어떤 것이 진짜 모습인지 알 수 없을 정도로 다각도로 변한다. 표정에 있어 아름다운 모습이 사라질 때 추한 모습이 더 확실하게 드러난다. 90대지만 소녀처럼 해맑고 순수한 모습을 보인다는 것은 즐겁게 웃고 살며 쾌활하고 긍정적인 마음을 지니고 살아왔기 때문이다. 중년인데 얼굴이 일그러지고 주름살이 가득한 것은 격렬한 감정과 불만과 회의와 불신의 씨앗이 만들어놓은 결과이다. 아름다운 주름살은 순수한 마음에서 생기지만 보기 안 좋은 주름살은 성급한 성격에서 생긴다.

1분 좋은 시

동그란 두 바퀴 속에
온 세상 달려가고픈
마음 가득하다 _용혜원, '자전거'

영화·드라마 속 명대사 "널 힘들게 하는 것들이 결국 너를 행복하게 해줄 거야!" _영화, '덤보'

046 저술하지 않는 이유

약속은 지켜야 약속이다.

약속은 지켜야 약속이다. 약속을 지키지 않으면 절대로 신뢰할 수가 없다. 철학자 데이비드 흄은 만년에 경제적으로 매우 풍부해졌다. 그러자 흄은 저술하기로 약속한 대 영국사를 계속하여 집필하지 않았다. 그의 친구가 대 영국사를 쓰도록 권유할 때마다 흄은 말했다. "내가 지금 글을 쓰지 않은 이유는 네 가지다. 첫째, 나는 나이가 너무 많다. 둘째, 나는 지나치게 살이 쪄서 뚱뚱하다. 셋째, 나는 너무 게으르다. 넷째, 나는 지금 돈이 많다." 자신의 할 일을 이유와 핑계를 대고 지키지 않는 것은 어리석은 일이다.

▼ 1분 명언

염려가 생각을 통제할 때 자신의 엄청난 잠재력을 조금도 발휘할 수 없다.
_존 맥스웰

우리는 마음을 염려해야 하며 외모를 염려해서는 안 된다. _이솝

쓸데없는 염려 때문에 고생하기보다는 미리 생각하여 계획하는 편이 중요하다. _윈스턴 처칠

늘 염려하는 사람은 자신의 희망과 행복과 꿈들을 모두 산산조각내 버린다.
_존 맥스웰

다가올 일을 염려하지 말고 사라질 것을 슬퍼하지 말라. 자신을 잃어버리지 않을까 염려하고, 하늘을 내 안에 품지 못하고 시간의 흐름에 휩쓸려가는 걸 슬퍼하라. _프리드리히 슐라이어마허

▼ 1분 인생 독본

당신은 갖고 있다.
당신은 세계에서 성공한 사람들과 똑같은 손을 가지고 있다.
당신은 세계에서 성공한 사람들과 똑같은 발을 가지고 있다.
당신은 세계에서 성공한 사람들과 똑같은 눈을 가지고 있다.

당신은 세계에서 성공한 사람들과 똑같은 입을 가지고 있다.
당신은 세계에서 성공한 사람들과 똑같은 귀를 가지고 있다.

▼ 1분 좋은 시
살다 보면 가슴이 꽉 메어 답답하고
가슴을 쪼개놓은 듯 못 견디게 아플 때
서로 말문을 트면 씻은 듯이 가슴을
시원하게 해주는 좋은 친구가 있다 _용혜원, '좋은 친구'

▼ 영화·드라마 속 명대사 "평안한 곳을 벗어나서 모험해. 그럴 만한 가치가 있
을 거야!"_영화, '라푼젤'

047 영웅이라 불리는 나폴레옹 보나파르트
나폴레옹의 이름을 빛나게 만들어놓았다.

이 세상에서 가장 많이 알려지고 이름이 오르내리는 황제는 나폴레옹이다.
왜 사람들은 나폴레옹을 부르고, 찾고, 기억하기 좋아할까? 그가 사랑받는
이유는 평범한 사람들의 꿈을 이루어주었기 때문이다. 나폴레옹은 아무 배
경도 없는 가난한 집에서 태어나 권력과 부를 누리고 세계를 정복하여 최고
의 권력자가 되었기 때문이다. 나폴레옹의 독특하고 매력적인 특성이 그에
게 명성을 가져다주었다. 나폴레옹은 얼굴이 못생기고 자제력이 없고 성격
이 폭발적이며 가늠할 수 없도록 잔인하였다. 세인트 헬레나 섬에 유배되어
비참하고 굴욕스럽고 고통스럽게 살았지만 도리어 나폴레옹은 영웅이라는
칭송을 받으며 후세에까지 이름을 날렸다.

▼ 1분 명언
마음의 눈을 뜨고 길에서 만나는 모두를 맛보라. 당신의 행복을 성공으로

평가하지 말고 인생이라는 여행 전반을 즐겨라. 행복 그 자체가 길이다.
_웨인 다이어

바보는 방황하고 현명한 사람은 여행한다. _토머스 풀러

1분 좋은 시

어느 날 하루는 여행을 떠나 발길 닿는 대로 가야겠습니다
그날은 누구를 꼭 만나거나 무슨 일을 해야 한다는
마음의 짐을 지지 않아서 좋을 것입니다
하늘도 땅도 달라 보이고 날아갈 듯한 마음에 가슴 벅찬 노래를 부르며
살아 있는 표정을 만나고 싶습니다
시골 아낙네의 모습에서 농부의 모습에서 어부의 모습에서
개구쟁이들의 모습에서 모두를 새롭게 알고 싶습니다
정류장에서 만난 사람에게 가벼운 목례를 하고
산길에서 웃음으로 길을 묻고 옆자리의 시선도 만나
오며 가며 잃었던 나를 만나야겠습니다
아침이면 숲길에서 나무들의 이야기를 묻고
구름이 떠가는 이유를 알고 파도의 울부짖는 소리를 들으며
나를 가만히 들여다보겠습니다
저녁이 오면 인생의 모든 이야기를 하룻밤에 만들고 싶습니다
돌아올 때는 비밀스러운 이야기로 행복한 웃음을 띠겠습니다
_용혜원, '어느 날 하루는 여행을'

영화·드라마 속 명대사 "제 철학 가운데 이런 것이 있어요. 기억하기에 즐거운 과거만 생각하라는 것!"_영화, '오만과 편견'

미국의 철학자 존 듀이의 인생 철학

삶은 단 한 번밖에 살 수 없다.

미국의 철학자이자 교육학자인 존 듀이의 90세 생일 잔치에 젊은 의사가 질문했다. "좋은 일을 많이 하시고 이제 90세가 되셨는데 앞으로 무엇을 하실 생각인가요?" 존 듀이는 웃으며 말했다.

"산맥은 깊다. 산 하나를 넘으면 또 다른 산이 보인다. 나는 여전히 새로운 산을 도전할 것이다. 만일 바라볼 높은 봉우리가 보이지 않으면 내 인생은 끝난 것이다."

아침에 동쪽 하늘에 붉게 떠오르는 태양을 바라보라. 어둠을 뚫고 찬란하게 빛을 발하는 것이 얼마나 멋지고 아름다운가! 삶은 단 한 번밖에 살 수 없다. 누구나 삶을 가장 멋지고 아름답게 살고 싶다. 얼마나 많은 사람이 멋진 인생을 꿈꾸는가? 얼마나 많은 사람이 꿈도 없이 다람쥐 쳇바퀴 돌듯 변화 없이 살아가는가? 자기의 소중한 것을 찾아내면 값있게 살아갈 수 있다. 사랑하며 살아가면 살 재미가 톡톡 붙는다.

1분 명언

매일매일의 소중함보다 더 소중한 것은 없다. _요한 볼프강 폰 괴테

시간은 인간이 쓸 수 있는 것들 가운데 소중한 것이다. _디오게네스

다른 사람들에게 자신의 가장 소중한 것을 베푼다면 당신 또한 그들로부터 그들의 가장 소중한 것을 얻게 된다. _하비 S 파이어스톤

낭비한 시간에 대한 후회는 더 큰 시간의 낭비다. _메이슨 쿨리

1분 인생 독본 말 한마디의 지혜가 있다. 친절한 말 한마디는 마음을 편안하게 하고 불친절한 말 한마디는 기분을 상하게 한다. 부드러운 말 한마디는 긴장을 풀어주고 거친 말 한마디는 마음을 불안하게 한다. 사랑의 말 한마디는 희망을 주고 고압적인 말 한마디는 두려움을 준다. 즐거운 말 한마디는 친구를 만들며 실없는 말 한마디는 싸움의 불씨가 된다. 성의 있는 말 한마

디는 서로를 믿게 하고 불성실한 한마디는 불신을 가져온다. 칭찬을 한마디는 용기를 갖게 하며 비난의 한마디는 분노를 일으킨다.

1분 좋은 시
바닷속
물고기들의
경쾌한 합창 소리 _용혜원, '파도'

영화·드라마 속 명대사 "기억 저편에 사라졌다. 그의 모습들이 하나둘 떠오른다. 하지만 그 추억은 당신 것이기에 돌려드린다. 가슴 아파서 이 편지는 보내지 못할 것 같아!"_영화, '러브레터'

049 episode **대나무의 기적**
인내할 줄 아는 사람이 기적을 본다.

꾸준히 인내할 줄 아는 사람이 기적을 본다. 기다릴 수 있는 사람이 눈앞에 기적을 바라본다. 꿈을 이루는 사람, 성공하는 사람의 특징은 기다릴 줄 아는 사람이다. 곧게 자라나는 대나무는 씨앗을 심은 후 첫 4년 동안에는 죽순만 하나씩 돋아난다. 다른 것은 아무것도 없다. 하지만 그렇게 죽순만 나오는 4년 동안 땅속에서는 뿌리가 잘 자라나 튼튼하게 뿌리를 박게 된다. 그리고 5번째가 되면 대나무가 쑥 자라난다. 죽순으로 보내는 4년의 세월도 가치가 있다. 꿈을 가지고 그 꿈을 이루기 위해 기다리는 시간은 보람이 있다. 기다림은 아름답다.

1분 명언
우주에 기적이 아닌 것은 없다. _월트 휘트먼
커다란 사랑이 있는 곳에는 언제나 기적이 존재한다. _윌라 캐더 삶을 사는 방식에는 오직 두 가지가 있다. 하나는 모두를 기적이라고 믿는 것이고 다른 하나는 기적이 없다고 믿는 것이다. _알버트 아인슈타인

기적은 그것을 믿는 자에게만 일어난다. _프랑스 속담

1분 인생 독본 운명은 개척해 나가는 것이다. 인간은 자기 마음대로 아무것도 할 수 없다. 행복과 불행도 원하면 도망치고 말 때가 있다. 그래서 인간은 체념하기도 한다. 그러나 운명은 정해진 대로 사는 것이 아니라, 내가 새롭게 개척하여 나갈 수 있다. 비록 산길 같은 운명일지라도 등산하며 넘어갈 것이고 그렇지 않으면 굴을 뚫어서라도 넘어가야 한다.

1분 좋은 시
얼기설기 놓아야
불타는 소리가
선명하다 _용혜원, '장작불'

책 속의 좋은 말 "앞일을 생각하는 건 즐거운 일이에요. 이루어질 수 없을지라도 생각하는 건 자유거든요. 린드 아주머니는 '아무것도 기대하지 않는 사람은 아무런 실망하지 않으니 다행이지!'라고 말씀하셨어요. 하지만 저는 실망하는 것보다 아무것도 기대하지 않는 게 더 나쁘다고 생각해요!"

_루시 모드 몽고메리 소설, <빨간 머리 앤> 중에서

영화·드라마 속 명대사 "살아 있다는 건 참 멋진 것 같아!"_영화, '빨간 머리 앤'

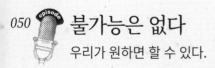

050 **불가능은 없다**
우리가 원하면 할 수 있다.

세계 문학사에 큰 영향을 끼친 <일리아드>와 <오디세이>의 저자 호머는 시

각장애인이었다. 베토벤은 32세에 귀머거리가 되었지만 그 후에 그는 주옥 같은 심포니를 작곡했다. 돈키호테를 쓴 스페인 최고의 작가인 세르반테스는 전쟁터에서 왼쪽 팔을 잃은 상이군인이었다. 헬렌 켈러는 앞을 볼 수도 들을 수도 말할 수도 없었지만, 대학교의 인기 강사였으며 책을 저술하였다. 미국 대통령 중에서 가장 인기 있고 가장 일을 많이 했고 가장 오랫동안 유임했던 프랭클린 루스벨트 대통령은 소아마비였지만 훌륭한 정치를 하였다.

우리가 원하면 할 수 있다. 아무것도 원하지 않는 사람은 무능력한 사람이다. 도전하지 않고 실행하지 않아서 불가능한 것이지 실행하고 도전하면 거침없이 무엇이든지 할 수 있다. 넘치는 자신감을 가져라. 뜨거운 도전 정신을 가져라.

1분 명언

불가능은 소심한 자의 환영이며 비겁한 자의 도피처다. _나폴레옹 보나파르트

나의 사전에는 불가능은 없다. _나폴레옹 보나파르트

불가능하다고 생각하든, 가능하다고 생각하든 당신의 믿음대로 될 것이다. _헨리 포드

사랑하는 마음은 누군가가 선물을 주는 게 아니라 열심히 노력해서 얻는 것이다. _윌리엄 B. 예이츠

1분 인생 독본 사랑했던 날들이 모여 행복을 만들고 늘 그리움에 젖게 하는 풍경을 만든다. 사랑하는 사람과 함께하는 시간은 모두 다 아름다운 순간이다. 삶은 가장 아름다운 물감으로 그려놓은 멋진 그림으로 남는다. 사랑을 나누며 살아가는 날들이 삶 속에서 아름다운 풍경을 만든다.

1분 좋은 시

내 마음에 샘이

쏟아져 내리면

한 편의 시가 된다 _용혜원, '한 편의 시'

책 속의 좋은 말 내가 전달하고자 하는 요지는 사람들이 소설을 완성하고 나면 자신을 대단히 자랑스러워하면서 그쯤에서 만족하고 '어디 팔 데가 없나?' 하고 찾지만, 진정한 프로는 작품을 쓰고 나서도 한 문장 한 문장 다듬는 일부터 시작하여 작품 전체를 여러 번에 걸쳐서 갈고 닦아 마침내 작품다운 작품을 만들어낸다는 것이다. _오그 만디노, <위대한 상인의 비밀> 중에서

영화·드라마 속 명대사 "순순히 어두운 밤을 받아들이지 마오. 노인들이여! 저무는 하루에 소리치고 저항하라. 분노하고, 분노해요, 사라져 가는 빛!" _영화, '인터스텔라'

051 episode 특이한 상술
지혜가 있는 사람이 지혜로운 행동을 한다.

사람마다 좋아하는 것들이 있다. 자기가 원하는 것을 하며 사는 것이 행복이다. 이스라엘 수상을 지낸 적이 있는 모세 디얀 장군은 골동품 수집가로 알려져 있다. 디얀 장군은 골동품 가게에서 대금을 지급할 때면 언제나 수표로 지급하였다. 그러면 골동품상 주인은 그 수표를 현금과 바꾸지 않고 액자에 넣어 손님들의 눈에 띄기 쉬운 진열대에 전시하였다. 액자 밑에는 이렇게 써 놓았다. '모세 디얀 장군이 손수 서명한 수표를 팝니다!' 이것을 본 미국 관광객들이 앞다투어 그 수표를 좋은 값에 사가려고 모여들었다고 한다. 참으로 특이한 상술이다. 지혜가 있는 사람이 지혜로운 행동을 한다.

1분 명언
지혜는 모든 것보다 우월한 것이다. _발타자르 그라시안

지혜가 없는 정의는 불가능하다. _제임스 프로드

지혜는 경험의 딸이다. _레오나르도 다 빈치

지혜는 진리 속에만 있다. _요한 볼프강 폰 괴테

지혜는 곤란으로부터 온다. _아이스킬로스

지혜는 최선의 수단으로 최선의 목적을 추구하는 것이다. _프랜시스 허치슨

1분 인생 독본 스타일(STYLE)은 사물의 존재 양태나 사람의 행동에 드러나는 독특하고 일정한 방식, 미술, 건축, 음악, 문학 등에서 특정한 유파나 시대에 나타나는 독특한 양식을 말한다. 옥스퍼드 사전에는 스타일을 '대단히 뛰어난 자질'로 표현한다. 스타일은 그 사람만의 독특한 자질이며 돈으로 사는 것이 아니다.

1분 좋은 시

하루를 살아도

가슴에 찡한

감동을 만들며 살고 싶다 _용혜원, '하루'

책 속의 좋은 말 문제가 생기는 것은 그리 나쁜 일이 아니다. 위기에 대처하는 것은 성공 주기를 방해하는 대신 오히려 가속할 수 있다. 과거에 문제를 성공적으로 해결한 사람들은 새로운 위험이 닥쳐도 위기감을 덜 느낀다. 리더의 잠재력을 가진 사람들은 위기 극복에 성공하거나 역경을 무사히 극복했을 때 더 강해질 수 있다. _로자베스 모스 캔터, <자신감> 중에서

영화·드라마 속 명대사 "영화는 꿈이야! 잊히지 않는 꿈!" _영화, '파벨만스'

052 세잎 클로버 네잎 클로버에 관한 이야기
우리가 원하는 행복이다.

누구나 잔디밭 한 구석에서 한 번쯤은 누구나 네잎 클로버를 찾아보았을 것이다. 네잎 클로버를 찾게 되면 괜히 마음이 뿌듯해지는 느낌을 가져보았을

것이다. 또 아마도 네잎 클로버를 찾으면 바로 뽑거나 잘라서 책갈피나 여기저기에 보관하기도 한다. 거기 있던 세잎 클로버는 그대로 버려두었을 것이다. 네잎 클로버를 찾기 위해 그냥 내버려두었던 세잎 클로버의 꽃말은 무엇일까? 행복이다. 네잎 클로버는 행운이다. 네잎 클로버를 찾는다고 그냥 내버려두었던 세잎 클로버가 우리가 원하는 행복이다. 우리에게는 많은 행복의 조건이 있는데 행운을 찾다가 행복을 잃어버리거나 소홀히 하는 것은 아닌가 생각해보아야 한다.

1분 명언
행복이란 후회가 없는 만족함이다. _레프 톨스토이
행복은 보상이 아니라 결과다. _잉거솔
행복한 인간이란 자기 인생의 끝을 처음에 이을 수 있는 사람이다.
_요한 볼프강 폰 괴테
행복은 자족 속에 있다. _아리스토텔레스
행복한 생활은 마음의 평화에서만 성립할 수 있다. _키케로
행복이란 그대로 변하지 않고 이어지기를 원하는 것이다. _베르나르 퐁트넬
오늘은 웃는 것 외에는 할 일이 없다. _폴 사이먼

1분 인생 독본
잠재력을 가만히 놔두면 무능력하다. 자기 잠재력을 사용하라. 자기 자신에게 숨은 잠재력을 발휘하라. 마이클 린버그는 '잠재력을 실현하고 특별한 삶을 만들고자 노력할 때 당신의 사소한 승리들이 모여 당신을 지탱해 줄 것이다. 그리고 당신의 꿈까지 다리를 놓아줄 것이다.'고 말했다.

1분 좋은 시
호수를 바라보다
고독해서
돌 하나 던졌더니
눈물이 호숫가로

번지기 시작한다 _용혜원, '호수'

영화·드라마 속 명대사 "사랑하는 사람의 맥박은 가슴이 아니라 얼굴에서 뛰는 거래. 그래서 그 마음을 숨길 수가 없는 거래." _영화, '연리지'

053 <실낙원>의 작가 존 밀턴
창작이야말로 삶을 즐겁게 해주는 출구다.

창작하는 기쁨은 예술가들만이 느낄 수 있는 최고의 기쁨이다. <실낙원>의 작가 존 밀턴은 말년에 매우 비참했다. 한때는 정치에도 참여하고 혁명적 투사 기질을 갖고 젊은 시절을 바쁘게 지냈다. 말년에 왕정이 복구되면서 처형 당할 뻔한 위기를 넘긴 후 시골에서 은둔 생활을 하였다. 어려움과 고통이 찾아와 실명하여 극심한 좌절과 정신적 혼란을 겪기도 하였다.
그러나 이때부터 젊은 시절 10년 동안 구상해 오던 대서사시 <실낙원>을 쓰기로 마음을 먹었다. 작품을 시작하였으나 눈이 보이지 않아 또다시 실의에 빠지기도 하였다. 장장 열두 권인 <실낙원>을 받아 적게 하며 집필했다. 밀턴의 말년은 자신에게는 즐겁고 보람된 하루하루였다. 창작이야말로 삶을 즐겁게 해주는 출구다.

1분 명언
고통은 영혼을 정제한다. _에밀 시오랑
고통을 통해 강해짐은 참으로 숭고한 영적 원리이다. _헨리 워즈워스 롱펠로
고통 없는 인생은 없다. _오 헨리
고통 없이 굴욕 없이 어떤 위대한 일도 이루어진 일이 없다. _뉴맨

1분 인생 독본
삶이 힘이 들고 눈앞이 캄캄할 때 모두를 던져버리고 뛰쳐나가고 싶다. 귀찮고 싫은 것들에서 뒤돌아서 확 떠나고 싶다. 세상만사 될 대

로 되라고 포기하면 정말 끝장이 나고 만다. 어떤 일이든 새롭게 바뀌는 순간이 다가온다. 해리엇 비처 스토위는 '어떤 일을 하다 보면 모든 것이 나를 짓누르는 것 같아 1분도 더는 못 견디지 못할 것 같은 순간이 와도 포기하면 안 된다. 때가 되면 상황은 저절로 바뀔 것이기 때문이다.'고 말했다.

1분 좋은 시

그대는 기억하고 싶고

소중하게 간직하고 싶고

누구에게나 말하고 싶은

삶의 아름다운 장면 하나 간직하고 있습니까

그 그리움 때문에

삶을 더 아름답게 살아가고 싶은

용기가 나고 힘이 생기는

삶의 아름다운 장면 하나 간직하고 있습니까 _용혜원, '삶의 아름다운 장면 하나'

영화·드라마 속 명대사 "네가 나랑 있는 동안 행복한 줄 알았는데 헤어지자, 말할 때 그때 너, 행복해보였어!"_영화, '멋진 하루'

054 내가 해야 할 일

해야만 할 일이기에 먼저 맡았을 뿐이다.

꼭 해야 할 일이 있다면 나부터 먼저 하는 것이 바람직하다. 미국 케임브리지 대학에서 불이 났을 때 일이다. 불이 나자 학생들은 모두 다 불을 끄기 위하여 릴레이식으로 줄을 서서 물을 날랐다. 추운 날씨였는데 헤어라는 학생이 물속에 들어가 물을 퍼주는 일을 하였다. 원래 허약하고 건강하지 못한 그를 보고 교수가 물었다. "여보게! 자네는 허약한데 왜 이렇게 힘든 일을 자청하였나?" 헤어는 이 일은 분명 누군가는 해야만 할 일이기에 자신이 먼저 맡았을 뿐이라고 대답했다.

1분 명언
일은 계획을 미리 세우고 시작해야 한다. _소학
일은 인생의 맛을 내는 소금이다. _토머스 풀러
일은 나쁜 짓과 빈곤함을 물리친다. _앙드레 모로아
일은 고귀한 마음의 영양이다. _세네카
일하는 고통이야말로 참된 기쁨이다. _마리니우스

1분 인생 독본 나에게 없는 것보다 내가 갖고 있는 것을 먼저 생각하라. 내가 갖고 있는 것 중에서 가장 좋은 것을 골라보라. 곰곰이 생각해보라. 얼마나 열심히 내가 얼마나 그것을 추구했는지 그리고 만일 나에게 그것들이 없다면 어떻게 되었을까 생각해보라. 나는 소중한 것들을 많이 갖고 있다.

1분 좋은 시
술잔에 뜬 달
너무 아름다워
마셔버렸다 _용혜원, '술잔에 뜬 달'

책 속의 좋은 말 희망이란 본래 있다고 할 수도 없고 없다고도 할 수 없다. 그것은 마치 땅 위의 길과 같은 것이다. 본래 땅 위에는 길이 없다. 걸어가는 사람이 많아지면 그것이 길이 되는 것이다. 난관 속의 절망에 빠져 있을 때도 헤쳐나가면 길이 생기고 희망이 보이는 것이다. 쓸데없는 일에 시간을 빼앗기지 말아야 한다. 삶은 결국의 자신의 선택과 행동에 따라서 운명이 달라지는 것이다. _루쉰, <고향> 중에서

영화·드라마 속 명대사 "이 사랑이 떠나지 않게 해주세요! 사랑이란 걸 너무 늦게 알았어요." _영화, '시월애'

바이올리니스트 파가니니 연주
세계적인 명성을 얻었다.

아름다운 바이올린 연주는 사람들의 마음에 감동을 전한다. 세계적인 바이올리니스트 니콜로 파가니니가 연주 도중에 줄 하나가 끊어졌다. 바라보는 관객이 숨죽이고 있는데 파가니니는 침착하게 세 줄로 연주를 계속했다. 그러다 연주 중에 한 줄이 또 끊어지고 말았다. 파가니니는 역시 침착하게 두 줄로 연주하였다. 그때 또 하나의 줄이 날카로운 소리를 내며 끊어져 버렸다. 연주를 잠시 멈추더니 한 손으로 바이올린을 높이 쳐들고 '줄 하나의 파가니니!' 라고 외치고 나서 노련한 기량으로 연주했다. 연주가 끝나자 관객들은 일어서서 환호하며 박수를 보냈다. 그가 바로 이탈리아가 낳은 세계적인 바이올리니스트 니콜로 파가니니다.

▼ 1분 명언

명성은 행동의 결과다. _아리스토텔레스

명성은 좋은 사람이 좋은 사람에게 베푸는 칭찬이다. _세네카

명성은 얻기는 어렵고 잃기는 쉽다. _영국 속담

명성은 영웅의 행동 향기다. _소크라테스

명성은 정신의 생명이다. 호흡이 육체의 생명인 것과 같다. _발타자르 그라시안

명성은 젊은이에게 광채를 주고 노인에게는 위엄을 준다. _랠프 월도 에머슨

▼ 1분 인생 독본

1분 인생 독본 삶은 단순하게 살아가야 마음이 편하다. 단순과 복잡은 극과 극의 차이를 나타낸다. 어떤 일이든 복잡은 불안하게 만들고 힘들게 한다. 단순(單純)은 복잡하지 않고 간단한 것을 말한다. 단순하게 사는 사람들이 자기가 해야 할 일에 몰입하고 열중하여 이루어내는 집중력을 잘 발휘한다. 단순한 사람들은 순수하게 해맑은 모습을 보인다. 머리를 복잡하게 굴리고 쓸데없이 따지는 사람들이 문제다. 단순하게 산다라는 것은 모든 일을 복잡다단하고 어수선하게 만들지 않고 일하기 쉽게 만드는 것이다.

갑자기

비 비 비 비 비 비가

쏟아지던 날 큰 우산을 펴들면

왠지 허전하다

이럴 때 동행하는 이가 있다면

얼마나 낭만적일까 _용혜원, '갑자기 비 쏟아지던 날'

▼ **영화·드라마 속 명대사** "우산이 있는데 비를 맞는 사람이 어디 저 하나뿐인

가요!"_영화, '클래식'

056 **프랑스 화가 피에르 오귀스트 르누아르**
고통이야말로 나의 스승이다.

고통 속에서 성장한 것이 강하다. 시련 속에서 이루어진 것에 애착이 간다. 프랑스 화가 르누아르는 가난한 가정에서 태어나 제대로 그림 공부를 할 수 없었다. 도자기 공장에서 일하면서 집에 생활비를 보내고, 일하는 동안 틈틈이 도자기에 그림을 그려넣었다. 그 후 프랑스 화단에서 인정받아 화가의 길을 걷게 되었다. 르누아르는 심한 신경통으로 손을 거의 사용할 수 없어서 붓을 팔목에 붙들어 매고 그림을 그렸다.

어느 날 르누아르가 그런 모습으로 그림을 그리는 것을 본 방문객이 물었다. "선생님, 이런 손으로 어떻게 명작을 그릴 수 있으셨습니까?" 르누아르는 말했다. "그림은 손으로 그리는 것이 아닙니다. 눈과 마음으로 그리는 것입니다. 교만한 붓으로 그린 그림에는 생명력이 없습니다. 이 고통이야말로 내게는 소중한 스승입니다."

1분 명언

교만은 이기심의 한 형태다. _DH 로렌스

교만이란 밭에서는 모든 죄의 잡초가 자란다. _윌리엄 바클레이

교만은 엄청난 실수로 가장 밑바닥에 있는 것이다. _존 러스킨

교만의 시작은 하늘이요 그 계속함은 땅이며 그 마침은 지옥이다. _아이작 뉴턴

교만한 머리에서는 어떤 좋은 생각도 나오지 않는다. _존 웨슬리

교만한 자는 오래가지 못한다. _영국 속담

1분 인생 독본 삶을 멋있게 살고 싶다면 최선을 다하라. 최선을 다하면 기분이 좋아지고 보람을 느낀다. 최선(最善)은 가장 뛰어난 것을 말한다. 자신이 갖고 있는 힘을 다하여 최선을 다하면 언제나 보답이 분명하게 온다. 최선을 다하고 있다면 우리의 삶에 혹은 다른 사람의 삶에 기적이 일어났음을 알아차리지 못한다. 그들에게 기적은 당연한 결과이기 때문이다. 프랑스 대문호 스탕달은 임종하기 전에 이런 말을 남겼다.

"열심히 살았다. 마음껏 썼다. 열렬히 사랑했다."

우리도 스탕달처럼 성공하고 싶다면 훗날 비석에 이렇게 써야 할 것이다.

1분 좋은 시

세월이 흘러가며

수많은 이야기가

전설이 된다 _용혜원, '전설'

영화·드라마 속 명대사 "첫사랑은 원래 잘 안 되는 것이 첫사랑이지. 잘 되면 그게 첫사랑이냐, 마지막 사랑이지!" _영화, '건축학 개론'

실패는 시련을 안겨주기도 하지만 곧 변화의 순간이다. 실패를 극복할 때 감동은 대단하다. 실패를 이겨내고 승리하면 더욱더 강하게 된다.

제2차 세계대전 때 영국의 크레이턴 메이브램 장군 일행은 적군에게 모두 포위되고 말았다. 이때 장군은 낙심하지 않고 오히려 용기 백 배하여 이렇게 말했다.

"여러분, 전쟁이 시작된 이래 처음으로 우리는 지금 사방을 공격할 수 있는 절호의 기회를 맞았다."

사방에 포위당했으면 절망할 상태이다. 그는 장병들과 용기 있는 작전을 펼쳐 결국 승리를 끌어냈다. 사방에 포위당했어도 하늘은 열려 있고 희망은 있기 때문이다. 자기 삶에 다가온 고통과 절망을 기회로 삼아 승리한 사람들이 성공한 사람들이다. 절망해야 할 상황도 어떻게 받아들이고 어떻게 대처하느냐에 따라 전혀 다른 결과를 가져오게 되는 것이다.

1분 명언

고통은 사람을 생각하게 만든다. 사고는 사람을 현명하게 만든다. 지혜는 사람을 인내하게 만든다. _존 패트릭

눈앞의 실패에서 좌절하지 않을 장기 목표를 반드시 가져야 한다. _찰스 노블

가시에 찔리지 않고 장미를 모을 수가 없다. _필레이

성공한 사람과 그렇지 못한 사람을 구분하는 단 한 가지 기준은 진정으로 열심히 일하려는 의지가 있느냐이다. _헬렌 걸리 브라운

1분 인생 독본 실패하고 거절당하는 것은 나쁜 일이 아니다. 오히려 그것은 힘을 준다. 우리가 살아가면서 그것을 피할 수 없다. 가치 있는 일을 성취하려면 그 과정에서 고통을 경험해야 한다. 성공하고 번창하고 삶의 꿈을 실현하려면 우리는 실패와 거절을 감수하고 계속 전진해야 한다. 쉬지 말라. 계

속 투쟁하라. 많은 사람이 성공의 달콤한 향내를 경험하지 못하는 이유가 바로 여기에 있다. 실패의 기쁨을 경험하라. 고통이 없이는 아무것도 얻지 못한다. 모험이 없으면 보상도 없다.

1분 좋은 시
똑같은 시간인데

나이가 들수록

시간이 빠르게 흐른다 _용혜원, '나이가 들수록'

영화·드라마 속 명대사 "사랑은 변하지 않아. 단지 마음이 변했을 뿐이지."
_영화, '봄날은 간다'

058 승리냐 죽음이냐 하나뿐이다
전쟁의 결과는 대단한 승리를 거뒀다.

유능한 사람은 어떤 상황에서든지 대처할 수 있는 충분한 능력을 갖추고 있다. 어떤 유능한 장군이 병사들과 전쟁터에 나가서 큰 결정을 내려야 했다. 적군이 아군보다 숫자가 많았다. 장군은 군대와 장비를 내려놓고 타고 왔던 모든 배를 불사르라고 명령하였다. 공격 준비를 하는 병사들에게 자기의 결심을 전했다.

"병사들이여! 우리가 타고 왔던 배는 불에 타고 있다. 우리가 싸워서 이기지 않는 한 고국으로 돌아갈 방법은 없다. 우리에게는 선택이 없다. 승리냐 죽음이냐, 하나뿐이다."

결국 전쟁에서 대단한 승리를 거뒀다.

1분 명언
전쟁이 시작되면 지옥의 문이 열린다. _영국 속담

전쟁은 세상이 그토록 즐기는 미친 불장난이다. _조너선 스위프트

전쟁이 판을 칠 때 법은 귀머거리가 된다. _로마 격언

전쟁은 도둑을 만들고 평화가 그들을 교수형에 처한다. _유럽의 속담

전쟁은 언제나 악인보다 선량한 사람만 학살한다. _소포클레스

1분 인생 독본 기다리고 인내하라. 기다림에서 이길 묘책을 찾아낼 수 있다. 시간과 감정을 적으로 만들지 말고 기다려 주고 인내하면 기다리던 날들이 찾아온다. 기다림이 지루하다고 내일을 오늘로 만드는 방법은 없다. 시간과의 싸움에서 이겨낸 사람이 최후의 승자가 되어 웃는다.

1분 좋은 시

그리움은

손끝에 잡힐 듯

잡히지 않는다 _용혜원, '그리움'

책 속의 좋은 말 사람은 자기 몫을 스스로 알아야 한다. 한섬 지기 농사를 짓는 사람은 근면하게 일하고 절약하여 자기 가솔을 굶기지 않으면 된다. 그러나 열섬 지기 짓는 사람은 이웃에 배곯은 자가 있으면 거두어 먹여야 하느니라. 백섬 지기 짓는 사람은 고을을 염려하고 그보다 다른 또 어떤 몫이 있겠지, 제대로 할라치면 이 세상에 제일 힘들고 어려운 것이 어른 노릇이니라.

_최명희 소설, <혼불 1> 중에서

영화·드라마 속 명대사 "내 기억 속의 무수한 사진들처럼 사랑도 언제나 추억으로 그친다는 걸 난 알고 있다. 하지만 당신만은 추억이 되지 않았다. 사랑을 간직한 채 떠날 수 있게 해준 당신께 고맙다는 말을 남긴다."

_영화, '8월의 크리스마스'

꿈이란 바라는 것이다

꿈을 가졌기에 이루어진 것이다.

샌프란시스코에는 세계적으로 유명한 다리 금문교가 있다. 1918년 요셉 슈트라우스라는 엔지니어는 바다를 건너는 4백 피트나 되는 긴 다리를 놓겠다는 꿈을 가졌다. 그 당시의 기술로는 도저히 다리를 놓을 수가 없었다. '파도가 거세고 조류의 힘이 강해 일을 하기가 힘들 뿐 아니라 기선이 지나갈 정도의 높은 다리를 놓을 수가 없다.'는 부정적인 생각들이 가득했다. 그 당시 모든 사람은 다리를 놓는 것은 불가능하다고 했다.

요셉 슈트라우스는 1933년에 자기의 모든 생애를 바쳐서 다리를 건축하기 시작했다. 처음에는 연날리기 대회를 열어서 연줄을 가지고 바다를 건넜다. 그렇게 1933년에 시작해서 1937년 5월 24일 완공되기까지 공사 기간 4년과 20만 명을 동원해 미국의 자랑거리이며 자존심인 금문교를 만들었다. 불가능해보이는 것을 이루겠다는 꿈을 가졌기에 만들어낸 결실이다.

꿈이란 바라는 것이다. 마음속에서 지속적으로 일어나는 소원이 바로 꿈이다. 꿈은 보이지 않는 능력이다. 꿈은 구체적인 목표다. 성공하는 사람은 자신의 꿈을 분명히 갖고 있다.

1분 명언

소원과 능력 사이에 놓여 있는 깊고 넓은 계곡을 빨리 파악하는 사람은 행복한 사람이다. _요한 볼프강 폰 괴테

인생에는 두 가지 비극이 있다. 하나는 소원이 이루어지지 않는 것이고 또 하나는 소원이 이루어지는 것이다. _조지 버나드 쇼

나는 절실한 한 가지 소원이 있다. 그것은 내가 이 세상에 살아서 세상이 조금 더 나아졌다는 것을 확인할 때까지 살고 싶다는 것이다. _에이브러햄 링컨

분 인생 독본 절망을 극복해 나가면서 우리는 배워 나간다. 하나의 절망을 극복하면 다른 절망도 쉽게 극복할 힘이 생긴다. 우리가 절망을 딛고 일어서

면 반드시 새로운 문은 열리게 되어 있다. 성공한 사람 중에 뼈저린 고통과 절망의 눈물을 흘려보지 않은 사람은 없다.

1분 좋은 시

그리움을 덧칠해도
가슴이 먹먹해진다
떨어지는 눈물을 막을 수 없다
보고 싶다 _용혜원, '연가'

영화·드라마 속 명대사 "재산을 잃은 사람은 많이 잃은 것이오, 친구를 잃은 사람은 더 많이 잃은 것이고 용기를 잃은 사람은 모두를 잃은 사람이다."

_영화, '돈키호테'

060 피에르 가르뎅의 선택
패션계의 명사가 되었다.

인생에서 선택이 중요하다. 어떤 선택을 하느냐에 따라 삶이 달라진다. 피에르 가르뎅은 고등학교 졸업 후 양복점에서 일했다. 제2차 세계대전이 시작되어 프랑스는 나치 점령하에 있었다. 전쟁이 끝나고 프랑스가 해방되자 그는 징용에서 풀려났다. 하지만 삶의 방향을 잡지 못하고 방황하고 있었다. 양복점에서 월급을 타면서 일을 할 것인가? 디자이너의 길을 가야 할 것인가? 결정을 내리지 못하고 파리로 갔다. 피에르 가르뎅의 주머니에는 두 종류의 서류가 있었다. 하나는 파리 적십자로 전근 발령장이고 다른 한 장은 디자이너 월드나에게 보내는 소개장이었다. 피에르 가르뎅은 파리 거리를 걸으면서 수많은 생각을 하였다. 결국 주머니에서 동전을 꺼내어 던졌다. 겉이 나오면 월드나, 뒤쪽이 나오면 적십자! 결국 피에르 가르뎅은 디자이너의 길을 선택하였고 패션계의 유명한 명사가 되었다.

1분 명언

길을 잃는다는 것은 곧 길을 알게 된다는 것이다. _동아프리카 속담

길이 안 보이거든 일단 주어진 일을 해보라. _마이클 린버그

길을 안전하게 만드는 것은 지친 몸을 쉬게 하는 것이다. _스페인 속담

길이 가까워도 가지 않으면 도달하지 못하고 일이 작아도 하지 않으면 이루지 못한다. _중국 격언

길은 가까운 곳에 있다. 그러나 사람들은 헛되이 먼 곳을 찾고 있다. 일을 해보면 쉬운 것이다. 길을 잘못 든 사람이 자기의 위험한 상태를 실제 이상으로 크게 보는 것은 무엇보다도 조심하지 않으면 안 된다. _프리드리히 니체

1분 인생 독본

남을 잘 이해해주지 못하고 올가미에 갇혀 있듯 잘못된 마음으로 성가시고 아프게 만들지 말아야 한다. 쓸데없는 의심만 키워가며 피곤해 시달려 질서 없게 살지 말자. 어려운 일이 생겨날 때 흥분을 가라앉히고 마음을 차분하게 다스리며 스스로 만든 고통에서 벗어나야 한다.

1분 좋은 시

내가 잠들 때
그대가 내 곁에 와서
같이 잠들면
행복한 꿈을 꿀 수 있다 _용혜원, '꿈'

영화·드라마 속 명대사

"원하는 걸 갖지 못하는 삶에 익숙해지면 나중에는 자신이 뭘 원하는지 모르게 돼!" _영화, '내 남자의 로맨스'

세계적인 피아니스트 파데레프스키

노력이 성공을 만든다.

노력이 성공을 만든다는 말은 우리는 어린 시절부터 들어와서 귀에 익을 것이다. 중요한 것은 말을 행동으로 옮겨 자기 것으로 만들어놓아야 한다. 한 폴란드 소년이 피아니스트가 되기를 원했다. 그러나 음악학교 교사는 그를 반가워하지 않았다. 그의 손가락은 피아노를 치기에 너무 굵고 짧다는 이유에서였다. 그래서 소년은 코넷을 사서 배우게 되었다. 그러나 역시 코넷 역시 그에게 맞지 않는다는 말을 들었다.

다시 피아노를 배우게 된 소년은 상처를 입어 낙담에 빠졌다. 그때 마침 유명한 피아니스트 루빈스타인을 만날 기회가 소년에게 주어졌다. 소년은 루빈스타인 앞에서 피아노를 쳤다. 피아노 연주가 끝나자, 루빈스타인은 그에게 격려와 칭찬을 아끼지 않았다. 너무나도 기뻤던 이 소년은 앞으로 매일 7시간씩 피아노를 연습하겠다고 결심했다. 이 소년이 바로 리스트 이후로 그를 따를 수 있는 사람이 없었다고 찬사를 받은 세계 최고의 피아니스트 파데레프스키이다.

1분 명언

열정 없이는 어떤 위대한 것도 성취할 수 없다. _랠프 월도 에머슨

성공이란 열정을 잃지 않고 실패를 거듭할 수 있는 능력이다. _윈스턴 처칠

1분 좋은 시

거침없이 아무런 두려움 없이 폭죽 터지듯이 피어나는 봄꽃들처럼
살아 있는 심장에서 뜨겁게 터져나오는 불꽃이다.
마음의 중심에서 타올라 뜨겁게 내뿜는 강렬한 열기를 아무도 막을 수 없다
자신 속에 감추어져 있고 숨어 있던 무한한 잠재력을 끌어올리는 힘이다

열정은 모든 역경을 이겨내고 모든 난관을 헤쳐나가며

모든 가능성을 찾아내 자신을 변화시키고 세상을 변화시킨다
실패를 조금도 두려워하지 않고 꿈과 비전을 향해 마음껏 솟구치며
삶을 활짝 꽃피우고 풍성한 열매를 맺게 한다

가슴이 식을 줄 모르고 뜨거운 사람들이 시대를 앞서 나가며 이끌어간다
뜨거운 열정 앞에 악조건은 고개 숙이고 열정은 고난 속에서 더 강렬해진다
열정이 있는 사람들의 눈빛 속에서 성공을 읽어낼 수 있다
열정이 있는 사람들의 순수한 열정이 성공을 만든다 _용혜원, '열정'

영화·드라마 속 명대사 "내가 비록 시력은 잃었지만 전보다 훨씬 많은 것을 본다."_영화, '시네마 천국'

062 상상을 현실로 만드는 삶이 멋지다
즐거운 상상을 해라.

누구나 마음만 먹으면 긍정적이고 올바르게 상상력을 단련시킬 수 있다. 내일은 어떤 일이 일어날까? 나의 꿈은 이루어질까? 꿈을 실현하고 비전이 현실이 될 때까지 긍정적인 마음을 전력투구하면 이루어진다. 성공한 사람들은 상상하던 것들이 현실이 되었다고 말한다. 우리 삶에 최신의 편리함을 제공해주는 갖가지 기계나 가구, 물건 등도 사람들이 상상하고 꿈꾸던 일을 현실로 만들어낸 결과물들이다. 그 예로 신용카드가 있다.
1950년 프랭크 맥나마라는 미국의 사업가가 레스토랑에서 식사한 후 계산하려다가 지갑을 집에 두고 온 사실을 알게 되었다. 식사비를 낼 수가 없어 창피당할 뻔했던 그때 현금을 대체할 수 있는 카드가 있다면 어떨까 하는 상상을 해낸 것에서 아이디어가 출발했다. 그로 인해 오늘날의 신용카드가 나오게 된 것이다. 당신도 위대한 일을 만들 수 있다. 즐거운 상상을 해라.

1분 명언

상상이란 영혼의 눈이다. _주베르

상상은 사고에 있어서 맨 위가 아니라 맨 앞에 있다. _존 어데이

상상이 모두를 초월한다. 상상은 이 세상의 미와 정의와 행복을 창조한다. _블레즈 파스칼

상상력이야말로 우리가 가지고 있는 최대의 금광이다. _지그 지글러

상상력이 세계를 지배한다. _나폴레옹 보나파르트

상상력에 지배당하지 말라. _발타자르 그라시안

상상력은 리더의 중요한 자질이다. _존 어데어

상상력을 통해 과거를 되돌아보고 창조하는 일은 가치 있고 창조적인 시도다. _맥스웰 몰츠

1분 인생 독본 마더 데레사는 사랑을 말했다.

"가는 곳마다 사랑을 뿌리자. 우선 집에서부터 해보자. 아내나 남편에게 이웃에게 사랑을 전하자. 우리에게 다가오는 사람들은 모두 보다 나아지고 행복해져서 떠나게 하자. 살아 있는 상냥함의 표상이 되자. 얼굴에 친절을, 눈에 친절을, 미소 속에 친절을 온화한 인사말 속에 친절을 담자!"

온 세상의 따뜻한 향기를 뿜고 인도에서 사랑을 실천하고 행동으로 보여준 마더 데레사의 삶에서 우리는 다시 한번 진지하게 돌아볼 필요가 있다.

1분 좋은 시

빙 둘러앉아

얼굴 예쁘다

서로 자랑하고 있다 _용혜원, '과일 바구니'

영화·드라마 속 명대사 "사느냐 죽느냐가 문제로다." _영화, '햄릿'

플라톤과 제자

지식은 참된 사랑의 관계를 통해서만 얻을 수 있다.

아테네의 한 젊은 철학도가 지금까지 자기가 진정으로 배울 만한 철학자나 시인을 만나지 못하였는데 드디어 진짜 스승 플라톤을 만났다고 플라톤에게 속마음을 털어놓았다. 이 말을 들은 플라톤이 젊은 철학도에게 말했다. "당신이 이제까지 섬겨왔던 스승들을 진정으로 사랑했는가? 당신에게 사랑하는 마음이 없이는 참된 지식을 얻을 수가 없다. 지식은 참된 사랑의 관계를 통해서만 얻어질 수 있다."

진실한 마음이 없으면 참되게 살아갈 수가 없다. 진실은 어디서든지 통하기 때문이다.

1분 명언

지식과 용기는 영원한 명성을 준다. _발타자르 그라시안

지식으로 배운 뒤에 경험으로 터득하라. _덱스터 예거

1분 인생 독본 남을 위해 나누는 사랑은 아름다운 삶의 모습을 보여준다. 나누는 사랑은 우리의 삶을 따뜻하게 하고 용기와 힘을 준다.

1분 좋은 시

마음속에서 큰소리로 세상을 향하여 외쳐보십시오
나는 꼭 필요한 사람입니다
자기 삶에 큰 기대를 하고 살아가면
희망과 기쁨이 날마다 샘솟듯 넘치고
다가오는 모든 문을 하나씩 열어가면
삶에는 리듬감이 넘쳐납니다
이 세상에는 수많은 사람이 살아가고 있지만
그중에서 단 한 사람도 필요 없는 사람은 없을 것입니다

세상에 희망을 주기 위하여
세상에 사랑을 주기 위하여
세상에 나눔을 주기 위하여 필요한 사람이 되어야 합니다
나로 인해 세상이 조금이라도 달라지고 새롭게 변할 수 있다면
삶은 얼마가 고귀하고 아름다운 것입니까
나로 인해 세상이 조금이라도
밝아질 수 있다면 얼마나 신나는 일입니까
자신을 향하여 세상을 향하여 가장 큰 소리로 외쳐보십시오
'나는 꼭 필요한 사람입니다' _용혜원, '나는 꼭 필요한 사람입니다'

▶ **영화·드라마 속 명대사** "나는 당신을 봅니다." _영화, '매너가 사람을 봅니다'

064 칭기즈칸의 말
나를 극복하자 칭기즈칸이 되었다.

칭기즈칸의 뜨거운 외침은 우리에게 강한 자신감을 준다. 칭기즈칸은 이렇게 말했다.

"집안이 나쁘다고 탓하지 말라. 나는 아홉 살 때 아버지를 잃고 마을에서 쫓겨났다. 가난하다고 말하지 말라. 나는 들쥐를 잡으며 연명했고 목숨을 건 전쟁이 내 직업이고 내 일이었다. 그림자말고는 친구도 없고 백성은 어린애 노인까지 합쳐서 2백만도 되지 않았다. 배운 게 없다고 힘이 없다고, 탓하지 말라. 나는 내 이름도 쓸 줄 몰랐으나 남의 말에 귀를 기울이면서 현명해지는 법을 배웠다. 너무 막막하다고 그래서 포기하겠다고 말하지 말라. 나는 목에 칼을 쓰고도 탈출했고 뺨에 화살을 맞고 죽었다가 살아나기도 했다. 적은 밖에 있는 것이 아니라 내 안에 있다. 나는 내게 거추장스러운 것들을 모두 다 쓸어버렸다. 나를 극복하자 칭기즈칸이 되었다."

1분 명언

두려워하는 일을 하면 그것을 극복하는 힘을 갖게 될 것이다. _랠프 월도 에머슨

극복해야 할 장애물이 있다는 것은 오히려 당신에게 도움이 된다.
_로버트 콜리어

뚜렷한 목표를 세우고 성공적인 인생을 살아가는데 '열정'은 희망적인 미래를 약속한다. _피터 허시

태산 같은 자부심을 품고 누운 풀처럼 자기를 낮추어라. 우리가 홀로 외로이 있을 때는 당당한 자부심 따위는 그림자도 사라진다. _볼테르

사랑을 받기만 하는 인생은 쓸모없는 것이고 위험하다. 될 수 있으면 자신을 극복하고 사랑하는 사람이 되고 싶다. _라이너 마리아 릴케

1분 인생 독본

성공이란 무엇인가? 성공은 변화를 갖는 것이다. 틀에 박힌 성공은 좌절을 의미한다. 진정한 성공은 함께 나누는 것이다. 진정한 성공은 자신을 사랑하는 것이다. 한 가지 뜻을 두고 길을 걸어가라. 잘못이 있을지라도 다시 일어나 앞으로 가라. 커다란 비행기가 하늘을 날아가는 것은 참으로 신기한 일이다. 무거운 쇳덩이가 많은 시간 동안 하늘을 날아가는 것은 참으로 놀랍다. 바람을 잘 이용해야 비행기가 뜰 수 있다. 고난과 역경이 있어야 성공할 수 있다.

1분 좋은 시

삶의 한순간이 정지되어
추억 속에 고스란히
남아 있도록 사진을 찍는다 _용혜원, '삶의 한순간'

영화·드라마 속 명대사

"그렇게 구경만 하다가 네 인생이 덧없이 흘러가는 걸 구경하게 될 것이다." _영화, '노트르담의 꼽추'

065 성공을 향한 노력
살아 있는 가장 빠른 사람이 되었다.

제시 오웬즈라는 소년이 있었다. 어느 날 찰리 패독이라는 유명한 육상 선수가 학교를 방문해서 강연하고 있었다. 강연 도중에 제시 오웬즈를 향해 '너는 어떤 사람이 되길 원하니?'라고 질문을 던졌다. 이 말을 들은 어린 제시는 패독을 바라보면서 '아저씨와 같이 유명한 육상 선수가 되고 싶어요!' 라고 대답을 했다. 그러자 패독은 제시에게 말해주었다.

"꿈을 가지는 것만으로는 그것을 이룰 수가 없단다. 꿈을 이루기 위해서는 반드시 사다리를 놓아야 한단다. 첫 번째 계단은 인내이고, 두 번째 계단은 헌신이고, 세 번째 계단은 훈련이고, 네 번째 계단은 기도란다. 이것들을 모두 지킬 때 네 꿈은 이루어질 것이다."

이 말을 들은 제시 오웬즈는 절대로 포기하지 않았다. 피나는 노력으로 올림픽에서 네 개의 금메달을 목에 건 살아 있는 가장 빠른 사람이 되었다.

우리의 성공을 향한 노력도 마찬가지다. 우리가 아주 열심히 하면 아주 열심히 할수록 모든 일들이 흥미로워진다. 성공을 향하여 열심히 일에 몰두함으로 흥미를 느끼게 된다. 우리가 원하는 분야에서 성공한다는 확신으로 도전한다면 노력한 만큼 열매가 풍성하게 열린다.

1분 명언

노력해라. 그것이 이치를 따져 분석하고 있는 것보다 우리의 꿈에 더 가까이 다가가도록 해준다. 노력이 최상의 무기다. _지그 지글러

노력하는 사람을 멈출 수는 없다. _볼프강 멜론

노력은 절대로 배신하지 않는다. _나폴레옹 보나파르트

노력은 항상 보상을 가져온다. _나폴레온 힐

쉬 더운 방 쉬 식는다. _속담

1분 인생 독본
적어도 24시간 동안 사업이나 건강 그리고 장래에 대하여 생

각하고 이야기하고 기록해보라. 모두를 낙관적으로 생각하라. 생각하고 기록된 내용을 일주일 동안 또 생각하고 정리하라. 오늘부터 소극적인 사고에서 적극적인 사고로 전환하도록 노력하라. 적극적인 사고방식을 가지고 있는 친구와 교제하라. 가급적 논쟁을 피하라.

1분 좋은 시
나 때문에 행복한 사람이 있다면
살아갈 이유가 충분하다 _용혜원, '나 때문에'

영화·드라마 속 명대사 "명예는 남녀를 불문하고 영혼의 다음 가는 보배다."
_영화, '햄릿'

066 세계적인 화가 장 프랑수아 밀레
과거에서 벗어나 새로운 삶을 살자.

세계적인 화가 장 프랑수아 밀레는 가난한 가정에서 태어났다. 집에는 먹을 것도 입을 것도 땔감도 제대로 없었다. 그의 몸도 그리 건강하지 못했다. 이 가난한 화가 장 프랑수아 밀레는 어느 날 어머니가 돌아가셨다는 소식을 들었다. 그러나 집에 갈 돈이 없어서 안타까움에 발만 동동 구를 수밖에 없었다. 그는 자기 삶이 너무나 비참해 자살까지 하려고 하였다. 그러나 장 프랑수아 밀레는 자신감을 새롭게 가지고 작품을 완성하는 데 몰입하였다. 이러한 힘으로 세계적인 명작을 만들었다. '씨 뿌리는 사람', '만종', '이삭줍기' 등의 모든 작품은 그의 처절했던 작가 정신으로 만들었다.
자신감은 절박한 환경과 처지를 뛰어넘는 힘이다. 블루스 바튼은 '현재의 처지에 굴하지 않고 그보다 훨씬 나은 그 무엇이 자기 안에 숨겨져 있다고 굳게 믿는 사람들의 성취보다 더 훌륭한 것은 없다.'고 말한다.
초라하고 나약한 이미지부터 바꾸고 새롭게 시작해야 한다. 자신감이 있다면 과거에서 벗어나 새로운 삶을 살자.

1분 명언

과거를 뒤돌아보지 말라. 현재를 믿어라. 그리고 씩씩하게 미래를 맞이하라.
_헨리 워즈워스 롱펠로

과거는 잊어버리고 다른 일에 몰두하자. 이것이 고민의 해결이다. _잭 템프시

과거로 미래를 계획할 수는 없다. _버크

과거의 역사를 배우는 것은 즐거운 일이다. 만일 미래에 무엇이 일어날지 알
수 있다면 도전 같은 것은 거의 없어질 것이다. _조지 싱

과거에 만족하기보다 꿈을 크게 가져라. _더글러스 이베스터

1분 인생 독본 가장 큰 힘을 갖고 있는 것은 조용하게 힘을 나타낸다. 햇볕
은 하루 종일 아무 소리 없이 태양열을 발하지만 놀라운 힘이 있다. 만유인
력 역시 크고 요란한 소리가 없지만 거대한 힘이다. 만유인력은 별과 세계가
궤도를 유지할 수 있게 한다. 우주 공간을 변함없이 정확히 회전하게 하는
힘이다. 이슬은 모두가 잠든 밤에 아무 소리 없이 내리지만 모든 식물에 새
로운 생기와 아름다움을 가져다준다. 진정한 힘은 조용함 속에 있고 가장 큰
위력은 소리 없이 작용한다.

1분 좋은 시

가치가 없다고
하찮게 여기지 말라
낡은 시계에서도
새로운 시간이 울린다 _용혜원, '낡은 시계'

영화·드라마 속 명대사 "무슨 일이든지 내 일을 사랑하렴. 네가 어렸을 때 영
사실에서 했듯이." _영화, '시네마 천국'

제일 중요한 생각

내가 책임져야 한다는 생각이다.

미국의 유명한 정치가요, 학자인 다니엘 웹스터라는 사람이 있었다. 그가 한번은 국무장관으로 있을 때다. 뉴욕의 어떤 호텔에서 저명 인사 약 20명과 저녁을 함께했다. 저녁을 먹고 서로 담소를 나누고 있는데 웹스터만 가만히 머리를 숙이고 있었다. 그때 옆에 있던 사람이 '웹스터 씨! 일생을 통해서 당신의 마음속에 들어온 생각 가운데 제일 중요한 생각은 무엇인가?'라고 묻자 그는 이렇게 말하였다.

"내가 지금 하는 모든 일을 이다음에, 하늘나라에 가서 내가 책임져야 한다는 생각이다. 이 생각을 할 때 내 마음이 제일 엄숙해진다."

성공하는 사람들은 책임감이 아주 강하다. 자기가 한 일은 분명하고 확실하게 책임을 지게 만들어놓는다.

1분 명언

책임은 소유자가 치르는 가격이다. _쉴리티

책임을 지고 일을 하는 사람은 회사, 공장, 기타 어느 사회에 있어서도 꼭 두각을 나타낸다. 책임 있는 일을 하도록 하자. 일의 대소를 불문하고 책임을 다하면 성공한다. _데일 카네기

책임과 권위는 동전의 양면과 같다. 권위가 없는 책임이란 있을 수 없으며 책임이 따르지 않는 권위도 있을 수 없다. _막스 베버

책임을 자기 것으로 받아들여라. _지그 지글러

1분 인생 독본 영화 '누구를 위하여 종을 울리나'에서 잉그리드 버그만이 사랑하는 사람에게 '당신이 아침에 눈을 뜨면 커피를 가져다드리고 싶어요!'라고 말한다. 이 얼마나 행복한 일인가? 날마다 사랑하는 사람과 함께 뜨거운 커피를 마시며 하루를 시작한다는 것은 진한 커피 향기만큼 행복한 일이다.

1분 좋은 시

모래 위에
시 한 편 써놓았더니
파도가 지워버렸다 _용혜원, '모래 위에 시 한 편'

책 속의 좋은 말 자아 이미지는 우리의 전체적인 인격과 행동, 심지어는 환경을 형성하는 전체이자 기초이며 우리 삶의 밑바탕이 된다. 그 결과 우리의 경험은 자아 이미지를 증명하고 그것을 강화해주며 악순환이 계속되거나 좋은 일만 계속 생기게 한다. _맥스웰 몰츠, <성공의 법칙> 중에서

영화·드라마 속 명대사 "장군과 군이 만든 이 난장판을 이제 치워야 한다." _영화, '서부전선 이상 없다'

068 episode 타악기 연주가 애블린 클레나
성공의 비결은 노력이다.

세계에서 가장 타악기 연주를 잘 하는 사람 가운데 에블린 클레나가 있다. 그는 출생하면서부터 소리를 듣지 못하는 청각장애인이다. 여덟 살 때 귀에 이상이 생겨서 열두 살 때 청력을 아주 잃어버렸다. 그는 음악을 사랑하고 좋아했다. 음악을 하고 싶었지만, 오디션마다 떨어지고 말았다. 애블린 클레나는 절대로 포기하지 않았다. 소리의 진동과 뺨의 떨림으로 소리를 감지하는 피나는 연습을 했고 무대에서는 항상 맨발로 올라가 발끝에서 전해지는 진동으로 소리를 구별해내기 시작했다. 나중에는 대기의 변화로도 음악의 높낮이를 읽어낼 수 있었다. 에블린 클레나는 말한다. "저는 청각장애인 음악가가 아니라 청각에 조금 문제가 생긴 음악가일 뿐입니다." 그의 성공의 비결은 노력이다. 피나는 노력은 장애를 뛰어넘게 만든다.

1분 명언

성공의 비결은 남의 험담을 절대로 하지 않고 장점을 들추어내는 데 있다.
_벤저민 프랭클린

성공의 비결은 즐기면서 일하는 것이다. 아무런 노력 없이 쉽게 성공하는 것처럼 보이는 사람들이 있다면 그들은 너무나 자연스럽게 즐기면서 노력한 것이다. _다나구치 세이초

성공의 비결은 목적이 변하지 않는 데 있다. _새뮤얼 스마일스

1분 좋은 시

얼마나 좋은 것이냐

어둠 속에서 빛을 발견한다는 것은

이름 없는 꽃이라도

꽃이 필 때 눈길이 머무는 것

삭막하기만 하던 삶에

한 줄기 빛이 다가오는 것은

얼마나 힘이 되는 일인가

망망한 바다라도 걱정할 필요가 없다

배를 띄울 수 있으니까

허허벌판이라도 걱정할 필요가 없다

안식할 곳이 있으니까

얼마나 좋은 것이냐 희망이 넘친다는 것은

우리는 얼굴이 달라 보이고

우리 걸음걸이도 달라 보이고

우리의 모든 것이 힘차게 뻗어나가는 것이 아닌가 _용혜원, '희망'

영화·드라마 속 명대사 "불가능한 것을 손에 넣으려면 불가능한 것을 시도해야 한다." _영화, '돈키호테'

약점을 극복하라

자신의 약점을 극복하여 유명한 가수가 되었다.

뛰어난 예술가는 얼굴 생김새와 관계없이 사랑받는다. 캐스데이리는 가수가 되는 게 꿈이었다. 자기 입이 너무 크고 보기 싫게 튀어나와 항상 고민거리였다. 일류 가수 흉내를 내며 노래를 불렀으나 인정을 받지 못했다. 보기 흉한 이를 감추기 위해 입을 작게 벌리다 보니 목소리가 나오지 않았다. 그때 한 사람이 말해주었다.

"자기 모습을 숨기려고 애쓰지 마세요. 입을 크게 벌리고 노래를 부르세요. 사람들은 숨기지 않고 자신 있게 노래를 부르는 당신의 모습을 더 좋아할 것입니다. 당신의 약점이 오히려 당신의 귀중한 재산이 될 것입니다."

캐스데이리는 이 말을 받아들여 노래할 때 외모가 어떻게 비치든 상관없이 입을 크게 벌려 가창력을 마음껏 뽐냈다. 청중이 아름다운 노래에 반했으며 그녀의 개성 있는 외모마저 사랑받고 약점을 극복하고 유명한 가수가 되었다.

1분 명언

극복해야 할 장애물이 있다는 것은 당신에게 도움이 된다. _로버트 콜리어

불평만 하지 않는다면 당신은 무엇이든 극복할 수 있다. _버나드 바루크

자기의 신상에서 일어난 일을 있는 그대로 받아들인다는 것은 불행한 결과를 극복하는 첫걸음이다. _윌리엄 제임스

1분 좋은 시

내 삶의 가난은 나를 새롭게 만들어주었습니다
배고픔은 살아야 할 이유를 알게 해주었고
나를 산산조각으로 만들어놓을 것 같았던 절망들은
도리어 일어서야 한다는 것을 일깨워주었습니다
힘들고 어려웠던 순간들 때문에
떨어지는 굵은 눈망울을 주먹으로 닦으며

내일을 향하여 최선을 다하며 살아야겠다는
다짐했을 때 용기가 가슴속에서 솟아났습니다
내 삶 속에서 사랑은 기쁨을 만들어주었고
내일을 향해 걸어갈 힘을 주었습니다
사람을 만나는 행복과 사람을 믿을 수 있고
기댈 수 있고 약속할 수 있고
기다려줄 수 있는 마음의 여유를 주었습니다
내 삶을 바라보며 환호하고 기뻐할 순간들은
고난을 이겨냈을 때 만들어졌습니다
삶의 진정한 기쁨을 알게 되었습니다 _용혜원, '나를 만들어 준 것들'

영화·드라마 속 명대사 "전설은 항상 진실이기에 전설이라고 불러요!"
_영화, '레이더스'

070 에크만 교수가 말하는 거짓말하는 사람의 표정
거짓말하는 사람은 얼굴에 가면을 쓴다.

거짓말하는 사람의 얼굴에는 24분의 1초라는 상당히 짧은 순간에 미세한 변화가 일어난다고 한다. ① 과장된 웃음이나 놀란 표정을 짓는다. ② 몸짓과 표정이 일치하지 않는다. ③ 좌우 표정이 다르다. ④ 목소리까지 부자연스럽다. 특히 주목할 것은 대개 사람은 놀랄 때나 웃을 때의 표정이 단 4초 또는 5초밖에 지속되지 않는다는 점이다. 그러나 그 이상으로 지속되면 일단은 의심스럽다는 것이다. 거짓말하는 사람은 얼굴에 가면을 쓴다.

1분 명언
거짓말이란 가면을 쓴 진실에 불과하다. _조지 고든 바이런
거짓말은 한 그 순간부터 뛰어난 기억력이 필요하게 된다. _코르네유

거짓말에는 세금이 없다. 그래서 전 세계는 거짓말로 꽉 찼다. _독일의 격언

거짓말은 마치 눈덩이 같아서 굴리면 굴릴수록 더욱 커진다. _마틴 루터

거짓말은 참말과 통하지 않을 뿐만 아니라 자기들끼리도 늘 다툰다. _존 웹스터

거짓말을 하지 않도록 조심해야 한다. 특히 신앙의 문제에 대해서는 그렇다. _레프 톨스토이

거짓말은 그 자체가 죄일 뿐만 아니라 정신까지도 더럽힌다. _플라톤

거짓말을 하는 것은 칼에 다친 것과 같다. 왜냐하면 상처는 낫겠지만 흉터는 남아 있기 때문이다. _사디

거짓말의 이득은 우리가 진실을 말할 때 아무도 신뢰하지 않는다는 것이다. _월터 라라이

1분 인생 독본 사람과 사람 사이의 엉킨 것을 풀어내기가 중요하다. 사람과 사람 사이가 뒤죽박죽 뒤엉켜 풀 수 없어도 진실을 말하면 쉽사리 풀린다. 아무리 가까운 사이라도 진실을 가리면 미워지고 싫어진다. 거북스럽고 짜증스러워도 엉키고 설킨 것들을 풀어야 생기고 돌고 살아갈 맛이 난다.

1분 좋은 시
아침 이슬이
풀잎에 촉촉하게
시 한 편 적셔놓았다 _용혜원, '아침 이슬이'

책 속의 좋은 말 로마는 하루아침에 이루어지지 않는다.
_미겔 데 세르반테스, <돈키호테> 중에서

영화·드라마 속 명대사 "내 신념에 충실하지 못하다면 그런 나 자신과 어떻게 살아갈 수 있죠!"_영화, '핵소 고지'

071 폴 와일리의 피겨스케이팅
어떤 일이 있더라도 포기해서는 안 된다.

어떤 일을 하더라도 포기해서는 안 된다. 폴 와일리는 캘거리에서 열린 1988년 동계 올림픽 피겨스케이팅 종목에 출전하였다. 2만여 관중과 수백만의 시청자 앞에서 그는 긴장하였다. 그런데 그가 첫 번째 점프를 시도하려는 순간 무엇인가 잘못되었다는 것을 알았다. 와일리는 나중에 그날을 회상하면서 이렇게 말했다.

"눈 깜짝할 사이에 내 손이 빙판에 닿았다. 스케이트는 똑바로 서질 못했고 나는 미끄러지기 시작했다. 넘어졌다는 사실을 깨달은 순간이었다. 얼음 바닥에 넘어질 때 내 귀에 들리는 것은 수백만 명의 동정 어린 신음이었다."

폴 와일리는 실수한 것에 집착해서 게임을 포기할 것인가? 아니면 스케이팅을 계속하면서 최선을 다할 것인가? 하는 두 갈래에 서게 되었다. 그는 일어나 스케이팅을 계속하였다. 순서가 끝나자 관중들은 그의 용기와 결심에 열광적인 박수를 보냈다.

1분 명언

포기를 시작하면 습관이 된다. _빈스 롬바르디

성공은 행동과 연결되어 있다. 성공한 사람들은 계속해서 움직인다. 그들은 실패하지만 절대로 포기하지 않는다. _콘래드 힐튼

우리가 어떤 삶을 살았든지, 얼마나 많은 실망을 경험했든지 하나님이 보시기에 우리의 가치는 항상 처음과 똑같다. 하나님이 보시기에 언제나 우리는 눈에 넣어도 아프지 않을 만큼 귀한 존재다. 하나님이 우리를 절대 포기하지 않으시니 스스로 포기하지 말라. _조엘 오스틴

1분 인생 독본 우리가 꿈을 이루기 위하여 피나는 노력을 한다는 것은 자신도 살고 주변 사람도 살리는 일이 된다는 것을 안다. 나 때문에 이 지구상에서 누군가 행복할 수 있다면 그 얼마나 의미가 있는 삶을 살아가는 것인가.

두려움은 당신의 자신감을 좀 먹고 자부심을 부패시키며 오랜 시간에 걸쳐 당신을 인생의 낙오자라고 인식시킨다. 두려움이 당신을 지배하도록 내버려두는 한 당신은 결코 성공하지 못한다. 하지만 우리의 피나는 노력은 보람이 있을 것이다.

1분 좋은 시

그리움은 누구나 알고 있지만
이룰 수 있는 그리움이 있다면
삶이 고독하지 않습니다 _용혜원, '내 마음에 그려놓은 사람'

영화·드라마 속 명대사 "사람들은 저마다 자신만의 십자가를 갖고 살아가지!"_영화, '두 번 사는 남자'

072 사막의 샘물
어리석은 욕심이 불행을 만들었다.

사막 한복판에 커다란 나무 한 그루가 서 있었다. 나무 밑에서는 맑은 샘물이 솟아나고 있었다. 사막을 여행하는 사람들은 나무 아래서 목을 축이고 쉬다가 떠났다. 샘물에는 주인이 있었다. 그 샘물을 떠다가 나그네들에게 팔았다. 어느 날 아침에 일찍 일어나보니 커다란 나뭇잎에 이슬이 맺혀 있었다. 주인은 이슬인 줄 모르고 나무가 샘물을 빨아먹어서 그렇다고 생각하였다. 커다란 나무가 물을 많이 먹는다고 판단하여 나무를 베어버리면 물이 더욱 많아져 돈을 더 벌 수 있다는 생각이 들었다. 어리석은 욕심에 나무를 아낌없이 잘랐다. 그러자 샘물은 곧 말라버려 폭삭 망하고 말았다.
어리석은 욕심이 불행을 만들었다.

1분 명언

욕심이 잉태하면 죄를 낳고 그것이 자라 장성하면 죽음에 이르느니라. _성경

인간의 허영심, 그 자체가 사기꾼이다. _한비자

어떤 욕심이 그 사람을 지배하고 있는지 추측해보라. 그런 다음에 그럴 듯한 말로 그 욕심을 부추기고, 이어서 그를 유혹하여 행동하게 하라. 그러면 그의 자유의지가 언제나 당신 손아귀에 들어 있을 것이다. _발타자르 그라시안

많은 것을 탐하는 자는 항상 많은 것을 필요로 한다. _호라티우스

1분 인생 독본 승리하는 사람과 패배하는 사람은 다르다. 승리하는 사람은 언제나 '네' '아니요'의 선택이 분명하다. 그러나 실패하는 사람은 언제나 '네'와 '아니요'의 선택이 분명하지 않다. 승리하는 삶을 살아가는 사람들은 쓰러지면 언제나 일어나 앞을 보지만 실패하는 사람은 쓰러지면 뒤를 바라본다. 승리하는 사람은 눈을 밟아 길을 만든다. 실패하는 사람은 눈이 녹기만을 기다린다. 승리하는 사람들의 호주머니 속에는 꿈이 들어 있고, 실패하는 사람의 호주머니에는 욕심만 잔뜩 들어 있다.

1분 좋은 시

욕정이 얼마나

불타오르면 날마다

낯선 입술을 당겨

입 맞추어 적셔주는가? _용혜원, '술잔'

영화·드라마 속 명대사 "어제는 역사이고 내일은 수수께끼, 그래서 우리는 오늘을 선물이라고 불러!" _영화, '쿵푸팬더'

073 발명왕 토머스 에디슨
정상의 기쁨과 쾌감을 맛볼 수 있었다.

에디슨은 전기를 발명했다. 에디슨은 11만 번이나 실패한 끝에 전기를 발명할 정도로 끈기가 있었다. 어느 날 제자가 '선생님, 11만 번이나?' 라고 물었다. 에디슨은 '아니야! 이렇게 하면 안 된다라는 것을 11만 가지 방법을 알아낸 것뿐이야.' 말했다. 에디슨은 실패로 절망하지 않았고 성공하였다. 승리의 팡파르가 울리는 정상의 기쁨과 쾌감을 맛볼 수 있었다.

발명하는 사람들은 위대하다. 사람들이 생각하지도 못했던 것들을 발명해내기 때문이다. 실패가 있었기에 성공이 더 멋지고 아름다운 것이다. 이 세상에 실패 없는 성공은 없다. 도리어 실패가 더 멋진 성공을 만들어낸다.

1분 명언

정상으로 가는 길목은 좁다. _지그 지글러

정상으로 오르는 길은 수많은 갈등과 난관으로 가로막혀 있다. 성공한 사람에게 물어보라. 그들의 비결은 일단 시도해보는 것이다. _지그 지글러

사람은 정상에 오를 수 있지만 거기에서 오랫동안 살 수는 없다.
_조지 버나드 쇼

정상으로 가는 길은 거칠고 험하다. _세네카

정상에는 자리가 많다. 그러나 아주 비좁은 길을 통과해야만 비로소 정상이 보인다. _지그 지글러

1분 인생 독본
어떤 사람이 아침이면 강가에 나갔다. 강가에 가서 돌들을 강으로 힘껏 던지는 것을 하루의 시작으로 삼았다. 이 사실을 알고 있던 친구가 하루는 그에게 물었다. "여보게, 친구! 자네는 왜 아침마다 쓸데없이 강변의 돌들을 강에 던지고 있나?"

이 말을 듣고 말했다. "나는 아침마다 나의 교만, 이기심 등 나의 잘못된 마음을 돌에 담아 강에 던지고 하루를 시작한다네!" 이렇게 홀가분한 마음으

로 하루를 시작하면 좋을 것이다.

1분 좋은 시
봄날에 세상에
온통 사랑의 열기가 가득하다
저마다 자랑하듯 저마다 뽐내듯이
피어나는 꽃들을 보면
나도 사랑을 하지 아니하고는
못 견디겠다 _용혜원, '봄날엔'

영화·드라마 속 명대사 "가끔은 생각지도 못한 누군가가 누구도 생각지 못한 일을 해내니까요."_영화, '이미테이션 게임'

074 새롭게 시작한 삶
마음을 새롭게 하고 사업을 시작하여 성공하였다.

사업을 하다가 그만 크게 파산을 당한 사람이 있었다. 그 사람은 자포자기해서 '이제 나의 인생은 끝났다.'라고 생각했다. 목숨을 끊겠다고 차를 몰고 가다가 마지막으로 친구를 보러 들렀다. 그 친구가 '왜 죽으려 하는가?'라고 물었다. '나는 아무것도 가진 것이 없어서 살아갈 희망을 잃었다.'라고 대답하였다. 그의 친구가 백지 한 장을 내놓으면서 '여기에 지금도 자네와 함께할 수 있는 것을 써보게.' 하였다. 그가 곰곰이 생각하며 적어보았더니 10가지 이상이나 있었다. 친구가 '여보게, 이렇게 자네에게 아직도 많은 것이 있지 않나. 친구인 나도 있고 새롭게 시작해보게.' 하였다. 그는 친구의 말을 듣고 마음을 새롭게 하고 사업을 시작하여 성공하였다.

힘들어 죽고 싶어도 살길을 찾아야 한다. 내 인생이 꽉 막힌 담 속에 있더라도 문을 찾아야 한다.

1분 명언

궁핍한 삶에서 풍요로운 삶으로 자기 인생을 역전시킬 수 있다. 돈 문제로 보자면 밑바닥이야말로 남은 인생의 출발점이다. 자신에게 문제가 생겨도 그것은 기회다. 파산은 최악의 경험이자 최고의 경험이다. _잭 켄필드

파산이란 일시적인 상황에 불과하다. 또 가난이란 정신 상태의 문제이다. _마이클 토드

이 세상 최고의 파산자는 열정을 상실한 사람이다. 이 세상 모두를 상실하고도 열정만 상실하지 않는다면 그는 다시 성공할 수 있다. _H.W. 아놀드

위대한 사랑은 파산이 불가피한 시기가 왔을 때 엄청난 결제요청서가 첨부된다. _오노레 드 발자크

1분 인생 독본

어느 강가에 뱃사공이 있었다. 한 청년이 강을 건너며 뱃사공에게 물었다. "철학을 아십니까?" "모르겠네!" "문학을 아십니까?" "모르겠네!" "인생을 아십니까?" "모르겠네!" 뱃사공은 청년이 묻는 것마다 모른다는 대답뿐이었다. 청년이 다시 물었다. "그러면 무엇을 알고 계십니까?" "여보게! 나는 이 배가 어떻게 하면 이 강을 건너는가를 알고 있다네! 그것이 나의 삶이니까!" 대답했다.

1분 좋은 시

수많은 그리움이
하늘에 떠올라
빛을 내고 있다 _용혜원, '별'

영화·드라마 속 명대사

"행복할 만한 일은 많다고요!" _영화, '인 사이드 아웃'

세계 최고 물리학자 스티븐 호킹

우리는 최선을 다해야 합니다.

아인슈타인 이후의 최고 두뇌로 알려진 케임브리지 대학의 수학 교수이자 이 시대 최고 물리학자였던 스티븐 호킹 박사는 대학원 1학년 때 '근육위수축성 경화증'이란 불치병에 걸려서 3년밖에 못 살 것이라는 진단을 받았다. 처음에 심각한 우울증에 빠졌지만 얼마 후 그는 몸과 마음을 가다듬고 결심하였다.

'좋다! 시한부 삶이면 어떤가? 내 인생이 짧은 인생이라면 더 값지게 시간을 활용해야지. 나에게 부여된 삶의 시간이 얼마나 되는지 알 수 없지만 계속 일을 하자. 어쩌면 생각보다 연구할 수 있는 시간이 많이 남아 있을지도 모른다.' 스티븐 호킹은 의사들의 진단과는 달리 3년이라는 시한을 뛰어넘어 세계 물리학계에 엄청난 업적을 남기고 32세에 사상 최연소 영국 왕립학회 회원이 되었다. 청년들에게 이렇게 말했다. "우리는 최선을 다해야 합니다." 최선을 다하여 살아가면 보람을 느끼고 삶에 리듬감을 탈 수 있어 결과도 좋아진다. 최선을 다하는 모습은 자기 자신을 사랑하게 되고 바라보는 사람들에게도 기쁨과 동기 부여를 해준다.

▶ 1분 명언

나는 최선을 희망하고 최악을 예상하고 되는 것을 받아들일 수 있었다. 내가 성공한 기본적인 이유 하나를 들라면 바로 그것이다. _진 사라센
실패는 고통스럽다. 그러나 최선을 다하지 못했음을 깨닫는 것이 몇 배 고통스럽다. _앤드류 매튜스

▶ 1분 인생 독본 피천득은 '맛은 얕고 멋은 깊다. 맛은 현실적이고, 멋은 이상적이다. 정욕 생활은 맛이요, 플라토닉 사랑은 멋이다.'라고 말했다. 김태길은 '들판에 무리를 지어 핀 코스모스가 바람에 하늘거리는 광경을 보았을 때 맛을 느끼고 멋을 말한다.'라고 말했다. 정말 멋있는 사람은 옷을 잘 입거나

돈이 많은 사람이 아니라 오랫동안 동행하여도 편안하고 좋은 사람이다.

1분 좋은 시
강변에 물안개
잔잔하게 피어오르면
아무런 말없이 바라만 보고 싶다 _용혜원, '물안개'

책 속의 좋은 말 기한 없는 목표는 탁상공론이다. 기한이 없으면 일을 진행하게 해주는 에너지도 발생하지 않는다. 당신의 삶을 불발탄으로 만들지 않으려면 분명한 기한을 정하라. 기한을 정하지 않는 목표는 총알 없는 총이다. _브라이언 트레이시, <목표 그 성취의 기술> 중에서

영화·드라마 속 명대사 "자네 일이 뭔지 아나? 천재들 사이에서 천재를 찾아 팀을 이끄는 거야. 함께 오르지 않으면 정상엔 못 올라가." _영화 '히든 피겨스'

076 episode 철혈 재상 비스마르크의 희망
나는 이룰 수 있는 희망을 말했다.

독일의 한 젊은이가 경찰서에서 서기로 일하고 있었다. 하루는 동료들과 담소를 나누다가 장래 희망이 무엇인지 말해보기로 했다. 동료들은 모두 장관이나 총리가 되고 싶다고 했다. 그 젊은이는 부장이 되고 싶다고 했다. 부장은 서기 바로 윗자리다. 동료들이 한바탕 웃으며 조롱하자 그는 말했다.
"자네들은 이루지 못할 꿈을 말했지만 나는 이룰 수 있는 희망을 말했네!"
그 젊은이는 얼마 지나지 않아 부장이 되었고 나중에는 독일의 총리가 되었다. 그가 바로 '철혈 재상 비스마르크다.
희망은 가진 사람들은 어디서나 당당하게 꿈을 말한다. 왜냐하면 자기의 꿈은 분명히 현실이 될 것을 알았기 때문이다.

1분 명언

희망은 가난한 자의 방이다. _소포클레스

희망이란 깨어 있는 사람의 꿈이다. _라티누스

희망은 상상의 표현이다. _손톤 와일드

희망은 사람을 성공으로 이끄는 신앙이다. _헬렌 켈러

희망은 슬픔을 치료하는 제일 좋은 음악이다. _조지 본

희망은 믿음의 어버이다. _시루스 A. 바톨

1분 인생 독본 이정표를 바로 보고 가자. 이정표는 길을 안내해주는 길잡이고, 이정표를 바로 봐야 목적지에 빠른 시간에 제대로 도착한다. 머뭇거리거나 서성거릴 시간이 없다. 이 세상 누구든 영원히 살 사람은 아무도 없기에 머뭇거리거나 서성거리지 말고 뒤돌아보지 말고 후회 없는 삶을 살아야 한다.

1분 좋은 시

시계가 동그라미 그리며

돌고 있어 돌아오는 줄 알았더니

한 번 떠나면

영영 돌아오지 않는구나 _용혜원, '시계'

영화·드라마 속 명대사 "저는 제가 항상 생각했던 사람 그대로의 모습이에요. 저는 아무것도 두렵지 않아요!"_영화, '보헤미안 랩소디'

---

077 episode
유명한 바리톤 가수 쉐릴 밀른
이것이 참된 노력이라 생각한다.

쉐릴 밀른이라는 유명한 바리톤 가수가 있다. 그는 어렸을 때 농장 지역에서

태어나 소젖을 짜며 생활했다. 그는 당시의 힘들었던 생활이 자신의 성공에 도움이 되었다고 고백한다.

"농장에서 생활하는 동안 저는 힘든 일의 가치와 노력의 대가를 알게 되었다. 전 최고의 가수가 되기 위해 매일 발성 연습을 하고 가는 곳마다 제 도구인 목소리가 어떤 상태인지 살펴보는데 상당한 주의를 기울여야 했고 공연이 길어질 때면 쉬는 시간을 만들어야 했다. 이것이 참된 노력이라고 생각한다."

우리의 삶이 결코 부끄럽지 않게 살아야 한다. 단 한 번 사는 삶을 추하게 살지 말아야 한다. 우리의 삶을 떳떳하고 당당하게 살아야 한다.

1분 명언
근면은 행운의 어머니다. _벤저민 프랭클린
절제와 근면은 인류의 진정한 의사이다. _장 자크 루소
근면이 방에서 떠나면 궁핍이 창으로 들어온다. _네덜란드 속담
근면이야말로 태만, 불성실, 빈곤 세 가지 부끄러움을 쫓아내준다. _볼테르
근면은 모든 행운의 어머니다. _프랑스 격언
보통의 능력밖에 없다면 근면은 부족함을 보충해 줄 것이다. _조슈아 레이놀즈
근면하지 않으면 인생에서 얻을 것이 없다. _호라티우스
이 세상에서 성공하자면 두 가지 길밖에 없다. 하나는 자신이 근면에 의한 것, 또 하나는 남의 어리석음에 덕을 보는 것이다. _장 드 라브뤼예르

1분 인생 독본
꾀를 부려라! 꾀란 수작이나 잔꾀가 아니라, 한계를 뛰어넘는 지혜를 가지라는 것이고 지식 재능 등과 같은 지적인 능력을 말한다. 잔꾀를 부리면 성공하지 못하고 눈가림은 속임수일 뿐 곧 드러난다. 꾀란 엉뚱한 수작이나 권모술수가 아니라 지혜롭게 자기 일을 하는 것이다. 지혜가 있으면 모든 일을 순조롭게 할 수 있다.

1분 좋은 시
빈 술병들이 모여서

지난날을
이야기하고 있다 _용혜원, '빈 술병'

영화·드라마 속 명대사 "우리는 좋은 일을 하러 여기에 온 게 아니라 명령을
따르러 온 거야." _영화, '라이언 일병 구하기'

078 모스크바 예술극단 연출가 스타니슬랍스키
우리는 제 일에 최선을 다해야 한다.

모스크바 예술극단을 창설한 연출가 스타니슬랍스키는 '스타니슬랍스키 시
스템'이라는 독자적인 방법론을 만들어 연극에 커다란 영향을 주었다. 그 시
스템은 빛의 테두리라는 집중력 단련법이다. 빛의 테두리란 스포트라이트
를 말한다.
무대 전체의 조명을 끄고 배우에게만 스포트라이트를 비춘다. 배우가 움직
이면 그 뒤를 쫓아가서 배우가 항상 빛의 테두리 안에 있도록 한다. 강한 빛
을 받는 배우는 빛의 테두리 밖은 볼 수가 없다. 그래서 연출가나 다른 배우
스태프의 시선에 신경을 쓰지 않게 된다. 자신의 연기에만 의식을 집중할 수
있다. 이렇게 해서 집중력이 높아지면 빛의 테두리를 차츰 키워가다 마지막
에는 무대를 밝게 하는 것이다. 우리는 자기 일에 최선을 다해야 한다. 최선
을 다할 때 최대의 결과를 만든다. 최선을 다하면 찾아오는 것은 보람과 기
쁨이다.

1분 명언
집중은 경제적 결과를 성취하는 데 필수적인 조건이다. 집중의 원칙처럼 오
늘날 계속해서 파기되는 효율성의 원칙은 없다. _피터 드러커
집중하게 되면 다재다능한 사람이 될 수 없다. 나는 사람들에게 '인생의
99%는 내가 알 필요가 없는 일이다.'라고 말한다. 따라서 나는 가장 큰 보상

을 주는 1%에 집중하려고 노력한다. _존 맥스웰

1분 인생 독본 하루는 하나님께서 천사에게 이 세상에서 제일 아름다운 것을 가져오라고 했다. 천사는 세 가지를 찾았다. 첫째로 아름다운 꽃, 둘째로 예쁜 아기 웃음, 셋째는 어머니의 사랑이었다. 천사가 이 세 가지를 담고 하늘나라에 갔는데 꽃은 시들고, 아이는 자라서 웃음이 없어졌고, 어머니의 사랑만 그대로였다. 이 세상에서 가장 아름다운 것은 계산되지 않는 어머니의 사랑이다. 사람의 나이는 먹는 것이 아니라 좋은 포도주처럼 익어가는 것이다.

1분 좋은 시
시장기 가득한 날
막국수 한 사발
후루룩 면발 당기면
국물 맛이 끝내준다 _용혜원, '막국수'

영화·드라마 속 명대사 "'군중들의 소리가 들리는가?', '비 온다고 다치지 않아.', '나는 누구인가?'" _영화, '레미제라블'

079 악성(樂聖), 베토벤의 청각장애
고통은 지나가 버리지만 아름다움은 영원하다.

악성(樂聖) 베토벤은 청각장애라는 작곡가로서 최악의 사형선고를 받았다. 그럼에도 마음으로 들을 수 있는 귀, 영혼의 귀를 얻었다며 하나님께 감사 기도를 드렸다. 청력의 이상은 베토벤을 깊은 절망에 빠지게 했고, 베토벤의 음악을 새로운 세계로 나아가도록 했다. 왼쪽 귀부터, 높은음부터 듣지 못하다 결국 완전히 청력을 상실한 베토벤은 집요할 정도로 리듬에 집착했다. 또, 귀 대신 눈으로 작곡했다 할 수 있을 정도로 악보 위에는 기하학에 가까운 음표들이 늘어났다. 아주 어린 시절부터 피아노 즉흥연주로 이름을 떨쳤던 베토벤은 소리가 없는 세상에서도 신체적 본능으로 음악을 만들어나갈 수 있었고, 귀로만 듣지 않고 몸으로 만들고 듣는 음악의 세계에 빠져들 수 있었다. 청각장애로 사람들에게서 멀어지고 상처를 입었을 무렵 숲을 거닐며 마음의 위안을 찾았다고 한다. 감사 마인드를 통해 모든 부정적인 요소를 극복하고 위대한 작품을 탄생시켰던 것이다. 청각장애의 고통 위에서 최고의 음악을 창조해냈다.

1분 명언
소중한 것을 먼저 한다는 것은 가장 중요한 것을 중심으로 계획하고 실행함을 의미한다. 어떠한 상황에서든 긴급한 일이나 주변 상황이 아닌 자신이 가장 중요시하는 원칙에 따라 살아가는 것이다. _스티븐 코비
떠나 보내야 하는 과거보다 더 아쉽고 소중한 것은 없다. _제사민 웨스트
다른 사람들에게 자신의 가장 소중한 것을 베푼다면 당신 또한 그들로부터 그들의 가장 소중한 것을 얻게 된다. _하비 S 파이어스톤
시간은 인간이 쓸 수 있는 것들 가운데 가장 소중한 것이다. _디오게네스

1분 인생 독본
긍정의 힘은 삶의 가능성을 말한다. 감사하는 태도는 정말로 우리에게 선물을 안겨준다. 우리는 물론 주변 사람들 모두를 행복하게 해준다. 삶에서 가장 좋은 것은 무엇일까? 사랑에 푹 빠지면 좋고 하고 싶은 일을 하고 살면 좋고 몸을 깨끗하게 씻을 때 좋다. 사랑하는 사람과 맛있는 음식을 먹으며 소곤소곤 대화를 나누면 좋고 어려운 사람들에게 봉사하고 바라던 일들이 이루어지면 좋다.

1분 좋은 시
한밤중에
왜 눈이 내렸을까
사랑하는 이 오시는 길

발자국 남겨 놓았다 _용혜원, '한밤중에 내리는 눈'

080 테너 가수 엔리코 카루소
최선을 다하는 삶이기에 더 좋은 기회가 된다.

엔리코 카루소가 테너 가수로 세계적인 명성을 날리고 있을 때 자선 음악회에 출연하게 되었다. 주최 측은 카루소에게 말했다. "이것은 음악회입니다. 선생님의 명성 때문에 많은 군중이 모일 것입니다. 선생님께서는 부담 없이 편하게 노래하세요. 특별한 기법이 없어도 돼요." 그러자 카루소는 몸을 일으키며 진지하게 말했다. "카루소는 최선 이하로 노래한 적이 없다."

자신이 하는 일에 최선을 다하여야 한다면 전적으로 믿고 신뢰하며 따르게 된다. 화가는 그림을 그리기에 최선을 다한다. 도공은 도자기를 만들기 위해서 최선을 다한다. 작가는 글을 쓰기 위해서 최선을 다한다. 자신이 무엇을 하든지 최선을 다한다면 최대의 결과를 나타낼 수 있다. 우리는 자신이 하고 싶은 일, 하고자 원하는 일을 하면 최선을 다할 수 있고 용기도 생기고 열정도 쏟을 수 있다. 우리가 열심히 하면 아무도 감당할 수 없는 놀라운 힘이 발휘된다.

1분 명언

열심히 일하지도 않고 성공을 바라는 것은 심지도 않고 거두려는 것 같다.
_데이비드 블라이

꾸준한 노력이 우리의 운명을 결정짓는다. _윌리엄 제임스

지식 없는 열심은 화로가 없는 불이요, 칼집이 없는 칼이며, 고삐 없는 수컷 말이다. _베이트

열심히 하는 사람은 아무도 못 당한다. _레인 네메스

인생이 주는 최고의 선물은 가치 있는 일을 열심히 할 기회이다. _프랭클린 루스벨트

1분 인생 독본 성공을 원하는 사람이 살아가는 방법은 다음과 같다. 삶을 구체적으로 관리하라. 언제나 겸손하게 행동하라. 이루어지지 않을 것을 기대하지 말라. 경쟁을 두려워하지 말라. 미래에 대해 확신을 가져라. 실속이 있는 사람이 돼라. 쓸데없는 권위를 내세우지 말라. 의무와 책임을 다하라. 프랑스 대문호 스탕달은 임종하기 전에 이런 말을 남겼다. '열심히 살았다. 마음껏 썼다. 열렬히 사랑했다.' 우리도 성공하고 싶다면 비석에 '최선을 다했다.'라고 쓰도록 후회 없이 살자.

1분 좋은 시
뜨거운 가슴에서
흐르는 강물은
언제나 마르지 않는 그리움이다 _용혜원, '강물 1'

영화·드라마 속 명대사 사실 '누군가'의 '뭔가'가 되는 것 자체가 그리 편하지 않아요. 전 제 자신으로 존재하고 싶어요. _영화, '500일 썸머'

081 영국의 직물 공장
살아가려면 최선을 다해야 한다.

영국의 한 직물 공장에는 다음과 같은 불문율이 있다. '실이 얽히면 무조건 공장장에게 보고하시오.' 어느 날 입사한 지 얼마 안 된 여공이 작업을 하는 도중에 실이 얽혀버렸다. 그녀는 그것을 대수롭지 않게 여겨 풀어보려고 했다. 그러나 풀려고 하면 할수록 실은 더 얽혀 나중에는 걷잡을 수 없을 정도

가 되었다. 그제야 그녀는 공장장에게 보고했다, 왜 즉시 보고를 안 했느냐는 공장장의 질책에 그녀는 겁먹은 표정으로 대답했다.

"공장장님! 저는 최선을 다해서 얽힌 실을 풀려고 애를 썼습니다."

그 말을 듣고 공장장은 이렇게 말했다.

"그 상황에서 당신이 할 수 있는 최선의 일이란 나에게 보고하는 일이오."

우리는 우리가 해야 하는 일을 바로 알고 최선을 다해야 한다. 황혼이 물드는 시간에 자신을 바라보아도 최선을 다한 삶에 후회가 없고 보람이 된다면 그보다 더한 성공이 어디에 있겠는가? 땀을 흘리고 난 후에 밥 한 그릇, 냉수 한 대접이 맛깔이 난다. 우리의 삶도 마찬가지다. 있는 힘을 한곳에 집중하여 쏟아내는 사람의 열정은 대단하다. 살아가려면 최선을 다해야 한다.

1분 명언

집중은 반드시 좋은 결과를 낳는다. _잭 켄필드

집중은 나의 모토이다. 정직 성실, 그리고 집중이다. _데일 카네기

오랫동안 집중하는 능력은 어려운 것을 성취할 때 필수적이다. _버트런드 러셀

1분 인생 독본

집중하고 신나게 살아야 값어치가 있다. 매일매일 떠오르는 태양도 떠오를 때마다 찬란한 빛을 발휘한다. 우리에게 주어진 삶도 마찬가지다. 하루하루의 삶에 최선을 다한다면 문득 어느 날 자신도 놀랄 만한 일들을 자신이 했다는 것을 알고 기뻐할 것이다. 우리의 삶이 축제가 되도록 만들어야 한다.

1분 좋은 시

잠시 잠깐 한순간의 욕망의 노예가 되어

모든 것을 헌신짝처럼 버리고 마는

어리석은 마음을 갖지 말고

천하에 바보 같은 행동을 하지 말자 _용혜원, '나를 지키며 살자'

082 철도회사 사장 프레데릭 윌리엄슨의 성공 비결
사람들이 잘 깨닫지 못하는 성공 비결이 있다.

뉴욕 중앙 철도회사 사장이었던 프레데릭 윌리엄슨은 사업에 성공하는 비결이 무엇이냐는 질문을 받고 대답하였다.

"사람들이 잘 깨닫지 못하는 성공 비결이 있다. 인생의 경험을 쌓으면 쌓을수록 사업에 대해서 열과 성을 다 기울인다는 생활 태도를 가져야 한다. 가령 두 사람이 엇비슷한 실력을 갖추고 있다면 열심히 일하는 사람에게 성공의 가능성이 더 많을 것이다. 땅을 파는 일이나 큰 회사를 경영하는 일이나 열중한다는 것은 자기의 천직을 믿고 그것을 사랑함과 같다. 아무리 어려운 일이나 아무리 숙련을 요하는 일이라도 일에 열중하는 사람은 초조해하지 않고 언제나 여유 있는 태도로 일할 수 있기 마련이다. 그런 마음을 가질 수 있는 사람이라면 틀림없이 성공할 수 있을 것이다."

참된 경험이 참된 성공을 만든다.

1분 명언
태도 하나를 바꾸자 전부가 바뀌었다. _앤서니 드멜로

태도가 그 사람의 전부다. _톰 피터스

태도와 돈이 신사를 만든다. _토머스 풀러

태도는 세상을 향한 창이다. _제프 켈러

태도는 정신의 필터다. _제프 켈러

태도의 변화가 행동의 변화를 불러온다. _지그 지글러

태도는 어떤 상황도 그려낼 수 있는 마음의 그릇이다. _피터 코헨

1분 인생 독본 큰 나무가 그 오랜 세월 말없이 굳건히 서서 자라는 모습에서 세월이 얼마나 놀라운 일을 만들어놓는지 그 비결을 배워야 한다. 흔들리지 않는 견고함과 인내심이 필요하고 무엇이든지 성숙하고 하나의 작품이 되려면 최고의 걸작품이 되어야 하고 오래 참고 견디는 걸 배워야 한다. 한 인간이 어떠한 생애를 보냈는지 알려면 그의 지출이 적힌 수표장을 보면 알 수가 있다. 어떤 곳에 돈을 썼는지를 보면 그가 얼마만큼 가치 있는 인생을 살았는지 알 수 있다.

1분 좋은 시
외로움에 앙상해질 때
진한 에스프레소에
고독을 타서 마시면
삶의 깊이를 느낄 수 있다 _용혜원, '커피 1'

영화·드라마 속 명대사 "우리가 만난 곳은 막다른 곳이었지만 헤어진 곳은 희망이라는 이름이었다!" _영화, '코러스'

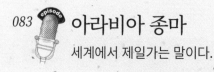

083 아라비아 종마
세계에서 제일가는 말이다.

세계적으로 유명한 아라비아 종마에 대해서 재미있는 전설이 있다. 예언자 마호메트는 이 지구상에서 가장 훌륭한 종마를 찾기로 작정했다. 온 세상을 돌아다니며 1백 마리의 말(암말)을 가져왔다. 말이 있는 곳에는 먹을 것이 얼마든지 있으나 마실 물은 한 방울도 없게 하였다. 우리 아래에는 아름다운 시냇물이 흐르고, 물 향기는 바람에 실려 말 우리까지 올라왔다. 마호메트는

말들에게 물을 주지 않다가 갑자기 말 우리를 열었다. 우리에서 해방된 말들은 꼬리를 치켜들고 고개를 뻣뻣하게 세우고, 거친 숨을 몰아쉬며 입에는 거품을 물고 발로는 모래 먼지를 날리면서 흐르는 시냇물 향하여 내달렸다. 말들이 거의 시냇가에 도착했을 때 마호메트는 뿔피리를 불었다. 앞다투어 내달리던 1백 마리 말 가운데 네 마리 말이 뿔피리 신호를 듣고 발굽을 땅에 딛고 멈추어 서서 주인의 명령을 기다렸다. 이때 마호메트가 말했다.

"바로 저 네 마리 말을 종마로 해서 세계에서 제일가는 말을 길러내겠다. 나는 이 말을 아라비아 종이라 하겠다."

1분 명언
명령은 주인의 일이고 복종은 하인의 일이다. _레오나르도 다 빈치

명령으로 대하면 반항에 부딪힐 일이라도 우정의 미소로 대하면 곧잘 이루어진다. _칼 힐티

사랑은 명령하는 것이 아니다. _라틴 속담

자신에게 명령하지 못하는 사람은 남의 명령을 들을 수밖에 없다.
_프리드리히 니체

윗사람의 몸가짐이 바르면 명령하지 않더라도 저절로 시행되고, 몸가짐이 바르지 못하면 비록 명령하더라도 백성이 따르지 않는다. _논어

1분 인생 독본 박수받는 삶을 살자. 남에게만 손뼉 치지 말고 자신도 박수받는 삶을 살자. 박수는 긴장을 해소하고 자신감을 높여주는 힘이 있고 다이어트에 도움이 되고 질병 예방에 치료 효과가 있다. 박수를 손바닥으로 치면 내장 기능이 좋아지고 주먹끼리 치면 뭉친 어깨 근육을 풀어준다.

1분 좋은 시
세월을 낚으려 했더니
나를 낚아
청춘을 빼앗아버리고

주름살만 깊게 파놓았다. _용혜원, '세월'

영화·드라마 속 명대사 "사랑한다면 사랑받기를 원할 것이다." _영화, '립스'

084 가정이란?
착한 아내와 건강한 남편은 훌륭한 재산이다.

행복한 가정이 있는 사람들이 다른 사람도 행복하게 만들어주고 자기가 하고자 하는 일에 최선을 다한다. 가정의 행복은 삶을 살아가는 데 큰 힘이 되어주기 때문이다. 자동차왕 헨리 포드는 가정적인 사람이다. 그는 자동차 사업으로 부자가 되자 고향에 집을 지었다. 그러나 그 집이 너무나 평범하였다. 친구들이 '이 집이 백만장자의 집이라기에는 초라하지 않은가?'고 말했다. 이 말은 들은 포드는 '집이 문제가 아니지 않나? 집 안에 사는 사람들의 사랑이 있으면 위대한 가정이며 사랑이 없다면 석조로 지은 저택도 무너지네!'라고 말하였다. 착한 아내와 건강한 남편은 가장 훌륭한 재산이다.

1분 명언

가정은 안전한 휴식처요, 기본을 습득하는 학교이며, 기쁨이 오가는 처소다.
_빌리 그레이엄

가정은 최초의 학교이며, 최고의 학교다. _지그 지글러

가정은 사람이 있는 그대로 자기를 표시할 수 있는 장소이다. _앙드레 모로아

가정의 사랑은 자기 사랑과 같다. _레프 톨스토이

가정이 못될 때 신경과민이 생긴다. _헨리 워드 비처

가정과 가정생활은 안정과 향상의 문명 중요 목적이요, 산업의 궁극적 목적이다. _T.S 엘리엇

평화로운 가정에는 행복이 제 발로 찾아온다. _중국 속담

1분 인생 독본 사람은 누구나 태어날 때 손을 꽉 쥐고 있는데 죽을 때는 펴고 있다. 왜 그런가? 탈무드는 질문한다. 태어날 때 인간은 세상 전부를 쥐고자 꽉 쥐고 죽을 때는 모두를 남은 사람에게 주고 아무것도 가지고 가지 않는다는 것을 보여준다. 마음에는 온갖 보물이 가득해 마음을 요리하는 방법에 따라 기쁨과 감동과 환희가 쏟아져나와 행복하게 살 수 있다. 마음을 불 꺼진 창고처럼 방치하면 절망과 고통 속에 탄식하게 된다. 마음속의 보물을 캐내어 힘 있고 능력 넘치게 살아야 한다.

1분 좋은 시
마음의 문고리가
바뀌던 날
이별이 시작되었다 _용혜원, '이별 1'

영화·드라마 속 명대사 "그는 나에게 물을 준 사람이에요. 살아갈 심장을 줬지요. 왜 이런 대접을 받아야 하죠!"_영화, '벤허'

085 **마르코니 전파의 실체**
신념은 확고한 마음의 소리다.

꿈이 현실로 되는 것이 발명이고 예술 작품이다. 남들이 전혀 생각지도 못한 일들을 상상하는 몽상가가 새로운 것들을 만들어낸다. 즐거운 몽상은 행복한 일이다. 크게 성공하는 사람들은 대부분 몽상가였다. 토머스 에디슨이 전기를 발명했을 때나 라이트 형제가 비행기를 만든다고 했을 때나 사람들은 모두 다 미쳤다고 말했다. 마르코니가 실체를 파악할 수 없는 전파로 말을 보낸다고 했을 때도 모두 다 말이 안 된다고 했다. 마르코니가 전파의 실체를 발견했다고 발표했을 때 친구들은 그를 가두고 정신 감정까지 받게 하였다. 신념은 확고한 마음의 소리다. 진실은 신념의 뿌리를 박아야 하며 신념은 자신에 대한 자기 인식이다.

1분 명언

자기의 사명을 발견하고 신념을 가지고 일하는 사람은 행복하다.
_토머스 칼라일

신념은 현재의 온갖 행복의 근원이다. _오언 펠담

신념은 인간의 의식과 우주의 무한한 지혜 사이를 연결하는 고리다. 인간 정신을 정원에 비유할 때 정원의 비옥한 토양이 바로 신념이다. _나폴레온 힐

신념을 위해 생명을 바치는 것은 거룩한 일이다. _헨리 멘켄

신념이 있으면 두려움도 사라진다. _조지 싱

신념이 있다고 해도 달성될 수 있는 것은 그 가운데 극소수일 뿐이다. 그러나 신념이 없다면 아무런 일도 달성할 수가 없다. _사무엘 버틀러

1분 인생 독본 열등감을 버려라. 열등감이라는 병의 포로가 되어 날마다 고통스럽게 살아가는 사람이 있다. 누구나 부족하고 연약하기에 열등감은 극복할 수 있다. 열등감을 느끼게 되는 원인 중의 하나는 남과 비교하는 습관이 지나칠 때 생겨난다. 열등감과 무력감을 과감하게 버려야 희망을 확신하며 살 수 있다.

1분 좋은 시

매화가 피면 봄인데
꽃을 바라보면 더욱 신나서
'봄이 왔어요!' 소리치며
활짝활짝 피어나는구나 _용혜원, '매화'

영화·드라마 속 명대사 "가족을 사랑하지만, 예술은 우리를 미치게 하고 사람을 찢어놓는다!" _영화, '파벨만스'

케네디의 연설
당신은 참으로 용감한 인간이었는가?

세상을 살다 보면 정말 소중한 사람들이 먼저 세상을 일찍 떠나는 경우가 종종 있다. 케네디 대통령은 그가 피살되기 전날 만찬회에서 이런 연설을 했다.

"장래성이 없는 국민은 망한다. 새로운 개척지에서 새로운 개척자가 되어야 한다. 강자는 안전한 세계 평화를 수립해야 한다. 우리는 이다음 역사의 법정 앞에 설 때 다음 네 가지의 질문을 받게 될 것이다. 첫째, 당신은 참으로 용감한 인간이었는가? 둘째, 당신은 참으로 현명한 판단력이 있는가? 셋째, 당신은 참으로 성실한 인간이었는가? 넷째, 당신은 참으로 헌신하는 인간이었는가?"

1분 명언

용감해지려면 용감하게 행동하라. _아리스토텔레스

용감한 인간은 도량이 넓으며 관대하다. _새뮤얼 스마일스

용감한 승리는 단번에 얻을 수 있고 시간이 지나가면서 축적된 노력의 결과로 얻을 수 있다. _잭 켄필드

세상에서 가장 용감한 광경은 불리한 여건과 싸우는 사람이다. _레인 네메스

용감한 사람들은 용감하고 선한 사람들에게서 태어난다. _호라티우스

진정 용감한 자는 무슨 욕을 들어도 현명하게 참아낸다. _윌리엄 셰익스피어

1분 인생 독본 고난은 잠자던 용기와 지혜를 깨운다. 사실 고난은 우리에게 없던 용기와 지혜를 창조해낸다. 우리는 오직 고난을 통해 정신적으로 성숙할 수 있다. 세계적인 명작과 명품들은 독특한 매력과 스타일을 가지고 있고 자기 브랜드를 갖고 있다. 감히 따라올 수 없는 스타일이 있다. 그래서 사람들이 명품을 좋아하고 갖고 싶어 한다. 삶은 예술이다. 자기 스타일의 독특한 명작을 만들어야 한다.

1분 좋은 시

자신이 보잘것없는 가치 없는
존재로 전락시키지 마라

자신이 부족하다면 스스로 깨닫고
남보다 더 많이 노력하라
자신이 나약하고 연약하다면
남보다 더 많이 강건해져라

자신이 초라하다면
남보다 더 많이 벗어나려고 애를 써라 _용혜원, '탁월한 존재가 되는 법'

영화·드라마 속 명대사 "괜찮은 하루 보내지 마세요. 의미 있는 하루를 보내세요. 진실한 하루를 보내세요. 완전한 하루를 보내세요. 정직한 하루를 보내세요.", "괜찮은 날이요? 글쎄요, 당신은 비참해질 거예요. 뭔가 의미 있는 그런 하루를 보내세요." _영화, '죽기 전에 듣고 싶은 말'

087 오직 한 가지 원칙
인생의 가장 좋은 보석

잘 만들어진 좋은 악기에서 좋은 소리가 난다. 좋은 악기는 명품 중의 명품이다. 세상에서 가장 아름다운 소리를 내는 바이올린은 '스트라디바리'라고 한다.

스트라디바리는 10대부터 93세까지 1,100대의 바이올린을 만들었다. 그에게는 오직 바이올린을 만드는 한가지 원칙이 있었다. 만약에 바이올린이 아름다운 소리를 내지 않으면 아낌없이 다 부숴버렸다. 그런 바이올린은 절대로 내 이름을 적어 팔지 않는다는 원칙이 있었다. 한 번 잃은 좋은 명성은 좀처럼 되찾기 힘들다. 아무리 좋은 이름이라도 그의 좋은 이미지가 일단 사라지면 모든 것이 가버리는 것이요, 인생의 가장 좋은 귀한 보석을 영원히 잃는 것이다.

1분 명언
이름은 알려진 얼굴이다. _토머스 풀러

사람은 세 개의 이름을 갖는다. 태어났을 때 부모가 붙여주는 이름, 친구들이 우정을 담아 부르는 이름, 그리고 자기 생애가 끝날 때까지 획득하는 명성, 이 세 가지다. _탈무드

진정으로 좋은 이름은 덕스러운 특성에서 향기가 난다. 그것은 순수하게 탁월하여 자연적으로 발산한다. 그런 이름은 이 땅에서 기억될 뿐 아니라 하늘에도 기록되어 있다. _제임스 해밀턴

어떤 사람의 이름은 단순히 몸에 걸친 외투와 같은 것이 아니라 그의 피부처럼 꼭 맞게 밀착되어서 그 육체와 더불어 커간다. 그토록 밀착된 이름을 벗기려면 그에게 큰 상처를 입히지 않고는 벗길 수 없다. _요한 볼프강 폰 괴테

친절과 사랑과 자비로 접촉하는 수천만의 심령에 그대의 이름을 새겨라. 결코 그대를 잊지 않으리라. 그대의 이름과 선행이 하늘의 별처럼 빛날 것이다. _토머스 찰머스

1분 인생 독본 혼자 있는 시간이 필요하다. 우리에게는 조용한 시간이 필요하다. 혼자 있는 시간에는 아무 가면을 쓸 필요가 없다. 사람들과 어울려 살 때는 괜히 허세를 부리고 과장을 한다. 그러나 다른 사람의 눈치를 볼 필요가 없는 정직한 나 혼자만의 시간에서 참된 삶이 시작한다.

1분 좋은 시
얼마나 잘못했기에
눈이 오나 비가 오나
손을 번쩍 들고

벌서고 있을까 _용혜원, '나무 1'

영화·드라마 속 명대사 "당신은 누군가를 당신의 마음으로부터 지울 수 있지만 사랑은 지워지지 않는다."_영화, '이터널 선샤인'

088 블루문 치즈 회사 창업자 휘트니
목표를 가지고 성실하게 일하는 사람은 성공한다.

미국의 치즈 회사 블루문을 창업한 휘트니는 가난한 농부의 아들로 태어났다. 휘트니는 큰 회사의 사장이 되고 싶은 꿈을 가지고 있었다. 꿈을 이루기 위해 식료품 연쇄점 말단 점원으로 취직했다. 휘트니의 최고 장점은 모든 일에 성실하고 항상 기뻐하고 감사하는 마음으로 일하는 것이다. 월급을 더 많이 받으려고 하는 것도 아닌데 다른 부서가 일손이 모자라면 얼른 가서 도와주었다. 소매부에서 일하면서 도매부의 일도 도와주는 모습이 담당 부장의 인정을 받아서 휘트니는 점장과 부장을 거쳐서 회사의 책임자가 되었다. 마침내 휘트니는 자기 회사를 창업하여 사장이 되었다. 목표를 가지고 성실하게 일하는 사람은 성공한다.

1분 명언
남보다 앞서갈 수 있는 비결은 지금 당장 시작하는 것이다. _지그 지글러
하고 싶은 것을 해야만 성공할 수 있다. 이것이 유일한 성공 비결이다.
_말콤 포브스
나에 대한 믿음이 꿈을 이루는 최고의 비결이다. _랠프 월도 에머슨
성공한 기업의 비결은 첫째도 사람, 둘째도 사람, 셋째도 사람이다. 그러나 중요한 것은 육체가 아니라 그들의 두뇌다. _로바베스 모스 캔터
내가 목표를 달성한 비결은 오로지 끈기 있게 견디었기 때문이다.
_루이 파스퇴르

1분 인생 독본 맛있는 과일에는 그만큼 벌레도 많고, 재산이 많으면 근심도 많고, 여자가 많으면 잔소리도 많고, 여종이 많으면 그만큼 풍기도 문란하고, 사내종이 많으면 물건의 분실이 잦고, 스승에게 많이 배우면 인생이 더욱 풍부해지고, 명상을 오래 하면 그만큼 지혜가 늘고, 사람을 만나 유익한 이야기를 들으면 좋은 길이 열리고, 따뜻한 나눔을 많이 베풀면 널리 평화로워진다.

1분 좋은 시
뼛골 삭도록 아파
눈동자에 불을 켰구나 _용혜원, '등대'

책 속의 좋은 말 인생이란 한 권의 책이요 우리는 태어나서 죽을 때까지 매일 그 한 페이지를 창작하는 것이다. _모리스 메테를링크, <파랑새> 중에서

영화·드라마 속 명대사 "사랑하는 방법을 알려줘서 고마워. 그리고 사랑받는 법도!" _영화, '이프 온리'

089 **욕심쟁이 청년**
나 때문에 행복한 사람이 있다면.

한 청년이 들길을 걷고 있었다. 한참 걷다가 길에서 요술 램프를 발견했다. 청년은 신기해서 요술 램프를 문질러 보았다. 그랬더니 요정이 나타나서 말했다.
"소원이 있으면 딱 하나만 말하세요! 그러면 들어줄게요!"
그때 청년은 세 가지 소원이 있었다. 그것은 돈과 여자와 결혼이었다. 이 세 가지를 다 갖고 싶어서 욕심이 난 청년은 말했다. "돈, 여자, 결혼!" 이 청년은 그 후에 심신이 미약하고 온전치 않은 여자와 결혼했다. 세상은 욕심대로

살아가는 것이 아니라 소망을 이루어가며 서로 나누고 살아가는 것이다. 혼자 살아가는 것이 아니라 더불어 살아가야 하기 때문이다. 나의 욕심을 채우며 즐기기보다는 나 때문에 행복한 사람이 있다면 삶이 더 행복해질 것이다. 욕심은 행복을 주지 않고 욕심은 불행을 선물한다. 욕심내는 삶은 불행하다.

1분 명언

버림으로써 얻으리라. 그대여, 탐내지 말라. _우파니샤드

전부를 취하면 전부를 잃는다. _팔만대장경

욕심은 못 하는 말이 없고 못 하는 역할이 없다. 심지어 욕심이 없는 사람의 역할도 해낸다. _프랑수아 드 라 로슈푸코

우리는 성취에서보다 오히려 욕망에서 살고 있다. _조지 무어

어른이나 아이 할 것 없이 어떤 물건을 몹시 탐내도록 만들려면 그것을 손에 넣기 어려운 것으로 만들면 된다. _마크 트웨인

자연스럽게 보이려는 욕심만큼 자연스러움을 방해하는 것은 없다.

_프랑수아 드 라 로슈푸코

1분 인생 독본 우리들이 허세를 부리는 일이 있다면 그것은 그만큼 자기에게 충실하지 못하기 때문이다. 어떤 종류의 자부심은 그 밑바닥에 허영심이 섞여 있을 때가 있다. 장차 그만큼 훌륭하게 되리라는 향상심이 있는 사람은 허세를 부린 만큼 노력을 할 것이다. 노력이 따르는 허영심은 없는 것보다 낫다. 무의미한 것은 노력이 전혀 없는 허영심이다. 허영심은 말을 많이 하게 하고 자존심은 침묵하게 한다.

1분 좋은 시

오직 사랑하는 마음으로 보살피는
선하고 착한 마음이 없으면
세상은 행복해질 수가 없다 _용혜원, '누군가의 손길'

090 사장과 지도자
자신이 성공할 수 있었던 이유

영국 런던의 큰 백화점 가운데 하나인 셀프리지와 해로드 백화점의 설립자
인 셀프리지는 자신이 성공할 수 있었던 이유는 '사장'이 아니라 '지도자'였
기 때문이라고 말한다. 사장은 '하라'고 말하지만, 지도자는 '우리 합시다!'라
고 말한다.

사장은 일이 어떻게 되어가는지 '알지만' 지도자는 일이 어떻게 되었는지 직
접 '보여주며' 사장은 '두렵고 어려운' 대상이지만 지도자는 '존경과 신의'의
대상이며 사장은 실패에 대한 책임을 '추궁'하지만 지도자는 실패를 '조정'
하며 사장은 '내가'라고 표현하는 반면 지도자는 '우리가'라고 말하기를 좋
아한다. 무슨 일을 하든지 마음을 열고 여유를 갖고 일하는 사람이 더 큰 성
과를 나타낸다. 그리고 사람들은 그런 사람을 좋아하고 따른다.

1분 명언

마음이 가벼우면 어떤 고통도 무겁지 않다. _챔버스
마음에 들어가서 그 마음을 따르라. _장자
노쇠는 얼굴보다는 마음속에 더 많은 주름을 남긴다. _몽테뉴
마음을 행복하게 할 수 있는 자만이 행복을 얻는다. _플라톤
마음에 마음 써야지 외모에 마음 쓰는 것이 아니다. _이솝

1분 인생 독본
영국 런던에 있는 워커 미술관의 유명한 그림 가운데 '충성'이
라는 그림이 있다. 이 유명한 그림은 로마에 있던 폼페이라는 도시가 화산으
로 인해 폭발하여 재와 흙과 돌로 파묻히게 되어 많은 사람이 살길을 찾아

아우성치며 밖으로 도망쳐 나왔다. 그때 그 비참한 환경 속에서도 한 청년이 용감하게 부동자세로 창을 들고 꼼짝도 하지 않고 그 성을 지키고 있는 훌륭한 모습의 그림이다.

1분 좋은 시

컵 하나엔 언제나 커피 한 잔만 담을 수 있다
우리가 몸서리치게 어금니 꽉 깨물며 살아도
욕심뿐 결국 일인분의 삶이다
컵에 조금은 덜 가득하게 담아야 마시기 좋듯이
우리의 삶도 조금은 부족한 듯이 살아가야
숨 쉬며 살 수 있다 _용혜원, '컵 하나엔'

영화·드라마 속 명대사 "미치도록 지키고 싶은 사랑, 내 모든 선택은 당신이
었습니다!"_영화, '파도가 지나간 자리'

091 돌아오지 않는 세 가지
다시 새롭게 살아갈 수 있다.

세상에는 돌아오지 않는 세 가지가 있다. 첫째는 우리 입에서 나간 말이다. 내뱉은 말은 다시는 돌이킬 수 없다. 둘째는 화살이다. 활시위를 떠난 화살은 다시는 돌아오지 않는다. 셋째는 흘러간 세월이다. 흘러간 세월은 흐르는 물과 같아서 다시는 돌이킬 수 없다. 그런데 흘러가는 시간을 붙잡을 수 있는 길이 있다. 그것은 반성이라는 법정에 서서 지난 일을 돌이켜보며 무엇을 잃었으며 또한 무엇을 얻었는가?라고 묻는 것이다. 그리하여 얻은 것에 감사하고 잃은 것을 반성할 때 세월은 다만 흘러가는 것만 아니다. 다시 새롭게 살아갈 수 있다.

1분 명언

재치 있게 지껄일 수 있는 위트도 없고, 그렇다고 해서 침묵을 지킬 만큼 분별력도 가지지 못한다는 것은 커다란 불행이다. _장 드 라 브뤼예르

재치는 그 목적하는 바를 정확하게 달성시켰을 때 완성된다. 재치는 감정이 고조된 순간에 발휘되는 가장 냉철하고도 재빠른 천재의 활동으로 임기응변으로서는 최상이다. _칼렙 C. 콜턴

재치 있는 사람도 어리석은 사람들이 곁에 없다면 당혹스러운 경우가 적지 않을 것이다. _프랑수아 드 라 로슈푸코

재치는 우리와 암흑 사이를 막는 유일한 담벼락이다. _벤 도른

1분 인생 독본 누구나 욕심을 부리는 사람보다 나눔을 갖는 사람을 좋아한다. 소유의 욕심을 갖는 사람은 홀로 행복할지 몰라도 주변 사람들은 그 곁을 떠나가 버린다. 우리는 항상 '함께 ' '우리' '더불어' '같이'라는 말처럼 서로가 성공하는 삶을 살기 위하여, 서로가 행복한 삶을 살기 위하여 함께 마음을 쏟고 격려하고 위로하며 삶의 길을 행진하여 나갈 때 가슴 뿌듯하게 살아갈 수 있다.

1분 좋은 시

낯선 사람들끼리
우연히 만나
가장 가까이 앉아
전혀 모른 척 떠나간다 _용혜원, '고속버스'

영화·드라마 속 명대사 "마음을 다쳤다는 건 당신이 뭔가 노력했다는 증거예요!" _영화, '먹고, 기도하고, 사랑하라'

092 episode 괴테와 대작
하나씩 하나씩 이루어가야 한다.

어느 날 요한 볼프강 폰 괴테의 비서를 지냈던 에커만이 괴테를 찾아와서 물었다. "선생님! 선생님은 많은 대작을 쓰셨는데 그 비결이 무엇인지 저에게 알려 주십시오." 괴테는 에커만에게 아무 말도 하지 않았다. 그때 열린 창문으로 살랑살랑 미풍이 들어와서 흩날리게 만들었다. 아름다운 꽃들이 만발한 정원에는 젊은 부인과 어린아이가 나비를 따라 뛰어다니고 있었다. 괴테는 갑자기 책상으로 다가가더니 원고지에 무언가를 열심히 써내려가기 시작했다.

"선생님, 무엇을 쓰고 계십니까?"

"난 지금 이 아름다운 오월에 꽃들이 만발한 정원에서 나비를 쫓고 있는 부인과 아이야말로 세상에 남길 만한 가장 아름다운 시가 될 것으로 생각했네. 그래서 이 느낌을 지금 글로 표현하고 있는 것일세!"

에커만은 자신의 질문에 딴청을 피우는 괴테를 실망스럽게 바라보았다. 이를 본 괴테가 에커만에게 말했다.

"처음부터 대작을 쓰려고 하지 말게. 지금 쓸 수 있는 것을 자연스럽고 생생하게 써보게. 그러면 언젠가 자신도 모르는 사이에 대작이 만들어져 있을 걸세!" 그제야 에커만은 괴테에게 감사의 인사를 했다. 우리가 꿈을 이루고 성공을 이루고 싶다면 마음의 여유를 갖고 하나씩 하나씩 이루어가야 한다.

1분 명언
항상 최선의 길은 똑바로 뚫고 나가는 것이다. _로버트 프로스트

자신에게 최선을 다하는 사람은 사사로운 감정에 매달릴 여유가 없다.
_에이브러햄 링컨

자신의 문제를 분명히 인식할 여유가 없는 탓으로 실패하는 일이 많다.
_조지 싱

바빠서 여유가 없을 때야말로 쉬어야 할 때이다. _시드니 J. 해리스

1분 인생 독본 낙천주의자는 등을 돌리지 않고 당당하게 앞을 향해 나간다. 어떠한 의심의 조각도 자신의 목표를 깨뜨릴 수 없으며 진리가 폐하고 거짓이 승리한다고 할지라도 결코 꿈을 버리지 않는 사람이 낙천주의자. 성공하려면 열심히 행동하며 살아라. 사랑에 빠진 자처럼 행동하면 당신은 사랑에 푹 빠진 사람이 될 것이다.

1분 좋은 시
빨래가 세탁기에서
몹시 시달렸나 보다.
빨랫줄에 축 늘어져서
힘 다 빼고 매달려 있다 _용혜원, '빨래'

영화·드라마 속 명대사 "모든 사람이 자기가 결정하지 않은 일을 겪게 된다. 우리가 할 일은 어떻게 할지 결정하는 것뿐이지."_영화, '반지의 제왕'

093 영화배우 브래드 피트
최고의 인기 영화배우가 되었다.

브래드 피트는 미주리 대학 졸업을 2주 남겨놓고 학교를 떠났다. 연기를 하고 싶었기 때문이다. 로스앤젤레스에 도착한 그는 안 해 본 일이 없을 정도로 많은 직업을 가졌다. 패스트푸드점 앞에서 닭 캐릭터 옷을 입고 서 있기도 하였고 식당 선전을 위한 샌드위치 맨, 개인 운전 등도 마다하지 않았다. 그는 목표를 위해 연기 학원비를 마련해야 했다. 그래도 그는 목표가 있었기에 어떤 일을 하여도 즐겁게 하였다. 그렇게 고생한 끝에 '댈러스'라는 드라마에 잠깐 출연하였고 단편 영화 몇 편을 찍었다. 그는 리들리 스콧의 '델마와 루이스'와 로버트 레드포드의 '흐르는 강물처럼'을 거치면서 인기를 얻기 시작했고 '가을의 전설'을 통해 최고의 인기 영화배우가 되었다. 좋은 영화

를 만나 멋진 연기를 할 때 관객에게 사랑받고 사람들에게 사랑을 듬뿍 받는
배우가 된다.

1분 명언
인기는 그날의 바람과 함께 바뀐다. _존 브라이트
대중적 인기를 탐내지 말라. _발타자르 그라시안
결혼은 그것이 최대 유혹과 최대 기회의 결합이기 때문에 인기가 있다.
_조지 버나드 쇼
만약 인기가 없다면 창조성이 부족한 탓이다. _데이비드 오길비

1분 인생 독본 칼 메닝거는 '소유하고 있는 것보다 삶의 자세가 더 중요하
다.'라고 말했다. 현대의 가장 큰 문제는 인간의 존엄성을 비하해서 가능성
과 창의력마저 무시해 버리는 것이다. 연구에 의하면 인간의 뇌의 능력은 브
리태니커 대영백과사전을 다 외우고도 40개 외국어를 유창하게 할 수 있으
며, 수십 개 대학의 필수 과정을 다 마칠 수 있다고 한다. 이와 같은 가능성
은 열등의식이나 부정적인 의식구조 때문에 10% 내외밖에 사용하지 못하
고 있다. 자신의 무한한 능력을 개발하여 성공적인 삶을 살아가라.

1분 좋은 시
어린 시절 인생길이 한없이
길고 긴 줄 알았더니
나이 들어 늙어보니
인생길이 눈앞에 끝이 보이고
이리도 짧고 짧구나 _용혜원, '인생길'

영화·드라마 속 명대사 "친구는 가까이, 하지만 적은 더 가까이." _영화, '대부 2'

성취하려는 의욕이 넘쳐야 한다
인생에서 해야 할 일 자신을 이기는 것이다.

스튜어트 존슨은 말했다. "인생에서 우리가 할 일은 다른 사람을 이기는 것이 아니라. 자신을 이기는 것이다." 로버트 슐러 목사의 처남 프랭크 밴더마틴은 18세 때 아이오와주 수 카운티에서 제일가는 바이올리니스트였다. 그의 아버지가 경영하던 대장간에서 사고가 생겼다. 빨갛게 달궈진 쇠가 그의 손에 떨어져 바이올린을 집던 손가락이 잘려졌다. 왼손에는 엄지손가락만 남게 되었다. 그는 엄지손가락만 남은 왼손으로 바이올린을 잡고 피나는 연습을 했다. '내가 장애인이라고 생각하지 않는 한 결코 나는 불구자가 아니다.'라고 말했다. 로버트 슐러 목사는 말했다.

"불가능한 일이 존재하는 것이 아니라 불가능하다는 생각이 존재한다."

자신감이 있는 사람은 환경과 조건에 관계없이 모든 일을 잘 처리한다. 성공은 성취하려는 의욕에서 출발한다. 의욕이 없으면 성공을 향하여 출발하기가 쉽지 않다.

1분 명언

성취는 새로운 가능성을 창조한다. _톰 바일리

성취는 지속적인 노력의 결과이다. _워싱턴 어빙

자신이 성취하려는 것이 무엇인지 구체적으로 알고자 하는 사람은 극소수에 불과하다. 대부분 눈앞의 상황이나 이익에만 집착한다. _주디스 바드워크

성취는 믿음과 행동의 결과이다. _빈스 로바니

성취는 책임감과 헌신의 결과이다. _에드워드 스튜어트

진정한 성취의 뿌리는 당신이 하고자 하는 분야에서 최고가 되려는 의지에 달려 있다. _해럴드 테일러

1분 인생 독본

꼭 들어야 할 소리는 무엇인가? 청결한 양심의 소리, 역사의 소리, 돌이킬 수 없는 역사의 우렁찬 소리를 들어야 한다. 소리가 시간과 공

간을 초월해서 들려오고 있다. 이는 지구촌 인간의 소리다. 하나님의 소리다. 우리들의 현주소를 묻고 있는 하나님의 소리다.

1분 좋은 시
사랑의 등불 하나
남보다 먼저 마음에
켜놓고 살면
이웃들이 아름답게 보인다 _용혜원, '사랑의 등불'

영화·드라마 속 명대사 "네가 뭔가 고치고 싶다면 모든 걸 분해해서 무엇이 중요한지 알아야 해!"_영화, '데몰리션'

095 성공하려면 멈추지 않는다
꿈의 날개를 힘차게 펼쳐야 한다.

백화점 왕이라고 불리는 워너메이커에게 한 젊은이가 찾아와 일을 부탁했다. 일을 할 수 있는 빈자리가 없다는 말을 듣고서도 그 젊은이는 어떤 일이라도 기꺼이 하겠다고 간청했다. 워너메이커는 그를 쫓아버리려는 생각에 먼지가 잔뜩 낀 창문을 닦는 일을 할 수 있겠느냐고 물었다. 이 말을 들은 그는 기꺼이 그 일을 맡겠다고 했다. 청년은 열심히 창문을 닦았다. 그의 성실함은 신뢰를 얻었고 곧 채용되어 그는 그 후에 백화점의 지배인이 되었고 연봉도 많이 받았다.

살아감에 목표가 분명한 사람은 어떤 장애물 앞에서도 주저하지 않는다. 절망에 빠져 포기하지도 않는다. 어떤 장애물 앞에서도 앞만 보고 열심히 달려나간다. 성공이라는 꿈은 우리 자신을 돌아보게 하고 우리의 마음을 새롭게 하여 준다. 그러므로 우리가 하는 일을 향하여 꿈의 날개를 힘차게 펼쳐야 한다.

1분 명언

장애물을 피하지 말고 해결책을 찾아라. _덱스터 예거

장애물이 있으면 돌아가라. _메리 케이 에쉬

당신 앞에는 어떠한 장애물도 없다. 망설이는 태도가 가장 큰 장애물이다. 결심하면 길을 열리고 현실은 새로운 국면으로 접어든다. _버트런드 러셀

갑작스러운 장애물을 두려워하지 말라. _레인 네메스

1분 인생 독본 우리의 몸에 피가 돌지 않으면 죽음이 찾아온다. 강에 물이 흐르지 않으면 강이 아니다. 살아 있는 모든 것은 성장을 멈추지 않는다. 살아 있는 것은 모두 다 멈추지 않고 성장한다. 생명력이 있기 때문이다. 성공하는 사람도 성장을 멈추지 않는다. 심장이 한순간도 멈추지 않듯이 성공을 향하여 달려간다.

1분 좋은 시

물 위에
그리움이 하나씩 하나씩
떠올라
꽃으로 피어난다 _용혜원, '연꽃'

영화·드라마 속 명대사 "사부님께서 말하시길 주먹을 쥐면 그 안에 아무것도 없지만 주먹을 펴면 그 안에 모든 게 있다고 하셨어!"_영화, '와호장룡'

096 실패는 삶에 찾아오는 손님이다

우리의 삶에는 행복과 불행이 공존한다.

소망을 갖고 사는 사람은 행복한 사람이다. 미국의 프로 야구 선수로 명성을 날렸던 커크 깁슨에 대해 신문에 기사로 나온 적이 있었다. 그는 1980년

에 손목 연골을 다치는 치명적인 상처를 입었지만, 그 고통을 극복하며 선수 생활을 계속하였다. 그런데 1982년에는 왼쪽 손목마저 심하게 삐었다. 또 1985년에는 투수가 잘못 던진 공에 맞아 열일곱 바늘이나 입을 꿰매었고 허벅지에 타박상까지 입었다. 그리고 그 다음 해인 1986년에 발목을 심하게 다쳤는데도 불구하고 선수로서 가장 훌륭한 기록을 세웠다. 이처럼 수많은 육체적인 고난 중에도 좌절하지 않고 당당하게 선수 생활을 멈추지 않고 계속하여 나간 것이다. 커크 깁슨은 '고통을 이겨낸 비결'을 묻는 사람들에게 이렇게 말했다.

"우리들의 삶에는 행복과 불행이 공존합니다. 잘되고 행복할 때가 있는가 하면 안 되고 낙담할 때가 있습니다. 하지만 낙담될 때 저는 낙담을 이겨내는 것만이 제가 갈 길이라고 생각했습니다. 그러는 동안에는 저는 제 직업, 제 가족, 저 자신에게 또 다른 소망을 갖게 되었습니다."

1분 명언

소망이란 인간의 가슴 안에 있는 영원한 샘물이다. _알렉산더

소망은 소멸할 것들에서 벗어나 영원을 붙잡으려는 영혼의 고투다. _허먼 멜빌

소망이 있는 자는 몰락하지 않는다. _나이팅게일

소망의 나라에는 겨울이 없다. _러시아 속담

큰 소망이 큰 사람을 만든다. _토머스 풀러

1분 인생 독본 지혜 없는 사람은 불행을 불행으로 끝낸다. 불행은 예고 없이 곳곳에서 우리를 기다리고 있는데 아무리 총명해도 불행을 미리 막을 수는 없다. 그러나 불행을 스스로 극복하고 그 속에서 새로운 길을 발견하는 힘을 가져야 한다. 불행은 때때로 유익한 자극제가 될 수 있으며 우리를 위하여 불행도 이용할 줄 알아야 한다. 오직 사랑만이 기적을 이룰 수 있다. 사랑이 중심에 있을 때 사랑은 새로운 힘을 준다. 자제력을 준다. 기쁘게 하는 힘을 준다.

봄햇살 좋은 날
머리를 막 감고 나온
처녀처럼 연초록 머리칼을
바람에 말리고 있다 _용혜원, '버드나무'

영화·드라마 속 명대사 "어른들 세계에서는 진실만 말해서는 누구도 살아남을 수 없다!"_영화, '라이어 라이어'

097 episode 루빈스타인과 연습
실패를 경험한 성공이 진정한 성공이다.

폴란드 출신의 음악가 루빈스타인은 피아노로 성공한 세계적인 인물이다. 12세 때 피아노를 시작하여 철저한 연습과 뛰어난 연주로 많은 사람에게 감동을 전달했다. 어느 날 기자로부터 '세계 정상에 오르게 된 비결은 무엇이냐?'라는 질문을 받았다. 루빈스타인은 이렇게 대답하였다.

"자기 세계를 다른 사람에게 인정받기 위해서는 피나는 연습이 있어야 합니다. 제가 하루 연습을 하지 않으면 저 자신이 그것을 알고, 이틀을 연습하지 않으면 친구가 알고, 사흘을 연습하지 않으면 관객이 압니다."

한 가지 일에 계속해서 꾸준하게 열정을 쏟아낸다면 그 모든 노력은 처음에는 별것 아닌 것 같아도 나중에는 커다란 결과를 만들어 놓는다. 실패를 두려워해서는 성공할 수 없다. 성공한 사람들은 모두 다 실패의 쓴잔을 수없이 마셔본 사람들이다. 성공과 실패는 종이 한 장의 차이다. 실패를 성공의 기회로 만들어라. 실패가 없는 성공은 감격도 없다.

1분 명언
나는 대중의 마음에 감동을 주려 했는데 우연히 복부를 때렸다. _업튼 싱클레어 정말 위대하고 감동적인 모든 것은 자유롭게 일하는 이들이 창조한다.
_알버트 아인슈타인

그는 이 세상이 얼마나 비참한 것인가를, 그런데도 인간이 얼마나 즐거운 듯이 살고 있는가를 보고 놀라지 않는 날이 없었다. 그리고 번뇌의 한편에 기쁜 웃음이 있고 장례식 종소리와 함께 아이들의 합창 소리가 들리고 곤궁과 비천 곁에 은근과 기지와 위로와 웃음이 있는 것을 보면 볼수록 이 세상은 훌륭하고 감동적이라고 생각하지 않을 수 없었다. _헤르만 헤세

1분 인생 독본 씨앗을 뿌려라. 땅속에 씨앗이 아무리 많아도 물이 없으면 싹이 나오지 못한다. 우리 마음속에 있는 씨앗들을 뿌리고 열정의 비를 쏟아부어야 한다. 모든 일은 대가를 치르지 않으면 그 어떤 결과도 나타나지 않는다. 새싹이 자라면 큰 나무가 되고 열매를 풍성하게 맺는다.

1분 좋은 시
겨울 강이
흘러가기 싫어서
꽁꽁 얼었다 _용혜원, '겨울 강이'

영화·드라마 속 명대사 "1990년 4월 16일 오후 3시 우린 11분 동안 함께했어. 난 잊지 않을 거야. 우리 둘만의 소중했던 1분을, 이 1분을 지울 수 없어. 이미 과거가 되었으니, 이제 오후 3시만 되면 넌 나를 생각하게 될 거야."
_영화, '아비정전'

098 **포기하지 않은 선수**
끝까지 경주하라고 보냈다.

1968년 10월 20일 멕시코시티의 올림픽 경기장에는 마라톤 선수를 기다리

는 관중들로 가득 차 있었다. 오후 7시가 넘어 밖은 어두워져 갔지만 여전히 관중들은 경기장을 가득 메우고 있었다. 그때 마라톤의 마지막 주자들이 결승선을 향해 비틀거리며 들어섰다. 그리고 그 뒤로는 사이렌을 울리며 병원 구급차가 들어왔다. 병원 구급차는 바로 탄자니아 선수를 따라오고 있었다. '존 스티븐 아쿠와리'라는 이름을 가진 그는 이 긴 거리를 달려오기 위하여 피가 얼룩진 다리에 붕대를 감고 있었다. 절뚝거리며 걷는 듯 뛰는 듯 트랙으로 들어선 그가 마지막 한 바퀴를 달리고 결승선 안에서 쓰러지자, 사람들은 일어나 그가 우승자인 양 박수를 보냈다.

한 사람이 그에게 달려가 물었다. "왜 그렇게 힘든 경기를 포기하지 않고 달렸습니까?" 그러자 존 스티븐 아쿠와리가 말했다. "우리나라에서는 저를 마라톤 선수로 출전시킬 때 마라톤 경주를 출발만 하라고 보낸 것은 아닙니다. 42.195km를 달려서 끝까지 경주하라고 보낸 것입니다."

성공을 향한 발걸음도 삶도 마찬가지다. 시작했으면 끝까지 완주해야 한다. 우리가 성실하다면 분명히 성공을 만들어낸다.

1분 명언

성공한 사람과 그렇지 못한 사람을 구분하는 단 한 가지 기준은 열심히 일하려는 의지가 있느냐이다. _헬렌 G. 브라운

1분 인생 독본

아픔을 이겨내라. 성공하는 사람들은 지독한 아픔의 입술을 깨물며 이겨내고 정면으로 부딪쳐 돌파해 나간다. 추운 겨울이 지나고 봄이 오면 온 세상이 초록의 희망으로 가득하다. 씨앗들이 흙을 뚫고 싹이 되어 나오면 희망이 보이고 큰 나무가 열매를 맺는다.

1분 좋은 시

누구를 얼마나 사랑했길래
제자리 떠나지 않고 죽을 때까지
기다리고 서 있다 쓰러지는가 _용혜원, '가로수'

099 1등과 2등 사업이 아니면 청산하라
최고의 전통과 역사를 자랑하는 기업

변화의 바람을 일으키는 사람이 미래를 만든다. 시대에 따라 모든 것은 변한다. 머물러 있으면 과거가 되고 뒤처지기 마련이다. 남보다 앞서려면 변화와 개선과 혁신이 필요하다. 이런 변화를 이끄는 사람들이 새로운 시대의 주역이 된다. 1876년 토머스 에디슨이 설립한 전기 회사에서 미국 최고의 전통과 역사를 자랑하는 기업은 일렉트릭사다.

험난한 경쟁력에서 서서히 밀려나는 이 회사에 변화의 바람을 불어넣은 사람은 잭 웰치다. 그는 오로지 '1등과 2등의 사업이 아니면 과감하게 청산하라.'는 경영상의 냉철한 결단력을 가지고 있으면서도 자신이 제안한 공장 자동화 계획이 실패하자 그 원인을 직원이 아닌 자기 판단의 잘못이라고 인정할 줄 아는 사람이었다. 실수를 시인하는 잭 웰치의 경영전략은 제너럴 일렉트릭사가 세계적인 기업으로 거듭 태어나는 데 결정적인 역할을 했으며 세계인이 가장 존경하는 최고 경영자로 입지를 굳히게 했다.

1분 명언
사업은 전쟁과 스포츠의 결합이다. _앙드레 모로아
사업은 처음 시작할 무렵과 목적이 거의 완성될 때가 실패의 위험이 가장 크다. 배는 해변에서 잘 난파된다. _베르네

사업의 생명이 오래 유지되려면 준비 기간도 그만큼 길어야 한다. _홍자성

사업의 목적에 대하여 올바른 정의는 하나밖에 없다. 그것은 고객의 창출이다. _피터 드러커

1분 인생 독본 자신의 삶을 명작으로 만들어라. 자신을 삶을 최고의 걸작으로 만들어라. 내 힘은 넘쳐나고 있다. 내 힘은 한계가 없다. 나는 무엇이든 할 수 있는 능력을 갖추고 있다. 자신감을 가져라. 명작은 만드는 것이다. 자신의 삶을 명작으로 만들어라.

1분 좋은 시
내 마음에
사랑의 지도를 펼치며
그대를 찾아가는
길을 가르쳐준다 _용혜원, '사랑의 지도'

영화·드라마 속 명대사 "행복한 일도 슬픈 일도 모두 가슴속에 간직하자!"
_영화, '웰컴 투 동막골'

100 세계 최고 경영자 잭 웰치
멋지게 승리하는 방법

잭 웰치는 어린 시절부터 매우 승부 근성이 강했다. 웰치에게 성공만큼 실패도 중요하다고 가르쳐준 사람은 그의 어머니였다. 살렘 고등학교 졸업반 시절 아이스하키 주장이었던 웰치는 최대의 경쟁자인 베벌리 고등학교와 반드시 이겨야 하는 예선전을 벌인 적이 있다. 웰치는 팀의 주장답게 두 골을 넣어 팀의 승리를 눈앞에 두게 되었는데 막판에 베벌리팀이 두 골을 몰아넣어 연장전으로 가게 되었다. 막상막하의 숨막히는 접전 끝에 살렘팀은 그만

베벌리팀에게 역전패당하고 말았다.

고등학교 마지막 경기를 놓친 웰치는 미친 듯이 하키 스틱을 경기장의 얼음 판 위로 내동댕이치고 라커룸으로 달려갔다. 이를 지켜본 그의 어머니는 라커룸으로 달려와 잭에게 야단쳤다.

"잭, 네가 만일 패배를 인정할 줄 모른다면 넌 결코 멋지게 승리하는 방법을 또한 알 수 없을 것이다."

비록 잭은 여러 친구 앞에서 어머니에게 야단을 맞았지만, 어머니의 선의의 경쟁에 대한 소중함을 알리는 이 한마디로 세계 최고의 경영자로 성장하는 데 큰 도움을 받았다.

▼ 1분 명언

당신이 하는 일이 차이를 만들고, 당신이 어떤 변화를 만들고 싶은지 결정해야 한다. _제인 구달

행복하고 싶은가? 그러면 우선 고뇌하는 것을 배우라. _투르게네프

일에 전력을 다 쏟아넣을 때 고뇌로부터 해방되는 유쾌한 기분을 맛볼 수 있다. _랠프 월도 에머슨

우리는 각자 하나의 날개만 가진 천사들이다. 우리는 서로를 껴안음으로써 날 수 있다. _루크레티우스

당신이 배를 만들고 싶다면 사람들을 불러모아 나무를 해오게 하거나 이런 저런 일을 시키려 하지 말고 끝없는 바다에 대한 동경을 심어주어라.
_앙투안 드 생텍쥐페리

사려 깊고 헌신하는 작은 시민 집단이 세상을 바꿀 수 있다는 것을 믿어 의심치 않는다. 시민이야말로 지금까지 세상을 바꿔온 유일한 존재이다.
_마가렛 미드

행동 계획에는 위험과 대가가 따른다. 하지만 이는 나태하게 아무 행동도 취하지 않는데 따르는 장기간의 위험과 대가에 비하면 훨씬 작다. _존 F. 케네디

▼ 1분 인생 독본 삶의 고뇌를 해결하는 지혜가 있어야 한다. 어떤 난관에 부딪

히더라도 반드시 자신의 힘으로 해결할 수 있도록 항상 편안한 마음을 가져라. 초조하거나 긴장하면 판단하기 어렵고 안정된 기분으로 차근히 해결하여 나가면 모든 일은 올바르게 정돈이 된다. 어려운 일일수록 시간을 갖고 임하면 제대로 판단하게 된다. 희망은 어둠 속에서 시작한다. 새벽은 분명히 온다. 포기하지 마라.

1분 좋은 시
타닥타닥 장작 타는
소리를 들으며
커피 향에 취해 나누는 이야기는
갈수록 깊어진다 _용혜원, '벽난로'

영화·드라마 속 명대사 "울리지 않는 종은 종이 아니다. 당신 가슴에 있는 사랑을 그냥 머무르게 두지 말라. 주지 않는 사랑은 사랑이 아니니 사랑은 더 큰 사랑을 일으키고 행복을 준다."_영화, '사운드 오브 뮤직'

A miscellaneous dictionary
of episodes for creators
A Perfect Book For Humblebrag

Episode II.

101
·
·

인생을 살려면 봄에는 봄꽃이 환장하게 피듯이 살자.
여름에는 소낙비가 쫙 쏟아지듯이 열정적으로 살자.
가을에는 단풍이 붉게 물들 듯이 미치도록 살자.

·
200

아름다운 그림
뛰어난 사람은 뛰어난 재치로 새로운 변화를 일으킨다.

영국의 평론가이며 사회 개혁가인 러스킨에게 한 부인이 다가와서 이야기를 나누던 중 손수건을 꺼내어 이마의 땀을 닦았다. 그 손수건에는 잉크 자국이 얼룩져 있었다. 그녀는 부끄럽다는 듯이 값비싼 수건인데 잉크 얼룩이 있어서 버리기는 아깝고 쓰기에는 창피하다고 말했다. 러스킨은 손수건을 달라고 하여 잉크 자국이 묻은 손수건에 멋진 그림을 그려 주었다. 놀랍게도 손수건에 한 폭의 그림이 그려졌다. 러스킨의 그림이 그려진 손수건은 매우 가치가 높아졌다. 뛰어난 사람은 뛰어난 재치로 새로운 변화를 일으킨다. 뛰어난 사람은 가치 없는 것들도 가치 있는 것으로 만들어놓는다.

1분 명언

인생은 학교다. 그리고 인생에서 맛보는 실패는 성공보다도 훌륭한 교사다.
_그라 나츠이

나의 인생은 절제와 관리의 인생이다. _하이럼 스미스

기회는 모든 노력 중에 가장 좋은 선장이다. _소포클레스

잘 잡은 기회는 유일한 무기다. _유들

얻기 어려운 것이 시기요, 놓치기 쉬운 것이 기회다. _조광조

1분 인생 독본 천재는 천부적인 재능을 가지고 있다. 그것은 어릴 적부터 드러난다. 천재는 자신이 해야 할 일을 발견한다. 천재는 자신의 성격과 재능을 단련하여 최고로 발전시킨다. 천재는 능력을 키우기 위해 끊임없이 노력한다. 천재는 어떤 경우에도 열정을 잃지 않는다. 천재는 직감적인 통찰력 즉 영감을 얻을 때까지 자기 두뇌와 정열을 바친다. 천재는 목표 달성에 필요한 대가를 치르며 목적에 대한 신념을 잃지 않는다.

1분 좋은 시
그리워질 때
열리고
잊어버리고 싶을 때
닫힌다 _용혜원, '창문'

영화·드라마 속 명대사 "패자들이나 이기고 지는 것에 목매지. 유라 같은 승리자들은 영혼의 자유를 위해 뛰지!"_영화, '독수리 에디'

102 새로운 길을 개척하라
절망을 희망으로 바꾸어 놓은 사람

우리의 머릿속에서 절망에 대한 잠재의식을 버려야 한다. 로스 피어스틴이 말했다.

"성공하기를 원하는가? 그렇다면 이미 개척해 놓은 길이 아닌 그 누구도 가지 않은 새로운 길을 개척해야만 한다."

무엇을 하려고 할 때 희망을 품게 되지만 수시로 절망하게 만드는 일들이 일어나고 그러한 생각들이 찾아온다. 소극적인 생각과 행동을 하면 절망은 마음에 둥지를 틀려고 할 것이다. 어려움을 당하면 당할수록 '나는 이겨낼 수 있다.'는 담대한 마음이 더 생겨나게 해야 한다. 절망을 희망으로 바꾸어놓은 사람이 진정으로 성공하는 사람이다.

1분 명언
생각은 행동의 씨앗이다. _랠프 월도 에머슨
생각이야말로 진정한 힘이다. 생각은 에너지다. _앤드류 매튜스
생각할 수 있는 것은 모두 실현할 수 있다. _알버트 아인슈타인
인간의 행동은 인간의 사고를 가장 잘 보여준다. _존 로크

1분 인생 독본 목표는 집중하는 것이다. 인간의 의식은 분명한 목적 없이는 목표 달성을 향해 움직이지 않는다. 목표를 설정할 때 성공은 이미 시작된다. 목표를 설정하는 그 순간 스위치가 켜지고 물이 흐르기 시작하고 성취하려는 힘이 현실화한다. 성공한 사람이란 다른 사람이 자기에게 던진 벽돌로 오히려 기초를 쌓은 사람이다. 성공의 길은 험하기만 하지 않다. 한마음 한뜻으로 능히 쇠를 뚫고 만물을 굴복시킬 수 있다.

1분 좋은 시
당신은 감옥 같은 날을 알지요
가슴이 터지도록 아파서
어디론가 떠나고 싶지만
나서면 강이요
나서면 산이요
나서면 바다요
어디든 벼랑이어서 들어서면 갈 곳이 없다
하루가 지나고 이틀이 지나고
세월이 가면 그런 마음도 잊고 살지요 _용혜원, '감옥 같은 날'_

영화·드라마 속 명대사 "이해할 마음이 없는 사람에게는 아무리 설명해도 소용없어!"_영화, '분노'_

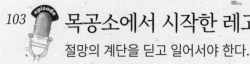

103 목공소에서 시작한 레고
절망의 계단을 딛고 일어서야 한다.

오늘날 성공한 기업 중 어느 기업은 1916년 덴마크의 한 목공소에서 시작되었다. 대공황으로 인해 건축 시장이 무너지자 이 기업은 장난감을 만드는 공장으로 전환했다. 1960년 나무 장난감 제조 부서가 불에 타버렸을 때 이 회사는 전부터 만들어왔던 조그만 조립식 플라스틱 토막에 미래를 걸었다. 오늘날 이 회사는 '레고'로 잘 알려져 있고 연 매출액 10억 달러에 달하는 세계에서 다섯째로 큰 장난감 회사가 되었다.

누구나 살아가면서 수많은 시련과 아픔을 당한다. 가족으로 인한 고통, 물질, 건강, 인간관계, 사업들 시련을 거쳐서 단단하게 성공의 터를 잡아간다. 어떤 일이든지 시작하기란 쉽지만 단념하지 않고 계속하기란 쉬운 일이 아니다. 도중에 질려 버리거나 절망하기 때문이다. 나태해지고 자신의 한계나 어려움을 느껴 내버려두고 싶다. 절망의 계단을 딛고 일어서서 자신이 하고자 하는 일을 계속하여 추진해 나가는 것이 중요하다.

1분 명언
절망은 어둠이 깃든 곳에 빛을 비추기 위한 기회다. _리처드 로러
절망은 성공의 거품을 깨뜨린다. _리처드 니콜라스
절망은 실망으로부터 성공을 탄생시킨다. _피터 마르셀
절망의 중심에 희망의 선을 그어라. _찰스 디킨스

1분 인생 독본 삶은 하나의 약속이다. 약속을 지키고 살아가는 사람은 아름답다. 인생을 살아감에 있어서 땀 흘린 대가로 살아가는 것도 삶의 약속을 지키는 사람들이 보여준다. 공짜를 바라거나 우연을 바라거나 한탕주의를 바란다면 그 사람은 신의를 저버리고 약속을 저버린 사람이다.

1분 좋은 시
마음에 불질러놓고
혼자 떠나버리면
타오르는 뜨거운 목숨을
어찌해야 하는가 _용혜원, '뜨거운 목숨'

영화·드라마 속 명대사 "꽃은 지기 때문에 아름다운 거야. 꽃이 져서 더욱 아

름답게 피라고.", "그 사람은 죽어서 사람의 마음속에 더 아름답게 영원히 되살아나는 거야!"_만화, '캔디 캔디'

104 훈련된 민족
밤을 먼저 경험한 훈련된 민족이 이스라엘이다.

유대인은 나라 없이 유랑 민족으로 2천 년 이상을 지냈지만 그 땅과 그 백성은 살아남았다. 미국 경제를 좌우하는 실력가들이 대부분이 유대인이라고 한다. 이것은 우연이 아니다. 유대인들은 조상 때부터 유일한 하나님을 믿는 신앙을 이어왔다. 한 날 한 날 밤을 먼저 경험한 훈련된 민족이 이스라엘이다.

세상을 살 때 생각지도 않은 많은 문제에 부딪칠 때가 있다. 사람의 힘은 한계가 있기에 사업가든 정치가든 종교인이든 어떤 모양으로라도 부딪칠 때가 있다. 이때 어려움을 극복하고 승리할 조건은 정신력이다. 정신이 살아 있으면 반드시 승리가 주어진다. 교회는 성도들에게 정신적인 자신감인 믿음을 채워주는 곳이 되어야 한다. 먼저 성공에 하기 전에 어두운 밤을 경험해야 한다. 밤을 지나지 않고서는 새벽을 맞이할 수가 없다. 고난 후에 반드시 낙이 온다는 뜻이다.

1분 명언
훈련의 뜻은 지도하고 교육하는 것이며 정신적인 무장과 정확한 원리와 올바른 습관을 길러주는 것이며 지도로 미리 준비하는 것이다. _지그 지글러
훈련이란 재능을 능력으로 변화시켜 더욱 정제하는 것이다. _로이 L. 스미스
무슨 일이든 연습을 하면 쉬워지듯이 건강한 정신을 유지하는 데도 연습이 필요하다. 당신이 행복이라는 멋진 느낌을 신뢰하면 할수록 그만큼 당신은 그 상태에 오래 머무를 수 있다. _리처드 칼슨

1분 인생 독본 고통 속에는 뜻이 있다. 우연히 던져진 상황일 수는 없다. 남이 하는 것을 구경만 하면서 부러워하거나 좋아하지만 말고 해야 할 일 속으로 뛰어들어야 한다. 생각을 '할 수 없다!'에서 '할 수 있다!'로 가져야 한다.

1분 좋은 시
외로울 거야 그리움이 마음을 축내
피가 말갛게 흐르는데 어떻게 보낼까
홀로 쓸쓸함에 가슴에 구멍이 숭숭 뚫려
떠날 만큼 떠나고 돌아설 만큼 돌아서서
마음 한 번 꾹 눌러 놓아도 외로울 거야
그리움이 차곡차곡 쌓이는데 등 따뜻하게 기대고 살려면
마음의 물꼬는 트고 살아야지 싸늘하게 냉기를 불어넣으면
어떻게 감당하며 사나
한 치 앞도 알 수 없어 점점이 떠도는 그리움에
숨이 꼴깍 넘어가도록 보고 싶다는 말이 맴도는데
참 많이 외로울 거야! _용혜원, '외로울 거야'

영화·드라마 속 명대사 "격의 없는 건 좋아도, 무례한 건 누구도 용납 못 해요!" _영화, '제인 에어'

105 석유회사 사장 베드퍼드
열정을 포기하는 것은 영혼에 주름살을 만든다.

미국 뉴욕의 어느 사무실에서 베드퍼드가 사환으로 일하고 있었다. 그는 자기가 할 일을 다 마치고 자신이 할 수 있는 일이 더 없을까 하고 찾았다. 출납계원이 바쁘게 계산하고 있었다. 그는 다가가 '제가 도와드릴까요?'라고 말하며 일하기를 자청하였고 잔심부름도 기꺼이 자진해서 하였다. 매우 감

동한 회계사는 그에게 회계 업무를 잘 가르쳐 주었다.

그 후 일 년이 지나자, 소년 베드퍼드는 드디어 출납 대리를 맡아볼 정도가 되었다. 회계사는 다른 회사로 옮겨가게 되었을 때 베드퍼드를 자기 자리에 추천했다. 이 사환 베드퍼드가 나중에 뉴저지 스탠더드 석유회사의 사장이 된 베드퍼드이다. 해리 트루먼이 말했다. "최고에 오른 남자와 여자는 모든 열정과 에너지와 노력을 쏟아 자기 일을 해낸 사람들이다." 새뮤얼 울만은 말했다. "세월은 얼굴에 주름살을 만드나 열정을 포기하는 것은 영혼에 주름살을 만든다. 아는 것이 힘이다. 열정의 스위치를 끌어당긴다."

1분 명언

인생이란 게임에 자기의 모든 것을 걸지 않은 사람은 성공할 수 없다.
_월터 크론카이트

말만 하고 행동하지 않는 사람은 잡초로 가득 찬 정원과 같다. _J. 하우얼

걱정 없는 인생을 바라지 말고 걱정에 물들지 않는 연습해라. _알랭 바디우

1분 인생 독본 사람들의 미소에는 진실이 담겨 있다. 사랑하는 이가 미소를 지으면 내 마음도 따라 불이 켜진 듯 밝아진다. 웃음꽃이 활짝 핀 얼굴은 이 세상의 어떤 꽃보다 아름다운 행복을 만들어준다. 자연스러운 미소는 아름답다. 웃는 사람을 보면 보는 사람도 덩달아 행복해진다.

1분 좋은 시

사무치던 그리움이
한순간에 깨져버려
꽃도 피지 못한
설움만 남았다 _용혜원, '한'

영화·드라마 속 명대사 "이제 우리 둘만이 역사를 만들 수 있어. 전 세계가 지켜보는 데 최선을 다하지 않는다면 평생 후회로 남을 거야!"_영화, '독수리 에디'

이스라엘 유명한 랍비 아키바

106

가능성의 문을 활짝 열어야 한다.

아키바 벤 요세프라는 이스라엘의 유명한 학자가 있다. 하지만 아키바는 학자가 되기 이전에 어느 부잣집의 머슴이었다. 머슴으로 일하던 중 주인집 딸을 사랑하게 되었는데 그만 주인에게 발각되어 딸과 같이 쫓겨나고 말았다. 아키바 부인은 남편에게 지금부터라도 공부하라고 권했지만, 아키바는 좀처럼 그 말을 들으려 하지 않았다. 그의 나이가 벌써 40을 넘었기 때문이었다. 그러던 어느 날 양을 치러 나갔다가 목이 말라 바위틈에 흐르는 물을 마시는데 바위에 구멍이 하나 패여 있는 것을 보았다. 알고 보니 위에서 떨어지는 작은 물방울이 오랫동안 그 바위에 구멍을 낸 것이었다.

"그래, 나도 지금부터라도 꾸준히 공부하면 무언가를 이룰 수 있겠지!"

확신을 얻는 아키바는 이때부터 공부하여 유명한 학자가 되었다. 나이가 들었음에도 자신의 열정을 쏟아내어 성취를 얻어냈다.

▼ 1분 명언

가능성 사고는 원대한 꿈을 꾸게 한다. _존 맥스웰

사람의 눈은 그가 현재 어떻다하는 인품을 말하고, 사람의 입은 그가 무엇이 될 것인가 하는 가능성을 말한다. _막심 고리키

끝나기 전에는 끝난 게 아니다. _키케로

▼ 1분 인생 독본

삶이 답답하거나 지루하고 변화가 없을 때 여행을 떠나고 싶어진다. 여행을 떠나 낯선 곳, 낯선 사람들과의 만남 속에서 보고 느끼는 것이 새롭다. 여행은 삶에 활력을 불어넣어 준다.

▼ 1분 좋은 시

씨앗 속에는 씨앗으로만 있기에는

너무나 커다란 꿈이 있다

169

연이어 피어날 수 있는 수많은 꽃과

탐스러움을 자랑하는 수많은 열매와

새들이 둥지를 틀 수 있는

큰 나무 한 그루가 꼭꼭 숨어 있다

씨앗은 큰 나무의 꿈을 이루기 위해 싹을 틔운다

나무의 씨앗 하나하나마다 싹이 돋아나기 시작할 때

나무의 내일이 시작된다 _용혜원, '씨앗 속에는'

영화·드라마 속 명대사 "기회를 놓치지 마세요. 잃은 건 없어요."

_영화, '나 홀로 집에'

107 episode 가장 귀중한 교훈
듣기 좋은 말보다 마음에 남는 말을 해라.

강연자로 유명한 존 러스킨은 14세 때 가장 귀중한 교훈을 배웠다. 그가 매일 1시간씩 피아노 연습을 하고 싶다고 하자 피아노 선생이 이렇게 말했다. "존, 하루에 1시간을 일부러 만들려고 하지 마라. 네가 어른이 될수록 하루에 1시간씩 연습한다는 것이 더 어려워지고 말 거야. 차라리 시간을 낼 수 있을 때마다 몇 분이라도 연습해라. 학교 가기 전 5분, 점심 식사한 뒤 10분, 잠자기 전 15분을 연습하는 것이 도움이 될 것이다. 하루의 휴식 시간이나 자투리 시간에 피아노를 치면 음악이 너의 일부가 된단다. 알겠니?"
존 러스킨은 자신의 작품 활동에 이 원리를 적용했다. 그의 저서 <트로이 출신 헬렌의 사생활>이라는 책도 학교에서 집까지 가는 시간을 이용해서 전차 안에서 썼다고 한다.
귀를 훔치지 말고 가슴을 흔드는 말을 해라. 듣기 좋은 말보다 마음에 남는 말을 해라.

1분 명언

시간은 바다와 같다. 누구나 출발할 수 있지만 건너편에 도달하는 것은 용기와 인내가 필요하다. _로버트 슐러

과거를 기억 못하는 이들은 과거를 반복하기 마련이다. _조지 산타야나

시간을 헛되어 보내는 것은 모든 지출 중에 가장 사치스럽고 값비싼 지출이다. _테오프라스토스

1분 인생 독본 자기에게 주어진 일에 최고가 돼라. 삶은 그렇게 길고 길지 않다. 망설이지 말고 고민하지 말고 내 마음이 이끄는 대로 멋지게 살아가자. 세상살이는 우리의 마음을 괴롭히는 갖가지 일로 가득 차 있다. 어떤 사람은 쌓이는 원통함, 패배감, 실망 속에 자신도 구할 길이 없는 절망감을 안고 살아간다. 어떠한 상황 속에서도 주어진 일을 흔들림 없이 이루어가야 한다.

1분 좋은 시

볼이 빨개졌지요

가슴이 두근두근

마구 뛰었지요

누가 마음 알까

숨고만 싶었지요 _용혜원, '첫사랑'

영화·드라마 속 명대사 "생각해보면 우리들은 무언가 잃기 전에 그 물건이 얼마나 소중한지 몰랐지!"_영화, '델마와 루이스'

중국의 조각가 환혁
각박한 세상에서 넉넉한 마음으로 살자.

"조각을 잘하려면 우선 코는 크게 만들고 눈은 작게 만드는 것이다. 코가 크면 작게 할 수 있고 눈이 작으면 크게 할 수 있다. 이렇듯 고칠 수 있는 마음에 여유를 가져야지만 실패가 적다!" 중국 전국 시대 조각가 환혁의 말이다. 조각도 그렇지만 사람의 마음도 마찬가지다. 사람의 마음도 여유가 없으면 냉정한 사람이 된다. 이 모진 생각에서 삶에 여유를 갖는 것도 중요한 일이다. 각박한 세상에서 넉넉한 마음으로 살자.

1분 명언
잘못을 바로잡히는 것을 부끄러워하지 말라. _에라스무스

잘못은 따로 있는 게 아니다. 같은 잘못을 되풀이하는 것, 그것이 잘못이다. _알렉산드르 푸시킨

잘못을 저지르고도 괴로워하지 않는 사람은 다시 잘못을 저지를 가능성이 높다. _프랑수아 드 라 로슈푸코

잘못을 고치지 않는 것도 잘못이다. _한국 속담

잘못한 일의 책임을 물어라. _존 발도니

우리는 때때로 덕성보다 잘못에서 더 많은 것을 배운다. _헨리 위즈워스 롱펠로

잘못을 저지르고도 이를 고치지 않는 것, 이를 잘못이라 이른다. _공자

잘못을 저지르는 것은 모든 인간의 속성이다. 그러나 바보들만이 잘못을 계속한다. _키케로

진실을 사랑하라, 그러나 잘못은 용서하라. _볼테르

사람의 잘못을 말한다면 그에 따르는 후환을 장차 어찌할까? _맹자

1분 인생 독본
활짝 핀 해바라기는 마음껏 해맑게 웃으며 아무런 거리낌 없이 산다. 해바라기처럼 살자. 비가 오고 세찬 바람이 불어도 늘 그 모습 그대로 항상 웃고 산다. 해바라기가 늘 행복한 웃음을 웃는 가장 중요한 이유는

아무런 불평을 하지 않기 때문이다.

1분 좋은 시
자물쇠로
꽁꽁 잠가놓아도
열쇠의 힘
이기지 못한다 _용혜원, '자물쇠'

영화·드라마 속 명대사 "나는 자신을 버리고 싶지 않아요. 하지만 이젠 나를 찾고 싶어요!"_영화, '월드워 Z'

109 말 핸콕의 새로운 출발
내일을 향한 재도약의 발돋움을 해나갔다.

미국의 저명한 잡지 <더 새터데이 이브닝 포스트>와 <TV 가이드>에 만화를 그린 말 핸콕은 절망 속에서도 좌절하지 않고 성공하였다. 말 핸콕은 장래가 유망한 육상 선수로 활동하던 중에 추락사고로 하반신이 마비되었다. 사고 직후 정신적, 육체적으로 안정을 되찾기 위해 여러 가지 노력을 기울였다. 병원에 있는 동안 약 먹을 시간을 알리러 오는 간호사의 모습을 재미나게 만화로 그렸다. 얼마 지나지 않아 병원의 모든 간호사가 말 핸콕의 재미있는 그림을 보기 위해 그의 병실을 찾을 정도가 되었다. 마침내 그는 잡지사에 만화를 팔게 되었고 만화가로서 의미 있는 성공적인 출발을 했다. 그의 처녀작은 병원 생활을 풍자적으로 그린 '천태만상 병원 풍경'이었다. 말 핸콕은 내일을 향한 도약의 발돋움을 해나갔다.

1분 명언
가장 어두운 밤에도 별은 빛난다. _마틴 루터 킹 주니어 변화는 누구에게나 무엇, 혹은 후일을 기다린다고 찾아오지 않는다. 우리 자신이 우리가 기다리던 사람이고 우리가 바로 우리가 추구하는 변화이다.
_버락 오바마

인생은 우리가 계획하는 동안 일어나는 일이다. _존 레넌

성공의 비밀은 시작하는 것이다. _마크 트웨인

▼ 1분 좋은 시

나의 삶에서 너를 만남이 행복하다

내 가슴에 새겨진

너의 흔적들은 내가 가질 수 있는

가장 아름다운 것이다

나의 길은 언제나

너를 만나러 가는 길이다

그리움으로 수놓은 길

이 길은 내 마지막 숨을 몰아쉴 때도

내가 사랑해야 할 길이다.

이 지상에서 내가 만난 가장 행복한 길은

늘 가고 싶은 길은

너를 만나러 가는 길이다 _용혜원, '너를 만나러 가는 길'

▼ 영화·드라마 속 명대사 "진정한 사랑은 과거와 미래를 모두 받아들이는 것이다."_영화, '사랑이 뭔데'

---

110 세계적인 명지휘자 토스카니니

그는 지휘자 토스카니니로 다시 태어났다.

명지휘자의 모습은 멋지고 아름답다. 지휘하는 모습 자체가 하나의 예술 작

품이다. 세계적인 명지휘자 토스카니니는 원래 관현악단 첼로 연주가였다. 그런데 그는 아주 심한 근시여서 앞을 잘 볼 수가 없었다. 연주가로서는 치명적인 불행이었다. 그래서 연주할 때마다 앞에 놓인 악보를 볼 수가 없어서 미리 모든 곡을 외워서 연주회에 나가곤 했다. 그런데 한 번은 연주회 직전에 지휘자가 갑자기 입원하였다. 그 많은 오케스트라 단원 가운데 곡을 전부 외우는 사람은 오직 토스카니니 한 사람뿐이었다. 그가 임시 지휘자로 단 위에 서게 되었다. 그때 그의 나이 19세였다. 후에 그는 지휘자 토스카니니로 다시 태어났다.

1분 명언

불행을 참아내는 자는 행복도 참아낸다. _스웨덴 속담

불행을 고치는 약은 오직 희망밖에 없다. _윌리엄 셰익스피어

불행은 그 사람의 위대함을 증명하는 것이다. _블레즈 파스칼

불행으로 가는 가장 빠른 길은 타인과 비교하는 것이다. _버트런드 러셀

불행이란 진정한 친구가 아닌 자를 가려준다. _아리스토텔레스

불행을 통해 행복이 무엇인지를 배우게 된다. _토머스 풀러

남의 불행에 깊이 빠져들지 마라. _발타자르 그라시안

마음이 비뚤어진 사람들만이 불행하다. 행복이란 인생의 밝은 견해와 맑은 마음속에 깃드는 것이며, 외적인 데 있지 않으리라고 나는 생각한다.

_도스토옙스키

1분 인생 독본 링컨은 '보잘것없는 작은 일들이 우리 생활에 위대한 변화를 줄 수 있다.'고 하였다. 영국의 저작자이며 사회 정치가인 새뮤얼 스마일스는 '가장 위대한 사람이란 작은 일을 소홀히 여기지 않는 사람이다.'라고 했다. 영국의 물리학자이자 천문학자인 아이작 뉴턴은 사과가 떨어지는 것을 보고 만유인력의 법칙을 발견했다. 제임스 와트는 물 끓는 주전자에서 내뿜는 수증기를 보고 증기기관차를 발명하였다.

우리 둘은

한마음이 되고 싶어

사랑하고

결혼하였다 _용혜원, '우리 둘은'

영화·드라마 속 명대사 "인생은 아름다운 여행이다. 그러니 그 여행에서 멈춰 있지 마세요!" _영화, '업'

111 레이건의 어린 시절
바른 결정이 좋은 결과를 만든다.

레이건 대통령의 어린 시절 이야기다. 하루는 어린 레이건이 구두 상점에 갔다. 구둣방 아저씨가 레이건에게 어떤 모양의 구두를 맞추겠느냐고 물었다. 어린 레이건은 처음이라 결정을 내리지 못하고 두리번거리면서 대답하지 못했다. 구둣방 아저씨는 '다음에 와서 말해라!' 하시면서 친절하게 대해주었다. 그러나 레이건은 며칠 후에도 결정을 내리지 못했다. 구둣방 아저씨는 다시 며칠 뒤에 오라고 했다.

며칠 후에 갔더니 한 짝은 둥글게 한 짝은 네모지게 만들어놓고 신고 가라는 것이었다. 그 이유를 물었더니 '이게 바로 결정할 줄 모르는 사람에게 주는 것이다.'라고 말했다. 이 세상의 모든 일은 옳은 결정이 있어야 제대로 이루어진다. 바른 결정이 좋은 결과를 만든다.

1분 명언

결정은 지속해서 노력하는 힘이다. _벤저민 디즈레일리

인생에서 원하는 것을 얻기 위한 첫 번째 단계는 내가 무엇을 원하는지 결정하는 것이다. _벤 스타인

결정이 운명을 결정한다. _덱스터 예거

결정은 판단력에 기반을 둔다. _클레멘트 애틀리

결정을 내림이 없이 가만히 있는 것만큼 속 타게 하는 것도 없다. _윌리엄 러셀

▼

1분 인생 독본 타성과 자만에서 벗어나라. 어떤 일이든지 내 작품이라는 긍지와 자부심을 지니고 눈빛을 반짝이며 적극적으로 접근하려는 기백이 있을 때 승리는 다가온다. 타성과 자만은 성공의 적이다. 타성은 무사안일하게 만들고 자만은 인간을 바보로 만든다. 타성과 자만에서 벗어나라. 겸손하게 낮은 자세를 가질 때 사람들이 다가온다.

▼

1분 좋은 시
가을이 남기고
떠난 이야기

낙엽
낙엽, 낙엽, 낙엽
낙엽 _용혜원, '가을이 남기고 떠난 이야기'

▼

영화·드라마 속 명대사 "무슨 일을 하든 최선을 다하라. 그러고 나서 하나 더 해봐!"_영화, '레인 맨'

112 컴퓨터 프로그램 개발자 짐 클라크
누구에게나 장점이 있다.

컴퓨터 프로그램 넷스케이프를 개발한 짐 클라크는 원래 문제아였다. 미국 텍사스주의 가난한 가정에서 태어났으며 학업에는 별 관심이 없었다. 고등학교 2학년 때 퇴학을 당한 후에는 해군에 입대하였다. 군대에서도 골치 아

픈 병사로 취급을 당한 짐 클라크는 수학 실력만은 특출하여 전역을 한 후에 대학에 진학하여 학위를 받았다. 결혼을 두 번이나 실패했으며 혈액색소 침착증을 보여 병원에 갔는데 이때 환자와 의사들이 작성하는 복잡한 서류를 보고 이를 간편하게 처리할 수 있는 프로그램을 개발하기로 마음먹었다. 그래서 설립한 회사가 헬시온이었으며 세계적인 기업으로 성장시켰다.

누구에게나 장점이 있다. 자기의 장점을 발견하여 개발하면 성공할 수 있다.

1분 명언

깨달아 알아낼 수만 있다면 모든 것이 교훈이다. _레이스 켈러

너 자신을 아는 것을 너의 일로 삼아라. 세상에서 가장 어려운 교훈이다.
_미겔 데 세르반테스

내가 배운 교훈은 이것이다. 태도를 바꾸면 인생이 달라진다. 우리는 우리가 생각하는 모습대로 될 것이다. _제프 켈러

1분 인생 독본

1분 인생 독본 잘못된 습관은 버려라. 남을 비난하는 나쁜 습관을 계속 갖고 있으면 쓸데없이 자학을 잘하게 된다. 가까운 길을 두고도 먼 길로 가려고 하는 지혜롭지 못한 어리석음을 갖고 있다. 작은 일을 무시하거나 빨리 포기하려는 습관을 버려라.

1분 좋은 시

흘러가는 맑은 물에
더러운 발 담그기가 못내 미안하다
세파에 시달려 찢고 까불다
내 욕심이 너무 사나워졌다
흐르는 맑은 물에
내 추하고 더러운 마음이
깨끗하게 씻겨 내릴까 미안하다 _용혜원, '냇물'

113 그리스의 어떤 조각가

하나님은 언제나 보고 계신다네.

그리스의 한 조각가가 동상을 열심히 만들었다. 이 동상은 성전 안에 있어서 지나가는 사람들은 절대로 볼 수가 없다. 이 조각가가 애쓰고 일하고 있음을 안타까워한 친구가 말했다.

"아니, 자네는 무엇 때문에 시간을 낭비하고 있나? 도대체 누가 이 동상을 보고 자네가 한 일을 알아주겠나?"

조각가는 빙그레 웃으며 말했다.

"자네는 모르는군. 하나님이 언제나 보고 계신다네."

조각가들은 돌덩이에서 예술품을 만들어낸다. 조각가의 손에서 돌덩이가 작품으로 살아난다. 이 얼마나 놀라운 일인가? 이 얼마나 위대한 일인가?

1분 명언

낭비가 없으면 부족도 없다. _영국 속담

낭비된 시간은 그저 생존에 지나지 않는다. 사용된 시간만이 생활이다.

_에드워드 영

처음부터 낭비를 몰랐다면 부족함을 몰랐을 것이다. _찰스 스펄존

짧은 인생은 시간을 낭비함으로써 더 짧아진다. _새뮤얼 존슨

시간을 낭비하면 구제할 수 없다. 낭비하기는 쉽지만 수정하기는 가장 어렵다. 왜냐하면 남은 것이 없기 때문이다. _헨리 포드

우리는 자신이 아무것도 할 수 없는 일에는 힘을 낭비하지 않는다.

_스티븐 코비

1분 인생 독본 열정이 가득하도록 뜨겁게 살고 싶다. 열정의 온도를 더 높이고 싶다. 뜨겁게 살고 싶어 방금 구워낸 따뜻한 호떡을 좋아하고 얼굴이 벌게지도록 매운 고추를 먹어보고 매운 낙지볶음도 가슴 뜨겁게 먹어보았다. 뜨겁게 사는 것이 쉬운 일이 아니다. 가슴이 뜨거워지면 성공하여 잘 살고픈 마음이 가득해진다.

1분 좋은 시
시간이 멈추어 버린 듯
팽팽하게 당겨진
끊어질 듯한 걱정에
질기고 질긴 피로가 쌓였다 _용혜원, '긴장'

영화·드라마 속 명대사 "지금, 이 순간에 당신의 마음으로 느끼는 대로 당신이 믿는 것을 따르세요!"_영화, '마이펫의 이중생활'

114 대통령 후보 지명권
케네디는 대통령 후보 지명권을 따냈다.

성공한 사람들은 뛰어난 영감을 갖고 있다. 미국 대통령 선거가 있었던 1960년 케네디와 존슨이 민주당 대회에서 후보지명을 다투고 있었다. 먼저 유세에 나선 존슨은 말했다.
"미국의 대통령은 머리카락에 백발이 섞인 나이가 지긋한 사람이 되는 것이 바람직하다."
이어 나온 케네디는 말했다.
"미국의 대통령이 되기 위해서는 그 사람의 흰 머리카락 숫자보다는 그 안에 있는 대뇌의 무게가 더 중요하다고 생각한다."
이 한마디로 케네디는 대통령 후보 지명권을 따냈다. 성공하는 사람들은 지혜가 뛰어나고 총명하다.

중요한 것은 평범한 사람들의 말이 인정받고 있다는 사실이다. _윈스턴 처칠
중요한 것은 계속 의문을 지니는 것이다. _알버트 아인슈타인
중요한 목표를 분명하게 알고 그 목표에 헌신하기 위해서는 그들을 결정 과정에 참여시켜야 한다. _스티븐 코비
중요한 것은 마음의 눈으로 사물을 꿰뚫어 볼 줄 알아야 한다는 사실이다.
_새뮤얼 스마일스
가장 중요한 것은 두뇌가 아니라, 그 두뇌를 이끄는 것, 즉 성격, 마음, 너그러움, 진보적인 생각이다. _도스토옙스키

1분 인생 독본 가난할 때 가족 사랑이 가득해 더 강하게 열심히 살았다. 부유함 속에서 늘 욕망의 불이 새로운 것을 부추기고 있다. 부족할 때가 마음이 착했다. 가난한 마음으로 살아야 한다.

1분 좋은 시
하루만큼씩 하루만큼씩
자라는 키로 그대의 창을 보고 싶습니다
온몸을 벼랑에 기대여
조금씩 조금씩 커지는 그리움으로
당신을 만나 사랑하고 싶습니다
아름답던 날들이 가을바람에 날아가 버려도
사랑을 잊을 수 없는 나의 목숨만은
그대의 창가에서 봄을 기다리겠습니다 _용혜원, '담쟁이'

영화·드라마 속 명대사 "우리 모두 살아남기 위해 싸워야 한다. 우리가 선택하는 방식이 다를 뿐이다." _영화, '헝거 게임'

유명한 수학자 화이트헤드
나는 방금 수학 공부를 시작한 사람이다.

지식이 해박한 사람은 도리어 겸손하다. 자기를 낮추고 겸손할 줄 안다. 지식의 세계에 더 깊이 들어갈수록 아는 지식이 너무나 작다는 것을 알기 때문이다. 대학교에서 수학을 전공한 학생이 있었다. 이 학생이 오랜만에 학업을 벗어나 여행하다가 작은 산장에서 노신사를 만났다. 여러 가지 이야기를 나누던 중에 노신사가 물었다. "청년은 무엇을 전공하였나?", "저는 며칠 전에 수학 공부를 끝냈지요!" 이 말을 들은 노인이 한참 웃었다. 그러자 청년은 이상해서 물었다. "선생님은 무엇을 하시는 분이신가요?", "나는 방금 수학 공부를 시작한 사람이요!"

이 노인이 바로 유명한 수학자이며 과학자인 앨프리드 노스 화이트헤드였다.

1분 명언

하나의 일을 올바르게 인식하려면 그것을 행하는 법을 배워야 함은 누구나 아는 법이다. 이와 마찬가지로 훌륭한 삶을 살고자 할 때는 누구나 그 방법을 배워야 한다. _에픽테토스

자식에게 물고기를 잡아 먹이지 말고 물고기를 잡는 방법을 가르쳐주라.
_탈무드

자기 일로 비굴해지거나 소극적으로 되는 것을 극복하는 최상의 방법은 남에게 흥미를 지니고 남의 일을 하는 것이다. 그러면 주저하는 마음 따위는 거짓말처럼 사라져 버리고 만다. 남을 위해서 무엇인가를 해줄 일이다. 항상 남에게 친절하게 대하고 친구와 같은 마음으로 접촉한다면 당신은 그 훌륭한 결과에 놀랄 것이다. _데일 카네기

어떤 일이든 할 수 있고 이루어진다고 마음먹어라. 그리고 그 방법을 찾아라. _에이브러햄 링컨

1분 인생 독본 이 세상에서 가장 강한 것은 돌이다. 그러나 돌은 쇠에 의해 잘 깨진다. 쇠는 불에 녹아 버린다. 불은 물에 꺼진다. 물은 구름 속으로 흡수된다. 구름은 바람이 불면 날아간다. 바람은 인간을 어쩌지 못한다. 죽음도 사랑을 이기지는 못한다. 이 세상에서 가장 강한 것은 사랑이다.

1분 좋은 시

뜨거운 커피 한잔
혼자 두었더니
외로움에 식어버렸다 _용혜원, '뜨거운 커피'

영화·드라마 속 명대사 "아름다움은 표면적인 것이 아니라 내면의 아름다움이다."_영화, '샤인'

116 제일 큰 재산
훌륭한 지식을 가진 것이 큰 재산이다.

배에 탄 승객들 사이에서 한창 논쟁이 벌어졌다. 모두 자기가 더 부자라고 했다. 부자들은 서로 자기 재산이 얼마나 되는지 비교하기 시작했다. 그 가운데 랍비도 있었다. 나중에 랍비가 말했다.

"재산은 없지만 내가 제일 부자라고 생각합니다. 그러나 지금 당장 보여줄 수는 없습니다."

이때 해적이 습격해왔다. 서로 자기가 부자라고 자랑하던 사람들은 모든 것을 다 잃고 말았다. 해적이 떠나간 후에 배는 겨우겨우 어느 항구에 도착했다. 랍비는 그 항구에서 학생들을 모아 가르치기 시작했다. 얼마 후 랍비는 배에서 알게 된 사람들을 다시 만났다. 그들은 랍비에게 말했다.

"확실히 당신의 말이 맞다. 훌륭한 지식을 가진 것이 제일 큰 재산이다."

1분 명언

지식은 가치의 중요한 원천이다. _브라이언 트레이시

지식은 일에서 창출된다. _토머스 데번포트

지식이 더할수록 더욱더 겸손해진다. _헨리 필딩

지식보다 중요한 것이 상상력이다. _알버트 아인슈타인

1분 인생 독본 활력이 넘치게 살아가는 방법은 사명감에 불타서 살아가는 것이다. 길이 없으면 만들어라. 자신의 강한 마음과 굳건한 의지력이 성공을 만든다. 혼자의 힘으로 걸어가는 진취적인 정신을 발휘하라. 자신감과 열정 속에 왕성한 활력과 불굴의 의지에 충만해져라.

1분 좋은 시

너를 만나면 눈인사를 나눌 때부터 재미가 넘친다
짧은 유머에도 깔깔 웃어주는
너의 모습이 내 마음을 간질인다
너를 만나면 나는 영웅이라도 된 듯
큰소리로 떠들어댄다.
너를 만나면 어지럽게 맴돌다 지쳐 있던
나의 마음에 생기가 돌아
더 멋지게 살고 싶어진다
너를 만나면 온 세상에 부러운 것이 없다
너를 만나면 신난다
너를 만나면 더 멋지게 살고 싶어진다 _용혜원 '너를 만나면 더 멋지게 살고 싶다'

영화·드라마 속 명대사 "희생은 그 누구에게나 필요한 것이다. 그러나 그것이 항상 정당한 것은 아니다."_영화 '브레이브 하트'

가난 속에서 성공한 사람들

부자였다면 위대한 수학자가 못 되었을 것이다.

가난을 이겨내면서 성공한 사람들이 많다. 가난을 핑계 삼을 필요는 없다. 성공하는 삶은 자기 스스로 만들어가는 것이다. 내 인생, 내가 당당하게 만들어가는 것이 얼마나 멋진 일인가! 천문학 발전에 크게 이바지한 코페르니쿠스는 빵집 아들이다. 천체 망원경을 발명한 케플러는 아버지가 경영하는 선술집에서 종업원을 하며 자신의 원하는 과학자의 꿈을 이루어나갔다. 이탈리아 출신의 프랑스 천문학자이며 대수학자인 조제프루이 라그랑주도 아버지가 이탈리아 토리노 관리로 부를 누리며 살다가 투기로 실패하여 망하고 말았다. 이렇게 라그랑주는 어린 시절 환경이 불우했지만 세계적 학자로서 이름을 날렸다. 성공한 후에 지나온 삶에 대해 이렇게 말했다.

"만약 내가 부잣집에서 자라났다면 아마도 오늘날의 위대한 수학자는 되지 못했을 것이다."

▼ 1분 명언

가난한 사람에게 자식은 재산이다. _프랑스 속담

가난과 사랑은 감추기가 어렵다. _스웨덴 속담

가난할수록 기와집 짓는다. _한국 속담

가난은 모든 예술과 장사의 어머니다. _영국 속담

가난은 매섭지만 좋은 교사다. _영국 속담

가난한 사람은 죽을 때 괴로워하지 않는다. _수단 속담

가난하면 훔치고, 궁하면 거짓말을 한다. _스페인 속담

▼ 1분 인생 독본

성공하려면 남의 마음을 읽어주고 말을 들어줌으로써 상대방에게 호감을 사게 한다. 말을 들어주면 감정적인 카타르시스가 생긴다. 말을 잘 들어주는 사람과 있으면 보고 배운다. 말을 잘 들어주는 사람에게는 반항하지 않는다.

1분 좋은 시

빛이 없는 밤
어두울수록
별이 쏟아지듯 많다 _용혜원, '빛이 없는 밤'

책 속의 좋은 말 사랑을 하면 눈이 먼다. 사랑하는 사람들은 자기들이 저지르는 귀여운 잘못을 모른다. _윌리엄 셰익스피어, <베니스 상인> 중에서

영화·드라마 속 명대사 "지금, 이 순간을 즐겨라. 지금은 내 인생에서 가장 좋은 시절이다."_영화, '죽은 시인의 사회'

118 위대한 음악가 엘가
확신에 찬 삶을 살아가야 한다.

위대한 음악가 엘가는 그의 수제자인 젊은 소프라노 가수의 음색과 훌륭한 기술을 늘 자랑스럽게 생각하고 있었다. 한 번은 그 제자가 연주회를 열게 되었는데 그만 중요한 대목에서 큰 실수를 하고 말았다. 그때의 실수를 안타깝게 여기며 슬퍼하던 젊은 가수에게 엘가는 이렇게 말했다.
"낙심하지 마라! 네 마음을 상하게 한 이것이 바로 너를 위대하게 만드는 계기가 될 것이다."
그 후 그녀는 여러 가지 어려운 실패 후에도 다시 일어나 훌륭한 음악가가 되었다. 우리는 자신뿐만 아니라 자기 주변 사람에게도 자신감을 불러일으켜 줄 확신에 찬 삶을 살아가야 한다.

1분 명언

확신이란 자기 점검보다는 실천에서 더 많이 얻어진다. _조너선 에드워드
확신을 지니고 시작하는 사람은 회의로 끝나고 기꺼이 의심하면서 시작하

는 사람은 확신을 지니게 된다. _프랜시스 베이컨

확신을 지닐수록 잠재의식이 빨리 작동하여 그만큼 성과도 빨리 나타난다. 당신이 마음을 지배하라. _잭 켄필드

좋은 광고는 단지 먹고 살기 위해 일하는 사람은 만들 수 없다. 먼저 그 제품의 확신을 가져야 한다. _데이비드 오길비

1분 인생 독본 삶에서 장점만 찾아라. 사람들은 누구나 단점보다는 장점이 많다. 자신에게 있는 장점을 잘 발휘할 때 삶을 성공으로 끌어갈 수 있다. 키가 작은 사람은 키가 큰 사람들보다 비가 내릴 때 비를 나중에 맞는다. 뚱뚱한 사람은 집에서 목욕할 때 목욕탕에 물이 부족할 때 들어가면 가득 찬다. 홀쭉한 사람은 가벼워서 들어서 쓰고 무거운 사람은 중심을 잡아서 쓴다.

1분 좋은 시
인간이
표현할 수 있는
가장 아름다운
몸짓 _용혜원, '춤'

영화·드라마 속 명대사 "너무 오랜 희생은 사랑의 마음을 돌로 만들 수 있다." _영화, '세이프 하우스'

119 떨어진 휴지 한 장
일은 입으로 하는 것이 아니라 손과 발을 움직여 하는 것이다.

어느 유명하고 큰 회사에서 신입사원을 뽑는 중이었다. 좋은 스펙을 갖춘 재주 있는 희망자들이 많이 모였다. 먼저 서류를 살피고 시험을 쳐서 1차 합격한 사람을 뽑아 마지막으로 사람됨을 알아보는 면접시험을 치렀다. 가장 주

요한 면접시험은 사장이 직접 하기로 되었다. 시험을 보는 사람들은 모두 사장의 질문에 대답을 잘하려고 많은 준비를 하였다. 그런데 이상하게도 사장은 한 사람씩을 만나보면서도 말 한마디도 묻지도 않는 것이다.

면접시험이 끝나고 7명의 합격자를 발표했다. 떨어진 사람들은 어째서 합격이 되지 않았는지 궁금했다. 사장은 대답했다. "우리 회사는 똑똑한 사람보다 열심히 일하는 사람이 필요하다. 그래서 면접 보러 들어오는 문 앞에 휴지 한 장을 떨어뜨렸다. 들어오면서 휴지를 주워 휴지통에 넣은 사람을 합격시켰다." 그해에 휴지를 줍고 들어온 사원들은 다른 해 뽑은 사람보다 부지런하게 회사 일을 잘해 많은 사람에게 칭찬을 들으며 회사에서 중요한 일을 해나갔다. 일은 입으로 하는 것이 아니라 손과 발을 움직여야 한다.

▌1분 명언

모든 행동에는 적절할 때가 있다. _발타자르 그라시안

모든 행동은 결과를 낳는다. _스티븐 코비

모든 행동의 기원은 생각이다. _랠프 월도 에머슨

올바른 행동은 남에게 주는 것이 아니라 자신을 보호하고 이롭게 한다.
_에픽테토스

▌1분 인생 독본 봄에는 봄꽃이 환장하게 피듯이 살자. 여름에는 소낙비가 쫙 쏟아지듯이 열정적으로 살자. 가을에는 단풍이 붉게 물들 듯이 미치도록 살자. 겨울에는 하얀 눈이 펑펑 내리듯이 멋지게 살자. 단 한 번뿐인 삶 파도처럼, 바람처럼, 비처럼, 불처럼 살다 가자!

▌1분 좋은 시

뿌옇게 안개 젖은 날

밀려오는 추억

거리의 풍경은 눈에 들어오지 않지만

내 마음엔 손을 흔들며

내 가까이 다가오는 그대

안개 속을 걷다보면 우연히 자연스럽게

마주칠 것 같은 예감이 든다 _용혜원, '안개 젖은 날'

영화·드라마 속 명대사 너도 알다시피, 인간이 한 직업에 종사하다 보면 그 직업이 그의 모습이 되는 거야. _영화, '택시 드라이버'

120 작곡가 헨델
고통을 이겨내고 만든 작품이 세계적인 명곡 '메시아'다.

헨델은 작곡가로 영국 앤 여왕의 총애를 받을 만큼 명성이 대단하였다. 그러나 인기가 금세 떨어지고 결국 대중에게까지 외면당하게 되었다. 건강마저 잃게 되어 불구가 되고 말았다. 헨델은 병을 고치려고 했으나 빚만 지고 건강은 회복되지 않았고 빚 때문에 감옥까지 가고 말았다. 이런 상황에서도 참혹한 절망을 이겨내고 작곡에만 몰두했다. 자신에게 다가온 고통을 이겨내고 만든 작품이 세계적인 명곡 '메시아'이다. 절망이 절망으로 끝나면 비참하지만, 절망을 이겨내고 희망을 이루면 열매가 더욱 아름답다.

1분 명언
그대에게 시련을 주는 것은 무엇이나 그대의 유익으로 계산하라. _토머스 애덤스
시련을 이기는 힘은 신념에서 나온다. _새뮤얼 스마일스
사소한 것에 잡착하면 어떻게 진정한 강한 힘을 얻을 수 있겠는가? _프랜시스 베이컨
시련이 없는 생활은 최대의 시련이다. _앙드레 마송
시련을 이길 수 있다고 믿으면 이미 반은 이긴 것이다. _니콜라스 모랄레스
시련은 있어도 실패는 없다. _정주영

1분 인생 독본 고독은 자신을 방어하려는 자들이 치르게 되는 대가다. 고독

한 은둔자가 늘어가고 있다. 누구도 그 안에 들어갈 수 없다. 성안의 사람들은 공격으로부터 안전하다. 성안에 있는 사람은 스스로 만들어놓은 감옥 속에 갇힌 죄수다. 그들은 누군가로부터 사랑을 받는다는 것을 느껴야 할 필요가 있지만 담벼락이 너무 높아 그들이 밖으로 손을 뻗치는 것도 다른 누군가가 안으로 손을 뻗어오는 것도 어렵게 되고 말았다.

1분 좋은 시

어둠이 싹 가신 이른 아침에
무슨 새가 저리도 슬프게 울까
간밤에 어미 새가 세상을 떠난 것은 아닐까
새가 우는 소리 너무도 처량해
가슴이 차다 _용혜원, '이른 아침에'

책 속의 좋은 말 사랑받지 못하는 것은 슬픈 일이다. 그러나 사랑할 수 있는 존재가 없는 것은 더욱 슬픈 일이다. _스페인 작가 미겔 데 우나무노, <젊은 작가에게> 중에서

영화·드라마 속 명대사 "인생은 상상력이고 상상력이 인생이다."
_영화, '어메이징 스파이더맨 2'

121 미국 스탠더드 오일 회사 사장 아치볼드
작은 일에도 성실하면 성공이 따라온다.

미국 스탠더드 오일 회사 사장 아치볼드가 말단 직원으로 일할 때의 일이다. 아치볼드는 자신의 서명 뒤에 '한 통에 달러 스탠더드 오일'이라는 글을 덧붙였는데 그것을 당시 사장 록펠러도 알게 되었다. 록펠러가 아치볼드를 불러서 이유를 물어보았다. 아치볼드가 대답하였다.

"우리 회사 표어를 한 번이라도 더 홍보할 기회를 놓칠 수 없지 않습니까?"

그로부터 5년 후에 록펠러 사장이 은퇴하고 새 사장으로 아치볼드가 임명되었을 때 모두 다 환영하였다.

"내가 성공한 이유는 남들이 하찮게 여기는 것을 중요하게 생각했기 때문입니다."

남들이 뭐라고 하든지 작은 일에도 성실하면 성공이 따라온다. 이런 소중한 마음을 소유한 사람이 성공한다.

1분 명언

소유는 권리와 의무를 동반한다. _돌몬드

소유의 본능은 인간 본성의 기초다. _돌몬드

소유에 기초한 삶은 행함이나 존재에 기초한 삶보다 훨씬 덜 자유롭다.
_윌리엄 제임스

사람의 행복은 소유물을 얼마나 많이 가지고 있는가에 달린 것이 아니라 그것을 어떻게 잘 즐기느냐에 달려 있다. _찰스 스펄존

1분 인생 독본 희망을 지닌 사람은 자신의 희망을 분명하게 말할 수 있어야 한다. 성공한 사람들은 대부분 어려서부터 자신이 어떤 일을 하고 싶은지, 어떤 인물이 되고 싶은지를 구체적으로 표현한 사람들이다. 때때로 젊은이들에게 '희망이 무엇이냐?'고 묻는 경우가 있다. 그러면 대체로 머리만 긁적거리며 아무 말도 못 하거나 '좋은 사람이 되고 싶어요.', '행복하게 살고 싶어요.'라고 막연하게 말한다. 그러나 미래가 있는 젊은이라면 자신의 희망을 분명히 말할 줄 알아야 한다. 그래야 희망을 이룰 수 있다. 자신의 희망을 분명하게 말하는 사람이 희망을 이룬다.

1분 좋은 시

지우고 싶어도 지울 수 없는
얼굴 하나 있습니다
보고 싶어도 볼 수 없는

얼굴 하나 있습니다

내 곁을 떠난 그대 얼굴입니다 _용혜원, '그대 얼굴'

영화·드라마 속 명대사 "전투는 인정한 시험이다. 그것을 두려워하지 않는 한, 당신은 어떤 것도 이길 수 있다." _영화, '글래디에이터'

122 독서의 힘
책은 우리의 삶을 새롭게 변화시킨다.

미국 상원의원 중에는 학교 공부는 별로 못했으면서도 다방면으로 유식한 의원이 한 사람 있었다. 그는 판단도 매우 정확하였다. 어떤 젊은이가 의구심이 생겨서 그에게 물었다.

"상원의원님! 의원님은 공부를 별로 하지 않았는데 어떻게 그렇게 많은 것을 아실 수가 있는지요?" 이 말을 들은 상원의원은 이렇게 대답했다.

"나는 열여덟 살 때부터 하루 두 시간씩 독서하기로 결심했다. 차를 탈 때나 누구를 기다릴 때나 심지어는 여행 중에도 책을 읽었다. 신문이나 잡지는 물론이고 명작소설이나 시도 읽었고 성경도 읽었고 정치평론도 읽었다. 그랬더니 자연히 많은 것을 알게 되었다. 모두 독서의 힘이다."

책을 읽자. 책은 우리의 삶을 새롭게 변화해준다. 성공한 사람들은 책을 많이 읽은 사람들이다. 독서는 인생을 변화해준다.

1분 명언

독서는 완성된 사람을 만들고, 대화는 기지 있는 사람을 만들고, 필기는 정확한 사람을 만든다. _프랜시스 베이컨

책을 읽는 기쁨은 매우 크다. 그러나 책을 읽는 기쁨은 독서하는 사람의 환경과 처지에 따라 많이 좌우된다. 책과 이야기를 나눌 수 있을 만큼 깊숙하고 조용한 곳에서 독서하여야 독서의 참맛을 알 수 있다. _조너선 스위프트

성공한 사람들의 비결은 무엇인가? 그것은 책을 읽는 것이며 누구보다 많이 읽는 것이다. _버니스 컬리넌

책만큼 우리를 기쁘게 하는 것은 이 세상에 또 없다. _ 제프리 초서

1분 인생 독본 자신을 수련하라. 현실을 읽어내는 눈을 가지려면 수련의 시간을 가져야 한다. 생각할 시간을 갖고 마음의 샘에서 진실을 퍼낼 시간을 가져야 한다. 수련을 통하여 몸과 마음을 단련하고 인성을 연마하여 냉정하게 판단하는 힘을 만들어야 한다.

1분 좋은 시
허공에 쳐진
거미줄은
거미의 밥상이다 _용혜원, '거미줄'

책 속의 좋은 말 젊은이들이 없는 한 문명은 몰락한다.
_독일 철학자 슈펭글러, <서구의 몰락> 중에서

영화·드라마 속 명대사 "승리는 우리의 본성이다. 그러나 패배는 우리의 선택이다."_영화, '엣지 오브 투모로우'

123 어머니와 아들의 대화
지식이 있어야 능력도 생기고 힘도 생긴다.

유대인들은 어머니가 아들에게 반드시 물어보는 질문이 있다.

"만일 집이 불타고 재산을 다 잃게 되는 위험이 닥친다면 너는 무엇을 챙겨서 빠져나오겠느냐?"

아들은 '돈, 귀금속, 보석'이라고 대답했다. 이 말을 들은 어머니가 말한다.

"사랑하는 내 아들아, 그것보다 모양도 빛깔도 냄새도 없는 것 중에서 좋은 것이 있단다." 아들은 어머니에게 다시 물었다. "어머니! 그것이 뭐예요?" 어머니는 대답해주었다. "그것은 지식이란다!"

우리가 배우는 것은 지식을 갖기 위함이다. 지식이 있어야 능력이 생기고 힘도 생긴다. 지식이 없는 사람은 나라를 다스릴 수 없고 사업도 할 수 없고 자기가 하고픈 일도 할 수 없다. 우리는 명철한 사람이 되어야 한다.

1분 명언

지식의 가장 큰 적은 무지가 아니라 지식의 환상이다. _ 스티븐 호킹

행동하는 작은 지식은 한가한 많은 지식보다 무한히 더 가치가 있다.
_ 칼릴 지브란

강제로 얻은 지식은 마음을 지배하지 않는다. _플라톤

지식은 오지만 지혜는 남는다. _ 알프레드 테니슨

양심 없는 지식은 단지 영혼의 찌꺼기에 불과하다. _프랑수아 라블레

조직적인 지식의 도움 없이는 선천적인 재능은 무력하다. _허버트 스펜서

지식은 더할수록 더욱 겸손해진다. _헨리 필딩

지식은 영혼의 행동이다. _B. 존슨

1분 인생 독본

기다림이 아름답다. 누군가를 사랑하고 있다면 기다림조차도 아름답다. 버스 정류장에서 집으로 가는 버스가 와도 반가운데 내가 사랑하는 이를 기다린다는 것은 가슴이 부풀고 즐거운 일이다. 그 기다림이 사랑보다 설레게 하는 것은 가슴에 누군가를 향한 사랑하는 이의 마음이 있기 때문이다. 누군가를 기다릴 수 있는 일이 얼마나 좋은 일인가!

1분 좋은 시

발길이 끊어진
겨울의 산사에
눈이 손님으로 찾아왔다 _용혜원, '겨울 산사'

124 자기 능력을 소중하게 여겨라
확고한 자신감이 전쟁을 승리로 이끌었다.

상대방에 대한 확고한 자신감이 전쟁을 승리로 이끈다. 페르시아의 왕 다리우스는 유럽을 정복하기 위해 첫 전쟁을 일으켰다. 알렉산더 군대와 전쟁을 하려는 것이었다. 전쟁을 앞두고 다리우스는 알렉산더에게 선물을 보내면서 선전포고했다. 그것은 참깨가 가득 들어 있는 상자였다. 패할 전쟁을 하지 말고 항복하라는 표시로 그 상자를 보낸 것이다.

선물을 받은 알렉산더는 작은 봉투에 겨자씨 하나를 넣어서 다리우스에게 보냈다. 이것은 다음과 같은 뜻이 담겨 있었다. "우리가 작다고 우리를 무시하지 마라. 우리는 대단히 놀라운 힘을 가지고 있다. 그리고 우리는 강하다. 우리는 너희들과 맞서 싸워 이길 준비가 되어 있다."

알렉산더는 이 전쟁에서 승리를 거두었다.

1분 명언

준비란 무엇인가? 준비는 심사숙고 단계에서 내린 결정으로부터 실행 단계 동안 문제를 해결하기 위해 사용할 구체적인 수단으로 넘어가는 일종의 교량이다. _제임스 프로차스카

준비를 갖추어놓고 때를 기다리며 때가 이르렀을 때 일을 성사한다. _관자

준비가 다 된 사람에게는 연기하는 것처럼 해로운 것이 없다. _루칸

준비가 기회를 만나는 것, 바로 그것이 행운이다. _오프라 윈프리

인생은 우리의 상상을 넘어서는 깜짝 놀랄 해답을 준비하고 있다. _존 로저

보이지 않지만 눈부신 성공 뒤에는 눈부신 마음의 준비가 있다. _잭 켄필드

시작하기 전에 신중히 준비하라. _키케로

1분 인생 독본 아이디어를 새롭게 하라. 아이디어란 개념, 관념, 생각, 사상, 인식과 의견, 견해, 신념을 새롭게 하는 것이다. 생각만 조금 바꾸어도, 조금만 생각의 깊이를 더해도 수많은 아이디어를 떠올릴 수 있다. 당신 인생 최고의 날은 아직 오지 않았다. 우리의 삶은 마라톤 같다. 처음 출발이 빠르다고 끝까지 빠른 것도 아니고 출발이 조금 늦었다고 반드시 마지막까지 늦는 것은 아니다. 무엇보다도 중요한 것은 처음부터 끝까지 달릴 수 있다는 끈기와 자신감이다.

1분 좋은 시
봄 숲길은 연초록 향연이라
사랑에 빠진 듯
마냥 걷고만 싶다 _용혜원, '봄 숲길'

영화·드라마 속 명대사 "부끄러움을 아는 건 부끄러움이 아니야. 부끄러움을 모르는 게 부끄러움이지!"_영화, '동주'

125 아프리카 흑인 노예 새뮤얼 아자이 크라우더
굳은 의지로 자신의 삶을 변화시켰다.

낮은 곳에서는 올라가는 길밖에 없다. 비참함 속에서 벗어나는 길을 가야 한다. 아프리카 나이지리아 장터에서 흑인 노예들이 경매되고 있었다. 새뮤얼 크라우더라는 한 어린 소년도 경매대에 올려졌다. 너무 왜소해서 값을 매길 수가 없었다. 그 소년은 결국 담배 한 상자 값에 다른 노예들과 함께 미국으로 가는 배에 실렸다. 그런데 미국으로 가던 배가 영국 사람들에게 붙잡히는 바람에 그 배에 탔던 노예들이 모두 풀려났다. 소년도 자유의 몸이 되었다. 그로부터 오랜 세월이 지나 영국 런던 성당에서는 나이지리아 첫 번째 주교가 임명되는 의식이 진행되고 있었다. 나이지리아 주교로 임명된 사람은 담배 한 상자 값에 팔렸던 소년 크라우더였다. 그는 자신의 힘들었던 삶 가운데서도 굳은 의지를 지니고 자신의 삶을 변화해 놓았다.

1분 명언
의지가 있으면 발걸음도 가볍다. _영국 속담

의지가 있는 곳에 길이 있다. _새뮤얼 스마일스

의지를 지니고 행동하라. _조지 싱

어떤 사람들만 의지가 있고 다른 사람들은 의지가 없는 게 아니다. 변화할 준비가 된 사람과 그렇지 않은 사람이 있을 뿐이다. _제임스 고든

의지, 사고, 마음이 자신을 벗어나 다른 사물이나 사람에게 향하지 않도록 하라. 자신의 마음을 집안에 두어야 한다. 집안에 있을 때 가장 많은 성과를 발휘한다. _월리스 와틀스

1분 인생 독본
풍요로움이란 마음을 열고 보면 많다. 가족, 부부, 직장 등 하나하나가 삶을 풍성하게 만들어준다. 풍요로움은 사랑, 평화, 조각과 자연, 강과 바다와 하늘, 정말 많고 많다. 하지만 작은 배려와 사랑의 소중함을 잊어버리거나 외면한다면 풍요로움은 사라지고 만다. 풍요로운 마음가짐은 빈부귀천이나 생활 조건 따위와는 상관이 없다. 어느 시대나 진정한 인격자는 풍요로운 심성을 소유한 사람이다.

1분 좋은 시
작은 꽃씨 안에는 어마어마한 내일이 숨어 있다

초록 잎과 아름다운 꽃과

풍성한 열매가 가득하다

작은 꽃씨 안에는 내일을 꽃피울 희망이 가득하다

들판에는 언제나 싹트는 소리가 가득하다

행복하면 풀꽃도 따라 웃는다 _용혜원, '꽃씨'

126 소설 <아이반호> 작가 월터 스콧
칭찬 한마디가 자신감을 심어주었다.

소설 <아이반호>로 유명한 월터 스콧은 영국의 소설가이자 시인이다. 어린 시절 모자란 아이로 놀림을 받으며 우울하게 보냈다. 그러나 월터 스콧은 문학에 관심이 있어서 좋은 시를 보면 열심히 외웠다. 열세 살쯤 되었을 때 시 낭송을 했는데 그것을 듣고 당시의 유명한 시인 번스가 '너는 언젠가 영국의 위대한 인물이 될 것이다.'라는 칭찬을 해주었다. 번스의 칭찬을 받고 용기를 얻은 스콧은 그때부터 용기와 꿈을 가지고 삶을 새롭게 개척하여 나갔다. 칭찬 한마디가 자신감을 주었다.

월터 스콧은 고난과 시련의 시간이 아니라 마음의 훈련 시간을 보냈다. 월터 스콧은 1800년대 영국이 자랑하는 위대한 시인, 소설가, 역사가로 명성을 날렸다. 위대한 작가가 위대한 작품을 쓴다. 혼신의 열정을 다 쏟아내면 좋은 작품이 나올 수밖에 없다.

1분 명언

훈련은 가능성이 있는 사람을 이끌기 위한 것이지 가능성이 없는 사람을 이끌기 위한 것이 아니다. _카우틸랴

내면의 지혜를 듣는 일은 근력처럼 훈련을 통해 가능하다. _로비 개스

훈련은 군대의 정수다. 소수의 군인을 막강하게 만들어 주며, 약자에게는 성공을 모든 사람에게는 명망을 가져다준다. _조지 워싱턴

훈련은 재능과 능력을 키울 수 있는 제련 도구다. _로이 스미스

훈련을 통한 모든 노력에는 몇 배의 보강이 뒤따른다. _짐 론

자기 훈련은 삶의 필수요소다. _존 맥스웰

1분 인생 독본 고정 관념의 틀을 깨라. 틀에 갇힌 고정 관념을 버리고 늘 변하지 않던 것을 깨버리고 새로운 변화를 시도해야 한다. 시작도 하지 않고 남을 탓하고 시도해보아도 아무 소용이 없다고 생각하면 아무것도 할 수 없다. 할 수 없다는 고정 관념의 틀을 깨고 하지 못했던 것들을 도전하여 나가야 한다.

1분 좋은 시
연못 속의 세계는
물고기들의
자유로운 놀이터다 _용혜원, '연못 속의 세계'

영화·드라마 속 명대사 "넌 말이야, 내 가슴속에 깊이 새겨진 여자야!"
_영화, '내 남자친구 결혼식'

127 불행 속에서도 용기
불행 속에서 굴하지 않고 새로운 변화를 가져와야 한다.

괴테는 셰익스피어와 호메로스와 함께 세계적으로 유명한 시인이다. 그는 83세까지 천재적 재능을 발휘하여 작품을 썼다. 15세 때 7개국 언어를 마음껏 구사할 수 있는 실력을 쌓았다. 아버지의 영향을 받아 법률 공부를 하였으나 문학 분야에 큰 뜻을 품었다.

그의 젊은 날의 사랑을 담은 <젊은 베르테르의 슬픔>은 당대는 물론 지금까지 읽히는 명작이다. 괴테는 지상에서 가장 불행이라고 말할 수 있는 전쟁 속에서도 흔들리지 않고 과학과 문학 그리고 미술의 세계에 몰두했다. 피난길에서 나폴레옹을 만난 적이 있었는데 나폴레옹은 괴테를 가리켜서 이렇게 말했다.

"저 사람이야말로 참다운 인간이다!"

우리에게 다가오는 불행과 고통은 사랑으로 이겨낼 수 있다. 불행 중에서 굴하지 않고 새로운 변화를 가져와야 한다.

1분 명언

몰두하지 않으면 달성할 수 없다. _컬린 터너

몰두는 만들어내는 것이 아니라 발견하는 것이다. _컬린 터너

자기 일에 몰두하는 사람이 이 세상에서 가장 행복한 사람이다. _칼 힐티

삶에서 가장 힘든 일은 생각하는 일이다. 그래서 생각에 몰두하는 이가 그리도 적은 것이다. _헨리 포드

하나의 생각에 몰두하고, 계속해서 꿈을 시각화하고, 그 꿈을 기르고, 그 길이 어둡고 무서울지라도 절대 목표에서 눈을 떼지 않는 사람은 원하는 것을 얻는다. _오리슨 스웨트 마든

보통 사람들의 능력을 뛰어넘어 자기 일에 몰두하지 않는 한 당신은 최고의 자리를 차지할 수 없다. _제임스 페니

인생은 창조적으로 문제를 해결하는 일련의 연습 과정이다. _마이클 겔브

1분 인생 독본 문제를 해결하라. 삶은 곧 문제이며 해답이기에 갖가지 문제로 얽혀져 있지만 살아 있기에 문제가 일어나는 것이다. 문제가 생기면 껴안고 걱정만 하지 말고 해답을 찾고 만들어 해결해야 한다. 작은 문제를 하나하나 손꼽아가면서 어리석게 쓰러지는 비굴한 모습을 보이지 말자.

1분 좋은 시

마침내 바라고 원하던

그날이 오면

무어라 말할까 _용혜원, '마침내'

영화·드라마 속 명대사 "사람들은 다른 사람의 열정에 끌리게 되어 있어. 자신이 잊은 걸 상기시켜주니까!" _영화, '라라랜드'

노벨의 마음
모든 인류에게 감격과 기쁨을 가져다주었다.

세상에는 자기만을 위하여 사는 사람이 있고 남을 위해 사는 헌신적인 사람이 있다. 세계인들이 다 알고 있는 노벨은 스웨덴의 화학 기술자로 다이너마이트를 발명한 발명가다. 고통과 가난 속에서도 의욕을 잃지 않고 연구를 계속하여 많은 것들을 발명했다. 1863년 광산에서 쓰이는 폭약을 발명했고 1887년에는 성능이 우수한 다이너마이트를 발명하여 유럽에서 최대의 거부가 되었다. 인류의 생산과 건설에 이바지하려고 발명했던 다이너마이트가 인류의 목숨을 파괴하는 데 쓰이게 된 것을 알았다. 64세로 세상을 떠나기 전에 재산을 희사해 인류를 위하여 공헌한 사람에게 주는 노벨상을 제정하였다. 노벨의 순수한 마음은 지금도 노벨상을 타는 사람들을 통하여 모든 인류에게 감격과 기쁨을 가져다주고 있다.

1분 명언

기쁨의 하루는 슬픔의 이틀보다 훨씬 낫다. _서양 격언

기쁨은 유지하는 데 있는 것이 아니라 창조하는 데 있다. _빈스 롬바르디

기쁨은 나누면 두 배로 늘어나고. 고통은 나누면 절반으로 줄어든다. _티트게

기쁨은 자연을 움직이게 하는 강한 용수철이다. 이 기쁨이야말로 대우주의 시계 장치의 수레바퀴를 돌리는 것이다. _프리드리히 실러

기쁨을 그 자신에게 묶어두는 사람은 날개달린 인생을 파괴한다. 그러나 기쁨이 날아갈 때 그것에 키스하는 사람은 영원한 해돋이에서 산다. _윌리엄 블레이크

기쁨을 주는 사람만이 더 많은 기쁨을 즐길 수 있다. _알렉산더 듀마

기쁨이라는 기술은 참으로 승진하는 기술이다. _필립 체스터필드

1분 인생 독본
패배한다고 생각한다면 패배한 것이다. 그렇게 해서는 안 된다고 생각하고 그렇게 하지 말라. 이기고 싶지만 불가능하다고 생각한다면 이길 수 없다. 이미 진 것이다. 이 세상에서 우리는 깨닫는다. 성공은 한 사

람의 의지에서 비롯되며 마음가짐에 달려 있다. 뛰어나다고 생각한다면 그러하다. 승리를 쟁취하기 위해서는 자신에 대한 확신이 있어야 한다. 삶의 전투에서 승리는 언제나 더 강하거나 재빠른 인간에게 돌아가는 것이 아니다. 승자는 항상 할 수 있다고 생각한다.

1분 좋은 시
바다로 가는 길
멀리서 들려오는
파도 소리가 안내한다 _용혜원, '바다로 가는 길'

영화·드라마 속 명대사 "생각이란 수면 같은 법, 동요하면 들여다보기 힘들지. 반면 차분하면 분명하게 보이지."_영화, '쿵푸팬더'

129 최대의 조각가 로댕
인내와 용기로 로댕은 명작들을 만들었다.

성공한 예술가들은 예술의 혼이 활활 타오른다. 조각가 로댕은 르네상스 이후 쇠퇴의 길을 걷던 조각 예술에 생생하게 생기를 불어넣은 위대한 조각가다. 로댕은 20세가 되던 해에 아버지가 직장을 정년 퇴임하여 직업 전선에 뛰어들어야 했다. 그는 생활이 어려웠지만 예술에 대한 애정과 의욕은 식을 줄을 몰랐다. 로댕의 활활 타오르는 열정의 힘은 1875년 '청동시대'를 만들어냈고 2년 후인 1877년에는 '걷는 사람', 1880년에는 '지옥의 문', '생각하는 사람' 등 수많은 걸작을 계속하여 창작해냈다. 그의 작품 중에서 '생각하는 사람'은 오른손으로 턱을 받치는 청년의 상인데 고민 중에도 가슴엔 무언가 활활 타오르는 모습을 가지고 있어서 금방이라도 무언가를 이룰 수 있는 것 같은 모습을 보여주고 있다.

인내와 용기로 로댕은 명작들을 만들어냈다.

1분 명언

용기는 역경의 빛이다. _클라피에르 보브나르그

용기는 인간이 지닌 첫 번째 자질로 올바르게 평가되어야 한다. 왜냐하면 다른 모든 것을 보증하는 자질이기 때문이다. _윈스턴 처칠

용기는 기도하는 두려움이다. _칼 바르트

용기 있는 한 사람은 소수가 아니라 다수다. _존 맥스웰

용기 있는 자만이 자신을 다스릴 수 있다. _새뮤얼 스마일스

용기란 공포에 저항하는 것이다. 이것은 공포를 전혀 모른다는 것이 아니다. 공포를 받아들여 자기의 것으로 한다는 것이다. _마크 트웨인

1분 인생 독본

진실하게 사는 길을 걸어가야 한다. 천 명 중의 한 사람은 진실하게 사는 길을 안다. 대부분 사람은 과거사 때문에 시간을 낭비하고 잃어버리고 기쁨에 대한 후회나 잘못에 대한 창피함, 공포로 시간을 흘려보낸다. 진실한 삶은 기적을 만들어 놓는다.

1분 좋은 시

햇살이 가득한 담장에
온몸이 자지러지는
웃음소리가 가득해
웃음꽃이 터져버렸다 _용혜원, '개나리'

영화·드라마 속 명대사

"안전띠 단단히 매세요! 위험한 밤이 될 테니!"

_영화, '이브의 모든 것'

마리아 앤더슨의 흑인 영가

겸손한 삶이 타인의 존경을 받는다.

흑인 영가를 불러 많은 사람의 심금을 울렸던 마리아 앤더슨은 미국뿐만 아니라 전 세계 팬으로부터 사랑을 받았다. 사람들은 그를 '100년에 한 사람 나올까 말까 한 아름다운 목소리의 주인공'이라고 표현했다. 그러나 그는 이런 말에도 조금도 교만하거나 거만해지지 않았다. 그는 항상 겸손한 삶을 살았다. 마리아 앤더슨은 프랭클린 루스벨트 대통령과 영국 엘리자베스 여왕 위한 독창회도 열었다. 마리아 앤더슨은 어린 시절 집이 가난하여 어머니가 남의 집 일을 도와주고 받은 돈으로 생활하였다. 마리아 앤더슨은 성공한 후에도 자신이 곤경에 처했던 시절을 잊지 않았다. 그런 모습은 팬들의 사랑을 흠뻑 받을 수 있는 충분한 것이 되었다.

▼ 1분 명언

곤경이란 도대체 무엇인가? 그것은 여인들이 아름다운 귀걸이를 달기 위해서 아픔을 참아가며 귀에 구멍을 뚫는 것과 같다. 만일 생살을 뚫는 고통이 없다면 아름다운 보석을 귀에 장식할 수가 없는 것이다. _아서 웰즐리
곤경은 결의를 한층 굳세게 연마하게 하는 자극제가 되었다. _새뮤얼 스마일스
우리는 곤경에서 벗어나려 하기 전에 왜 그런 상황이 오게 됐는지 깨달아야 한다. _콜린 터너
무릇 사람이란 곤경과 싸우면서 용기를 키우고 보다 담대해진다. _바커
사람은 자신을 애타게 기다리는 사람이나 끝나지 않은 일에 대한 책임감을 인식하면 함부로 삶을 포기하지 않는다. 그는 자신의 존재 이유를 알고 어떤 곤경도 견딜 수 있을 것이다. _빅터 프랭클

▼ 1분 인생 독본

성공을 위한 창조적인 방법은 무엇인가? 모든 일을 뒤에서부터 하거나 거꾸로 생각하고 시도해 본다. 뭔가 새로운 일을 시작한다. 멍하니 앉아 온갖 부정한 생각을 하는 것을 그만둔다. 옷을 갈아입듯이 기분을

바꿔본다. 자기를 존중한다. 몽상가가 된다. 마음껏 웃는다. 그런 다음 제자리로 돌아온다. 항상 변신을 꿈꾸며 완벽한 고요를 즐긴다. 아이들과 즐겁게 놀고 노인들의 이야기에 귀를 기울인다. 존재하는 어떤 것과도 친구가 된다.

1분 좋은 시
언덕과 힘든 고개와
비탈길을 통과하며
삶을 배웠다 _용혜원, '삶을 배웠다'

영화·드라마 속 명대사 "여기 보이는 건 껍데기에 지나지 않아. 가장 중요한 건 보이지 않아!"_영화, '어린 왕자'

131 미국의 성공적인 농구 코치 팻 라일리
희망을 지니면 이루어진다.

미국의 역사상 가장 성공적인 코치는 팻 라일리다. LA 레이커스 선수들은 1986년 경기에서 더 이상 성적을 올릴 수 없다고 낙담하고 있었다. 라일리 코치는 선수들에게 1%만 더 잘하라고 용기를 북돋아주었다. 라일리 코치는 '열두 명의 선수가 다섯 경기에서 1%씩만 잘 뛰어준다면 팀 전체에 60%의 효과가 있다.'고 말했다. 그는 선수들에게 '1%만 더 잘한다면 우승을 차지할 수 있다.'고 설명했다. 1%의 노력으로 우승할 수 있다면 선수들이 더 나은 경기를 치를 가능성은 커진다. LA 레이커스 선수들은 그해 경기에서 우승을 차지하였다. 희망을 지니면 이루어진다.

1분 명언
희망은 힘의 동반자이자 성공의 어머니이다. 우리 안에 희망을 가진 사람들에게 기적의 선물이다. _시드니 브레머

일단 희망을 선택하면 무엇이든 가능하다. _크리스토퍼 리브

희망은 모든 어둠에도 불구하고 빛이 있다는 것을 볼 수 있는 것이다.
_데스몬드 투투

희망은 질병, 재앙, 죄악을 고치는 특허 약이다. _엘리엇 워런 라이스

희망은 영혼에 깃들어 말없이 노래하고 절대 멈추지 않는 깃털을 가진 것이
다. _에밀리 디킨슨

희망은 밝고 환한 양초 불빛처럼 우리 인생의 행로를 장식하고 용기를 준다.
밤의 어둠이 짙을수록 그 빛은 더욱 밝다. _올리버 골드스미스

희망은 태양과 같아서 우리가 희망을 향해 나아갈 때 우리의 짐의 그림자를
우리 뒤로 던진다. _새뮤얼 스마일스

희망이란 두려움을 대신하는 완곡한 표현이다. _아라비아 속담

1분 인생 독본 용기란 전진하는 능력이다. 용기가 무엇인지 이해하는 사람
이 많지 않다. 많은 사람은 용기를 두려움 없이 전진하는 힘이라고 생각한
다. 두려움이 없는 것은 용기가 아니다. 두려움이 없는 것은 뇌사 상태에 있
는 것이다. 두려운 고난에도 불구하고 꿈을 실현하기 위해서는 용기를 갖고
걸어가야 한다.

1분 좋은 시
괴롭고 슬플 때는
밤마다 베개가
눈물에 젖는다 _용혜원, '눈물에 젖는다'

영화·드라마 속 명대사 "인간들은 이상해요. 모든 것을 파괴하기 위해 창조
하는거 같아요." _영화, '제5원소'

206

지혜로운 왕
자신이 무능하게 다스렸다는 것을 깨달았다.

옛날에 한 왕이 있었다. 이 왕은 항상 화려한 금관을 쓰고 거울 앞에서 자기 모습을 바라보는 것을 좋아했다. 그러나 날마다 거둬들이는 세금 때문에 백성들은 굶주릴 수밖에 없었다. 이때 한 지혜로운 신하가 왕의 침실에 거울을 뜯어내고 백성들을 바라볼 수 있는 창문을 달아 놓았다. 다음 날 잠에서 깨어난 왕은 화려한 옷을 입고 금관을 쓰고 거울 앞에서 서려고 하다가 창문 밖에 보이는 초라한 백성들의 모습을 발견하였다. 이 왕도 양심은 살아 있었던 모양이다. 굶주림에 지친 여인들과 고통에 떠는 아이들의 모습을 보았고 무거운 짐을 지고 가는 허리가 굽은 노인들의 모습을 볼 수가 있었다. 이 참담한 모습을 본 왕은 자신이 무능한 정치로 백성을 다스렸다는 것을 깨달았다. 왕은 화려한 옷을 소박한 옷으로 갈아입고 백성을 새롭게 다스렸다.

1분 명언

지혜는 샘물이다. 그 물은 마시면 마실수록 강해지고 끊임없이 샘솟아 오른다. _안겔루스 질레지우스

지혜는 무엇인가? 우리에게 최선이 무엇이며 그것을 얻는 최선의 길이 무엇인지 아는 지식이다. _벤저민 프랭클린

지혜란 본래 무엇인가? 긴 탐구의 목표는 무엇이었던가? 지혜는 즉 생활의 와중에서 어떤 때도 '통일'의 사상을 추구하고 '통일을 느끼고' 통일의 숨결을 호흡하는 영혼의 준비, 능력, 비술 외에 아무것도 아니다. _헤르만 헤세

지혜란 무엇을 구할 것인가, 무엇을 피할 것인가의 지식이다. _키케로

지혜를 쌓아도 사용하지 않는다면 얼마나 슬픈 일인가. _데일 이반스 로저스

지혜는 우리들을 유년 시절로 돌아가게 한다. _블레즈 파스칼

1분 인생 독본
부자가 되고 싶으면 돈을 쓸 때 이렇게 말하라! "돈아! 너를 먼저 보내서 미안하다. 다음에 올 때는 친구들하고 같이 와라!" 행운을 부르

는 말이다. 부자가 되고 싶다면 목표를 설정하고 낭비하는 삶이 아니라 벌어들이는 삶, 움직이면 돈이 되게 하라.

1분 좋은 시
잠 속에 찾아온 꿈
잠 속을 돌아다니다가
잠 깨어나니 떠났다 _용혜원, '잠 속에 찾아온 꿈'

영화·드라마 속 명대사 독일 장교 호젠 펠트를 폐가에서 마주치자, 겁에 질린 스펄만에게 '직업이 무엇이냐?'라고 물었다. 스펄만은 '나는 피아니스트였다.'라고 말한다. _영화, '피아니스트'

133 가장 귀한 보물
여러분, 이들이 나의 보석입니다.

가족은 사랑이다. 가족은 행복이다. 사랑과 행복이 있는 가족에는 강한 힘이 있다. 로마 집정관 티베리우스 그라쿠스의 아내였던 코르넬리아는 현명한 부인으로 잘 알려져 있다. 어느 날 명사 부인들이 코르넬리아의 집에 모여 놀고 있을 때 각자 자기들이 가진 보석을 내보이며 자랑하였다. 그러나 코르넬리아는 아무 말없이 남의 보석만 보고 있을 뿐이었다. 이윽고 다른 여인들이 보석을 보여달라고 청하기에 이르렀다. 처음에는 사양하던 코르넬리아는 재차 재촉하는 말에 조용히 자리에서 일어나 옆방으로 가더니 두 아들의 손목을 잡고 나타났다.
"여러분 이들이 나의 보석입니다!"
이들 형제가 후에 로마 공화정 시대에 호민관이 된 그라쿠스 형제이다.

1분 명언

보석은 가령 진흙 속에 떨어져도 여전히 귀중하고, 먼지는 하늘에 올라가더라도 여전히 살 데가 없다. _사디

말 없는 보석이 산 인간의 말보다 흔히 여자의 마음을 움직인다.
_윌리엄 셰익스피어

청춘은 한순간이며 아름다운 꽃이다. 그러나 사랑은 세계를 얻는 보석이다.
_유진 오닐

우리는 평화를 찾을 것이다. 천사의 소리를 들을 것이며, 다이아몬드로 빛나는 하늘을 볼 것이다. _안톤 체호프

이 세상에 태어난 모든 사람은 이곳에 처음 도착한 사람들이다. 당신과 나, 우리는 태어나 울고 처음 땅을 밟았으며 처음 햇살을 맞이했다. 따라서 우리가 가진 힘과 에너지와 약속은 이전에도 없었고 이후에도 없을 단 하나의 유일무이한 보석이다. _마이클 린버그

1분 인생 독본 진실한 삶을 살자. 거짓된 삶이 습관화되면 추해지고 겉만 자꾸 포장한다. 진실은 있는 그대로 삶을 보여준다. 가식과 교만, 오만으로 과장하고 포장하여 허세를 부리는 것은 어리석은 삶을 살아가는 것이다. 주변을 밝게 해주는 사람들은 진실한 삶을 살아가는 사람들이다.

1분 좋은 시

사람들이 몰래 나눈
밀담이
구석방에 숨어 있다 _용혜원, '구석방'

영화·드라마 속 명대사 "토토, 여기는 더 이상 캔자스가 아닌 것 같아!"
_영화, '오즈의 마법사'

134 비스마르크가 아들에게 보낸 편지

세상 칭찬에 관심 두지 말라.

올바른 지도자가 정치를 해야 나라가 바로 선다. 독일의 정치가 비스마르크가 아들에게 다음과 같은 편지를 보냈다.

"내가 오늘 한 일에 대하여 내일 다른 사람들의 여론을 들어보면 태반이 잘못되었다. 그러니 남의 칭찬을 받는다고 하여 기뻐하지 말고 남의 비난을 받았다고 실망하지 말라. 지금 나와 함께한 사람들도 내 마음을 알아주기 어려운데 어찌 백 년이나 천 년 후의 사람들이 내 마음을 알아줄 것인가. 그러므로 전능자만이 내 마음을 알아줄 것이라고 믿고 남들이 칭찬하거나 욕을 하거나 그런 것은 아무렇지도 않게 생각하라. 지금의 내가 총리라는 어려운 일을 하는데 만일 전능자가 없다면 나는 사흘도 못 견딜 것이다. 세상의 칭찬에 관심 두지 말라. 오직 전능자로부터만 칭찬을 받도록 힘써라."

1분 명언

우주의 중심을 발견하는 날, 많은 사람들이 자기가 그 중심이 아닌 것을 깨닫고 실망하게 될 것이다. _버나드 베일리

실망스러운 결과가 발생했을 때는 빨리 극복하라. _빌 게이츠

실망은 젊음의 끝을 알리는 종이다. _오스카 와일드

태어날 때 차디찬 소리를 울리고 군소리를 해가면서 살아가다가 실망하고 죽은 것은 실망한 인생뿐이다. _윌리엄 템플

아무것도 기대하지 않는 자는 실망도 없다. _알렉산더

남들이 알아주지 않는다고 실망하지 말라. _발타자르 그라시안

1분 인생 독본
자부심을 지녀라. 자부심은 확실한 힘이고 자신감이다. 확신과 자부심을 지니고 일을 한다면 실패는 없다. 자부심을 지니고 자기 일에 집중해 나간다면 성공을 향한 가장 큰 힘을 발휘하게 된다. 바로 이 순간 최선을 다하는 것이다.

영화·드라마 속 명대사 "이해를 못 하는군. 나는 어엿한 권투선수가 될 수 있었어. 건달이 아닌 뭔가 될 수도 있었던 말이야!"_영화, '워터 프론트'

135 명품 바이올린
제가 만든 바이올린 재료는 다른 것과 다릅니다.

뛰어난 재능이 있는 사람들이 명품을 만든다. 다른 사람보다 지혜와 감각이 뛰어난 사람들이 명품을 만든다. 어떤 사람이 유명한 바이올린을 만드는 사람을 방문했다. 그 사람이 물었다. "당신이 만든 바이올린 소리는 다른 곳에서 만든 것보다 훨씬 좋은데 그 이유는 무엇인가요?" 바이올린을 만드는 사람이 대답했다.

"제가 만드는 바이올린 재료는 다른 것과는 다릅니다. 아주 험한 산꼭대기에서 자라는 나무를 씁니다. 그곳에 있는 나무는 모진 바람에 늘 시달리고 잘 견디며 싸워왔으므로 강하고 그 질이 든든합니다. 이런 나무가 아니고서는 좋은 소리를 낼 수 없습니다."

1분 명언

재능이란 인간의 힘 속에 있다. _영국 속담

재능은 고요한 가운데 이루어지고 성격은 세파 속에서 이루어진다.
_요한 볼프강 폰 괴테

재능이란 오랫동안 노력으로 얻어진 노력의 선물이다. _귀스타브 플로베르

재능이란 자신을 믿는 것이고 자신의 힘을 믿는 것이다. _막심 고리키

천재란 노력을 계속할 수 있는 재능이다. _토머스 에디슨

재능과 신념은 정복되지 않는 군대다. _조지 허버트

재능을 남용하지 말라. _발타자르 그라시안

1분 인생 독본 마음의 문을 열어라. 많은 사람이 마음의 문을 자물쇠로 견고하게 닫고 감옥을 만들어 갇혀 살고 있다. 모두가 의심과 불안과 초조에서 나오는 잘못되고 그릇된 현상이기에 마음의 벽을 허물어야 한다. 가정도, 마을도, 국가도 마음의 벽을 허물고 열두 대문을 활짝 열듯이 마음의 문을 열어야 한다.

1분 좋은 시
마지막 순간
한 줄의 글로도
표현할 시간이 없다 _용혜원, '마지막 순간'

영화·드라마 속 명대사 "절대 거절 못할 제안을 하지!"_영화, '대부'

136 빈껍데기
삶의 진정한 가치는 무엇일까?

유대의 랍비가 학생들에게 숙제를 내었다. "너의 일생 추구하여야 할 위대한 가치 목록을 만들어라." 한 학생이 오랫동안 생각하다가 목록 제1번으로 '명예'를 적었다. 다음 학생이 '부' 또 다른 학생이 '건강'을 적었다. 학생들은 이 세 가지이면 충분하다고 생각하고 랍비에게 제출하였다. 랍비는 학생들이 낸 목록을 살펴보고 고개를 흔들며 말했다.

"이것만으로는 안 된다. 가장 중요한 삶의 가치를 빠뜨렸기 때문이다. 이 세 가지를 다 갖는다고 해도 내 마음 저 밑바닥에서부터 고요히 흘러넘치는 하

나님을 향한 진정한 믿음이 없으면 돈도 명예도 행복도 건강도 빈껍데기다.”

1분 명언
사명은 인생에 목적을 준다. _컬린 터너
사명을 깨달으면 사명의 부름을 듣게 될 것이다. 그러면 마음은 열정과 타는 듯한 열망으로 가득 차게 된다. _클레멘트 스톤
자기 사명을 발견하고 일에 신념을 가진 사람은 행복하다. _토머스 칼라일
사명이 없으면 사람들은 대체로 물질적인 목표밖에 갖지 않는다. _컬린 터너
우리는 어떤 목표에 도달하기 위해 이 세상에 태어났다. 이 목표를 우리는 ‘사명’이라고 부른다. 그것은 우리가 존재하는 이유고 이 세상의 행로를 걸어가는 이유다. 이것을 찾는 일이 인생행로며 성장해 나가는 일부분이다. 참된 인생 과업을 수행하려면 우리가 도달할 목표를 설정해야 한다. _앨런 오켄

1분 인생 독본 의롭고 강하게 살자. 잘못된 것으로 화려하게 사는 것은 참으로 어리석은 일이다. 모든 면에서 의롭고 강하게 살아야 한다. 거짓을 요구하고 부정을 원하더라도 의롭고 강하게 살아야 한다. 하늘과 사람들에게 부끄럽지 않다면 그보다 더 훌륭한 삶이 어디에 있겠는가? 희망과 인내는 만병을 다스리는 두 가지 약이니 역경에 처했을 때 의지할 가장 믿음직한 자리요 가장 부드러운 방석이다.

1분 좋은 시
누가 가을 하늘에
새파란 종이 한 장을
아름답게 펼쳐놓았다 _용혜원, ‘누가 가을 하늘에’

영화·드라마 속 명대사 “솔직히 내 알 바 아니요!”_영화, ‘바람과 함께 사라지다’

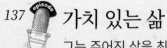

137 가치 있는 삶

그는 주어진 삶을 최선을 다해 살았다.

무익한 삶은 아무리 오래 살아도 가치가 없다. 짧은 인생일지라도 가치 있게 살아야 한다. 미국의 한 하원의원이 심한 병에 걸렸다. 그에게 의사가 말했다. "만일 당신이 활동을 계속한다면 약 60일 정도 살 수 있을 것이지만 은퇴하신다면 아마 몇 년은 더 사실 수 있다." 하원의원은 말했다.

"나는 60일을 택하겠다. 나는 무익하게 더 사는 것을 원치 않는다."

그는 두 달 후에 죽었다. 그러나 그는 주어진 삶에 최선을 다해서 살았다. 그는 무익한 삶을 원하지 않았다.

1분 명언

가치 있는 것은 실패의 위험이 따른다. _리 아이아코카

가치 있는 일을 이루는 데 있어 필수조건은 첫째 노력, 둘째 불굴의 의지, 셋째 상식이다. _토머스 에디슨

우리가 실천하는 생각만이 가치 있다. _헤르만 헤세

가치가 없으면 혼란과 혼돈만 남는다. _디팩 초프라

가치 있는 인생을 살기 위해서는 내게 주어진 특별한 능력을 사용하고 또 개발해야 한다. _마이클 린버그

가치 있는 인생은 길다. _에드워드 영

가치가 높은 것일수록 그것을 얻기 위한 대가는 그만큼 비싸다. 그래서 귀금속이 가장 값비싼 것이다. _발타자르 그라시안

1분 인생 독본 비판하지 말라. 욕심이 가득 찬 이기주의는 항상 실제보다 더 피해를 만든다. 비판받을 때는 자신의 단점을 생각하고 다시 한번 점검해보아야 한다. 그러나 비판 때문에 낙담하거나 좌절해서는 안 된다. 모든 비판을 겸허하게 받아들여 성장하는 기회로 만들어야 한다.

영화·드라마 속 명대사 "신은 원하는 게 아니라, 필요한 걸 주신다!"

_영화, '신의 소녀들'

138 어머니를 향한 사랑
어머니에 대한 사랑이 삶을 바꾸어 놓았다.

조지 던롭이라는 젊은이가 휠체어를 탈 수밖에 없었던 그의 어머니를 극진히 사랑하여 철제로 된 휠체어를 좀 더 편안히 만들어보겠다고 생각하였다. 그는 큰 관심을 지니고 새로운 재료를 사용하였다. 그것은 고무였다. 그는 철제로 된 휠체어의 가장자리를 고무로 감쌌다. 던롭은 이 작은 사랑의 봉사로 유명해졌고 부자가 되었다. 어머니에 대한 사랑이 삶을 바꾸어놓았다. 사랑의 힘은 위대하다. 사랑은 엄청난 일을 만들어낸다.

1분 명언
사랑만 있으면 무엇이든 할 수 있다. _잭 켄필드
사랑은 늦게 올수록 격렬하다. _호라티우스
사랑은 아름다운 꿈이다. _샤프
사랑은 서로가 서로에게 마음을 주는 것이지 일방적으로 한 사람이 다른 사람을 위해서 희생하는 것은 아니다. _베시 헤드
사랑은 끝없는 신비다. _라빈드라나드 타고르
사랑을 모르는 사람은 인생을 모르는 사람이다. _버트런드 러셀

사랑에 미치면 누구나 시각장애인이 된다. _프로페르티우스

사랑은 어떤 장소든 정들게 한다. _아라비아 격언

1분 인생 독본 인생이라는 것은 세월의 흐름 속에서 순간순간의 만남 속에 이루어진다. 그 시간은 두 번 다시 반복할 수 없다. 인생은 우리에게 단 하나 뿐인 기회다. 너무나 고귀하고 소중하다.

1분 좋은 시
얼마나 반가워
급하게 달려왔으면
꼬리만 남아
살랑살랑 꼬리 치고 있을까 _용혜원, '강아지풀'

책 속의 좋은 말 "꿈을 이루는 과정에서 여러분도 많은 벽에 부딪힐 겁니다. 하지만 명심하세요. 벽은 여러분을 멈추려고 있는 게 아니에요. 벽은 여러분이 그 꿈을 얼마나 이루고 싶어하는지 일깨워 주려고 있는 겁니다. 벽은 여러분이 아니라, 그 꿈을 진정으로 원하지 않는 사람들을 막기 위해 있는 거예요!" _랜디 포시, <마지막 강의> 중에서

영화·드라마 속 명대사 "우린 예쁘지도 않고, 추하지도 않다. 화가 났을 뿐이다." _영화, '미스비헤이비어'

---

139 교육계의 아버지 페스탈로치
행실에 모범을 보이는 사람이 진정한 교육자다.

행실에 모범을 보이는 사람이 진정한 교육자다. 독일의 한 빈민굴에서 일어난 일이다. 아이들이 맨발로 즐겁게 놀고 있었다. 그 모습을 옆에서 즐거운

듯 바라보는 노인이 있었다. 그의 호주머니에는 무엇이 들어 있는지 불룩해져 있었다. 아까부터 호주머니에 자꾸만 무언가를 집어넣는 것을 수상하게 생각한 경찰이 검문했다.

"지금 무엇을 줍고 있었는지 보여줄 수 있을까요?" 노인은 빙그레 웃으며 말했다. "아무것도 아닙니다." 더욱 수상하게 여긴 경찰은 계속해서 내놓으라고 했다. 노인은 하는 수 없어서 호주머니 속에 가득한 유리 조각을 보여주었다. "아무것도 아닙니다. 신발을 신고 있는 아이들이 모두 다 맨발인데 다칠까 염려가 되어 유리 조각을 주웠습니다." 이 노인이 바로 페스탈로치다.

1분 명언
자신 있는 행동은 일종의 자력이다. _랠프 월도 에머슨
위대한 인물 가운데 사랑으로 인해 미치지 않았던 사람이 없다. 왜냐하면 위대한 사랑만이 그 연약한 감정을 억누를 수 있기 때문이다. _프랜시스 베이컨
당신이 행복해질 수 있는 것은 빵이나 옷 때문이 아니라 무한한 경지로까지 승화된 사랑에 의해서만 가능하다. _도스토옙스키
사랑을 알기 전까지는 여자는 여자가 아니고 남자는 남자가 아니다.
_새뮤얼 스마일스

1분 인생 독본
가장 훌륭한 작품은 언제 나오는가? 그림을 잘 그리기로 유명한 화가에게 물었다. "당신의 가장 훌륭한 그림은 어떤 것인가?" 화가는 말했다. "다음번 작품이다!"

1분 좋은 시
산기슭에서 뜯어온 곰취에 고기 한 점
잘 묵은 된장에 싸서 먹으면
봄 향기가 가득하다 _용혜원, '곰취'

책 속의 좋은 말 마음속에 뿌려진 생각의 씨앗은 같은 종류의 싹을 틔우고

자라면서 행동으로 꽃을 피우고 환경이라는 열매를 맺는다. 좋은 생각은 좋은 열매를 맺고, 나쁜 생각은 부실한 열매를 맺는다.

_제임스 앨런, <원인과 결과의 법칙> 중에서

영화·드라마 속 명대사 "우리 같이 커보자. 나도 크고 너도 크고!"

_영화, '리바운드'

140 허버트 후버의 열성
목적이 분명하고 도전하는 사람은 성공한다.

허버트 후버라는 미국 스탠퍼드 대학의 한 학생이 아르바이트하려고 이곳저곳을 기웃거리다가 한 회사에서 속기 타이프를 할 수 있다면 지금이라도 일할 수 있다는 제안을 받았다. 이 말은 들은 후버는 "저에게 나흘간만 시간을 허락해주십시오." 그리고 허락을 받았다. 나흘이 지난 후 후버는 출근하였다. 직원이 후버에게 물었다. "나흘 동안 무엇을 했나요?" "우선 타자기를 빌려야 했고 사용법을 배워야 했습니다." 허버트 후버는 미국의 31대 대통령이 되었다. 목적이 분명하고 도전하는 사람은 성공한다. 고난과 시련의 시절을 슬기롭게 이겨내는 사람들이 성공할 수 있다.

1분 명언
목적은 수단을 정당화한다. _영국 속담

목적이 없는 사람은 키 없는 배와 같다. 한낱 떠돌이요, 아무것도 아닌 인간이라 부를 수 없는 사람이다. _토머스 칼라일

목적 없이 항해하는 사람은 바람의 힘을 빌릴 필요가 없다. _몽테뉴

목적을 향해 최선을 다해 노를 저어가는 것은 우리가 다른 길을 가면서는 결코 맛볼 수 없는 기쁨과 환희를 가슴 가득히 채워줄 것이다. _마이클 린버그

목적이 없으면 계획은 어그러질 수밖에 없다. 목적하는 항구의 방향을 모른

다면 모든 바람이 역풍일 테니까. _세네카

목적 없이는 행동하지 말라. 처세를 위한 바르고 훌륭한 원칙이 명하는 데 따라서 행동하는 이외의 어떠한 행위도 하지 말라. _마르쿠스 아우렐리우스

1분 인생 독본 삶이란 초반에 잘못되어서 멀리 뒤처질 수 있지만 인생은 역전과 반전이 있다. 이 세상에서 연출되는 인생의 모든 드라마는 반전과 역전의 드라마다. 인생도 초반이 중요하나 일생을 두고 펼치는 장기전이기에 최선을 다하면 반전도 가능하다.

1분 좋은 시
날개를 휘저으며
날아오르더니
아득한 그리움 찾아 떠난다 _용혜원, '나비'

영화·드라마 속 명대사 "너는 규칙을 잊었어, 자, 규칙이 뭐지?"
"왼손을 올리는 거요.", "항상 너 자신을 지켜라. 이제 그게 새 규칙이다.",
"항상 나를 지킨다."_영화, '밀리언 달러 베이비'

141 하이렘이라는 천덕꾸러기 소년
그가 바로 율리시스 그랜트 대통령이다.

하이렘이라는 천덕꾸러기 소년이 있었다. 그의 부모는 양육이 어려워 미국 남북 전쟁이 일어나기 전에 어린 나이의 그를 강제로 사관학교에 보냈다. 키가 153cm밖에 되지 않아 늘 놀림을 받았다. 하이렘은 누구를 원망하거나 육체적 결함을 비관하지 않고 조용히 고향에 내려가 농사를 지었다. 미국에 남북 전쟁이 일어나 장교가 더 필요해지자 북부 장교로 전투에 참여하였다. 부하로부터 정당한 대우를 받지 못했지만 묵묵하게 최선을 다했다. 그는 마

침내 미국 최초의 육군 대장이 되었다. 그리고 미국 18대 대통령에 당선되었다. 그가 바로 율리시스 그랜트 대통령이다. 사람의 미래는 누구도 함부로 말할 수 없다. 자신의 미래는 스스로 만들어가는 것이다. 미래를 향하여 어떻게 생각하고 어떻게 행동하느냐가 미래를 만들어놓는다.

1분 명언

원망이라는 마음의 벽은 사람들이 들어오지 못하도록 막을 뿐 아니라 우리까지도 밖에 나가지 못하도록 막는 몹쓸 장애물이다. _조엘 오스틴

원망 속에 있으면서도 원망하지 말고, 근심 속에 있으면서도 근심하지 말고, 욕심 속에 있으면서도 욕심내지 말라. 그리고 내 것이 아닌 것은 가지려 들지 말라. _법구경

지나간 것을 원망하지 말라. 그리고 그대 자신의 의로움을 믿지 말라. _성 안토니 교부

스스로 즐길 수 없는 사람들은 종종 타인을 원망한다. _이솝

오늘날 인간을 괴롭히는 질병은 신념의 결핍이다. _랠프 월도 에머슨

자기 일을 찾아낸 사람은 행복하다. 그 때문에 다른 행복을 찾게 하지 마라. 일이 있으면 인생의 목적이 있다. _토머스 칼라일

1분 인생 독본 모두가 내 착각이다. 짓궂게 놀려주고 장난질이라도 했으면 미친 듯이 웃어나 보고 한이나 맺히지 않을걸, 남은 것은 슬픔이다. 차츰차츰 눈 익혀놓았더니 한순간 다시 낯설게 되었다. 매인 것을 풀 수도 없는 사이가 되어 겁먹은 눈으로 세상을 보았다.

1분 좋은 시

돌담에 돌이 하나씩
쌓여올라갈 때마다
지나간 세월도 내려앉았다 _용혜원, '돌담'

142 성공한 작가 페니 허스트
꾸준한 노력이 성공을 만들었다.

날마다 노력하는 사람은 성공한다, 작가가 되기 위하여 페니 허스트는 1915년 뉴욕으로 왔다. 도착 후에 4개월 동안 뉴욕의 뒷골목을 돌아다니며 자료를 수집하여 작품을 썼다. 작가가 되기 위하여 낮에는 일하고 밤에는 글을 썼다. 점점 가망이 없는 것 같은 생각이 들어도 스스로 포기하지 않았다. <더 새터데이 이브닝 포스트>는 페니 허스트의 작품을 36번이나 거절하였다. 책을 내기 위하여 4년 동안 출판사를 찾아다녔다. 페니 허스트는 작가가 되는 길의 문을 두드렸다. 문전박대를 당할 때마다 꼭 하고야 만다는 신념을 굳혔다. 그런 노력 끝에 출판사에서 연락이 와서 책을 출간하자 독자들의 좋은 반응을 얻어 명성을 얻었다. 꾸준한 노력이 성공을 만들었다.

1분 명언

기대가 사람을 키운다. _지그 지글러

기대는 태도에 엄청난 영향을 미친다. _존 맥스웰

기대하지 않는 자는 실망하지도 않는다. _올 커트

기대를 확실히 밝혀라. _존 발도니

기대를 높이 가져라. 당신이 존경할 만한 가치와 성실함을 가진 사람을 찾아라. 그들과 함께 행동 원칙을 정하라. 그리고 그들에게 당신의 무한한 신뢰를 주어라. _존 에이커스

기대하지 않는 자는 행복하다. 그들은 실망하지도 않을 것이기 때문이다. _월커트

부정적인 기대는 생각을 막다른 골목으로 이끄는 지름길이다. _존 맥스웰

실패 없는 성공은 기대하지 말라. _새뮤얼 스마일스

성공으로 향하는 가장 중요한 첫 번째는 우리가 성공할 수 있다는 기대다.
_넬슨 보스웰

1분 인생 독본 스스로 해결하라. 우리는 위대한 사람들이 가지고 있는 두 팔과 두 손, 두 다리와 지혜롭게 사용할 수 있는 두뇌가 있다. 이 모두를 가지고 정상을 향하여 출발해야 한다. '나는 할 수 있다!'고 말하며 이루어나가면 위대하게 될 수 있다. 도전할 마음을 갖고 해결해야 한다.

1분 좋은 시
날카로운 이빨로
깎아도 먹지 못하고
토해놓는다 _용혜원, '손톱 깎기'

영화·드라마 속 명대사 "가장 힘든 승부는 자신을 이기는 것이다."
"챔피언은 고개를 숙이지 않는다."_영화, '코치 카터'

143 episode 미소 때문에
새롭게 도전하기 시작했다.

한 젊은이가 사업에 실패하자 자살하려고 차를 몰고 가기 시작했다. 그런데 가다가 그만 접촉 사고가 일어났다. 이제는 끝났다고 생각해 차에서 내리지도 않고 있는데 앞차에서 한 여성이 나오더니 차를 살펴보고 별 이상이 없음을 발견했다. 이 여성은 그에게 가까이 다가와 손을 흔들고 미소를 짓더니 차를 다시 몰고 떠났다. 젊은이는 그 여성의 미소를 보자 삶에 생기를 얻었다. 차를 다시 삶의 터전으로 몰고 와 새롭게 도전하기 시작했다 모두가 미소 때문이다.

1분 명언

미소를 잃지 않는 사람은 사람들에게 환영받는다. _에이브러햄 링컨

미소 하나가 인생을 바꾸어 놓는다. _잭 켄필드

미소 짓는 얼굴을 갖지 않은 자는 가게 문을 열지 말라. _영국 속담

미소와 악수는 시간이나 돈이 들지 않는다. 그리고 사업을 번창시킨다.
_워너메이커

미소를 짓는 사람은 남의 마음을 끌고 남을 유쾌하게 하고 남을 즐겁게 할 수 있다. _애덤 스미스

처음의 큰 웃음보다 마지막 미소가 더 낫다. _영국 속담

1분 인생 독본 미소는 아무런 대가를 치르지 않고 많은 것을 이루어낸다. 미소는 받는 사람의 마음을 풍족하게 해주지만 주는 사람의 마음을 가난하게 만들지 않는다. 미소는 순간적으로 일어나지만, 미소의 기억은 영원히 지속된다. 미소 없이 살아가는 것만큼 가난한 사람은 없다. 미소는 가정의 행복을 유별하며 우정의 표시로 나타나기도 한다. 미소는 지친 사람에게 태양이며 모든 문제에 대한 묘약이다. 그러나 미소는 살 수도 없고, 구걸하거나 빌리거나 훔칠 수도 없다. 왜냐하면 미소는 누군가 주기 전에는 아무런 쓸모가 없다.

1분 좋은 시

내 머리에
도둑이 들어와
잠을 훔쳐갔다 _용혜원, '불면'

책 속의 좋은 말 "어째서 우리는 자신의 마음에 귀를 기울여야 하는 거죠? 그대 마음이 가는 곳에 그대의 보물이 있기 때문이지."
_파울로 코엘료, <연금술사> 중에서

144 episode 미지의 땅을 점령하라
공격하기 위해 이곳에 와 있다.

서아시아를 정복하기 위하여 알렉산더가 최정예 부대를 이끌고 히말라야산맥 근처에 이르렀다. 한 정보 장교가 걱정스러운 표정으로 다가와 말했다. "폐하! 지금 우리는 지도에서 벗어나 있고 더구나 적이 어디에 있는지조차 알지 못합니다. 만에 하나라도 기습을 당하기라도 하면 우리는 치명적인 피해를 당할 것입니다. 안전한 곳으로 철수했다가 다시 공격해야 합니다."

이 말을 들은 알렉산더가 말했다. "그런가? 자네 말이 맞을 수도 있겠지. 그러나 분명하게 알아야 하네. 지금 우리는 방어하기 위해서가 아니라 공격하기 위해 이곳에 와 있는 것일세. 평범한 군대는 이미 아는 땅만 정복하지만 위대한 군대는 미지의 땅을 점령하는 것일세."

1분 명언

정복할 수 있다고 믿는 자가 정복한다. _베르길리우스

정복하기 위해서 굴복한다. _윌리엄 쿠퍼

위험 없이 정복할 때 우리의 승리는 영광을 잃는다. _피에르 코르네유

불안과 두려움을 정복하라. _조지 싱

정다운 말로써 상대를 정복할 수 없는 사람은 엄한 말로써 정복할 수 없다. _안톤 체호프

사람들의 마음을 정복하면 위대한 승리를 거둔다. _발타자르 그라시안

할 수 있다고 믿는 사람만이 정복할 수 있다. 한 번 실천해본 사람은 다시 하는 것을 꺼리지 않는다. _랠프 월도 에머슨

1분 인생 독본 평범하게 사는 것도 좋지만 가슴 뭉클하게 살자. '정말 이런

일도 있구나' 하면서 눈앞에 자신이 하고 싶은 일들이 현실이 되어 걸어오는 것을 보자. "나는 왜 신나는 일이 일어나지 않을까?" 신세타령만 하지 말고 신나는 일을 스스로 만들자.

1분 좋은 시
이 넓은 세상에 홀로 남아
발길을 멈추고 쉬었다 가고 싶지만
고독하게 떠도는 삶이 외롭다 _용혜원, '떠도는 삶'

책 속의 좋은 말 그는 가난하고 가식이 없는 한 인간이며 한군데 어두운 구석도 남겨놓지 않는 태양을 사랑한다. _알베르 카뮈, <이방인> 중에서

영화·드라마 속 명대사 "우리는 상상한다. 그러면 그 상상은 우리를 두렵게 한다." _영화, '오펜하이머'

145 episode 패배를 인정하는 법
패배를 받아들이지 못하면 멋진 승리도 없다.

세계적인 기업의 회장인 잭 웰치는 어려서 매우 소심했다. 친구들을 만나기 싫어하는 대인 기피증까지 있었다. 잭 웰치의 어머니가 말했다.
"너는 두뇌 회전이 너무나 빠르게 때문에 혀가 따라가지 못해서 말을 더듬는 것뿐이다. 너는 지극히 정상이다. 그러므로 말을 더듬는 것은 머리가 좋다는 것이니 오히려 자랑스럽게 생각해야 한다."
어머니는 할 수 있다며 격려해주고 열등감을 자신감으로 바꾸어 주었다. 잭 웰치가 고등학교 시절 아이스하키 선수였을 때 패배를 견디지 못하여 스틱을 집어던졌다. 이때 그의 어머니는 말해주었다.
"패배를 받아들이지 못하면 멋진 승리도 얻을 수 없는 것이야. 이 사실을 깨

닫지 못한다면 더 이상 경기를 할 자격이 없다."

잭 웰치는 어머니의 말을 듣고 패배도 인정하는 법을 배웠다. 그가 세계적인 기업을 경영할 수 있는 것은 어머니의 덕이라고 말한다. 성공한 사람들은 어떤 경우에도 포기하지 않고 자신이 원하는 길을 가는 집념이 강하다. 어떤 성공도 하루아침에 이루어지지 않는다. 꾸준한 인내와 노력이 필요하다.

1분 명언

시간의 참된 가치를 알라. 그것을 붙잡아라. 억류하라. 그리고 그 순간순간을 즐겨라. 게을리하지 말며 해이해지지 말며 우물거리지 말라. 오늘 할 수 있는 일을 내일까지 미루지 말라. _필립 체스터필드

시간은 우리가 늙었을 때 모든 것을 가르쳐준다. _에쉬칠러스

시간은 인간이 쓸 수 있는 것 중에서 가장 소중한 것이다. _디오게네스

낭비한 시간은 생존에 지나지 않고 사용된 시간만이 생활이다. _에드워드 영

시간은 잠시도 쉬지 않는다. 따라서 혹시 늦었다고 해서 주춤거리며 시간을 흘려보내지 말라. 그럴수록 시간은 자꾸만 흘러간다. _레니에

1분 인생 독본
한 번 흘러가면 다시는 돌아오지 않는 시간을 낭비하는 쓸모없는 일들을 털어버리고 꼭 해야 할 일부터 요령 있게 시작하라. 처음에는 손에 잡히는 것이 하나도 없고 멀게만 느껴지고 가물가물해도 꾸준히 해나가면 안 될 것은 하나도 없다.

1분 좋은 시

사과가 햇살 안주에
얼큰하게 취해서
빨갛게 익었다 _용혜원, '가을 술'

영화·드라마 속 명대사
"내가 너에게 사랑을 물으면 멋진 시를 읊겠지!"
_영화, '굿 윌 헌팅'

146 꿈은 이루어진다
모욕과 조롱을 이긴 것은 칭찬이다.

꿈은 이루어지니까 꿈이다. 꿈이 있는 사람이 미래를 만들어간다. 꿈이 있는 사람은 강하고 담대한 마음을 가졌다.

미국 디트로이트시의 전등회사에 근무하는 젊은 기사가 있었다. 헨리 포드였다. 그는 언제나 회사에서 퇴근하면 자기 집 뒤뜰에 있는 창고에서 새로운 엔진을 만들기 위해 밤을 보냈다. 동네 사람들은 젊은 기사가 쓸데없는 일을 한다고 조롱했지만, 그의 아내는 '당신 꿈은 이루어질 거예요!'라며 격려하였다. 3년이 지난 어느 날 헨리 포드가 마침내 연구에 성공하여 자동차를 타고 거리를 달렸다. 주변 사람들의 모욕과 조롱을 이긴 것은 아내의 칭찬과 격려다.

1분 명언

격려는 모든 사람이 항상 필요로 한다. 성공하는 사람들은 하나같이 베푸는 법을 배웠다. _덱스터 예거

격려는 우리가 이뤄낸 것을 함께 기뻐해주는 것이다. _글렌 반 에케렌

주위에 격려해주는 사람이 있다면 허전한 마음이나 쓰라린 가슴, 혹은 상처 입은 영혼을 안은 채 잠자리에 들지 않아도 될 것이다. 언제 어떤 말을 해주어야 할지 다 알기나 하듯 그들은 영혼의 양식, 즉 희망을 지니게 해준다. _글렌 반 에케렌

하루에 한 번씩 자기 자신을 격려하는 것은 어리석고 천박한 어린애를 속이는 짓에 지나지 않는 것일까. 천만에! 이것이야말로 올바른 심리학 응용의 핵심이다. _데일 카네기

1분 인생 독본
너무 쉽게 절망에 빠지지 말자. 절망은 한 순간이다. 절망에서 빠져나오기로 결심했다면 피나는 노력만이 문제를 해결할 수 있다. 열심히 노력하는 사람을 당해낼 재간이 없다. 열심히 노력하는 사람 앞에서는 두

려움도 힘을 못 쓴다. 오직 성공을 향해 박차를 가하자.

1분 좋은 시
열차 떠난 기차표는
멀어져가는 만큼
아쉬움만 남는다 _용혜원, '떠난 기차표'

영화·드라마 속 명대사 "내 이야기하면 대한민국이 다 뒤집어진다. 니들이
뭘 알아? 나 무서운 놈이야. 내가 누군지 제대로 보여주겠어." _영화, '히트맨'

147 작곡가 라흐마니노프
잠자는 위대한 능력을 찾아내라.

라흐마니노프는 25세에 인정받는 작곡가가 되었다. 자신의 재능에 자신만
만했던 그가 심포니 한 곡을 썼는데 실패로 끝났다. 라흐마니노프는 자신의
실력을 의심했다. 그때 정신과 의사인 콜러스 데일 박사가 방황하는 그에게
말했다.
"당신의 몸속에는 위대한 능력이 잠자고 있다. 이제 그것이 세상에 나오기
만 하면 된다."
그의 마음은 다시 열리기 시작했다. 이듬해 그는 유명한 피아노 협주곡 2번
을 작곡하여 성공을 거두었다. 잠자는 능력을 일깨워 성공하였다. 능력은 당
신을 최고의 자리에 올려주지만, 성격은 그 자리를 지킬 수 있게 해준다.

1분 명언
최고에 오른 사람은 모든 열정과 에너지, 노력을 쏟아 자신의 목표를 이룬
사람들이다. _해리 트루먼
최고가 되기 위해서는 반드시 특별한 환경이 있어야 하는 것은 아니다. 좋은

환경에서 자랐다고 해서 그가 인격적으로나 사회적으로나 훌륭한 인물이 된다는 보장은 없는 것이고 그 반대의 경우라고 해서 반드시 밑바닥 인생으로 살아가란 법은 없다. _새뮤얼 스마일스

최고의 능력을 유지하기 위해서는 최고 사랑이 필요하다. 자신이 사랑받고 있다는 사실을 매일 확인받아야 한다. 자기 가치의 생각을 결정하는 것도 사랑이며 자신감을 높여주는 것도 사랑이다. _잭 켄필드

최고의 자리에 오르는 사람은 한 번에 하나씩 사다리를 오른다. 그러다가 어느 순간 당신이 소유하지 못했던 그 모든 권력과 능력이 생긴다. 그러면 당신은 '아! 나도 성공할 수 있구나'라고 생각하게 될 것이다. _마거릿 대처

1분 인생 독본 절망에서 일어서라. 절망 앞에 서면 앞과 뒤가 깜깜하고 온몸이 떨리고 의욕이 사라지고 겁이 난다. 얼굴에는 눈물과 콧물 자국이 남아있고 뼈는 시리고 마음은 가시덤불을 헤매는 것만 같다. 깊은 수렁에 빠진 듯 빛이 사라지고 어둡다. 어둠에서 한 줄기의 빛을 보면 앞은 점점 밝아진다.

1분 좋은 시
풀꽃 하나만
피어나도
시 한 편이다 _용혜원, '풀꽃'

영화·드라마 속 명대사 "신께 맹세할 거야. 다시는 배고프지 않겠어!"
_영화, '바람과 함께 사라지다'

홀리데이 인 호텔 사장, 윌리엄스턴이 말하는 4 가지 위대한 사랑
온힘을 다해 사랑을 실행함으로써 번영은 약속된다.

1. **하나님 사랑:** 이 사랑은 당신의 생활을 지속시켜주는 의미를 부여한다. 이 위대한 사랑은 사람이 스스로 자립하여 살아가도록 해준다. 네 가지 사랑 중에 가장 위대한 사랑이므로 실천해야 한다.

2. **가족 사랑:** 배우자와 자녀 및 친척에 대한 사랑을 말한다. 이 사랑은 현재 사회의 가족 문제를 해결해주는 핵심적인 역할을 해준다. 이 사랑이 충만해야 한다.

3. **나라 사랑:** 우리가 물려받은 아름다운 나라는 조상 대대로 가꾸어져 온 것이다. 새로운 세대를 위하여 올바르게 간직해야 한다. 천혜의 풍성한 열매를 즐기기 위하여 국가에 대한 뜨거운 사랑을 아끼지 말아야 한다.

4. **일 사랑:** 우리가 살아가는 동안 음식을 제공해주는 위대한 사랑 중의 하나이다. 이 사랑을 얻기 위하여 우리는 일에 열중해야 하며 또한 좋아하고 만족해야 한다. 이 사랑을 전력으로 실행함으로 번영은 약속된다.

1분 명언
번영은 훌륭한 스승이지만 역경은 위대한 스승이다. _윌리엄 해즐리트
번영이란 열심히 일하고 성장하고 생존하고 그래서 그것을 감당할 만큼 강해진 사람에게 주어지는 신의 선물이다. _덱스터 예거
번영은 올바른 저울이 아니다. 역경만이 우정을 달아보는 유일의 저울이다. _플루타르크
번영할 때는 남들의 호의를 쉽게 얻고 친구들도 많다. _발타자르 그라시안

1분 인생 독본
세월은 이길 수는 없지만 견딜 수는 있는 것. 운명은 피할 수는 없지만 맞설 수는 있는 것. 나이는 안 먹을 수는 없지만 잘 먹을 수는 있는 것. 슬픔은 잊을 수는 없지만 지울 수는 있는 것. 그리움은 받을 수는 없지만 보낼

수는 있는 것. 욕심은 잡을 수 없지만 놓을 수는 있는 것. 눈물을 막을 수는 없지만 닦을 수는 있는 것.

1분 좋은 시
생각의 밭에
잡생각이
무성하게 자랐다 _용혜원, '고민'

책 속의 좋은 말 마음이 초조하고 산만해지면 그냥 휴식하라. 저항에 저항으로 대항하려고 애쓰지 마라. 우리 마음은 함부로 명령할 때보다 편안하게 지시할 때 더욱 잘 반응한다. _세퍼드 코미나스, <치유의 글쓰기> 중에서

영화·드라마 속 명대사 "자신에 대해 확신이 없는 사람이 많아요. 자신의 부정적인 면에 너무 집착해서 자신의 근사한 점을 놓쳐버리거든요!"
_영화, '아이 필 프리티'

149 자신이 하는 일에 심혈을 쏟아라
그림을 그리는 일에만 열정을 바쳤던 화가

미친 듯이 자기 일에 몰두하는 사람이 명작을 만든다. 스페인 태생의 프랑스 화가 파블로 피카소는 그림을 그리는 일에만 열정을 바쳤던 화가로 알려져 있다. 피카소는 불과 25세에 다른 화가들이 평생 그릴 그림을 다 그렸다고 한다. 그는 그림을 그리면서 죽어간 사람으로도 유명하다.

피카소는 그림을 그려 억만장자가 되었다. 슬쩍 데생 하나만 그려도 당장에 집을 한 채 살 수 있는 값으로 팔려 나갔다. 그러나 그는 돈에는 관심이 없다. 오직 그림을 그리는 일만 즐거웠고 그림에만 심혈을 쏟았다. 그가 91세의 나이로 임종할 때 그를 지킨 것은 그림을 그리는 도구였다. 그림을 그리

기에 얼마나 열중했는가를 보여준다.

1분 명언

열중은 정신을 자유롭게 한다. _조지 싱

열중하라. 열중은 열중을 낳는다. _러셀 H. 콘웰

열중이란 단순한 껍데기만이 아니고 내면에서 작용하는 것이다. 열중은 자기가 직면하는 일의 어떤 일면에 대해 진정으로 몰두할 때 생겨난다.
_데일 카네기

열중은 곤란을 도전으로 바꾸고 자신을 잘 알게 해준다. _조지 싱

1분 인생 독본 산에 오르라. 한 발 한 발 걸음을 옮기며 산에 오르면 하늘은 점점 더 다가오고 멀리 보이는 내가 살고 있는 땅은 점점 더 넓어보여 가슴이 트인다. 삶도 눈앞만 보면 마찬가지다. 밑바닥에서 몸부림치면 좁디좁아 보이고 괴롭기만 하다. 꿈을 가지고 정상을 향하여 나가면 보는 것도 많아지고 가슴도 넓어진다.

1분 좋은 시

날마다

시가

마렵다 _용혜원, '시인'

영화·드라마 속 명대사 "우연이란 노력하는 사람에게 운명이 놓아주는 다리이다." _영화, '엽기적인 그녀'

150 episode
젊은이에게 주는 교훈
일은 군대의 행진처럼 진행하라.

시계 안에는 세 사람이 살고 있다. 성급한 사람, 차분한 사람, 느긋한 사람. 그런데도 시계는 조화를 잘 이루어 돌아가고 있다. 어느 날 스콧에게 한 젊은이가 찾아왔다. 그는 갓 취직한 사회 초년생이었다. 젊은이가 스콧에게 말했다.

"선생님, 제게 교훈이 될 말씀을 해주세요." 스콧은 젊은이에게 다음과 같이 써주었다.

"시간을 낭비하지 말라. 무슨 일이든지 해야 할 일이 닥치면 즉시 처리하라. 일이 끝나기 전에는 놀아서는 안 된다. 일은 군대의 행진처럼 해라."

삶의 시간은 단 한 번 주어지는 소중한 시간이다. 시간을 낭비하면 인생 실패다.

▼ 1분 명언

지금이야말로 일할 때다. 지금이야말로 싸울 때다. 지금이야말로 나를 더 훌륭한 사람으로 만들 때다. 오늘 못하면 내일은 할 수 있는가. _토마스 아 켐피스

젊을 때에 배움을 소홀히 하는 자는 과거를 상실하고 미래도 없다.

_에우리피데스

과거는 죽은 것이다. 과거는 지나간 버림받는 일이나 마찬가지다. 미래는 호사가들이나 생각하는 꿈과 마찬가지다. 이 두 가지는 우리의 힘으로 어떻게 할 수 없다. 그러므로 나는 현재 이외의 것에는 관심을 두지 않는다.

_앙드레 지드

인생은 짧다. 하지만 부주의하게 시간을 낭비하여 짧은 인생을 더욱 짧게 만든다. _빅토르 위고

시간을 낭비하는 버릇을 바로 고쳐라. 시간의 낭비는 그대를 곧 실패하게 만들고 말 것이다. 해야 할 일을 먼저하고, 그다음에 쉬어라. 업무를 다하기 전에 미리 쉬지 말라. _월터 스콧

▼ 1분 인생 독본

상대를 변화시키는 지혜는 무엇인가? 타인의 마음을 움직이려고 한다면 그 사람의 마음을 정확하게 알아야 한다. 대답하기 쉬운 것부터

시작해서 차근차근 말할 수 있도록 대화를 유도해야 한다. 상대방을 함부로 비판하려 하지 말고 잘 받아주어야 한다. 상대방의 관심을 살피고 필요를 채워주어야 한다.

1분 좋은 시
저 뜨거운 불덩어리 가슴으로만
안고 있을 수 없으니까
드디어 지고야 마는구나 _용혜원, '저녁노을'

영화·드라마 속 명대사 "만약 자네 시계에 나처럼 시간이 많다면 무얼 하겠나?", "시계를 그만 보겠죠. 만약에 나에게 당신만큼 시간이 있다면 헛되게 쓰진 않을 거예요." _영화, '인 타임'

151 처칠의 위대한 연설 능력
피나는 연습은 자신의 결점을 극복하게 만든다.

위대한 연설가로 알려진 영국의 처칠 역시 말더듬이였다. 그가 자신의 말더듬이 장애를 고친 것은 그것을 극복하기 위한 각고의 노력이 있었기 때문이다. 처칠은 자신의 연설을 위해 말 한마디뿐 아니라 동작 하나하나에 신경쓰며 연습했다. 그렇게 대중 연설을 치밀하게 준비하면서 자신의 약점을 고쳐나간 것이다. 그의 훌륭한 연설은 이런 각고의 노력으로 이루어진 것이다. 유머와 위트를 겸비한 처칠의 연설은 많은 이들의 감동을 샀고, 그의 연설은 제2차 세계대전을 승리로 이끄는 훌륭한 도구가 되었다. 자신의 단점을 극복하려고 노력할 때 이미 단점은 극복되기 시작한 것이다.

1분 명언
연습하면 안 될 일이 없다. _영국 속담

독수리가 하늘 높이 날기 위해서는 몇 번이고 세찬 바람 속에서 나는 연습을 해야 한다. 그렇지 않으면 다만 땅 위를 기어다녔을 것이다. _피카

내가 한 주 동안 연습하지 않으면 나의 청중들은 그것을 안다. 하루를 연습하지 않으면 내가 그것을 안다. _파데레프스키

연습은 한번 잘하면 되는 것이 아니다. 당신이 하는 일이 당신을 좋게 만든다. _말콤 글래드웰

1분 인생 독본 어떤 일을 할 때 미친 듯이 재미있다거나, 누군가가 당신에게 '당신은 참 열정적이군요.'라는 말을 건네온 적이 있는가? 만약 그렇지 않다면 당신에게 열정이 부족한 건 아닌지 점검해 볼 필요가 있다. 열정을 강조하는 이유는 열정에 따라 행동하는 사람은 업무 성과가 뛰어날 뿐만 아니라 만족스러운 삶을 살아간다. 열정은 주위로 전염되는 효과가 있어 한 사람의 열정이 전체를 행복하게 만든다.

1분 좋은 시
가을 나무들이 고독에 취해
독한 술을 마셨나 보다
빨갛게 취하고 노랗게 질려
모두 다 속마음을 드러내 보이고 있다 _용혜원, '가을 나무'

영화·드라마 속 명대사 "오늘은 끝날 수 있다는 생각이 들었지. 희망은 위험한 것이다. 끝장을 보아야 전쟁은 끝난다." _영화, '1917'

152 성공 원리를 이해하라
문제는 자신에게 있다.

한 청년이 지혜를 얻기 위해 현명하다고 알려진 노인을 찾아갔다. 노인은 청

년에게 자기를 따라오라고 말한 후에 호숫가로 걸어갔다. 호숫가에 다다르자, 그 노인은 그대로 호수 안으로 들어갔다. 들어갈수록 노인의 몸은 점점 더 깊이 호수로 빠져들었다. 청년도 노인을 따라 호수 가운데로 들어갔다. 걸어갈수록 호수는 점점 더 깊어졌으며 결국에는 청년의 목까지 물이 차올랐다. 노인은 청년의 반응에 놀라지 않고 더 들어갔다. 청년도 따라 들어갔다. 이제는 온몸이 다 물속으로 들어가게 되었다.

그제야 노인은 호수에서 빠져나왔다. 노인은 호수에서 나와서 청년에게 물었다. "자네는 몸이 물속에 완전히 잠겼을 때 물속을 빠져나가고 싶다는 생각 말고 무슨 생각이 더 들던가?" 이 말을 들은 청년은 말했다. "물속에서 내 머릿속에는 온통 산소가 필요하다는 생각들로만 가득 찼습니다." 노인은 청년에게 마지막으로 말해주었다. "바로 그것일세. 지혜는 누가 준다고 해서 얻어지는 것이 아니라 물속에서 산소를 강렬하게 원했던 것처럼 자기가 미치도록 원해야 얻어지는 것일세. 문제는 자신에게 있는 것일세."

1분 명언

문제를 바르게 파악하면 절반은 해결된 것이다. _찰스 케터링

문제를 반쯤 아는 것보다 모르는 것이 낫다. _푸블릴리우스

문제점만 찾지 말고 해결책을 찾아라. _헨리 포드

문제가 생기면 많은 사람은 단지 그 문제에 빠져 그 속에 있는 기회를 보지 못한다. _지그 지글러

1분 인생 독본
새롭게 개척하라. 하나의 절망을 극복해나가면 다른 절망도 쉽게 극복할 수 있다. 절망을 딛고 일어서야 한다. 뼈저린 절망에 통한의 눈물이 흐르고 벌겋게 부풀어 오른 상처가 저려도 앞으로 나가야 한다. 남이 만든 쉬운 길이 아닌 자신이 가야 할 길을 만들어가야 한다.

1분 좋은 시

누군가

몹시 슬펐던 모양이다

그 슬픔이 얼마나 깊으면

하늘마저 울고 말았을까 _용혜원, '비 오는 날'

영화·드라마 속 명대사 "엄마라고 불러줘서 고마워, 사랑해줘서 고맙고 못난 엄마라서 미안해!"_영화, '열한 번째 엄마'

153 에베레스트산 정복
나는 할 수 있다.

도전하는 사람과 정복하는 사람들은 용기가 있다. 1960년 초에 세계에서 최고로 높은 에베레스트산을 정복하려다 실패한 청년들이 다시 이 산을 정복하기로 하였다. 그때 그들은 에베레스트산 등정을 떠나기 전에 심리학자들 몇 사람과 인터뷰를 가진 적이 있었다. 그때 한 심리학자가 다시 에베레스트산을 정복하러 떠나가는 청년들에게 물었다.

"당신들은 이번에 그 산을 정복할 수 있다고 믿는가?" 대답하기를 "그렇게 하기를 원한다!" 또 다른 한 청년이 대답하기를 "한 번 해보겠다!"라고 말했다. 그다음에 짐 워드라는 청년이 옆에 있다가 이렇게 말했다. "나는 할 수 있다!" 1963년 5월 1일 네 명 친구들의 목숨을 그 산길에 파묻고 짐 워드는 홀로 8,800m의 에베레스트 정상에 미국의 성조기를 꽂았다.

1분 명언

양손을 주머니에 넣고 있으면 성공의 사다리에 올라갈 수 없다. 창조적으로 도전하라. _존 발도니

인생은 미지의 세계로의 도전이다. _아놀드 조셉 토인비

아무것도 도전하지 않으면 인생은 그 가치를 제대로 발휘하지 못한다.

_데이비드 로이드 조지

행운은 매달 찾아온다. 그러나 그것을 맞이할 준비가 되어 있지 않으면 거의 다 놓치고 만다. 이번 달에는 이 행운을 놓치지 말라. _데일 카네기

1분 인생 독본 인생은 관리해야 한다. 행동은 자신에 대한 진실한 믿음의 반영이다. 믿음과 현실이 일치할 때 욕구를 실현할 수 있다. 그릇된 믿음을 바꾸면 부정적인 행동을 극복할 수 있다. 자부심은 내면으로부터 나와야 한다. 더 많이 주면 더 많이 얻는다. _세자르 카스텔라노스, <성공의 사다리> 중에서

1분 좋은 시
오리야!
공부를 얼마나 못했으면
하루 종일 2자만 쓰고
놀고 있느냐 _용혜원, '오리'

영화·드라마 속 명대사 "이대로 시간이 멈췄으면 좋겠어. 영원히!"
_영화, '먼 훗날 우리'

154 장애를 이긴 프랭클린 루스벨트
오늘날에도 존경받는 프랭클린 루스벨트 대통령이다.

위대한 단 한 사람이 많은 사람에게 놀라운 영향력을 끼친다. 미국 뉴욕에서 1882년 한 아기가 태어났다. 아기는 소아마비를 앓아 다리를 절었다. 몸도 약한데 시력도 안 좋았다. 천식으로 호흡이 곤란해 혼자 촛불을 끄는 것도 힘에 부쳤다. 아이가 11세가 되는 생일에 아버지가 말했다.

"사랑하는 아들아! 네가 가진 장애는 장애가 아니다. 네가 오늘 전능하신 하나님을 신뢰하고 하나님의 도우심이 너와 함께한다면 오히려 너의 장애로 모든 사람이 너를 주목할 것이고, 너는 역사에 신화와 같은 기적을 남길 것

이다."

루스벨트는 23세에 뉴욕주 의회 의원이 되었다. 그리고 28세에 뉴욕 시장이 되었고 주지사를 거쳐 부통령이 되었다. 그리고 그는 역사상 가장 암울했던 미국을 새롭게 만드는 신화를 남기고 노벨평화상을 받았다. 그가 바로 많은 미국인에게 오늘날에도 존경받는 프랭클린 루스벨트 대통령이다.

1분 명언

존경은 명성을 낳는 생명의 숨결이다. _발타자르 그라시안

존경받는 삶을 살고 있는 사람은 자신이 최고의 가치로 여기는 것에 기초하여 의사를 결정할 것이다. 혼자일 때보다 다른 사람들과 협력할 때 더욱더 많은 것을 해낼 수 있음을 알고 있을 것이다. _블레인 리

존경함에는 아버지보다 더한 이가 없고 의지함에는 오직 어머니뿐이다. _시경

다른 사람을 존경하는 것은 우리 자신을 풍요롭게 만든다. _아놀드 그라소

존경이 없으면 지도력은 치명적인 손상을 입는다. 나약한 리더는 사악한 부하들에게 악용당할 위험에 노출되기 마련이다. _존 어데어

1분 인생 독본 불행을 이용하라. 불행을 불행으로 끝맺는 사람은 지혜가 없는 사람이다. 불행 앞에서 우는 사람이 되지 말고 딛고 일어서서 하나의 출발점으로 이용할 수 있는 사람이 돼라. 불행은 예고 없이 다가오지만 새로운 길을 발견할 힘이 되고 때때로 유익한 자극제가 될 수 있다.

1분 좋은 시

깎아놓은 연필이
피를 흘리며
시를 써 내리고 있다 _용혜원, '깎아놓은 연필이'

영화·드라마 속 명대사 "너 엄마 있니? 니가 먹어야 나도 먹지." _영화, '마더'

155 자기의 능력을 사용하라
성공한 사람들은 시간 관리에 철저하다.

일평생 당신에게 주어진 시간은 다시 오지 않는다. 그러므로 일생에 단 한 번 주어지는 시간을 낭비해서는 안 된다. 이제라도 당신이 시간을 어떻게 사용하는지 생각해보자. 인간 대부분은 자기 능력의 15% 정도밖에 사용하지 않는다. 결국 85%의 능력은 사장되고 있다. 이 사장되는 인간의 능력이 제대로 발휘된다면 더욱 놀라운 일들을 해낼 것이다.

성공한 사람들은 모두 시간 관리에 철저하다. 그들은 시간에 끌려다 다니지 않고 오히려 시간을 주도해 나간다. 그들은 시간의 주인이 될 수 있다. 먼저 시간의 가치를 깨달아야 한다. 그리고 당신의 시간이 어디로 새고 있는지 파악해야 한다. 이것이 시간 관리에 성공할 중요한 첫 단계다. 이 세상에서 그 무엇보다도 중요한 것이 시간이다.

1분 명언

시간은 존재를 제대로 이해하고 해석하게 해주는 토대이며, 진실로 그렇게 파악되어야 한다. _마르틴 하이데거

시간 사용에 대해 고민하는 동안에도 시간은 흘러간다. _다온 부키컬트

시간은 시간을 사용할 누군가를 위해서 충분히 머무른다. _레오나르도 다빈치

시간은 변한다. 이것이 진실이다. 과거에 우리가 알던 경력이란 개념이 지금은 존재하지 않는다. 당신은 한 회사에서 오랫동안 일하면서 정기적으로 승진하는 안정적인 직업을 이제 더 이상 가질 수 없다. 직원들을 계속해서 승진시켰던 컨베이어 벨트는 끊어지고 마룻바닥에는 수많은 부상자가 널려 있다. _팻 알레아

1분 인생 독본 기회를 만들어라. 맛있는 음식을 먹으려면 음식점을 찾아가거나 스스로 만들어야 한다. 오늘을 성실하게 살아간다면 내일은 더 좋은 기회가 분명히 찾아오는 법이다. 자신에게 다가온 기회를 꼭 붙잡고 한 단계

한 단계 더 높여 나가며 찾아오는 것을 반갑게 맞아야 한다.

1분 좋은 시
눈물겨운 몸부림에
한풀이 비명을 지르며
절벽 아래로
눈물을 펑펑 쏟아낸다 _용혜원, '폭포'

책 속의 좋은 글 "그리움의 끝을 잡고 있으면 사랑이 이루어진다."
_레이첼 조이스의 소설, <뮤직숍> 중에서

156 episode 두 개의 미로
습관이 계속된다는 것을 알 수 있다.

행동심리학자인 스키너는 1940년에 두 개의 미로를 만들었다. 첫 번째 미로
는 쥐들이 다니도록 했으며 두 번째 미로는 대학원생들이 다니도록 했다. 첫
번째 미로의 한가운데에는 초콜릿을, 두 번째 미로 한가운데에는 10달러를
놓아 각각 미로의 중앙을 찾아가도록 했다. 쥐와 대학원생들은 각자에게 주
어진 보상을 발견할 때까지 미로 주변을 돌아다녔다. 첫 번째 미로에서 초콜
릿을 제거하자 쥐들은 더 이상 미로의 중앙을 찾는 일에 흥미를 보이지 않았
다. 그러나 대학원생들은 더 이상 미로의 중앙에 돈이 없다는 사실을 알면서
도 여전히 미로의 한가운데를 찾아 헤매다녔다. 이 실험을 통해 일단 습관이
형성되면 행동 원인이 사라진 후에도 습관이 계속된다는 사실을 알 수 있다.

1분 명언
행동은 내면세계의 표현이다. _컬린 터너
행동은 말보다는 소리가 크다. _탈무드

행동은 웅변이다. 무지한 자는 자신들의 귀보다 눈으로 배운다.
_윌리엄 셰익스피어

성실한 행동은 자기보다 남을 이롭게 한다. _아함경

행동은 신념, 개성, 실천으로 이끄는 능력이 한데 결합하여 나타난 것이다.
_팻 맥라건

행동은 생각에서 나오니 생각이 지혜로우면 행동도 훌륭한 것이 된다.
_발타자르 그라시안

1분 인생 독본 과감하게 도전하라. 동쪽 하늘에서 떠오르는 태양을 바라보라. 어둠을 뚫고 찬란하게 빛을 발하는 것이 얼마나 멋지고 아름다운가? 사람들은 누구나 인생을 신나고 멋지게 살고 싶어 한다. 시계는 지금도 삶을 갈아먹는 소리를 내며 돌아가고 있다. 인생이란 자신의 이야기를 만드는 시간이다. 삶을 멋있게 살아가려면 자신이 소중한 사람이라는 걸 알아야 한다. 자신 있게 세상과 맞서 싸워서 이겨야 한다.

1분 좋은 시
매일매일 똑같은
소리로 울어댈까
날 좀 알아달라고 보채고 있다 _용혜원, '뻐꾸기'

영화·드라마 속 명대사 "내가 널 왜 사랑하는지 아냐? 그거는 나도 몰라. 그냥 미운 정 고운 정 비빈겨!"_영화, '맨발의 기봉이'

157 정신과 의사 라마찬드란
문제를 해결하라.

인도계 미국인 정신과 의사 라마찬드란은 팔다리를 잃은 후에도 여전히 그

부분에 통증을 느끼는 '환각지통' 환자들을 치료한 적이 있다. 이 환자들은 존재하지도 않는 부분에 살을 도려내는 듯한 아픔을 느꼈고 몇 년에 걸쳐 온갖 치료방법을 동원했지만 아픔을 덜 수는 없었다. 라마찬드란은 내내 주먹이 죄어오는 듯한 고통에서 벗어나기를 바라는 한 남자를 치료했다.

사실 그 남자에게는 주먹을 쥘 손조차 없었다. 라마찬드란이 치료요법이란 치료요법은 다 써 보고 온갖 약물을 주사해보았지만 주먹이 죄어오는 듯한 남자의 고통은 가시지 않았다. 고심 끝에 라마찬드란은 남자의 온전한 손과 반대편 손목을 상자 안에 넣으라고 했다. 상자 안에서 거울이 반사되었기 때문에 상자 위에서 보면 손이 두 개인 것처럼 보였다. 이는 결국 남자의 뇌를 속여 잃어버린 손을 펼 수 있을 것이라 믿게 하는 치료법으로 남자 의식상태를 치료함으로써 문제를 해결하였다.

정신이 온전해야 몸과 마음이 온전하다. 올바른 정신이 올바른 행동을 유도한다.

1분 명언

어떤 문제도 올바르게 해결되기 전에는 절대 해결되지 않는다. _윌콕스

충분히 오래 들으면 상대방은 대개 좋은 해결책을 알려 주기 마련이다.
_메리 케이 에쉬

문제가 아니라 해결책에 목숨을 걸어라. _덱스터 예거

무슨 일이든지 다 해결해주는 팔방미인이 되지 말라. _발타자르 그라시안

1분 인생 독본 어떤 일에도 변하지 않는 강하고 담대한 결단력을 가지고 있어야 한다. 결단력은 사리 분별이 분명한 사람을 만들어낸다. 장래 큰 인물로 쓰임을 바라거나 사후에도 존경받고 싶다면 장애를 극복하는 결심을 해야 한다. 패배를 극복하고 이겨내는 힘이 필요하다.

1분 좋은 시

깊숙이 파고들어야 한다

흔들리지 않도록 심장 속을 꿰뚫어야 한다.

견디기 위하여 고정되어야 한다

말이 필요없다

두들겨 박히면 박힐수록

나는 너를 걸어둘 수 있는

하나의 의미로 살아남는 것이다 _용혜원, '못'

영화·드라마 속 명대사 "모두가 진실을 숨기고 있다." _영화, '나를 찾아줘'

158 끝까지 꿈을 포기하지 말라
상상 속에 머물던 것을 <해리 포터>라는 책에 담았다.

조엔 케이 롤링은 꿈을 갖고 이루었기에 세계적으로 유명한 작가가 되었다. <해리 포터>를 쓴 조엔 케이 롤링은 쥐가 들끓는 영국 빈민가의 한 허름한 아파트 좁은 방에서 살던 이혼녀였다. 그가 자신의 꿈을 종이에 옮기고 있었다. 어린 시절부터 마음속에 품어왔던 재미있는 이야기를 쓰기 시작했다. 그녀는 상상력이 매우 풍부해 상상 속의 세계를 동경하며 살았다. 그녀는 이혼하고 어려운 생활을 했지만, 눈물 나는 현실 속에서도 그녀를 지켜준 것은 꿈이었다. 꿈을 끝까지 포기하지 않은 그녀는 상상 속에 머물던 것을 <해리 포터>라는 책 속에 담았다.

꿈길만 걸어가지 않고 꿈을 현실로 만들어야 성공하는 삶이다.

1분 명언
포기하지 말고 꿈을 향해 가라. _헬렌 켈러

포기는 단지 승리가 한 발 앞서 물러가는 순간이다. _빅토르 위고

성공은 결코 최종적인 것은 아니다. 실패 역시 치명적인 것은 아니다.

_윈스턴 처칠

무슨 일이 있어도 포기하지 않겠다고 작정하는 경우에만 노력이 온전히 빛을 발하는 법이다. _나폴레온 힐

포기는 당신이 원하는 것을 얻을 수 있는 가장 확실한 방법이다. _킴 프랭클린

1분 인생 독본 마음속 공간이 있어야 여유가 있다. 마음의 공간을 남겨두라. 공간에 사람들이 찾아오게 하라. 모든 것을 사랑하라. 사랑이란 이름으로 구속하지는 말라. 사람들을 이해하고 용서하고 나누고 받아주면 마음의 공간이 가득하게 찰 것이다.

1분 좋은 시

매달린 홍시 하나
새들이 날아와 쪼아 먹을까 두려워
참다못해 얼굴이 붉다

초겨울 감나무 끝에
매달린 홍시 하나
찬바람에 볼이 살짝 얼었다 _용혜원, '홍시 하나'

영화·드라마 속 명대사 "우리는 우리 일부만 남기고 떠난다. 그저 공간을 떠날 뿐, 떠나더라도 우리는 그곳에 남을 것이다." _영화, '리스본 야간열차'

159 세계적인 디자이너 루치아노 베네통
남을 뒤따르는 자는 성공할 수 없다.

성공하는 사람들은 앞서서 나가는 사람들이다. 세계적인 디자이너 루치아노 베네통은 자기만의 색깔로 대결한 멋진 디자이너다. 12세 때 아버지를 잃은 그는 아버지가 생전에 원했던 의사가 되기 위하여 열심히 공부하였다.

그러나 가정이 어려워서 돈을 벌어야 했지만 베네통은 여느 사람들과 다른 점이 있었다. 새로운 것을 만들기를 좋아했고 항상 새로운 것을 시도하였다. 어느 날 조각난 천을 엮어 나비넥타이를 만들어 매고는 손님들의 반응을 살펴보았다. 손님들은 의외로 그의 참신한 디자인과 다양한 색상에 많은 관심을 보여주었다. 그는 자기 감각에 확신을 지니게 되었고 자신만의 색깔로 훗날 '베네통'을 탄생시켰다. 그는 말했다. "뒤따르는 자는 성공할 수 없다."

1분 명언

마음속의 공상을 실현하려고 노력할 때 전혀 생각지도 않던 성공을 얻을 수 있다. 공중에 누각을 세우는 것이 헛일만은 아니다. 누각은 공중에 세우는 것이다. 그 밑에 기둥을 세우자. _솔로

하루에 자기 분수에 넘치는 일을 적어도 한 가지 이상 이룩하려고 노력하지 않는 인간에게는 큰 성공을 기대하기는 어렵다. _엘버트 허버드

공포심을 극복하기 위해서는 어떤 순서로 행동할 것인가 미리 계획하고 그 계획대로 실행하면 된다. 곁눈질하지 않고 일을 해나간다면 공포심을 따위는 없어지고 만다. _데일 카네기

흐름에 거슬리려 해도 그것은 무리한 일이다. 흐름에 몸을 맡기면 아무리 약한 사람도 기슭에 닿는다. _미겔 데 세르반테스

1분 인생 독본 실패는 성공의 어머니다. 낙담과 실패는 확실한 성공으로 향하게 하는 두 개의 시금석이다. 이 두 가지를 자발적으로 연구하고 무엇인가 도움이 되게 하는 것을 붙잡을 수 있다면 이것만큼 플러스가 되는 것도 없다. 과거를 생각하면 실패와 성공의 계기와 동기가 된다.

1분 좋은 시

똥 눌 때 생각해보라
더러운 것은 떨쳐버리고 싶은 것이
사람의 심리다 _용혜원, '비겁'

160 자신의 꿈을 만들어가는 스필버그

영화 하면 스필버그를 생각한다.

영화 하면 스필버그를 생각한다. 그는 자신의 꿈을 그대로 현실로 만들어간 멋진 사람이다. 그의 어머니는 언제나 아들의 말을 잘 들어보고 옳다고 여기는 것은 할 수 있도록 도와주었다. 스필버그가 어렸을 때 찍은 영화에 기꺼이 배우로 출연해주기도 하고 철저하게 눈높이를 낮춰서 아들의 꿈을 이루게 해주었다. 스필버그는 대학 졸업을 앞두고 할리우드에 진출하여 자신의 꿈을 이루어내는 데 성공하였다. 그는 꿈을 키우는 삶을 살았고 자신의 꿈을 펼칠 수 있도록 기회를 준 어머니와 만났던 것이다.

1분 명언

위대한 생각을 길러라. 우리는 어떤 일이 있어도 생각보다 높은 곳으로 오르지 못한다. _벤저민 디즈레일리

생각할 수 있는 것은 모두 실현이 가능하다. _알버트 아인슈타인

생각을 바꾸라. 그러면 세상이 바뀔 것이다. _노먼 빈센트 필

생각을 바꾸면 삶을 바꿀 수 있다._윌리엄 제임스

생각은 이성의 노동이며 공상은 그 즐거움이다. _빅토르 위고

1분 인생 독본
성공을 만들어가는 힘이 있어야 한다. 소중한 것들이 많지만 그중에서 가장 귀중한 것은 사랑이다. 사랑을 많이 받은 사람은 겸손하고 베푸는 따뜻한 마음을 갖고 있다. 칭찬해주는 언어, 정겨운 눈동자, 명랑한 목소리, 힘 있는 악수로 희망과 사랑을 나누어주는 삶이 더 새롭게 푸른 희망으로 가득하다.

내 마음에 그려놓은

마음이 고운

그 사람이 있어서

세상은 살맛 나고

나의 삶은 쓸쓸하지 않습니다 _용혜원, '내 마음에 그려놓은 사람'

▼

영화·드라마 속 명대사 "때때로 사랑은 기적처럼 아름다운 여정이며 용기 있는 모험이다."_영화, '아름다운 비행'

161 마지노선
불의와 부정은 언제나 자신과 남을 해친다.

제1차 세계대전 후 프랑스는 '마지노선' 방어선을 만들어 놓았다. 가까스로 국방비 예산을 통과시켜 현대 과학의 정수를 기울여 쌓은 마지노선은 지하 3~4층 집으로 식당, 병원, 침실, 성당 등 설비가 잘 갖추어진 요새였다. 독일인 3백만 명이 희생되기 전에는 마지노선이 깨질 리가 없기에 프랑스 국민은 베개를 높이고 잠잘 수 있었다. 그러나 제2차 세계대전이 벌어진 후 독일 군대가 마지노선을 폭격한 지 일주일 만에 철벽을 자랑하던 마지노선이 돌파당하고 만다. 프랑스 건설업자들은 마지노 장군이 보지 않을 때는 허술하게 방어선을 쌓고 무책임하게 일을 하였다. 그 결과 자신들과 자손은 생명을 잃고 나라까지 곤란에 빠뜨렸다. 불의와 부정은 언제나 자신과 남을 해친다.

▼

1분 명언

극복된 곤란은 승리의 기회다. _윈스턴 처칠

곤란한 상황이라고 생각할수록 행동을 일으킬 필요는 없다. 우리는 항상 행동을 일으킴으로 그러지 않아도 좋아지려는 일을 망쳐 놓는다. _레프 톨스토이

고난과 눈물이 나를 높은 예지로 이끌어 올렸다. 보석과 즐거움은 이것을 이루어 주지 못했을 것이다. _요한 하인리히 페스탈로치

곤란은 뛰어넘기 위해서 존재한다. 그러므로 당장 곤란에 맞붙어 싸워라. 일단 싸우다보면 그것을 극복할 방법도 찾게 된다. 몇 번이고 곤란과 씨름하는 가운데 힘과 용기가 용솟음치게 된다. _새뮤얼 스마일스

곤란 없이 지상에서 성취되는 것은 없다. _오비디우스

1분 인생 독본 인디언들에게는 친구라는 말은 '나의 슬픔을 그의 등에 지고 가는 사람'이라고 한다. 인디언들이 말하는 친구라는 뜻은 시적인 운치도 있고 인생에 대한 깊은 의미가 있다. 우리가 말하는 친구란 '오랫동안 가까이 지낸 사람'이다. 로마 시대 키케로가 말하기를 '친구는 나의 기쁨을 배로 하고 나의 슬픔을 반으로 한다.'고 했다. 우정도 산길과 같아서 서로 오고 가지 않으면 잡풀만 무성하다. 친구의 종류는 빵 같은 친구, 약 같은 친구, 질병 같은 친구가 있다.

1분 좋은 시
온 들과 산에
누가 부르지 않아도
쑥쑥 돋아난다
나는 쑥이다 _용혜원, '쑥'

영화·드라마 속 명대사 "매일 눈을 떴을 때 너를 볼 수 있기를 바래."
_영화, '첨밀밀'

거지의 기도
삶은 소중하니 기분 좋게 살아야 한다.

유명한 시인인 월터 스콧이 말을 타고 산책하고 있을 때다. 약하고 초라한 거지를 만났다. 월터 스콧은 거지에게 6펜스를 주려고 했으나 호주머니에는 12펜스짜리밖에 없었다. 거지에게 돈을 주며 말했다. "이건 12펜스 곧 1실링이네! 잘 기억해두게. 자네는 오늘 나에게 6펜스 빚을 진 것일세!" 이 말을 들은 거지는 두 손을 모으더니 기도했다. "제가 이 빚을 다 갚을 때까지 선생님의 생명을 연장해주십시오!" 거지의 재치 있는 행동이 월터 스콧을 웃게 하고 기분 좋게 만들었다. 삶은 소중하니 기분 좋게 살아야 한다.

1분 명언
절망이란 죽음에 이르는 병이다. _쇠렌 키르케고르
절망은 어리석은 자의 결론이다. _벤저민 디즈레일리
절망하는 순간 또 다른 절망을 부른다. _쇠렌 키르케고르
절망은 앞으로 다가올 것, 나쁜 것들을 너무 일찍 느끼게 한다. _손톤 와일드
절망하지 않으면 반드시 성취된다. _손문

1분 인생 독본
행복이란 무엇인가? 레프 톨스토이는 '행복이란 후회가 없는 만족함이다.'라고 말했다. 부부의 삶은 행복해야 한다. 행복한 가정은 가족들이 화목하고 매사에 부지런하고 웃음이 넘친다. 청춘의 시절부터 황혼에 이르기까지 이 세상에서 행복하게 살아야 한다. 부부 사랑도 마찬가지다. 행복하게 살다 보면 얼굴도 닮아가고 생각도 닮아가고 서로의 사랑에 물들어 가게 된다. 이 지상에서 내가 사랑할 사람이 있다는 것은 얼마나 멋진 일인가?

1분 좋은 시
사랑한다는 한마디 말이
내 삶을 통째로 바꾸어놓았다

사랑한다는 한마디 말이
내 인생을 전부 다 바꾸어놓았다
진정으로 사랑한다는 말은
엄청난 변화를 일으켜놓는다 _용혜원, '사랑한다는 한마디의 말'

영화·드라마 속 명대사 "사랑은 바람 같은 것, 볼 수 없어도 느낄 수 있거든!"
_영화, '워크 투 리멤버'

163 철학자의 마음
소크라테스의 마음은 철학자다운 마음이다.

그리스의 철학자 소크라테스가 어느 날 골목길을 지나가고 있었다. 이때 갑자기 한 청년이 나타나서 이유도 없이 몽둥이로 소크라테스를 때렸다. 소크라테스는 어이없이 맞고 말았다. 조금 후에 제자가 나타나서 말했다. "선생님! 저런 나쁜 놈에게 그냥 매를 맞습니까? 같이 때리든가 욕이라도 하시지요?" 소크라테스는 껄껄 웃으면서 말했다.
"자네는 길을 가다가 당나귀에게 차이면 돌아서서 당나귀를 걷어차나?"
바로 이런 마음이 소크라테스다운 철학자의 마음이다.

1분 명언
사람이 오래도록 서로 함께 있으면 주위에 감화를 받아 그것이 몸에 배게 되는 것이다. _정관정요(貞觀政要)
사람에게 도리를 알게 하고 감화되도록 하기 위해서는 그 사람을 믿고 성의를 다해 사귀는 것이 필요하다. _자치통감(資治通鑑)
성실 하나로 살아가는 사람이 남에게 감동을 주지 못했다는 예는 이제까지 하나도 없다. 한편 성실과는 거리가 먼 사람이 남에게 감동을 주었다는 예도 이제까지 하나도 없다. _맹자

1분 인생 독본 성공 노트를 펼쳐라. 자기 마음속의 성공 노트를 펼치고 내일 이루고 싶은 일들을 하나씩 적어 나가보라. 노트에 써놓은 것이 구체적이고 많을수록 세월이 지나 성취되는 것을 볼 수 있다. 눈앞에 흐르는 시냇물도 멈추지 않고 흘러야 강물이 되고 거대한 바다가 된다.

1분 좋은 시

이리도 외로운데

이리도 쓸쓸한데

내 마음을 누가 알까

사방에서 고독이 몰려와서

가슴 속에 허전함이 가득하고

빈 가슴에 구멍이라도 뚫린 듯 허무한데

내 마음을 누가 알까

너무 외로운데 너무 쓸쓸한데

울지도 못하고 웃지도 못하고

내 마음을 누가 알까 _용혜원, '내 마음 누가 알까'_

영화·드라마 속 명대사 "사랑이 짧으면 슬픔은 길어진다."

영화, '라스베이거스를 떠나며'

164 엄청난 차이의 두 길
목적과 선택이 전혀 다른 결과를 만들었다.

영국의 청교도들이 메이플라워호를 타고 미국으로 향하던 그때, 에스터라는 배를 타고 남미로 갔던 또다른 일행의 청교도들이 있었다. 이 시기는 서로가 거의 같은 시기였다. 그들은 모두가 신앙의 자유가 필요했다. 남미와 북미로 가는 배의 차이는 바로 목적에 있었다. 남미를 택한 사람들은 신앙적인 동기가 전혀 없었던 것은 아니지만 그들을 지배하는 강한 동기는 새로운 대륙에 가서 새로운 기회를 만들어 돈을 버는 것이었다. 그러나 메이플라워 호에 탔던 사람은 더 순수한 신앙을 동기로 가지고 있었다. 청교도들은 국교 도에게 핍박받으면서 예수 그리스도를 마음껏 믿고 전할 수 있는 신앙의 자유를 찾아서 북미로 향했다. 남미로 간 사람들은 신앙도 못 찾고 돈도 벌지 못했다. 북미로 간 사람들은 신앙의 르네상스를 경험했을 뿐 아니라 새로운 땅에서 새로운 강국을 건설하는 위대한 영광을 지켜줄 수가 있었다. 목적과 선택이 전혀 다른 결과를 만들었다.

▼ 1분 명언

인생의 취지는 공동의 목표를 위해 협력하는 데 있다. 그런데 문제는 아는 사람이 없는 듯하다는 사실이다. _게르하르트 게슈반트너

앞으로 나아가려면 남과 협력하라. _샘 레이번

서로 협력해서 일을 성취할 수 있는 것의 한계는 무한대나 다름없다. 하지만 만약 단 한 사람이라도 꾸물거리거나 자꾸만 제동을 건다면 나머지 사람들은 고통을 받기 마련이다. _글렌 반 에케렌

모이는 것은 시작이고 함께 있는 것은 진전이며 협력하는 것은 성공이다.
_헨리 포드

많은 사람의 협력은 인간이 혼자서 하는 것보다도 훨씬 더 많은 일을 한다.
_몽골 속담

▼ 1분 인생 독본 협력이라는 단어의 어원은 '함께'를 뜻하는 라틴어와 '일하다' 라는 의미를 지닌 단어에서 왔다. 따라서 글자 그대로 풀이하면 협력이란 다른 사람들과 함께 일하는 것을 뜻한다. 서로 협력해서 일을 성취할 수 있을 것의 한계는 무한대나 다름없다. 하지만 만약에 단 한 사람이라도 꾸물거리거나 자꾸만 제동을 건다면 나머지 사람들은 고통을 받을 것이다.

1분 좋은 시

생각 하나

떠나지 않고

고민 끝에 매달려 있다 _용혜원, '생각 하나'

영화·드라마 속 명대사 "모래알이든 바윗덩어리든 물에 가라앉는 마찬가지예요!"_영화, '올드 보이'

165 천재가 된 저능아

자기 자신을 제대로 아는 것이 가장 중요하다.

멘사의 명예회장이었던 빅터 세리브리아코프의 나이가 15세 때 일이다. 그의 담임선생은 빅터에게 저능아라서 학교를 졸업하지 못할 바에는 학교를 그만두고 차라리 장사를 배우는 것이 좋을 것이라고 말했다. 빅터는 선생의 조언에 따라 17년 동안이나 여러 곳에서 일을 했다. 그는 저능아라는 말을 들었기 때문에 17년 동안 저능아처럼 행동했다. 그러나 그의 나이 32세가 되었을 때 놀라운 사실을 알아냈다. 그는 아이큐가 160인 천재라는 말을 듣게 되었다. 그때부터 그는 천재처럼 행동하고 책들을 저술하였고 많은 특허를 내었다. 그리고 그는 성공적인 사업가가 되었다.

자신을 알고 자신을 뛰어넘는 사람이 탁월한 사람이다. 자기 자신을 제대로 아는 것이 가장 중요하다.

1분 명언

선택은 당신 자신에게 달려 있다. _지그 지글러

선택하지 않겠다는 것도 일종의 선택이다. 불신도 일종의 믿음이다.

_프랭크 배런

선택할 자유와 힘이 있다는 것을 인식했을 때 우리의 능력과 가능성에 대한

의식이 깨어난다. 그러나 이것은 우리에게 책임이 생기고 반응이 있어야 함을 의미한다. _스티븐 코비

선택의 자유만 있다면 인생에서 가장 아름다운 것을 찾아내기는 어려운 일이 아니다. _헤르만 헤세

선택이 없으면 좋은 결정을 내리기가 쉽다. _로버트 하트

1분 인생 독본 깡을 가져라. 깡이란 깡다구의 준말이다. 악착스럽게 버티는 억지와 오기로 버티어 밀고 나가는 힘을 말한다. 명분 중시는 아무 소용이 없다. 폼이 아니라 무엇이든지 해낼 수 있는 깡이 필요하다. 영화 '아비정전'으로 유명한 홍콩의 영화감독 왕자웨이에게 한 기자가 물었다. "왜 좀 더 완벽하게 준비하지 않고 시작하느냐?" 매번 완성된 시나리오 없이 촬영을 시작하는 왕자웨이 감독은 '시작할 때만큼 완벽할 때는 없다.'고 말했다. 우리도 부족하기에 나약하기에 연약하기에 도전할 수 있고 이루어갈 수 있다.

1분 좋은 시
기다림이 있는 자리에
그리움의 키가
점점 더 커가고 있다 _용혜원, '기다림이 있는 자리에'

영화·드라마 속 명대사 "행복하니? 우리 중에 제가 하고 싶은 일하면서 사는 놈 너밖에 없잖아!" _영화, '와이키키 브라더스'

166 성경을 읽어라
희망과 용기는 만병을 다스리는 치료 약이다.

희망과 용기는 만병을 다스리는 치료 약이며, 역경에 처하여 의지할 수 있는 가장 믿음직한 자리요, 가장 부드러운 방석이다. <의사 지바고>라는 작품으

로 노벨문학상을 탔던 보리스 파스테르나크의 편지 일부이다.

"하루 24시간 동안 나는 먹고 자는 것 이외에 늘 성경을 읽으며 시를 쓴다."

모스크바 교회의 페르엘키 마을에 있는 그의 2층 서재에서는 그가 믿음직한 목소리로 성경을 낭송하는 소리가 항상 노래처럼 들려왔다.

1분 명언

용기와 인내가 가진 마법 같은 힘은 어려움과 장애물을 사라지게 한다는 것이다. _존 애덤스

마지막까지 무시할 수 없는 것이 용기이다. 그것은 도덕적인 용기, 확신을 갖는 용기, 꿰뚫어보는 용기이다. 세상은 항상 용기있는 사람을 모함하려 한다. 그러나 군중의 고함에 맞서는 양심의 목소리가 있다. 그것은 역사만큼 오랜 싸움이다. 어떤 일이 있어도 용기를 잃어서는 안 된다. 용기는 역사를 이끌어간다. _더글러스 맥아더

용기는 전염된다. _빌리 그레이엄

용기 없는 자는 자기합리화를 위한 변명거리를 찾는다. _알베르 카뮈

용기는 위대함으로 가기 위한 첫걸음이다. _요한 볼프강 폰 괴테

용기 있는 인간은 자신을 맨 나중에 생각하는 것이다. _프리드리히 실러

1분 인생 독본 열두 장 달력 하루하루, 한 달 한 달, 일 년 열두 달 속에 희망과 행복이 가득하게 열매를 맺어야 한다. 찾아오는 계절마다 살아가는 모든 날 동안 언제나 기억해도 좋은 시간이 점점 더 많아져야 한다.

1분 좋은 시

마음이 먼저 훌쩍 어디론가
떠나고 싶어 하는 화창한 봄날
분홍빛 연정이 달아올라
마음을 뜨겁게 하니
어쩔 수가 없구나

아하! 참지 못하면

그냥 사랑을 고백해버릴까 _용혜원, '영산홍'

▼
영화·드라마 속 명대사 "몰랐지. 몹쓸 병에 걸렸는데 아프지 않으니까."

_영화, '우상'

167 프랑스 곤충학자 장 앙리 파브르
살아 있으니 그냥 사는 삶은 비참하고 초라하다.

장 앙리 파브르는 프랑스의 곤충학자다. 장 앙리 파브르는 날벌레의 움직임을 관철하던 중에 아주 중요한 것을 찾아냈다. 그것은 바로 날벌레들이 앞에 있는 다른 날벌레들이 돌기 시작하면 특별한 방향도 이유도 없이 따라서 똑같이 돌고 있다는 것이다. 무작정 빙빙 돌기 시작하는 것이다. 날벌레들은 먹을 것을 주어도 먹지 않고 무려 7일 동안 돌다가 죽는 것을 알아냈다.
어느 통계 자료에 의하면 사람도 날벌레 모습으로 살아가는 사람이 87%에 이른다는 것이다. 살아 있으니 그냥 사는 삶은 비참하고 초라할 뿐이다. 사람은 사람답게 살아야 한다. 사람이라고 다 사람이 아니다. 사람답게 사는 사람이 진정한 사람이다. 쓸모없는 인생은 시간과 인생을 낭비하다 떠나는 것이다.

▼
1분 명언
후회는 비겁하고 나약한 일이다. _윌리엄 셰익스피어
후회는 쓰라리고 허망한 후퇴다. 그것은 잘못을 서툴게 이용한 것이다. _알랭
후회의 씨앗은 젊었을 때 즐거움으로 뿌려지지만 늙었을 때 괴로움으로 거둬들이게 된다. _찰스 칼렙 콜튼
자기가 걸은 걸음걸이를 혹은 자기가 죽인 수많은 죽음을 사람들은 후회해서는 안 된다. _헤르만 헤세

1분 인생 독본 길을 만들어가라. 길이 없다고, 투덜대거나 포기하지 마라. 길은 만들어가고 만들어진다. 첫발을 내딛는 순간 새로운 길이 만들어지기 시작한다. 세상의 모든 길은 누군가 제일 처음 발길을 내딛고 걸어갈 때 시작되었다. 도전하고 싶다면 아무도 가지 않은 길에 첫발을 내딛어라. 우리는 인생이란 바다를 항해하고 있다. 인생이란 바다에 열정이란 그물을 던져서 자기가 원하는 성공을 건져내야 한다.

1분 좋은 시

모든 꽃이

한꺼번에 수줍게

피어나는 것을 보니

모두 다 사랑에 빠졌나 보구나 _용혜원, '봄'

영화·드라마 속 명대사 "정답보다 중요한 건 답을 찾는 과정이야."

_영화, '이상한 나라의 수학자'

168 **남아 있는 것에 대한 감사**
우리 생애의 최고의 해이다.

비참한 전쟁 속에서도 삶은 변화한다. 제2차 세계대전은 참으로 험난한 전쟁이었다. 해롤드 러셀이라는 젊은이가 이 전쟁에서 용감하게 싸웠으나 불행하게도 포탄에 맞아 두 팔을 잃고 말았다. 전쟁 후에 그는 의족으로 창작활동에 최선을 다하여 자기 삶을 책으로 출간하였고 그 책을 토대로 한 '우리 생애의 최고의 해'라는 영화에 배우로 출연하여 아카데미 남우조연상과 특별상을 받았다. 상금을 자선 단체에 기부하자 기자가 말했다. '당신의 신체조건이 절망하게 만들지는 않았는가?' 러셀은 이렇게 대답했다.

"나에게는 다친 것이 축복이었다. 잃은 것 때문에 한탄할 것이 아니라 남은 것을 감사한다!"

감사는 모든 덕행의 어머니다. _키케로

감사는 영적 건강의 좌표다. _피터 데메츠

감사는 즐거움의 증폭제다. _조지프 콘래드

감사하며 받는 자에게는 수확이 있다. _윌리엄 블레이크

감사는 눈으로 보이지 않는 선물을 받는다는 것을 의미한다. _윌리엄 서머싯 몸

1분 인생 독본 승리자라고 생각하라. 승리자라고 생각하면 승리하고 내일을 향하여 힘차게 발걸음을 내디디면 분명히 성공할 것이다. 시작의 목적을 분명하게 가지고 도움이 필요할 때 돕겠다는 생각으로 남을 믿어주고 격려해 줄 일이다. 비틀거리고 넘어지더라도 일어설 수 있다면 내일의 성공을 결정할 승리자는 바로 당신이다.

1분 좋은 시

하늘도 홀로 고독한 것이 정말 싫어서

낮에는 해가 뜨고

밤에 달과 별이 떠서

함께 즐겁게 놀고 있다

하늘도 홀로 외로운 것이 정말 싫어서

시시때때로 구름이 떠다니게 만들고

비가 내리고 눈이 내리고

바람 부는 것을 바라보고 있다 _용혜원, '하늘'

영화·드라마 속 명대사 "이 밤이 너무 조용해. 좀 시끄러웠으면 좋겠어!"
_영화, '고고 70'

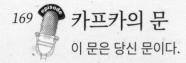

169 카프카의 문

이 문은 당신 문이다.

오스트리아 유대계 소설가 카프카의 작품 중에는 일생 문밖에서 기다리다가 죽은 사람의 이야기가 있다. 그 사람은 문 안으로 들어가기 위해 일생 서성거리다가 죽기 전에야 자기 앞을 가로막고 서 있는 문지기에게 물었다. "나를 들여보내지 않고 지키는 이유가 무엇이냐?" 그러자 문지기는 반가워하며 말했다. "이 문은 당신의 문이다. 한 번도 문을 열어달라고 나에게 요청한 일이 없다." 그 사람은 문 안으로 들어가려고 일생을 문밖에 서서 서성거렸지만, 한 번도 문 열어 달라고 요청한 일이 없었다. 닫힌 문은 벽과 같다. 문을 열어야 문이다.

▼ 1분 명언

문을 조금 열어 놓을 수도 있을 때 꼭 닫는 것은 어리석은 짓이다.

_윌리엄 풀브라이트

문 하나가 닫히면 이내 다른 문이 열린다는 것은 특별한 것 없는 인생의 규칙이다. 그러나 닫힌 문에 연연하여 열린 문을 소홀히 한다는 것이 인생의 비극이다. _앙드레 지드

문 밖에서 어떤 일이 벌어지는지 궁금해하라. 그리고 문을 열고 나가서 참여하라. _조지 월튼

행복의 한쪽 문이 닫히면 다른 한쪽이 열린다. 하지만 우리는 닫힌 문을 너무 오래 바라보기 때문에 우리에게 열린 행복의 문을 보지 못한다. _헬렌 켈러

▼ 1분 인생 독본

1분 인생 독본 영국 총리 윈스턴 처칠은 틈이 나면 그림을 그리기 좋아했다. 어느 날 친구 한 사람이 윈스턴 처칠에게 물었다. "처칠 자네는 왜 풍경화만 그리나?" 이 말을 들은 윈스턴 처칠은 이렇게 대답했다.

"왜냐하면 나무는 '이 그림은 나를 닮지 않았는데요!'라고 잔소리하지 않기 때문일세!"

1분 좋은 시

사랑은 상처를 치유하고

사랑은 상처를 아물게 하고

사랑은 상처를 낫게 한다

사랑의 힘은 참으로 위대하다

사랑의 상처도

오직 사랑으로만 치유할 수 있다 _용혜원, '상처 난 마음'

영화·드라마 속 명대사 "절대 실패하지 않을 계획이 뭔지 아냐? 무계획이야.

무계획!"_영화, '기생충'

170 성공은 나이와 관계가 없다

자신이 노력하면 언제든지 성공할 수 있다.

① 이스라엘의 여성 정치인 골다 메이어는 71세에 수상이 되었다.

② 18세기 후반 영국을 부강하게 해놓은 기초를 놓았던 윌리엄 피트는
24세에 영국 수상이 되었다.

③ 극작가 조지 버나드 쇼가 마지막 희곡을 발표했을 때는 황혼이 물든
94세였다.

④ 모차르트는 7세에 첫 번째 작곡집을 출간했다.

⑤ 벤저민 프랭클린은 16세에 첫 칼럼집을 출간했다.

⑥ 미켈란젤로는 71세에 시스티나 성당 벽화를 그렸다.

⑦ 슈바이처는 89세 때도 수술했다.

⑧ 윈스턴 처칠은 65세에 영국 수상이 되었다.

⑨ 찰리 채플린은 76세에 영화감독을 했다.

성공은 나이가 관계없다. 자신이 원한다면 자신이 노력하면
언제든지 이룰 수 있다.

1분 명언

나이는 거역할 수 없다. _프랜시스 베이컨

나이가 들어 주름살이 생기는 것은 어쩔 수 없지만 마음속까지 주름살을 만들어서는 안 된다. _제임스 가필드

나이는 시간과 함께 달려가고 뜻은 세월과 더불어 사라진다. _소학

나이가 듦을 무서워 말라. 걱정해야 할 일은 나이 들 때까지의 여러 가지 장애를 뛰어넘는 일이다. _조지 버나드 쇼

나이가 들면 철이 난다. _독일 금언

1분 인생 독본 랍비가 매일 아침 정원에서 어떤 종류의 묵상을 하는지 궁금해하는 제자들에게 말했다. "조심해서 보면 장미 넝쿨에 장미가 만발한 것이 보이네!" 랍비의 말을 들은 제자들이 물었다. "왜 장미 넝쿨을 조심스럽게 보아야 하지요?", "안 그러면 장미 넝쿨을 보는 게 아니라, 장미에 대한 자신의 선입관을 보게 될 걸세!"

1분 좋은 시

어느 알코올 중독자의 시이다.

우리는 기쁨을 위하여 마셨지만 불행해졌고 비참해졌다. 우리는 사교를 위하여 마셨지만 다투게 되었다. 우리는 세련되기 위해 마셨지만 불쾌하게 되었다. 우리는 우정을 위하여 마셨지만 원수를 만들었다. 우리는 잠들기 위하여 마셨지만 쉬지 못하고 깨어났다. 우리는 힘을 위하여 마셨지만 약하게 되었다. 우리는 약으로 마셨지만 건강에 문제를 일으켰다. 우리는 용감하려고 마셨지만 의심하게 되었다. 우리는 보다 쉽게 대화하려고 마셨지만 분명치 않은 발음으로 말하게 되었다. 우리는 천국을 느끼려고 마셨지만 지옥같이 느끼는 것으로 끝났다.

영화·드라마 속 명대사 "호의가 계속되면 그게 권리인 줄 알아요."

_영화, '부당 거래'

철도의 아버지 조지 스티븐슨

연구와 집념을 통하여 성공을 만들었다.

이 세상의 그 어떤 것도 집념을 이길 수는 없다. 재능도 교육도 천재성도 한계가 있다. 목표와 집념만이 모든 것을 가능하게 한다. 철도의 아버지 조지 스티븐슨은 1781년 영국의 와일램에서 태어났다. 가난하여 학교도 제대로 다니지 못하고 갖가지 직업을 전전하며 고생하였다. 탄광에서 일을 했고 화부의 조수로 일했다. 15세 때는 정식 화부가 되었다. 조지 스티븐슨은 공부에 열중하여 증기기관차의 구조와 원리를 연구했다. 23세 때는 기관사가 되었고 33세 때는 최초의 증기기관차를 완성하였다. 연구과 집념을 통하여 성공을 만들었다.

1분 명언

가능한 일보다 옳은 일부터 시작하라. _피터 드러커

가능한 모든 수단을 동원하여 최대한 이른 시일 안에 모든 사람에게 기쁜 소식을 듣고 이해하고 받아들일 기회를 주는 것, 그것이 우리의 목표가 되어야 한다. _스위스 로잔 언약

가능한 한 정확히 지도를 작성하고 또 다른 사람의 지도가 정말 어떻게 되어 있는지 판단하는 것은 절대로 중요하다. _앤서니 라빈스

1분 인생 독본 삶과 죽음 사이에서 죽음이 오고 있다는 것을 가까이 느끼는 사람은 다가오는 소리에 두려울 것이다. 죽음이 오는 데 두려움이 없는 사람은 없다. 진정한 삶을 사는 데 필요한 것은 죽음도 두렵지 않게 살아가는 것이다. 생각을 순전하게 하면 언제나 평안하고 안전하게 살아간다.

1분 좋은 시

가끔 몸 세탁을 아주 깨끗하고
시원하게 하고 싶다

몸속에 있는 불안과 잡념들
헛되고 쓸데없는 생각들에 고통당하지 않게
모두 다 산뜻하게 씻어내고 싶다
몸 구석구석에 자리 잡은
고민과 걱정과 근심의 찌꺼기들을
몽땅 몸 밖으로 씻어내고 싶다
홀가분하고 깨끗한 몸과 마음으로
마음 편하게 살고 싶다 _용혜원, '몸 세탁'

영화·드라마 속 명대사 "날 사랑한다고 말하는 순간 당신의 사랑이 끝나고, 당신의 사랑이 끝나는 순간 내 사랑이 시작됐죠!" _영화, '헤어질 결심'

172 세계적인 거부 존 록펠러
자신의 잃었던 행복을 다시 찾았다.

거부라고 해서 다 돈을 마음대로 쓰는 것은 아니다. 절제할 수 있는 것도 능력이다. 존 록펠러는 세계적인 거부다. 돈을 벌기 위하여 모든 열정을 쏟은 사람이다. 그는 언제나 '나는 돈을 위해서 살고 있다!'고 말하고 다녔다. 록펠러는 말년에 돈을 얻었지만 행복을 잃었다. 그러나 그는 나누는 기쁨을 가지기 시작했다. 자신이 가지고 있던 재산을 YMCA, YWCA, 시카고 대학에 기증했다. 그는 나누는 삶을 살면서 행복과 기쁨을 느끼게 되었고 자신의 잃었던 행복을 다시 찾게 되었다.

1분 명언
기쁨은 평화가 춤추는 것이요, 평화는 기쁨이 잠든 것이다. _메이어
기쁨은 우리 안에 있는 하나님의 삶의 메아리이다. _프란치스코 교황
기쁨은 사물에 있는 것이 아니라 우리 안에 있다. _리하르트 바그너

기쁨은 영혼을 잡을 수 있는 사랑의 그물이다. _마더 테레사

1분 인생 독본 열린 마음으로 살자. 마음이 삐쩍 마르게 살지 말고 마음이 살쪄서 가족 행복에 살이 통통 오르도록 살자. 열린 마음이 가장 중요하다. 열린 마음이 성공하게 만든다. 함께하는 사람들을 순수하게 대하고 오래 남도록 좋은 인상을 주자.

1분 좋은 시
거칠고 살기 힘든 세상에서
누군가에게 징검다리가 되어주는 일은
희망차고 보람된 일이다

나약할 때 힘이 되어주고
부족할 때 도움을 줄 수 있다면
넉넉한 마음이 될 수 있다

힘을 잃을 때 손을 꼭 잡아주고
힘이 부칠 때 힘껏 밀어준다면
풍요로운 마음을 가질 수 있다 _용혜원, '징검다리'

영화·드라마 속 명대사 "너, 나에게 모욕감을 줬어!" _영화, '달콤한 인생'

173 **겸손의 미덕**
머리를 숙이십시오.

벤저민 프랭클린이 하루는 이웃집 노인에게 갔다. 노인을 만나고 나서 집 밖으로 나오려 하자 노인은 그에게 집 밖으로 나가는 지름길을 알려주었다. 그

런데 지름길 중간에는 천장보다 낮은 들보가 있었다. 노인은 프랭클린이 들보에 머리를 부딪칠까봐 말했다. "머리를 숙이십시오!", "머리를 숙이십시오!" 프랭클린은 '아니! 이분이 왜 이렇게 하시나?' 하고 생각하는 사이에 머리를 부딪치고 말았다. 이를 본 노인이 말했다.

"프랭클린, 세상을 살아가면서 머리를 자주 숙일수록 부딪치는 일이 없을 것일세!"

벤저민 프랭클린은 이 말을 마음에 품고 살았다. 겸손은 아름다운 인품이다.

1분 명언

비누는 몸을 위하여, 눈물은 마음을 위하여 필요하다. _탈무드

학문의 최대 적은 마음속에 있는 유혹이다. _윈스턴 처칠

얼굴을 단장하기보다는 마음을 단장하라. _탈레스

사람의 마음은 마음으로만 움직일 수 있다. _새뮤얼 스마일스

뜻이 강하고 굳은 사람은 어떤 난관에 닥쳐도 기어코 자신이 마음먹었던 일을 성취하고야 만다. _정주영

함께 우는 즐거움만큼 사람의 마음을 서로 맺어주는 것은 없다. _장 자크 루소

무엇보다도 나를 당신의 마음속에 심지 말라. 그러면 당신에 대한 내 생각이 너무 성급하게 될 것이다. _라이너 마리아 릴케

1분 인생 독본 성공하고자 한다면 운동에 열중하라고 말하고 싶다. 운동경기는 우리에게 많은 점을 가르쳐준다. 그것은 우리에게 승리라는 목표에 집중하는 법과 그러기 위해 자기가 가진 모든 부분을 최대한 활용하는 법, 그리고 실패했을 때 실망하지 않는 법을 가르쳐준다. 인생이란 성공보다 실패로 가득 차 있는데 한 번의 실패로 절망하지 않으려면 그에 대비하는 방법을 배워야 한다.

1분 좋은 시

바다에 술 한 잔

따라주었더니
금방 취했는지
파도가 비틀거리며
계속 밀려온다 _용혜원, '술 먹은 바다'

영화·드라마 속 명대사 "딱 아는 만큼 안다고 해요!"_영화, '잘 알지도 못하면서'

174 군인 정신
나폴레옹 보나파르트도 그들의 헌신에 눈물 흘리고 말았다.

몹시 추운 겨울이었다. 나폴레옹 보나파르트의 프랑스 군대는 적군에게 사방이 포위되어 있었다. 프랑스군은 강을 건너야 하는데 적군이 다리를 모두 파괴해 버렸다. 나폴레옹 보나파르트는 어떻게 해서든지 군인들에게 다리를 놓으라고 명령을 내렸다. 물가에서 가장 가까운 사람들이 불가능한 임무를 수행해야 했다. 순식간에 서너 명의 군인들이 강한 물살에 휩쓸려 떠내려 갔다. 그러나 더 많은 군인이 물에 들어가 임시로 다리를 가설하여 군인들을 무사히 강 건너 안전한 쪽으로 건널 수 있게 하였다. 그다음에 일어난 일은 가장 극적이고 역사에 기록될 만한 일이다. 군인들이 모두 건넌 다음 임시 가설한 기둥을 붙들고 있던 군인들에게 물에서 올라올 것을 명령하였으나 한 사람도 움직이지 않았다. 그들은 가설한 다리 기둥을 붙들고 조용히 얼어 죽어 있었던 것이다. 나폴레옹 보나파르트도 그들의 헌신에 눈물을 흘리고 말았다.

1분 명언
헌신과 끈기로 성공의 문을 열자. _제프 켈러
헌신으로 꿇는 무릎은 성스럽다. _올리버 웬델 홈스
헌신하는 한 사람이 흥미만 가진 백 사람보다 더 낫다. _메리 크라울리

1분 인생 독본 긍정적 사고란 자신에게 활력을 불어넣는 자기와의 대화이며 운동선수나 연기자가 무대에 서기 전 자신을 다스리는 진정 효과와 비슷한 행위이다. 깊은 심호흡으로 이렇게 자신을 세뇌하자. 긍정적 사고로 일을 시작하면 즐겁다. 그리고 신중하고 차분한 마음으로 일에 집중한다. 지금 하는 일은 반드시 그 보상이 돌아오며 한 번 해볼 만한 것임을 확신하기에 도전하는 것이다.

1분 좋은 시
오랜 세월 살아왔기에 젊음도 훌쩍 떠나고
나이 들어 늙음이 찾아왔다
오랜 고목이 세월의 흐름 속에
아름답게 우뚝 서 있듯이
늙음 속에서도 지난 세월이 남겨놓은
보람과 기쁨의 추억이 있어 좋다
흘러가는 세월 속에 늙어가더라도
노을 지는 해가 아름답듯이
아름답게 나이 들어 늙어가야 한다 _용혜원, '늙어가더라도'

영화·드라마 속 명대사 "그것은 비겁한 변명입니다." _영화, '실미도'

175 거룩한 사업에 동참하는 기쁨
하나님의 집을 짓고 있다.

18세기 영국의 건축가 크리스토퍼 렌이 세인트폴 대성당을 재건할 때다. 여러 해가 걸리는 그 큰 공사를 추진해나가던 어느 날 크리스토퍼 렌은 평상복 차림으로 공사 현장에 나가보았다. 그는 채석장에서 돌을 다듬느라 수고하는 한 사람에게 물었다. "지금 무슨 일을 하고 있는가?" 이 사람은 묻는 사람의 얼굴도 쳐다보지 않고 퉁명스럽게 대답했다. "여섯 자 길이에 석 자폭이 되는 돌을 다듬고 있다." 그는 다시 다른 사람에게 같은 질문을 했다. 이 사람 역시 반갑지 않다는 듯이 건성으로 대답하였다. "다 입에 풀칠하기 위해서 하는 일이오. 벌써 몇 해째 돌만 다듬고 있소이다." 그런데 세 번째 사람은 똑같은 질문에 대답했다.

"하나님의 집을 짓고 있다. 이 거룩한 사역에 동참할 수 있다는 것이 너무나 감격스러워서 즐거운 마음으로 이 돌을 다듬고 있다."

일은 억지로 하면 실패한다. 일을 즐겁게 하는 사람이 성공한다.

1분 명언

사업을 좌우하라. 사업에 좌우되어서는 안 된다. _벤저민 프랭클린

사업? 그건 아주 간단하다. 다른 사람들의 돈이다. _알렉상드르 뒤마

훌륭한 일을 하는 유일한 방법은 당신이 하는 일을 사랑하는 것이다.
_스티브 잡스

성공은 형편없는 선생님이다. 그것은 똑똑한 사람들로 하여금 절대 실패할 수 없다고 착각하게 만든다. _빌 게이츠

사업의 목적에 대하여 올바른 정의는 한 가지밖에 없다. 고객의 창조다.
_피터 드러커

1분 인생 독본 어떤 역할을 할 것인가? 살아가는 모습도 모두 다르고, 똑같은 얼굴을 가진 사람들이 하나도 없고 똑같은 삶을 살아가는 사람도 없다. 각자 자기의 역할의 삶을 살아가고 삶의 모습에 따라 이미지와 성격과 행동이 달라보인다. 어떤 역할을 하며 사느냐는 자신의 선택에 달렸다.

1분 좋은 시

미안하다 비행기야 하늘 높이
날아가게 해주지 못해 미안하다
너도 비행기라 소망의 꿈 이루며

하늘을 마음껏 날고 싶겠지

하늘을 마음껏 날아가는 꿈이라도 꾸어보아라

나도 너를 타고 하늘을 날아보고 싶다

종이비행기야 _용혜원, '종이비행기'

영화·드라마 속 명대사 "어떻게 진실이 진심을 어겨요?"_영화, '최악의 하루'

176 사람마다 각자의 안경을 쓰고 살아간다
사랑의 안경을 써라.

착하고 선한 마음으로 사람을 보아야 제대로 보인다. 미움의 안경을 쓰고 사람들을 보면 사람의 단점만 보인다. 똑똑한 사람은 잘난 체하는 사람으로 보이고, 착한 사람은 어수룩한 사람으로 보이고, 얌전한 사람은 소극적인 사람으로 보이고, 잘 웃는 사람은 실없는 사람으로 보이고, 예의 바른 사람은 얄미운 사람으로 보이고, 듬직한 사람은 미련하게 보인다. 사랑의 안경을 써라. 사랑의 안경을 쓰고 사람들을 보면 잘난 체하는 사람도 참 똑똑해보이고, 어수룩한 사람도 참 착해보이고, 소극적인 사람도 참 얌전해보이고, 실없는 사람도 참 밝아보이고, 얄미운 사람도 참 싹싹해보이고, 미련한 사람도 참 든든하게 보인다.

1분 명언

오늘 누군가가 그늘에 앉아 쉴 수 있는 이유는 오래전에 누군가가 나무를 심었기 때문이다. _워렌 버핏

사랑은 비온 후 햇살처럼 위로를 준다. _윌리엄 셰익스피어

행동적인 사람은 누구나 강한 자존심과 긍지를 가지고 있으며 냉혹하면서도 교활하다. 그러나 큰 목적을 달성하기 위한 수단으로 삼는다면 그 모든 것들은 고결한 자질이 될 것이다. _샤를 드골

인간은 행동을 약속할 수는 있어도 감정을 약속할 수는 없다. 자신을 속이지 않고 영원한 사랑을 약속하는 사람은 애정의 그림자를 약속하는 것이다.
_프리드리히 니체

물이 얕으면 소리를 내고, 깊으면 조용한 것처럼 사람의 감정도 그러하다.
_월터 롤리

1분 인생 독본 남에게 미움받는 사람이 되지 말자. 남의 미움을 사는 짓을 일부러 한다면 그것은 잘못된 행동이다. 그런 짓 하지 않아도 미움을 받을 때가 있다. 욕심을 내어 빨아들이기만 하는 진공청소기가 아니라 스펀지가 되어야 한다. 잘해주려고 하지 말고 싫어하는 것을 먼저 하지 말라. 남을 기 죽게 하지 말아야 나도 기가 산다. '당신만 바뀌면 돼!'가 아니라 내가 먼저 바뀌면 된다.

1분 좋은 시
어리석음에 뭉그적거리다 탈탈 털어놓지 못하고
괜히 하고 저질러 놓은 일은 아무 실속도 없다
뻔히 알면서도 놓지 못하고 슬쩍 건드려 본 듯
괜히 한 일은 뻔하고 뻔한 일이다
괜히 한 일은 모두 다 어그러지고 잘못되어
한숨만 나오고 후회만 남는다 _용혜원, '괜히 한 일'

영화·드라마 속 명대사 "기쁨의 흔적 또는 후회의 흔적은 내 보물일 수도 있 고 치러야 할 대가일 수도 있어요!"_영화, '노팅힐'

177 미국 해군 제독 찰스 스튜어트

나는 아직도 힘이 왕성하다.

성공하는 사람들은 힘차다. 기운이 넘치고 열정이 가득하다. 미국 해군제독이었던 찰스 스튜어트가 결혼한 지 얼마 안 돼서 일어난 일이다. 때마침 미국과 영국의 전쟁이 일어나 출정하게 되었다. 아내를 남기고 전쟁터로 가게 된 제독은 아내에게 물었다. "돌아올 때 무슨 선물을 가져오는 것이 좋겠는가?" 제독의 아내는 대답했다. "제발 영국 군함 한 척을 가지고 돌아오세요!" 제독은 한 척이 아니라 두 척을 가지고 돌아오겠다고 했다. 그가 돌아올 때는 두 척의 영국 배를 포획하여 돌아왔다. 남북 전쟁이 일어났을 때 그의 나이가 83세가 되었는데 그는 이런 말을 했다.

"나는 아직도 힘이 왕성하다."

1분 명언

힘은 자신이 원하는 대로 상황을 만들어갈 수 있는 존재다. 즉 힘이란 사람, 업무, 상황 그리고 자기 자신에 대하여 통제를 가해서 일을 처리할 수 있는 자질이나 능력을 말한다. _허브 코헨

힘은 샘물과 같이 안으로부터 솟아난다. 힘을 얻으려면 자기 내부의 샘을 파야 한다. 밖에서 힘을 구할수록 사람은 점점 약해질 뿐이다. _랠프 월도 에머슨

힘은 뼈와 근육에서 나오는 것이 아니라, 불굴의 의지에서 나온다.
_마하트마 간디

힘이 아직 그대를 버리기 전에 마음을 갈아넣어라. 빛이 아직 꺼지기 전에 기름을 가득 부어라. _서양 격언

힘으로 마음을 움직일 수 없다. _존 발도니

1분 인생 독본 성공한 사람들에게는 두드러진 점을 발견할 수 있다. 자기 일을 스스로 발견하고 단련해 최고도로 발전시킨다. 늘 앞서서 행동하고 불평하지 않고 능력을 끊임없이 발휘하고 어떤 상황에서도 열정을 잃지 않는다.

하늘로 마음껏 피어오르다

아찔한 현기증을

견디지 못해

사라져 버린다 _용혜원, '연기'

영화·드라마 속 명대사 "이해할 필요 없어! 운명에 대한 믿음만 있으면 돼.
운명에 대한 믿음을 갖는 거야!"_영화, '세렌디피티'

178 시드니 훅 교수의 마지막 강의 내용
교육은 지식과 용기 그 두 가지를 개발하지 않으면 안 된다.

지식이나 지능이 아주 귀중한 것이긴 하지만 그것만으로는 부족하다. 이 세
상에는 지식은 있지만 실천할 도덕적 용기를 갖지 못한 사람이 많다. 다른
한편으로는 지식 없는 도덕적 용기가 있는 것도 위험하다. 그것은 광신자를
만들기 때문이다.
교육은 지식과 용기 그 두 가지를 개발하지 않으면 안 된다.

1분 명언

비관적인 예측과 불안감이 팽배한 상황에서 가급적 많은 것을 누리며 쾌락
을 추구하려는 것은 어쩌면 인간의 당연한 본성인지 모른다. _마이클 린버그
젊은 사람이 비관에 빠진 것보다 더 슬픈 장면은 없다. _마크 트웨인

1분 인생 독본 멋진 건물을 설계하고 하나씩 건축하여 나가듯이 삶도 나이
만큼 완성되도록 진가를 높여나가야 한다. 나이만큼 인생이라는 작품을 원
하는 대로 잘 만들어간다면 어느 날 갑자기 황혼이 찾아와도 후회는 없다.
도전은 멀리 있는 것이 아니라 내 안에서 이루어지는 것이다. 우리의 나약하

고 부족한 부분을 회복하여 변화되고 성장해야 살아남는다. 엄동설한 맹추위에도 고드름의 키가 크고 겨울이 빙벽은 더 튼튼해진다. 도전! 도전! 도전하라!

1분 좋은 시
어둠 속에서
너무 외로워서
보름달이 그믐달이 되었다 _용혜원, '그믐달'

책 속의 좋은 말 건강을 생생하게 생각해내는 과정을 다음과 같이 말하고 있다. "상상력이란 마음속에 아이디어나 화상을 만들어내는 능력을 말한다. 창조적인 시각화에 있어서는 이 상상력을 사용해서 자기가 현실 세계에서 실현시키고 싶다고 말하는 것을 분명히 이미지화하는 일이다. 그리고 그 아이디어나 상에 항상 초점을 맞추어 그것이 현실이 될 때까지 다시 말하면 자기가 생각하고 그린 것이 실현되기까지 긍정적인 에너지를 계속 주어야 한다." _삭티 코웬, <창조적 시각화> 중에서

영화·드라마 속 명대사 "나무는 한 번 자리를 정하면 절대로 움직이지 않는다." _영화, '국화꽃 향기'

179 칼릴 지브란의 노동관
사랑으로 일한다는 것은 무엇인가?

사랑으로 일한다는 것은 무엇인가? 그것은 당신의 심장에서 뽑아낸 실로 옷을 짜는 것, 마치 당신을 사랑하는 이가 입기라도 할 것처럼 애정으로 집을 짓는다. 마치 당신을 사랑하는 이가 살기라도 할 것처럼 자비로 씨를 뿌리고 기쁨으로 거두어들인다. 마치 당신을 사랑하는 이가 그 열매라도 먹기라도

할 것처럼 당신이 만드는 모든 것에 영혼의 숨결을 불어넣는다. 노동이란 사랑을 나타내보이는 것이다. 당신이 사랑으로 일할 수 없고 마지못해 억지로 하는 것이라면 차라리 당신은 일을 관두고 성전 입구에 앉아 기쁨으로 노동하는 이들에게 구걸이나 하는 것이 낫다.

1분 명언
노동 없이는 아무것도 번성하지 않는다. _소포클레스
노동을 사랑하라. 음식을 얻기 위해 노동하지 않으면 약을 얻기 위해 노동할 것이다. 노동은 몸에도 좋고 정신에도 좋다. 노동은 게으름의 열매가 맺히지 않게 한다. 노동은 인생의 조건이다. _프리드리히 실러
노동은 고통에 대해 우리를 견고하게 한다. _키케로
노동은 인간에게 있어서 보물이다. _이솝
노동은 모든 것을 정복한다. _베르길리우스
노동의 열매는 모든 기쁨 중에 가장 감미로운 것이다. _클라피에르 보브나르그
노동은 쓴 뿌리와 단 열매를 가지고 있다. _서양 격언

1분 인생 독본
인류의 흥망사에 대해서 유명한 아놀드 토인비가 말했다. "인간 역사의 흥망사를 보면 칼끝에 쓰러진 것보다 내적 타락, 도덕적 부패로 망한 예가 많다."
어떤 목표를 세우고 나간다는 것은 인생에 있어서 필요한 일이다. 그 반면에 이미 지나가 버린 일에 대한 체념 그것 또한 절대로 필요하다. 힘차게 나갈 때는 나가고 물러설 때는 물러설 줄 아는 것이 인생을 행복하게 사는 지혜다. 우리가 어떤 실패에 대하여 상심하고 심각하게 고민하기 때문이다.

1분 좋은 시
사람들이 이야기하다
떨어뜨린 말
소문으로 퍼져나간다 _용혜원, '떨어뜨린 말'

180 인간이 살아가는 방법 3가지
희망이 자기 눈에 보이기 때문이다.

인생은 삶의 길을 걸어가는 것이다. 첫째는 무의미한 길이다. 희망이나 의미, 목표나 계획이 전혀 없이 그날그날을 살아가는 삶이다. 이런 삶을 사는 사람은 인생이 귀중한 것이 아니라 늘 짜증스럽고 지루해서 희망적인 언어보다 절망적인 언어를 쏟아낸다. 둘째는 의미는 있으나 자신의 고정관념에서 조금도 양보하지 않는 길이다. 자신에게 모든 가치 기준을 두고 자기 사이클에 맞지 않을 때는 모두를 부정한다. 이런 코스를 변경하느니 바다에 침몰하는 길을 택하는 어리석은 길이다. 셋째는 희망의 길이다. 희생과 겸손 뒤에 목적을 향한 일념의 길이다. 이 길을 살아가는 사람들은 언제나 희망적인 언어를 표현한다. 왜냐하면 희망이 자기 눈에 보이기 때문이다.

1분 명언

무의미한 일은 없다. 인간성을 고양하는 모든 일은 존엄하고 중요하며, 몸과 마음을 다해 열심히 그 일을 해야 한다. 만약 누군가에게 거리의 청소일이 맡겨졌다면 그는 미켈란젤로가 그림을 그리듯이 베토벤이 음악을 만들 듯 윌리엄 셰익스피어가 시를 쓰듯 그렇게 거리를 청소해야 한다. 하늘과 땅의 주인이 가던 길을 잠시 멈추고 '여기 자신의 일을 참으로 열심히 했던 훌륭한 청소부가 살았노라.' 라고 말할 수 있도록 해야 한다. _마틴 루터 킹
자신을 찾는 것이 인간이 살아야 할 까닭이다. 자신을 찾지 못한다면 그 외에 다른 무엇을 찾는다고 해도 무의미하다. _제임스 미츠너

1분 인생 독본
우리의 깊은 공포심은 자기가 허약하다는 데 있지 않다. 공포심은 자기가 헤아릴 수 없는 엄청난 힘을 가지고 있다는 데 있다. 공포에 사

로잡히게 하는 것은 감추고 싶은 곳이 있는 것이 아니라 드러내 보이고 싶은 데에 있다. 스스로 만든 공포에서 해방된 자신의 모습은 저절로 다른 사람들도 공포에서 벗어날 수 있게 해준다.

1분 좋은 시
눈물이 핑 돌고
웃음이 터져나와
가슴이 뭉클해지고
무척 기분 좋은 일 _용혜원, '감동'

영화·드라마 속 명대사 "인생은 고통인 줄 몰랐어!"_영화, '달콤한 키스'

181 사하라 사막 횡단 대회
나를 가장 괴롭힌 것은 자그마한 모래알이었다.

사하라 사막에서 사막 횡단 대회가 개최되었다. 전 세계 각국에서 수많은 사람이 대회에 참가하여 도전했지만, 사막의 뜨거운 열기를 참아내지 못하고 중도에 포기하는 사람들이 속출하였다. 이 대회의 우승자에게 기자가 물었다. "이번 대회에서 가장 힘들고 고통스러웠던 것은 무엇입니까? 열기로 가득하고 물도 없는 사막을 홀로 걷는 것이었습니까?"
"저를 가장 괴롭힌 것은 신발 곳곳에 들어있는 자그마한 모래알들이었습니다."

1분 명언
괴로움은 인간의 위대한 교사이다. 고통의 숨결에서 영혼이 발육된다.
_요한 제바스티안 바흐

괴로움이 남기고 간 것을 맛보아라. 고통도 지나고 나면 달콤한 것이다.
_요한 볼프강 폰 괴테

괴로움은 보수의 경험이다. _아이스킬로스

괴로움을 거치지 않고 정복한 승리는 영광이 아니다. _나폴레옹 보나파르트

괴로움에 가장 좋은 약은 운동이다. 괴로움 해소에는 뇌 대신 근육을 많이 사용하는 것이 제일이다. 만일 세계 전 인류에 괴로움을 쌓아 올려 그 인원수에 따라서 평등하게 나눈다면 사람들은 틀림없이 자기 몫에 만족할 것이다. _솔론

1분 인생 독본 잠자는 시간은 세계 어느 곳이든 다음 날을 위해 재충전하는 시간으로서 일정한 시간을 정해놓고 잠자리에 들고 또 일어나야 한다. 밤 10시에 자야 할 사람이 12시까지 있다가 다음날 2시간 더 자고 늦게 일어나는 것만큼 비경제적인 일도 없다. 그만큼 낭비를 가져오게 된다. 시간을 잘 활용하는 사람이 성공하는 삶을 산다.

1분 좋은 시
외롭다 외치지 마라
홀로 떠있는
해와 달도
얼마나 외롭겠느냐 _용혜원, 외롭다

영화·드라마 속 명대사 "내일만 사는 놈은 오늘만 사는 놈한테 죽는다!"
_영화, '아저씨'

182 episode **용서**
탈영병은 충성스러운 군인이 되었다.

영국의 웰링턴 제독이 상습적으로 탈영을 시도하는 부하에게 사형선고를 내리기 직전에 말하였다. "나는 너를 변화시키기 위해 교육도 해보고 상담도 해보았다. 처벌도 하고 채찍으로 때려도 보았다. 그런데 너는 반성하지

않고 전혀 변하지 않았다. 별수 없이 너는 죽어야 한다." 이때 지혜로운 부하 한 사람이 말했다. "아직 이 병사에게 시도하지 않은 한 가지가 있다. 용서해보신 적이 있는가?" 웰링턴 제독은 부하의 충고를 받아들여 무조건 용서해주었다. 그 후 탈영병은 충성스러운 군인이 되었다. 삶에서 선택이 운명을 만든다. 선택은 언제나 소중한 인생의 과정이다.

1분 명언

반성은 마음을 비치는 거울이다. _발타자르 그라시안

반성의 시간을 만들어 마음을 새롭게 하라. _조지 싱

반성하는 자가 서 있는 땅은 가장 훌륭한 랍비가 서 있는 땅보다 거룩하다.
_탈무드

반성하지 않는 사람들은 재잘거리기만 한다고 나는 생각한다. 사색은 침묵이다. _리처드 브린슬리 셰리든

절대 어제를 후회하지 마라. 인생은 오늘의 나 안에 있으며 내일은 나 스스로 만드는 것이다. _L. 론 허바드

자기 반성을 엄중히 하고, 다른 사람을 꾸짖는 일을 가볍게 하면 남의 원망이 멀어진다. _공자

지나치게 반성하는 사람은 성취하는 것이 별로 없다. _프리드리히 실러

1분 인생 독본 개미의 교훈을 기억하라. 생물학자의 연구에 따르면 어떤 종류의 개미는 길을 가다가 자기보다 야윈 동료를 만나면 자기가 먹은 것을 토해내어 먹인다고 한다. 이런 개미의 자선은 도덕이나 박애에 의한 것이라기보다는 본능에 가까운 것인데 인간에게도 이런 본능은 필요하다.

1분 좋은 시

흑백의 색깔만 있으면
단순하고 조화롭지 못하다
세상의 모든 색깔로

가장 아름다운 모습을 만들어야 한다

이 세상 곳곳에서

모든 색깔이 서로 뽐내며

선명하게 살아나야

색깔이 짙어지고 생기가 넘친다 _용혜원, '색깔'

영화·드라마 속 명대사 "인연을 붙잡아야 운명이 되는 거야!"_영화, '김종욱 찾기'

183 위대한 사랑
사랑하는 사람들은 행복하다.

영국의 미들랜드 사원 앞에는 이상한 모양을 한 동상이 세워져 있다. 오른팔이 없는 여성 동상이다. 이 동상에는 전해오는 이야기가 있다. 십자군이 이슬람교도와 전쟁할 때다. 십자군의 한 병사가 이슬람의 살라딘 왕에게 포로로 잡히고 말았다. 이 사실을 알게 된 병사의 약혼자가 살라딘 왕에게 그를 풀어달라고 애원했다. 살라딘 왕은 약혼자에게 오른팔을 잘라서 보내면 풀어주겠다고 했다. 이 소식을 들은 약혼자는 서슴없이 팔을 잘라 종이에 싸서 보냈다. 살라딘 왕은 그 사랑에 크게 감동하여 포로로 잡았던 병사를 풀어주었다. 사랑은 참으로 위대하다. 사랑하는 사람들은 행복한 사람이다.

1분 명언
사랑은 마주 쳐다보는 것이 아니라, 함께 같은 방향을 바라보는 것이다.
_앙투안 드 생텍쥐페리

사랑은 꽃처럼 향기롭다. 아름다운 꽃은 스스로 내세우지 않아도 향기를 맡고 별들이 찾아온다. 사랑은 종류가 하나밖에 없다. 그러나 사랑을 표현하는 방법은 수만 가지가 넘는다. _발타자르 그라시안

마음을 열고 사랑이 흘러가게 하라. 사랑은 모든 사람을 이끄는 힘이다. 모

든 영혼은 사랑받기를 원한다. 사랑을 선물해서 안 될 이유가 어디에 있는가. 주는 만큼 받게 될 것이다. 조건 없이 자유롭게 사랑하는 법을 배우고 인생을 즐겨라. _아일린 캐디

사랑에는 제한이 없고 오직 분출구만 있다. _로버트 헤릭

1분 인생 독본 앤드루 카네기는 거대한 회사를 만들었다. 어느 날 신문기자가 물었다. "사장님! 만약 이 회사가 지금 망한다면 어떻게 하시겠습니까?" 이때 앤드루 카네기는 간단히 또박또박 대답하였다. "또다시 시작할 것이다!" 인생의 목적은 끊임없는 전진에 있다. 앞에는 언덕이 있고 강이 있고 진흙탕도 있다. 걷기가 좋은 반반한 길만은 아니다. 먼 곳으로 항해하는 배가 풍파를 만나지 않고 조용히 갈 수만은 없다. 풍파는 언제나 전진하는 자의 벗이다.

1분 좋은 시
가질 수 없는 사랑은
상처만 남긴다
당신의 마음을
들키지 말라 _용혜원, '들키지 말라'

영화·드라마 속 명대사 "주께서 이르시되, 빛이 있어라. 인천으로 가는 길이 열렸다! 사격, 포격 중지!" _영화, '인천상륙작전'

184 **존 스타인벡의 <진주>**
지금 당장 시작해보라.

어느 날 한 사람이 매우 아름다운 진주를 발견하였다. 그런데 진주에 작은 흠집이 하나 있었다. 그는 흠집만 없게 한다면 그 진주가 세상에서 가장 크

고 귀중한 보석이 될 것으로 생각하였다. 흠이 없어지기를 기대하며 한 껍질을 벗겨내었다. 그래도 여전히 흠집이 남아 있었다. 흠집이 없어질 때까지 계속 껍질을 벗겨나갔다. 마지막에 가서 흠집이 없어졌을 때는 진주의 귀중한 가치도 사라진 뒤였다. 이 세상에 완전한 이상은 없다. 어떠한 해결책이든지 문제를 수반하고 있다. 우리가 완전한 이상을 얻고자 노력한다면 결국 아무것도 얻지 못할 것이다. 지금 당장 시작해보라!

▼ 1분 명언

담대하라. 그리하면 어떤 큰 힘이 당신을 도와주기 시작할 것이다. _베이실 킹

인생의 위대한 목표는 지식이 아니라 행동이다. _올더스 헉슬리

행동은 모든 성공의 근본적인 열쇠이다. _파블로 피카소

현실을 바꿀 수는 없다. 하지만 현실을 바라보는 눈은 바꿀 수 있다.

_니코스 카잔차키스

행동을 심어라. 그리하면 습관을 거둘 것이다. 습관을 심어라. 그리하면 품성을 거둘 것이다. 품성을 심어라. 그리하면 운명을 거둘 것이다.

_마르쿠스 아우렐리우스

▼ 1분 인생 독본

성공하려면 일을 실행하라. 넓은 바다 어디에서나 고기를 잡을 수는 없다. 능숙한 어부는 포인트를 잡아 그물을 던진다. 그리고 잽싸게 잡아당긴다. 만선의 기쁨을 느낄 수 있는 어부만이 진정한 어부다. 성공하는 사람은 '나는 할 수 있다!'라고 말하고 행동한다. 성공하려면 자기가 하는 일을 좋아해야 한다. 그래야만 '나는 할 수 있다!'라고 말하며 행동할 수 있다. 사람들은 자기가 좋아하는 일을 더 능숙하게 잘한다. 하는 일을 좋아하면 일하는 게 즐거워지고 자기 것으로 만들 수 있다. "나는 할 수 있다!"

▼ 1분 좋은 시

밤비 내리는 밤, 밤이 어두워도
어둠 속에서 내리는 굵은 빗소리가

모든 것을 촉촉하게 적셔준다

밤비가 내리며

외로움도 고독도 쓸쓸함도 적막함도

밤새도록 씻어내리고 있다 _용혜원, '밤비'

영화·드라마 속 명대사 "세상은 정말 큰 놀이터예요. 그런데 어른이 되면서 그걸 잊어가는 것 같아요."_영화, '예스맨'

185 21세기를 사는 방법
열두 가지 생존 전략

사람들은 각자가 생존 전략을 갖고 살고 있다. 미국의 시사주간지 <유에스 뉴스 앤드 월드 리포트>가 미국 내 교수들과 컨설턴트 등을 대상으로 조사한 21세기에 살아남기 위한 기업의 열두 가지 생존 전략은 다음과 같다. ① 예견되지 못한 변화에 대응하라. ② 생산과정에 집중하라. ③ 자금조달의 증시로 하라. ④ 독보적인 특성을 갖도록 하라. ⑤ 핵심 분야에 전략적으로 투자하라. ⑥ 새롭게 생각하고 행동하라. ⑦ 가능성 있는 미래 수용에 대응하라. ⑧ 고객들과 관계를 개선 발전시켜라. ⑨ 사원들과 공정하고 신축적인 관계를 유지하라. ⑩ 광범위하고 탄탄한 기업기반을 가져라. ⑪ 환경문제에 관심을 두고 이를 적극 활용하라. ⑫ 좋은 제휴 파트너를 구해 함께하라.

1분 명언

전략을 세우려면 명석한 두뇌 작업이 필요하다, 그리고 사람들은 이러한 두뇌 작업을 좋아하고 또 쉽게 빠져든다. 그 이유는 그들이 두뇌 작업에 대해서 이해하지 못했다. _리즈민 푸샹

자원을 고려하지 않은 전략은 실패할 것이다. _존 맥스웰

전략적 사고가 필요하다. _벤트

너무 조심스러운 전략은 가장 위험하다. _네루

아무리 좋은 전략도 세부적으로 적용되어야 그 역할을 다할 수 있다. _왕중추

1분 인생 독본 기쁨은 춤추는 것. 평화는 잠자는 것. 인내는 사랑이 참는 것. 온화함은 사랑이 사회 속에서 구하는 것. 선함은 사랑을 움직이는 것. 믿음은 사랑이 전투장에 있는 것. 온유함은 사랑이 학교에 있는 것. 절제는 사랑이 교육하는 것이다.

1분 좋은 시

머리에 스쳐가는

시 한 편 메모해놓기를 참 잘했다

그때 만약에 메모하지 않았으면

마음에 딱 드는 시 한 편

잃어버릴 뻔했다

시를 쓰려면 메모하는 습관이

아주 중요하다는 것을

다시 한번 더 알게 되었다 _용혜원, '메모'

영화·드라마 속 명대사 "우리 모두는 속에 밝은 면과 어두운 면을 모두 가지고 있는 거야. 중요한 건 우리의 행동을 결정하는 힘이란다."

_영화, '해리 포터와 불사조 기사단'

186 폴 J. 마이어와 성공

열심과 목표와 습관은 성공의 3요소다.

미국의 유명한 기업가 폴 J 마이어가 젊었을 때다. 그는 대학을 중퇴하고 판매원이 되었는데 늘 장사에 실패하였다. 그래서 사업에 성공한 사람들을 찾

아다니며 어떻게 성공했는지 그 비결을 알아보려고 일일이 면담하였다. 그는 면담 결과 성공의 요소 중에는 다음의 세 가지 공통점이 있음을 발견했다.

첫째, 성공하는 사람은 모두 열심을 지닌 사람들이다. 비록 자기의 뜻과 적성이 맞지 않는 직책이라도 묵묵히 최선을 다해 수행하는 사람은 그것 덕분에 성공의 문을 열게 된다. 둘째, 강하고 뚜렷한 목표를 가진 사람이 성공한다. 불타는 꿈과 소원을 가진 사람은 놀라운 힘이 뒷받침되어 목적을 이루고야 만다. 셋째, 밝고 따스한 표정과 친절한 습관은 사람들에게 호감을 주며 친구를 얻는다. 친절은 매우 중요한 습관이다. 누구를 대하든지 교만해보여서는 안 되며 냉소적으로 대해서도 안 된다. 좋은 사람을 얻을 수 있을 때 성공한다. 열심과 목표와 습관은 성공의 3요소다.

1분 명언

당신이 뛸 경우, 당신은 질지도 모른다. 만약 뛰지 않는다면 당신은 확실히 진다. _제시 잭슨

역경 앞에서 누군가는 무너지지만 누군가는 새로운 기록을 세운다.
_윌리엄 아서 워드

목표를 향해 가는 것은 당신이 무엇을 원하는지 알고 그것을 실현하기 위한 모든 것을 가진 것이다. _레오 버스카글리아

열심히 한다는 것은 중요한 일이다. 그러나 그보다 중요한 것은 왜 열심히 일해야 하는지에 대해서 진지하게 고찰해야 한다. _마사 베크

1분 인생 독본 가장 으뜸이 되는 승리는 자신을 정복하는 것이다. 승리는 가장 끈기 있는 자의 것이다. 승리는 희생과 대가가 뒤따르는 일이다. 승리는 한순간의 일이 아니라 항상 잘해야 하는 것이다. 한때 잘한 것으로는 승리했다고 할 수는 없다. 한때 잘하는 것이 정말 잘하는 것이 아니다. 끝까지 온전하게 잘해야 진정한 승리다.

고요하고 깊은 밤

밤하늘에 보름달이 무척 밝게 떠서

홀로 바라보는 마음이 무척이나 외롭다

밤하늘에 떠 있는 밝은 보름달이

사랑하는 이 웃는 얼굴처럼 보여

그리움이 마음에 가득해

자꾸만 밤하늘 보름달을 바라보았다 _용혜원, '보름달이 무척 밝은 밤'

영화·드라마 속 명대사 "살아서 집에 가자! 엄니 얼굴 기억 안 나!"_영화, '고지전'

---

187 성공회 사제 찰스 킹슬리
행복을 가져다주는 친구

늘 행복한 표정을 지으며 어린이와 자연공동체를 사랑하면서 살아가는 사람이 있다. 그는 바른 사회가 삶의 질을 높여준다고 믿고 꾸준히 사회 개혁 운동을 펼쳤다. 어린이를 위해 '물의 어린이' 작품을 내놓았다. 어느 날 그에게 '행복하고 아름답게 사는 비결이 무엇인가?'라고 한 사람이 물었다. "내게는 친구가 있다. 영원한 구주 예수 그리스도이다."라고 말했다. 이 행복한 사람은 작가이며 교수이고 성공회 사제인 찰스 킹슬러다.

1분 명언

다정한 벗을 찾기 위해서라면 천 리 길도 멀지 않다. _레프 톨스토이

여러분과 리무진을 타고 싶어하는 사람은 많겠지만, 정작 여러분이 원하는 사람은 리무진이 고장났을 때 같이 버스를 타 줄 사람이다. _오프라 윈프리

아버지는 보물이고, 형제는 위안이며, 친구는 보물도 되고 위안도 된다.

_벤저민 프랭클린

성공의 비결은 직업을 휴가로 만드는 것이다. _마크 트웨인

1분 인생 독본 조지훈 시인은 '꽃이 지는 아침은 울고 싶다.'고 노래했다. 안도현 시인은 '연탄재를 함부로 발로 차지 말라.'고 노래했다. 가을 들판의 바람에 흔들리는 것은 갈대가 아니라 우리 마음인지도 모른다. 힘들고 어려워도 절대로 기죽지 말고 당당하게 맞서서 이겨내야 한다. 행운은 눈이 멀지 않았다. 따라서 부지런하고 성실한 사람에게 찾아온다. 앉아서 기다리는 사람에게는 영원히 행운이 찾아오지 않는다. 걷는 사람만이 앞으로 나갈 수 있다. 노력하는 사람에게 행운이 찾아온다.

1분 좋은 시
나는야 세상을 멋있게 사는 법을 알았다네
꿈을 이루어가며 기뻐하고 마음을 나누며
만나는 사람들과 스쳐 지나가는 모든 것을
소중히 여기면 된다네
넓은 마음으로 용서하고 이해하고
진실한 사랑으로 함께해주며
욕심을 버리고 조금은 손해 본 듯이 살아가면 된다네
나는야 세상을 신나게 살아갈 수 있음을 알았다네 _용혜원, '멋있게 살아가는 법'

영화·드라마 속 명대사 "존재를 규정하는 건 시간이에요!" _영화, '루시'

188 사랑하는 사람을 존중하는 마음
성공하려면 친밀감을 가져라.

친밀감이란 사랑하는 관계에서 가깝고 서로 연관이 있고 서로 맺어졌다고 느끼는 상태를 말하며 흔히 사랑할 때 느끼는 따스한 감정이다. 친밀감의 대

287

표적인 징표는 다음과 같다.

① 사랑하는 사람의 행복을 증진하고자 하는 욕망
② 사랑하는 사람과 함께 있을 때 행복을 느끼는 것
③ 사랑하는 사람에 대해 존중하는 마음
④ 어려울 때 사랑하는 사람에게 의지할 수 있는 것
⑤ 사랑하는 사람과 상호이해
⑥ 자신이나 자기 소유물들을 사랑하는 사람과 함께 나누어 갖고 싶은 것
⑦ 사랑하는 사람으로부터 정서적 지원을 받음
⑧ 사랑하는 사람에게 정서적 지원을 보냄
⑨ 사랑하는 사람과 친밀한 의사소통을 전달
⑩ 자기 상황에서 사랑하는 사람을 소중하게 여기는 것이다.

1분 명언

사랑은 지배하는 것이 아니라 자유를 주는 것이다. 사랑하는 것은 관심을 두고 존중하는 것이다. 사랑한다는 것은 책임감을 느끼며 이해해주는 것이다.

_에리히 프롬

우리는 위대한 일을 할 수 없다. 다만 위대한 사랑으로 작은 일만 할 수 있을 뿐이다. _마더 테레사

1분 인생 독본
도전하여야 성공의 기쁨을 누릴 수 있다. 도전을 시작할 때 벌써 성공의 문턱에 서 있는 것과 같다. 우리는 새롭고 창조적으로 도전해야 한다. 자신을 변화시키는 도전이다.

1분 좋은 시

미련이라는 것은
좋아하고 사랑하는 것들을 향하여
그리움도 만들고 안타까운 마음도 만들고
애착하는 마음도 만든다

미련이라는 것은

떠나야 할 것을 떠나지 못하면

어리석음을 만들고 초라함을 만들고

낭패를 당하게 만들어놓는다 _용혜원, '미련이라는 것은'

책 속의 좋은 말 "자기 자신이 버린 존재, 누가 거둘까? 자기 자신을 사랑하지 않는데 누가 나를 사랑할까?"_명로진, <리더의 인문학> 중에서

영화·드라마 속 명대사 "마음껏 사랑해봐라! 몸이 붕 뜨는 기분일 거다. 네가 기쁨에 겨워 춤췄으면 좋겠다."_영화, '조 블랙의 사랑'

189 레니 위트의 진정한 성공
성공은 매우 개인적인 일이다.

성공은 매우 개인적인 일이다. 그러나 우리는 성공을 대중적인 어떤 틀에 맞추려고 한다. 얼마나 성공했는가를 과시하기 위하여 호화스러운 고급 차를 새로 마련하고 골프장 회원권을 사들이며 과도한 유람여행을 하는 등 큰 노력과 돈을 낭비하고 있다. 왜 우리는 다른 사람들에게 무엇인가를 증명하기 위하여 노력해야 하는가? 그렇지 않으면 우리가 자신에게 무엇인가를 증명해보려고 하는 것인가? 내면적인 성공의 느낌은 훨씬 더 얻기가 어렵다. 그것은 인생에서 진정으로 원하는 것이 무엇이냐는 질문이 필요하다.

19세기 프랑스 소설가 조르주 상드는 성공을 즐기는 데 필요한 요소를 단순히 취미, 어느 정도의 용기, 적당한 극기심, 일에 대한 애정, 깨어 있는 의식 등 다섯 가지로 정의했다. 외면적인 성공만이 아니라 내면적인 성공을 이룩하는 일도 매우 중요하다. 그러나 모든 성공이 반드시 그렇지만은 않다. 하루 종일 열심히 일하고 나서 깊은 잠을 잔다는 것, 그것도 인생의 즐거움 중의 하나다.

1분 명언

평화는 언제나 아름답다. _월트 휘트먼

평화란 고요 속에서 누리는 자유다 _키케로

평화에는 두 가지 힘이 있다. 자의와 예절이다. _요한 볼프강 폰 괴테

평화는 행복의 극치다. _영국 속담

1분 인생 독본 도전하여 실패한 사람과 성공한 사람의 차이는 습관에 달려 있다. 좋은 습관은 모든 성공을 만드는 열쇠다. 나쁜 습관은 실패로 직접 다가가는 문이다. 성공하려면 무엇보다 우리가 지켜야 할 좋은 습관을 만들어 습관화하는 것이다. 태양은 또다시 떠오른다. 태양은 저녁이면 석양이 물든 지평선으로 지지만 아침이 되면 다시 떠오른다. 성공할 수 있다.

1분 좋은 시

꽃잎 속에는

아름다움과

향기가 살고 있다 _용혜원, '꽃잎 속에는'

영화·드라마 속 명대사 "정의가 없는 힘은 무력이고, 힘없는 정의는 무능이다." _영화, '공수도'

190 바이올린 연주자 사라사테
꾸준히 연습하는 것이 성공을 만든다.

스페인의 위대한 바이올린 연주자인 사라사테를 향해 어느 비평가가 '사라사테는 천재'라고 말했다. 이 말을 들은 사라사테는 말했다. "천재라니요! 나는 지난 37년 동안 하루에 14시간씩 연습을 했습니다. 그런 것을 생각하지 않고 천재라고 말할 수는 없습니다." 사라사테는 자기를 19세기 최고의 바

이올린 연주자로 만든 것은 자기의 천재성이나 타고난 재능이 아니라는 점을 잘 알고 있다. 그를 만든 것은 매일 쉬지 않고 꾸준한 연습을 했던 습관이다. 연습이 위대한 연주자를 만든다. 처음부터 연주를 잘하는 사람은 없다. 꾸준한 연습이 찬사를 보낼 만큼 위대한 연주가를 만들어놓는 것이다. 꾸준한 연습은 아무도 이겨내지 못한다.

1분 명언

노력으로 얻어지는 습관만이 선이다. _임마누엘 칸트

연습이 완벽함을 만들지 않는다. 완벽한 연습이 완벽함을 만든다.
_빈스 롬바르디

나는 연습에서든지 실전에서든지 이기기 위한 농구를 한다. 그 어떤 것도 승리를 향한 나의 경쟁적 열정에 방해가 되지 않도록 하겠다. _마이클 조던

사람은 습관을 좋아한다. 왜냐하면 그것을 만든 것이 자신이기 때문이다.
_조지 버나드 쇼

1분 인생 독본

구두쇠와 절약의 차이점은 무엇인가? 구두쇠란 마음의 도량이 넓지 않아 작은 일에 마음을 써서 큰 것을 못 하는 사람을 말한다. 절약은 필요한 범위 내에서는 아낌없이 쓰지만 필요 이상의 것은 사용하지 않는 것을 말한다. 단 한 번뿐인 삶을 구두쇠로 살기보다는 절약하더라도 나눔과 베풂을 주는 사람으로 살아야 한다.

1분 좋은 시

벽에 처음 문을 만들어놓은
사람은 누구일까
소통의 길 멋지게 열었구나 _용혜원, '문'

영화·드라마 속 명대사

"엄마는 항상 인생을 초콜렛 상자와 같은 거라고 말씀하셨어요. 그걸 집기 전에는 알 수 없는 거라고." _영화, '포레스토 검프'

시카고 대학 총장 로버트 허친슨

한 사람의 노력과 집념이 수많은 인생을 바꾸어놓았다.

미국의 중북부에 자리 잡은 시카고 대학교는 처음에는 별로 알려지지 않았다. 학생들은 낙심이 가득하고 다른 대학교와 비교하며 열등감에 빠져 있었다. 이 대학교가 새롭게 바뀔 것이라고는 생각하지 않았다. 로버트 허친슨 박사는 30세의 젊은 나이로 대학총장이 되면서 시카고 대학생들에게 자긍심을 높여주고 대학생들을 세계적인 인물로 키우기 위하여 졸업할 때까지 고전 100권을 3가지 과제에 따라서 읽게 하였다. ① 너에게 가장 알맞은 모델을 한 명 정하라. ② 인생의 신조가 되는 영원불멸의 가치를 발견하라. ③ 발견한 가치에 대하여 꿈과 희망을 품어라.

시카고 대학은 지금까지 70명 이상이 노벨상 수상자가 나왔다. 한 사람의 노력과 집념이 수많은 인생을 바꾸어놓았다.

1분 명언

만일 너의 젊음이 계속 남아 있기를 원한다면 유용한 이가 돼라. 모든 것의 값을 아는 많은 사람은 그 가치에 대해서는 무지하다. _칼릴 지브란

진정한 가치는 힘들 때도 자신을 지키는 데 있다. _앤디 워홀

나는 고고학자와 결혼했다. 그 이유는 내가 점점 늙어갈수록 그는 나의 진가를 더욱더 인정해 주기 때문이다. _아가사 크리스티

어떤 가치 있는 행동을 하지 아니한 날, 그 날은 잃은 날이다. _자콥 보바트

1분 인생 독본 인간이란 무엇인가? 기쁨이 없으면 살아가지 못하는 존재이다. 늘 마음을 평화롭게 가져라. 그러면 불행이 사라지고 기쁨이 올 것이다. 기쁨은 삶을 고양해주고 행복하게 만들고 제 일에 최선을 다하는 자긍심을 만들어줄 것이다.

1분 좋은 시

아픔의 세월
절망의 세월
고통의 세월이
살아 있는 아름다움으로
남아 있다 _용혜원, '분재'

영화·드라마 속 명대사 "모든 건 신의 계획에 따라 있다. 난 두 번이나 죽고서야 그걸 깨닫게 됐다. 성경에서 말하는 신의 뜻은 인간이 알 수 없는 것, 마음에 안 들어도 받아들일 수밖에!" _영화, '콘스탄틴'

192 episode

습관
나는 바로 습관이다.

나는 언제나 당신 곁을 떠나지 않는 동반자다. 나는 당신의 가장 충실한 조언자일 수도 있고 가장 무거운 짐일 수도 있다. 나는 당신을 밀어올릴 수도 있고 실패의 나락으로 끌어내릴 수도 있다. 당신은 당신이 하는 일 가운데 절반을 나한테 떠넘길 수도 있다. 그러면 나는 순식간에 그리고 정확하게 해치운다. 나를 다루는 일은 쉽다. 나를 꽉 붙잡고 있기만 하면 된다. 일을 어떻게 했으면 좋은지 정확하게 보여만 주라. 몇 번만 연습하면 나는 자동으로 해낸다. 나는 모든 위인의 하인이다. 하지만 실패자의 하인이다. 위대한 사람이라면 나는 위인을 만들어낸다. 나는 기계처럼 정확하게 움직이지만 그렇다고 기계는 아니다. 인간의 지성을 가지고 있을 따름이다. 당신은 나를 움직여 이득을 볼 수도 있고 파멸을 맞을 수도 있다. 어느 쪽이든 나한테는 아무 상관도 없다. 나를 꽉 붙잡고 훈련하라. 그러면 당신에게 이 세상을 드리겠다. 나를 편히 놓아주시면 당신을 파멸로 인도할 것이다. 나는 바로 습관이다. _작자 미상

1분 명언

습관이란 사회생활과 사생활에서 나타나는 다양한 행동양식을 의미한다.
_잭 켄필드

생활이란 습관의 직물이다. _앙리 프레데리크 아미엘

습관은 내가 바라는 것 이상으로 나를 바람직하게 만들 수도 있지만 반대로 더욱 열등한 사람을 만들기도 한다. _피터 코헨

습관의 쇠사슬은 처음에는 약한 것처럼 느껴져 언제라도 끊을 수 있을 거라 생각되지만 나중에는 그 사슬이 단단하여 끊을 수 없게 된다. _로이드 코리

1분 인생 독본
자기 능력을 써라. 사소한 일에 목숨을 걸지 말고 자신이 갖고 있는 에너지를 써라. 태풍은 지구에 살고 있는 사람들을 가장 긴장하게 만드는 자연현상 중의 하나다. 태풍이 불어와야 바다가 살고 큰 놀이 일어나 바닷속까지 산소를 공급해 풍어를 가져다준다.

1분 좋은 시
내 인생의 바닥끝이
눈앞에 보일 때
한동안 절망했다 _용혜원, '바닥끝'

영화·드라마 속 명대사
"난 늘 낯선 사람들의 친절에 의지해왔어."
_영화, '욕망이라는 이름의 전차'

---

193 조지 새포드 파커 만년필
그만큼 가치 있는 제품을 만들었다.

조지 새포드 파커는 유명한 파커 사의 설립자다. 교사였던 그는 부업으로 만년필을 만들어 팔았는데 만년필이 자주 고장났다. 파커는 이런 만년필을 파

는 것의 가책을 느끼고 자기가 판매한 만년필에 대해서는 책임을 지겠다는 자세로 고장 난 만년필을 일일이 고쳐주었다. 그러다 보니 시간이 너무나 많이 들었다. 그래서 파커는 자신이 직접 만년필을 만들 작정으로 회사를 창립하였다. 그동안의 경험으로 새로운 만년필을 만들어냈고 얼마 되지 않아 파커 만년필로 유명해졌다. 그만큼 가치 있고 품격 있는 제품을 만들었기 때문이다. 비가 아무리 세차게 쏟아져 내려도 끈기 있게 흘러가지 못한다. '열심에는 아무도 당해낼 수 없다.'라는 말이 있다. 그것은 바로 끈기 있게 일하라는 것이다. 제 일을 늘 미루며 이유를 대고 핑계를 대는 사람은 결코 성공적인 삶을 살 수 없다.

1분 명언

끈기가 곧 결심이다. 그리고 결심은 기회를 만든다. _덱스터 예거

끈기란 인내를 한곳에 집중하는 것이다. _토머스 칼라일

끈기가 있으면 세상의 모든 일이 가능해진다. 만나고 싶은 사람을 모두 만날 수 있다. 성공할수록 자신이 왜 그 일을 하는지 명확해진다. _덱스터 예거

당신의 침대가 제아무리 크고 푹신하며 안락하다 해도 거기서 빠져나와야 한다. _그레이스 슬릭

성공한 사람들은 성공이 대체로 끈기 문제임을 지적한다. 다시 말해서 끊임없이 시도하고 자신을 개발하고 그 도중에 잘못을 수정해나가면서 성공에 이르는 것이다. _제프 켈러

1분 인생 독본
바다를 보러 가자. 바다를 보러 달려가자. 넓고 푸른 바다는 살아 있다. 넓은 가슴으로도 감당할 수 없는 한이 쌓이고 쌓여 파도가 밀려올 때마다 하얀 거품으로 밀어내는 바다를 보면 가슴이 탁 트인다. 아름다운 수평선을 보러 가자.

1분 좋은 시
잠들지 못하는 밤 빗소리는

내 마음을 자꾸만 어지럽게 만든다

방안 가득히 불을 밝히고

그대를 생각한다

밤비는 어디로 흘러갈까 내 마음도 실어보내고 싶다 _용혜원, '밤비가 내린다'

영화·드라마 속 명대사 "사랑 없이, 증오 없이, 슬픔 없이, 살아 숨 쉬는 것은 째깍거리는 시계에 지나지 않아요!"_영화, '이퀼리브리엄'

194 지도력이 있는 선장
지금 우리에게 중요한 것은 나가는 것이다.

어떤 일에 근심이나 걱정부터 하는 사람은 일을 제대로 할 수 없다. 자기가 해야 할 일이 있을 때 뛰어들어 최선을 다하는 사람이 성공하는 삶을 살아간다. 해안 경계임무를 수행하고 있던 한 젊은이가 위험한 임무에 참가하도록 요청을 받았다. 어느 날 거대한 폭풍우가 일고 배가 조난당했다는 신호를 받았다. 배를 구조하기 위하여 큰 배를 움직이기 시작했다. 이때 한 젊은이가 미친 듯이 몰아치는 폭풍우에 놀라 선장에게 말했다. "우리는 돌아오지 못할지도 모른다." 이 말을 들은 선장이 대답했다. "지금 우리에게 중요한 것은 돌아오는 것이 아니라 나아가는 것이다."

1분 명언

중요한 것은 평범한 사람들의 말이 인정받는 사실이다._윈스턴 처칠

중요한 것은 계속 의심하는 것이다. _알버트 아인슈타인

중요한 것은 인위적으로 상호의존성을 강요하지 말라는 것이다. 상호의존성은 자연스럽게 사람들 사이로 퍼져서 그들이 알고 이해하고 신뢰할 수 있게 되어야 한다. _스티븐 코비

중요한 것은 당신이 선물로 받은 이 삶에서 무언가 특별한 일을 하겠다는 믿

음과 희망을 늘 간직하는 것이다. 그리고 당신에게 도전과 기회가 올 때마다 항상 최선을 다하는 것이다. _마이클 린버그

1분 인생 독본 생각을 조심하라. 왜냐하면 그것은 말이 되기 때문이다. 말을 조심하라. 왜냐하면 그것은 행동이 되기 때문이다. 행동을 조심하라. 왜냐하면 그것은 습관이 되기 때문이다. 습관을 조심하라. 왜냐하면 그것은 인격이 되기 때문이다. 인격을 조심하라. 왜냐하면 그것은 인생이 되기 때문이다. 자신이 하는 일을 재미없어하는 사람은 성공할 수가 없다. 일을 즐겨야 성공한다.

1분 좋은 시
모래알은 파도칠 때마다
바닷물을 얼마나
많이 먹었을까 _용혜원, '모래알은 파도칠 때마다'

영화·드라마 속 명대사 "목숨이 덧없다는 걸 알고 있다. 죽음이 항상 곁에 있다는 걸 알고 있다. 그런데도 저희는 기도한다. 앞으로 1년, 하루, 아니 잠시라도 저희는 오래 살고 싶다!"_일본 애니메이션, '스즈메의 문단속'

195 로버트 월폴의 대인관계
진실한 마음에 들어가서 그 마음을 따르라.

영국 헌정사상 최초의 수상이었으며 조지 2세 때 여당인 휘그당을 이끌었던 로버트 월폴경은 국회에서 중요한 표결이 있을 때마다 거창한 파티를 열어 여야 의원을 초대하고 값비싼 술과 음식을 마음껏 먹도록 했다.
"각하, 무엇 때문에 번번이 이토록 사치스러운 연회를 베풉니까?"
각료 한 사람이 술에 취해서 물었다. 월폴경은 대답했다.

"나는 이 방법을 고리 상자를 만드는 사람에게 배웠지. 그들은 고리 상자를 만들기 전에 미리 버드나무 가지를 꽉 죄어두더군. 사용할 때 부드럽도록 말일세. 거참, 오늘 보니 자네도 마음이 많이 부드러워졌네!"

1분 명언

마음은 다루기 힘든 아이다. _브라이언 로빈슨

마음보다 잔인한 무기는 없다. _장자

마음은 말의 창고다. _한국 격언

마음을 불태우는 세 가지 불꽃이 있는데, 그것은 자만심과 질투와 인색함이다. _단테 알리기에리

마음의 준비만이라도 되어 있으면 모든 준비는 완료된 것이다. _윌리엄 셰익스피어

마음의 기쁨과 만족은 타인에게 우월감을 느끼는 데서 온다. _토머스 홉스

마음의 문은 입이고 마음의 창은 귀다. _탈무드

마음이 똑바로 있으면 행동도 또한 바르다. _아우구스티누스

마음은 모든 것을 가장 아름답게 만드는 힘이다. _움베르토 에코

마음은 모든 삶의 푸른 하늘이다. _로맹 롤랑

마음이 평화가 가장 큰 부와 같다. _노만 빈센트 필

마음은 한계다. 마음이 여러분이 무언가를 할 수 있다는 사실을 상상할 수 있는 한, 여러분은 그것을 할 수 있다. _아놀드 슈워제네거

마음은 그 자체의 장소이며, 그 자체로 지옥의 천국, 지옥의 천국을 만들 수 있다. _존 밀턴

마음은 일어나는 모든 것이다. 생각, 느낌, 인식, 의식 그 자체는 모두 마음 속에서 일어난다. _샘 해리스

1분 인생 독본 우리가 살아가면서 참다운 생활을 하기 위해서는 부지런히 일해야 한다. 그리고 자연 속에 있는 모든 신비를 관찰, 파악하기 위해 노력하고 인류의 행복을 위하여 이바지하려는 생각을 가져야 한다. 이것이 곧 자기 자신이 행복해지는 지름길이다. 현명한 사람들은 곧잘 자신을 바르게 한

다. 마음은 잡기도 어려울 뿐 아니라 가볍게 흔들리며 탐하는 대로 쫓아간다. 단지 지혜로운 사람만이 바로잡는다.

1분 좋은 시
호숫가의 나무들이
아름답게 살아 있는
그림을 그려놓는다 _용혜원, '호숫가의 나무들이'

영화·드라마 속 명대사 "재능이 없는 사람은 없어요. 하지만 하고 싶은 이야기가 있어서 내 식대로 들려줬는데 통하는 건 특별한 재능이에요!"
_영화, '레이디가가: 온 더 엣지'

196 물리학자 켈빈과 전기
자네나 나나 전기를 모르긴 마찬가지니까.

사람은 모든 길을 갈 수는 없다. 성공은 한 분야에서 얻어야 한다. 우리 직업은 오직 하나의 인생 목표로 삼아야 하며 다른 모든 것은 종속되어야 한다. 스코틀랜드의 물리학자가 켈빈이 여행을 하던 중 수력 발전소를 방문하게 되었다. 안내하는 젊은이가 켈빈이 위대한 물리학자인 것을 모르고 전기학에 대해서 아는 척을 했다. 켈빈이 고개를 끄덕이며 듣고 있다가 그곳을 떠나기 전에 말했다. "그럼, 전기란 무엇을 말하는가?" 젊은이는 아무런 대답도 하지 못했다. 그러자 켈빈이 말했다. "젊은이, 그렇게 실망하지 말게. 자네나 나나 전기에 대해 모르긴 마찬가지니까."

1분 명언
기대하지 않는 자는 실망하지도 않을 것이다. _울 거트
아무것도 기대하지 않는 자는 실망도 없을 것이다. _알렉산더

나의 실망은 견딜 수 있어도 남의 실망은 참을 수 없다. _월시

실패하면 실망할지도 모른다. 그러나 시도도 안 하면 불행해진다. _비벌리 실스

실망은 우리의 기대를 재조정하는 기간이다. _알랭 드 보통

1분 인생 독본 어둠에서 벗어나라. 어둠은 음모로 가득 차 왕성한 식욕으로 밤의 색깔 외에는 용납하지 않는다. 순수함을 던져버리고 모든 것을 자기 욕심대로 끌어당겨 단지 하나의 검은 색깔 속으로 침몰시킨다. 검은 어둠은 힘이 강하고 대단할 것 같지만 나약하고 초라하다. 검은 어둠은 빛이 찾아오면 줄행랑을 쳐버린다.

1분 좋은 시
자꾸만 좋아진다
이유 없이 조건 없이
순수하게 자꾸만 좋아진다
헤어지고 만나고
만나고 헤어지며
그리움을 촉진해놓았다
가만히 있어도 생각이 나고
다정함에 가슴이 벅차올라
마냥 좋아진다 _용혜원, '마냥 좋아진다'

영화·드라마 속 명대사 "어떤 기억은 자리를 옮겨 우리가 살게끔 도와주는데, 어떤 기억은 침체되어 있지. 게다가 너무 강력해서 그걸 움직이지 못하면 우리가 끌려내려가." _영화, '일요일의 병'

부지런한 사람 조지 휫필드

시간은 누구에게나 소중하다.

시간을 정확하게 지키고 모든 것을 제때 정확하게 하라. 조지 휫필드는 평생 새벽 4시에 일어났다. 조지 휫필드는 언제나 잠자리에 드는 시간을 지켰다. 그를 찾아온 방문객이 누구이든지 무슨 대화를 하고 있든지 간에 밤 10시가 되면 자리에서 일어나서 말했다.

"자, 여러분 모든 선한 사람이 편히 쉴 시간이다."

시간은 누구에게나 소중하다. 시간은 한 번 왔다가 떠나면 다시 돌아오지 않는다. 부지런히 일하라. 한가하게 있지 말라. 쓸데없는 일에 부지런하지 말라. 꼭 필요한 것보다 더 많은 시간을 허비하지 말라.

▼ 1분 명언

나는 시간을 낭비하였더니 지금은 시간이 나를 허비한다. _윌리엄 셰익스피어

나쁜 사람은 눈물 흘릴 시간이 없다. _조지 고든 바이런

시간은 모든 슬픔을 치유한다. _키케로

시간은 잘 이용하는 사람에게 친절하다. _아르투어 쇼펜하우어

시간은 절대 당신이 원하는 대로 흘러가지 않는다. _로널드 브레이시

시간은 마음의 상처와 일상의 좌절을 용기와 인내와 포용력으로 변화시킨다.
_나폴레온 힐

시계를 앞당겨 놓을 수는 있지만, 그렇다고 시간이 더 빨리 가는 것은 아니다. 사태가 진전되는 동안 기다릴 줄 아는 능력은 현실 정치의 한 전제조건이다.
_오토 폰 비스마르크

일하는 시간과 노는 시간을 뚜렷이 구분하라. 시간의 중요성을 이해하고 매 순간을 즐겁게 보내고 유용하게 활용하라. 그러면 젊은 날은 유쾌함으로 가득 찰 것이고 늙어서도 후회할 일이 적어질 것이며 가난할 때라도 인생을 아름답게 살아갈 수 있다. _루이사 메이 올콧

1분 인생 독본 사랑의 포용력은 커야 한다. 사랑의 포용력은 상처받은 가슴마다 가장 강한 힘이 된다. 사랑을 방해하는 것은 아무것도 없다. 사랑은 제 아무리 막아도 모든 속을 뚫고 들어간다. 사랑은 영원히 그 날개를 퍼덕이고 있다. 인생에 있어서 우리가 해야 할 일은 다른 사람을 앞지르는 것이 아니라 자기 스스로 앞지르는 것이다.

1분 좋은 시
너의 차가운 손
싸늘한 눈빛
싸늘한 포옹 속에서
이별을 알 수 있었다 _용혜원, '이별'

영화·드라마 속 명대사 "샌드위치를 시키는데 1시간 넘게 걸리는 당신을 사랑해. 밤늦게까지 이야기할 수 있는 그런 당신을 사랑해!"
_영화, '해리가 샐리를 만났을 때'

198 자신이 있는 왕
강하고 담대한 마음은 큰 힘이다.

자기 삶을 강하고 담대한 마음으로 살아가면 그 어떤 것도 두려워할 필요가 없다. 영국의 찰스 2세는 어느 날 아침, 아무 시종도 거느리지 않고 혼자 하이드 파크로 산책하러 나갔다. 마침 그곳에 그의 동생 오크 공작이 사냥하고 돌아와 있었다. 찰스 왕을 본 동생이 말했다.
"형님, 왜 좀 더 신중하게 행동하지 않으십니까?"
이 말을 들은 찰스 왕이 웃으면서 대답하였다.
"여보게, 동생! 너무 걱정하지 말게. 이 영국에서는 그대를 왕으로 만들기 위해 나를 죽이려고 음모를 꾸미는 사람은 단 한 사람도 없네!"

강하고 담대한 마음은 큰 힘이다.

1분 명언
실수는 행동을 서두르거나 두려움, 의심을 동반한 행동 혹은 모두에게 진보를 가져다주는 방향이 아닌 옳지 못한 동기에 의해 행동할 때 생긴다.
_윌리스 와틀스

실수는 우리를 성장시킨다. _지그 지글러
실수로부터 배우는 법을 배워야 한다. _덱스터 예거
실수가 없을 수는 없다. 하지만 이렇게 자신을 위한다면 그 실수가 눈에 띄게 줄어들게 마련이다. _잭 윌리엄 니클라우스
실수는 저지르라고 있는 것이다. _디아나 드레센

1분 인생 독본 궁지에 몰릴 때, 과신이 화근이 되어 제대로 꿰뚫어 바라보지 못하고 육감조차 빗나가버려 설마 했던 일들이 터지고 만다. 욕심과 사심을 버리면 솟아오르는 태양을 볼 수 있다. 걱정과 근심을 깨끗이 지워버리면 어려움을 이기는 묘미를 맛볼 수 있다. 행복은 성취의 즐거움, 그리고 창조적인 노력의 두근거림에 존재한다. 눈앞의 실패에 좌절하지 않고 반드시 목표를 향해 전진한다.

1분 좋은 시
인간의 모든 죄
육체와 영혼을 갉아먹는
은밀한 욕심은
영혼 깊숙이 자리 잡은
호기심에서 시작되었다 _용혜원, '달콤한 유혹'

영화·드라마 속 명대사 "당신 말이 옳아. 우리는 너무 오랫동안 서로에게 없는 것만 찾으려고 애썼어!"_영화, '페인티드 베일'

독일 철학자 피히테의 삶
조국을 위해 온갖 노력을 다했다.

집이 가난하고 부자인 것과 성공적인 삶을 살아가는 것은 다르다. 자신의 마음 자세가 가장 중요하다. 독일의 철학자 피히테는 직공의 아들이었다. 예의 바르고 생활 규범이 엄격한 가정에서 성장한 덕분에 굳은 의지와 넘치는 정력을 소유한 청년이다. 그는 어느 귀족의 총애를 입어 고등교육을 받았고 후에 칸트 철학을 읽고 크게 감동하여 결심했다.

"칸트의 윤리관은 엄숙하고 완벽하지만 어려워서 잘 이해하기가 어렵다. 그러므로 나는 이것을 잘 소화하여 이 학설의 해설자가 되고 또한 실행자가 되리라."

그 후 그는 대학의 교수가 되었는데 그 당시 유럽은 나폴레옹 보나파르트 1세가 세계 전역을 휩쓸고 있었다. 독일 역시 위협을 받았다. 그는 '남자로서 나라를 위해 일할 때가 왔다!'라는 생각으로 조국을 위해 입과 붓으로 백성을 고무시키는 데 전력을 다했다. 그 후 베를린 대학의 총장이 되었고 전 생애를 교육사업에 바쳐 독일의 교육제도를 고치고 근본적으로 독일 국민의 생활태도를 고치는 데 온갖 노력을 다했다.

1분 명언

닥쳐올 고통을 선택할 수는 없지만 그것을 대하는 태도는 직접 선택할 수 있다. _고든 리빙스턴

고귀한 태도를 잃는 것은 대개 한 순간이다. _제리 밴 아메론겐

미모의 아름다움은 눈만을 즐겁게 하나 상냥한 태도는 영혼을 매료시킨다. _볼테르

이상적인 인간은 삶의 불행을 위엄과 품위를 잃지 않고 긍정적인 태도로 그 상황을 최대한 이용한다. _아리스토텔레스

사람의 마음은 그가 동물을 대할 때의 태도로 알 수 있다. _오스카 와일드

태도는 인생의 행복을 제어하는 열쇠이다. _코린 크레쿠포

태도는 우리의 선택에 따라 변할 수 있다. _제프 킨

우리의 태도는 우리 미래를 가장 잘 예측해준다. _로버트 본디

태도는 우리가 선택하는 것이며, 우리의 미래를 형성한다. _에릭 토머스

1분 인생 독본 이 세상을 만드는 힘은 희망이다. 수확하는 열매가 없다면 농부는 밭에 씨를 뿌리지 않는다. 돈을 벌 수 없다면 장사꾼이 장사할 수가 없다. 희망은 강한 용기이며 새로운 의지다. 성공하는 데는 강한 용기와 새로운 의지가 필요하다. 강한 용기와 새로운 의지를 간직하고 싶다면 희망을 소유하라. 우리답지 않으면 우리의 인생이 아니다.

1분 좋은 시
다시 시작할 수 있을 때
희망이 있어
아주 좋다 _용혜원, '다시 시작할 수 있을 때'

영화·드라마 속 명대사 "우린 앞으로 다른 삶을 살게 될 거야. 넌 예전의 나처럼, 나는 예전의 너처럼!" _영화, '솔 메이트'

200 영국 궁전의 포도나무
뿌리를 최대한 뻗쳐라.

영국의 궁전에 포도나무가 한 그루 있었다. 어느 해인가 그 포도나무에는 2천 송이가 넘는 포도송이가 탐스럽게 열렸다. 그동안 그런 일이 없었던 터라 이 일은 금방 소문이 퍼져 나갔다. 드디어 전문가들이 찾아와 포도나무가 어떻게 이토록 많은 열매를 맺었는지 연구를 시작했다. 연구한 결과 포도나무의 뿌리가 궁전으로부터 수십 미터 떨어진 템스강 바닥에까지 뻗어서 그곳으로부터 수분과 양분을 잘 빨아들인 결과임을 알게 되었다. 뿌리를 길게 뻗

치는 나무가 생명력 있게 살아갈 수 있다.

1분 명언

소문이란 억측과 질투가 불어내는 피리다. _윌리엄 셰익스피어

인류 가운데 소문보다 더 빠른 것은 없다. _플라우투스

모든 소문은 위험하다. 좋은 소문은 질투를 낳고 나쁜 소문은 치욕을 가져온다. _토머스 풀러

나쁜 소문은 좋은 소문보다 더욱 빨리 퍼진다. _토머스 키드

무소식이 희소식이다. _영국 속담

나쁜 소문을 막아라. 어중이떠중이가 모인 일반 대중에게는 악의를 품고 노려볼 두 눈과 심심풀이로 날름거리는 혀가 있다. _발타자르 그라시안

나쁜 소문이란 완전히 없애기도 어렵고, 사람들이 더욱 쉽게 믿는다. 그러므로 나쁜 평판을 얻기가 쉬운 것이다. _발타자르 그라시안

내가 직접 그 사람을 판단할 수 있다면 그 사람에 대한 소문은 들을 필요가 없다. _스테판 킹

1분 인생 독본 항상 표정을 밝게 하라. 우울하고 어두운 사람은 아무에게도 호감을 주지 못한다. 밝고 쾌활하면 사람들이 찾아온다. 웃고 즐겁게 일해도 인생이 짧기만 한데 어둡고 칙칙한 모습으로 한탄하며 지낸다면 불행만이 찾아와 노크할 뿐이다. 표정이 어두워지는 것은 부정적인 생각과 불길한 마음 때문에 생긴다. 사랑을 배우는 길은 사랑하는 것밖에 없다.

1분 좋은 시

물은 한 방울 한 방울일 때는
큰 힘을 나타내지 못한다

물은 만나면 만날수록
서로 뭉쳐 하나가 되어

큰 힘을 나타내고 발휘한다

작은 빗방울들이 모여
시냇물이 되고 시냇물이 모여
강물이 되고
강물이 모여 큰 바다가 된다

물은 모여들수록 큰물이 되어가고
사는 물고기 크기도 다르고
파도의 크기도 다르고
물이 하는 일도 달라진다 _용혜원, '물'

영화·드라마 속 명대사 "내가 너한테 평생 줄 수 있는 선물이 하나라면 무얼
주고 싶은지 알아? 자신감이야!"_영화, '원 데이'

A miscellaneous dictionary
of episodes for creators

A Perfect Book For Humblebrag

Episode III.

201

.

.

인간은 태어날 때 대리석과 그것을 연마하는 데 필요한

도구를 가지고 태어난다. 일생 그것을 다듬지 않고 끌고 다닐 수도 있고

혹은 하나의 멋진 조각으로도 만들 수 있다

.

270

201 프랑스 몽티냐크 어린이 탐험대

모험심이 발견한 새로운 역사

1940년 프랑스 몽티냐크에서 어린이 4명이 탐험에 나섰다. 그들은 온갖 전설이 전해져오는 그 마을의 작은 구멍을 파기로 했다. 구멍을 파고들어가자 점점 넓은 굴이 나타났다. 아이들은 두려움과 호기심으로 굴 안으로 들어갔다. 그러자 놀라운 광경이 펼쳐졌다. 동굴 안의 벽에는 수많은 그림이 가득 그려져 있었다. 이 벽화가 바로 그 유명한 알타미라 벽화와 쌍벽을 이루는 라스코 벽화다. 어린이들의 모험심이 새로운 역사를 발견하여 인류사에 큰 획을 그었던 것이다. 모험은 힘들지만 그 속에서 새로운 발견으로 역사를 빛내기도 한다. 탐구심이 가득한 사람이 모험하기를 즐긴다.

1분 명언

인생은 단 한 번뿐이다. 무사안일하게 사는 것보다 이 세상에서 무슨 일인가를 한 번 이루기 위한 모험을 시도하는 것이 우리 인생에 걸맞다.
_프랭클린 루스벨트

모험은 세상에 대한 생생한 경험을 제공해주고 두려움의 경계를 무너뜨리고 삶의 길에 놓인 방해물들을 제거해준다. _마사 베크

모험이란 정당하게 이해된 불편함이고 불편함은 정당하게 이해받지 못한 모험이다. _길버트 키스 체스터튼

모험은 개인 및 사회, 역사의 활력소다. _윌리엄 볼리토

모험은 안정보다 더 위대하며 삶에는 아직도 개척해야 할 영토가 무궁무진하다. _알렌 코헨

1분 인생 독본

만족한 삶을 사는 사람은 분명한 삶의 방향과 뜻을 가진 사람, 인생을 헛되이 살았다고 후회하거나 실망하지 않는 사람, 몇 가지 장기적인 계획을 세우고 그것을 성취하지 않는 사람, 누군가를 무척 사랑하는 사람, 친구가 많은 사람, 성격이 발랄한 사람, 자기에 대한 평가에 지나치게 신

경을 쓰지 않는 사람, 두려움이 없는 사람, 예의 바르고 절대로 화를 내지 않는 사람은 정말로 큰 인물이다.

1분 좋은 시
도시의 뒷골목
겉과 다른 모습의
이야기들이 살고 있다 _용혜원, '도시의 뒷골목'

영화·드라마 속 명대사 "데모한 사람이 천벌받으면 데모하게 한 사람은 무슨 벌을 받아요?"_영화, '택시 운전사'

202 어떤 의사 이야기
나는 의학을 배우러 왔다.

어떤 의사의 이야기다. 그 의사는 청년 시절 고학을 하느라고 늘 초라한 의복으로 생활했다. 바지가랑이가 헤어지고 여기저기 구멍이 나기 일쑤였다. 그날도 그는 형편없이 헤진 옷을 입고 있었다. 그래서 친구가 옷을 좀 꿰매 입으라고 했다. 다음날 그의 옷은 꿰매기는 했는데 어딘지 모르게 어색해보였다. 자세히 보니 실이 아니라 종이로 꼰 노끈으로 옷을 꿰매었다. 친구는 혀를 내두르며 물었다.

"아니, 자네는 바늘도 실도 없나?" 그는 태연스럽게 말했다.

"나는 의학을 배우러 온 것일세. 재봉을 배우러 온 것이 아니니 이만하면 괜찮지 뭘 그런가."

1분 명언
가난한 자의 불편함은 끊임없이 참아야만 한다는 것이다. _임마누엘 칸트
부를 경멸하는 사람이 있다. 그것은 부자가 될 희망이 없기 때문이다. 부를

경멸하는 사람의 말을 믿지 마라. 부를 얻는 데 실패한 사람이 부를 경멸한다. _프랜시스 베이컨

많이 가진 사람은 더 많은 것을 손에 넣는다. 조금 밖에 가지지 못한 사람은 그것마저 빼앗긴다. _하인리히 하이네

가난한 자는 언젠가 미래에 보상을 받는다. 하지만 부자는 당장 보상을 받는다. _콘스탄틴 게오르규

1분 인생 독본 위로받을 고통이 있을 때가 있다. 한숨에 구겨지고 상처 난 아픔의 파편들이 마구 찔러올 때 고통을 어떻게 이겨낼 수 있을까? 통한의 세월 동안 흐느낌으로 참았던 아픔이 피를 토할 만큼 살아 퍼덕이는 고통을 위장하기 위하여 웃으며 보낸 날들이 위로받을 수 없는 고통이다. 고통을 받은 사람 때문에 세계는 더욱 진전했다. 고통을 통해 길러진 강함은 참으로 숭고한 원리다.

1분 좋은 시
삶에 어둠의 그림자가 있다고
슬퍼하지 말자
태양이 아무리 찬란하게
온 땅에 쏟아져 내려도
어둠은 어느 곳에나
조금씩 숨어 있다 _용혜원, '그림자'

책 속의 좋은 말 신의 창들을 관조하는 자는 결코 따분하지 않다. 그는 행복하다. _밀란 쿤데라 소설, <느림> 중에서

영화·드라마 속 명대사 "인생은 다시 돌아올 두 번의 기회가 없다고 생각하고 살아야 해." _영화, '어바웃 타임'

희망을 이룬 도미노 피자 톰 모너건
꿈꾼 희망은 이루어진다.

세계적으로 유명한 도미노 피자가 있다. 이 회사를 창건한 톰 모너건은 미시간주의 시골에서 고아로 자랐다. 그는 어렸을 때부터 한 가지 큰 뜻을 품고 살았다. 바로 프로 야구팀인 디트로이트 타이거즈의 구단주가 되겠다는 꿈이다. 1960년 대학을 중퇴한 그는 아주 작은 피자 가게를 하나 차렸다. 그는 최선을 다한 끝에 오늘날 연간 매출액 20억 달러가 넘는 세계 최대의 피자 배달회사인 도미노 피자의 회장이 되었다.

현재 도미노 피자는 미국 전역에만 4,100개의 지점이 있고 13만 명의 직원이 일하고 있다. 그는 어린 시절의 꿈이었던 디트로이트 구단주가 되어 인터뷰에서 말했다. "부자가 되는 최고의 준비는 꿈꾸는 것이다. 기회가 찾아왔을 때 준비되어 있어야 한다. 저는 제 주변의 많은 사람에게 전혀 이해가 되지 않는 일들을 했다. 그러나 그 엉뚱해보이는 일들을 이루어내었다. 오래전부터 그 일들에 희망을 꿈꾸어왔다." 꿈꾼 희망은 이루어진다.

1분 명언
이해는 의사소통이 얼마나 잘되느냐에 달려 있다. _맥스웰 몰츠
이해하려는 인간의 욕구는 폐에 공기가 필요한 것과 같다. _스티븐 코비
이해가 부족한 사람이 오해가 많은 사람보다 낫다. _아나톨 프랑스
이해하지 않은 것은 소유하고 있는 것이 아니다. _요한 볼프강 폰 괴테
이해란 통찰력을 가지고 반응하는 기술이다. _척 스윈돌

1분 인생 독본 처음과 시작도 중요하지만 끝을 제대로 끝낼 줄 아는 사람이 진정한 성공을 만들어낸다. 태양이 뜰 때도 아름답지만 석양은 정말 탄복할 정도로 아름답다. 뛰어나고 유능한 운동선수들도 날마다 훈련을 반복하며 마지막 순간을 포기하지 않는다. 성공으로 직접 올라가는 엘리베이터는 작동하지 않는다. 성공의 계단은 항상 열려 있다. 걸어올라가면 된다.

맺혔던 가슴이 탁 풀리도록
푸른 하늘을 마음껏
바라볼 수 있을 때가 행복하다

답답했던 마음을 확 열어젖히고
초록 숲 향기를 받아들일 때
미소를 지을 수 있다 _용혜원, '마음의 여유'

영화·드라마 속 명대사 "창밖을 봐. 나뭇가지가 바람에 살며시 흔들리면 네가 사랑하는 사람이 널 사랑하는 거야. 귀를 기울여봐. 가슴이 뛰는 소리가 들리면 네가 사랑하는 사람이 널 사랑하고 있는 거야. 눈을 감아봐. 입가에 미소가 떠오르면 네가 사랑하는 사람이 널 사랑하고 있는 거야."

_영화, ' '클래식'

204 **해야 할 일을 뒤로 미루지 말라**

할 일을 미루는 것은 비참한 결과를 만든다.

미국 독립전쟁 당시 어느 날이다. 영국의 독일 용병인 헤시안 군대가 트랜턴 이라는 곳에 주둔하고 있을 때였다. 당시 사령관이었던 랄 대령이 게임에 쏙 빠져서 정신이 없을 때 누군가 와서 편지 한 통을 건넸다. 그는 그때 몰랐으나 그 편지를 바로 읽어보기만 했어도 그의 생명은 무사했을 것이다. 그런데 그는 편지를 주머니 속에 넣어두고는 계속 카드놀이에 열중했다. 편지는 조지 워싱턴이 델라웨어강을 건너고 있다는 사실을 알려주는 공문서였다. 게임이 끝날 때까지 편지를 읽는 것을 미뤄둔 것이다. 그러나 그때는 이미 군대를 소집하기에 너무 늦은 시간이었다. 그는 죽임을 당했고 그의 부하들은 포로로 잡혀가고 말았다. 인생의 게임에서 패배했으니 결국 할 일을 미룸으로써 비참한 결과를 초래했던 것이다.

1분 명언
패배는 우리를 교육시킨다. _랠프 월도 에머슨

패배는 항상 있다. _조지 c. 마셜

패배란 무엇인가? 그것은 교육에 지나지 않는다. 그것은 한층 더 뛰어난 단계에 이르게 하는 첫걸음이다. _웬델 필립스

승리하면 조금 배울 수 있다. 하지만 패배하면 모든 것을 배울 수 있다. _크리스티 매튜슨

인간은 패배했을 때 끝나는 것이 아니라 포기했을 때 끝난다. _리처드 닉슨

한 차례의 패배를 최후의 패배로 혼동하지 마라. _스콧 피츠제럴드

1분 인생 독본 만약에 어떤 목표 없이 인생을 허송세월한다면 그 일생은 물론 단 하루라도 인생의 존귀함을 모른다. 어떤 설명보다도 성실한 태도로 사는 사람에게는 인생의 의미가 깊게 다가온다. 먼저 아침 식사 때 조용히 감사하며 자기의 성찰을 해봐야 한다. 인생은 흘러가는 것이 아니고 성실로 내용을 채워나간다. 하루하루를 내가 가진 것으로 채워간다. 고통이 남기고 간 뒷맛을 맛보라. 고난이 지나가면 반드시 단맛이 깃든다.

1분 좋은 시
허울만 좋은 듯

잘 부풀어 오르다가

참았던 울분 터뜨리듯

허무하게 터져버린다 _용혜원, '풍선'

영화·드라마 속 명대사 "세상은 계란으로 바위치기라 하지만 바위는 죽은 거고, 계란은 살아 있는 거다." _영화, '변호인'

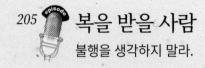

205 복을 받을 사람
불행을 생각하지 말라.

소설가 찰스 디킨슨은 복 받기를 원하는 사람들에게 두 가지를 권면했다. 첫째, 과거의 불행을 생각하지 말라. 둘째, 현재 받은 복에 감사하라. 현재 위치에서 과거의 불행을 생각하며 사는 사람에게는 축복이 깃들 자리가 없다. 또 현재 받은 복을 헤아릴 줄 모르는 사람은 자신이 어떠한 복을 받았으며 앞으로 어떠한 복을 받을 것인지 깨닫지 못한다.

영국의 작가 아이작 월턴은 '우리는 복을 누리고 있으면서도 그것이 복인지 모르기에 감사함을 잊고 산다. 만일 이 지구에 공기가 없다면, 빛이 없다면, 비가 내리지 않는다면 어떻게 되겠는가?' 라며 감사의 기도를 잊지 말 것을 권하고 있다. 자기가 받을 복은 스스로 만들어간다. 복 받을 삶을 살아야 복을 받는다.

1분 명언

복 있는 자는 아무것도 바라지 않는다. 그는 실망하지 않는다.
_길버트 키스 체스터턴

자기 일을 찾는 자는 복이 있다. 그가 다른 복을 찾지 않게 하라. _토머스 칼라일

아무것도 바라지 않는 사람은 복을 받을지어다. 왜냐하면 그는 실망하지 않을 것이기 때문이다. _알렉산더 포프

당신을 곤경에 빠뜨린 바로 그것이 또한 당신을 곤경에서 구해주는 열쇠가 될 수도 있다. 박힌 가시는 가시로 빼내고 땅으로 넘어진 자는 땅을 짚고 일어서지 않는가? _이드리스 샤흐

인간으로 살아갈 때 누리는 가장 유일한 복은 이 세계의 어떤 생명체보다 많은 경험을 누릴 수 있다는 것이다. _앤드류 매튜스

1분 인생 독본
늙어서 머리가 희어지고 잠이 많아져도 행복하게 살아가라. 책을 읽고 산책을 하고 여행을 하고 꿈을 꾸라. 젊은 날 눈부셨던 부드러운

추억을, 감동의 시간과 순간들을 얼마나 좋아했는가? 아름다운 삶의 순간을 얼마나 사랑했는지 회상해보라. 나이 들어 변해가는 얼굴도 행복하게 바라보고 남아 있는 삶을 황혼에 물들듯 아름답게 살아가라. 사랑할 때는 꿈을 꾸지만 결혼하면 잠을 깬다.

1분 좋은 시
아! 그대였구나
내 마음에 사랑의 꽃
피워놓은 사람 _용혜원, '아! 그대였구나'

영화·드라마 속 명대사 "아니오. 똑같습니다. 손, 눈, 입 지금도 예뻐요. 많이 보고 싶었습니다."_영화, '늑대 소년'

206 실패를 두려워하지 말라
성공할 수 있었던 가장 큰 비결은 실패이다.

미국의 프로 야구팀에는 뉴욕 양키스가 있다. 그 팀에는 메이저 리그의 홈런왕 베이브 루스가 있다. 그는 1976년까지 716개의 홈런으로 홈런왕이 되었다. 그는 스트라이크 아웃을 당하기 일쑤여서 1,330번의 스트라이크 아웃을 당했다. 마이클 조던은 성공의 요인은 실패에서 찾는다.
"나는 지금까지 9,000번도 넘게 슛을 성공시키지 못했다. 시합에서는 300번 넘게 넘어졌다. 사람들이 나를 믿고 패스한 공도 26번이나 성공시키지 못했다. 나는 실패하고, 실패하고, 또 실패했다. 그러나 그것이 바로 내가 성공할 수 있었던 이유다. 나는 살면서 수없이 많은 실패를 경험했고 성공할 수 있었던 가장 큰 비결은 실패이다."
어떤 상황에서도 포기하지 않고 나가면 원하는 것을 얻을 수 있다.

1분 명언

경험 있는 자는 학문이 높은 자보다 낮다. _스위스 속담

경험은 최고의 교사이다. 다만 수업료가 지나치게 비싸다. _토머스 칼라일

경험은 최고의 지식이다. _페터 로제거

경험은 바보의 스승이다. _리비우스

경험은 숱한 실수를 저질러야 천천히 가르쳐준다. _푸르드

경험은 사람들의 실수에 붙이는 이름이다. _오스카 와일드

경험을 통해 영역을 넓히고 또 넓혀라. _덱스터 예거

1분 인생 독본 두려움이란 이상한 감정이다. 두려움은 서로 다른 여러 측면에서 사람들에게 큰 영향을 미친다. 두려움은 모든 사람에게 크든 작든 삶의 어느 단계에서 영향을 미치지만, 많은 사람은 그것을 인정하고 직접 대처하기보다는 거기에 지배당한다. 공포증은 두려움의 극단적인 형태로 불안에 시달리는 사람들은 그것이 자신들의 삶을 얼마나 크게 파괴하는지 알지 못한다.

1분 좋은 시

갯바위는 파도에
수없이 맞아도
퍼렇게 멍들지 않는다 _용혜원, '갯바위'

영화·드라마 속 명대사 "두려움은 당신을 포로로 묶어놓지만 희망은 당신을 자유롭게 한다!" _영화, '쇼생크 탈출'

위대한 사람 부커 워싱톤
인생은 맨 꼭대기에서 출발할 수 없다.

흑인인 부커 워싱톤은 미국의 교육자이자 흑인사회의 대표적 리더로서 활동했다. 그는 일생의 마지막을 터스키기 대학교의 총장을 지내며 많은 사람에게 존경을 얻었다. 그가 젊었던 시절에는 흑인이 대학 교육을 받는 일이 매우 어려웠다. 그때 그는 흑인을 받아주는 대학이 있다는 말을 듣고 그 대학이 있는 곳으로 먼 길을 걸어 대학에 도착했지만 학생으로 입학할 자리가 없음을 알았다. 힘겹게 일자리를 찾던 그에게 대학 기숙사에서 청소하는 일이 맡겨지자 그는 곧 일자리를 받아들여 성실하게 일했다. 그 후에 학교 당국은 그를 학생으로 받아주었다. 이처럼 인생은 맨 위에서 출발하기보다 맨 아래에서 출발할 때 미래로 전진할 저력이 생겨난다. 낮은 자리에 있으면 노력하여 올라가고 싶어한다.

1분 명언

성실은 만사의 대본이며 모든 재능의 최대 요소이다. _토머스 칼라일

성실은 하늘나라에 이르는 길이다. _영국 속담

성실은 어디서나 통용되는 유일한 화폐다. _중국 속담

성실한 사람은 하나님의 가장 위대한 피조물이다. _알렉산더 포프

지식이 없는 성실은 허약하고 쓸모 없다. 성실이 없는 지식은 위험하고 두려운 것이다. _사무엘 존슨

근면과 성실로 재산을 모은 것은 신의 섭리에 어긋나지 않는다. _장 칼뱅

1분 인생 독본

죽음을 앞뒀던 시인 롱펠로에게 기자가 물어보았다. "숱한 역경과 고난을 겪으면서도 당신의 작품에는 진한 인생의 향기가 담겨 있다. 그 비결이 무엇인가?" 롱펠로는 마당의 사과나무를 가리키며 말했다.

"저 나무가 나의 스승이었다. 저 나무는 매우 늙었다. 그러나 해마다 단맛을 내는 사과가 주렁주렁 열린다. 그것은 늙은 나무에서 새순이 돋기 때문이다."

내 마음에 문을
열어주지 않았는데
네가 들어와 있다 _용혜원, '사랑'

▼
영화·드라마 속 명대사 "모든 비겁함은 사랑을 하지 않기 때문이야. 죽음의
두려움이 없는 사람의 얼굴은 마치 코뿔소 사냥꾼이나 벨몬트의 얼굴을 닮
았어. 그건 사랑이 죽음의 공포를 밀어냈기 때문이지."_영화, '미드나잇 인 파리'

208 네덜란드 의사 볼 하페
너는 모든 의사를 비웃게 될 것이다.

네덜란드의 유명한 의사 볼 하페는 70세까지 살다가 죽었다. 그가 죽은
1738년 당시만 하더라도 70세까지 살기가 어려웠다. 그의 유산이 경매되었
을 때 단단히 봉인해둔 한 권의 책이 나왔다. 표지에는 '건강에 유례없는 비
결'이라고 씌어 있었다. 볼 하페는 대단히 고명한 의사였기 때문에 사람들은
이 책에 지금까지 알려지지 않은 인간의 수명을 연장할 의학상의 귀중한 처
방이 들어 있을 것으로 생각했다.

경매에서는 서로 이 책을 노려 일만 그르텐이라는 비싼 값에 팔렸다. 이 책
을 산 사람은 세계 최대의 값진 보물을 손에 넣었다고 만족해했다. 그는 이
비결을 쓴 책의 봉인을 조심스럽게 뜯었다. 두근거리는 가슴을 누르고 책장
을 넘겼다. 아무리 책장을 넘겨보아도 모두 백지였다. 실망했다. 책 맨 뒷장
에 이렇게 씌어져 있었다.

"머리는 차게 하고 발은 따뜻하게 하라. 지나친 욕심을 부리지 말고 항상 마
음을 편하게 하라. 그러면 너는 모든 의사를 비웃게 될 것이다."

욕심이 불행을 만들고 나눔이 행복을 만든다.

1분 명언

고민은 산책하면서 잊도록 하는 것이 제일이다. 자, 잠깐 밖으로 나가 보라. 그러면 번민은 날개가 돋친 듯 날아가 버릴 것이다. _데일 카네기

고민은 어떤 일을 시작하였기 때문에 생기기보다는 일을 할까 말까 망설이는 데에서 더 많이 생긴다. 실패를 미리 두려워할 필요는 없다. 성공하고 못하고는 하늘에 맡겨 두는 게 좋다. _윌리엄 러셀

과거는 잊어버리고 다른 일에 몰두하자. 이것이 고민의 해결이다. _잭 템프시

1분 인생 독본 중국 조각가 환혁이 말했다.

"조각의 도리란, 코는 크게 만들고 눈은 작게 만드는 것이다. 코가 크면 작게 할 수 있고 눈이 작으면 크게 할 수 있다. 이렇듯 모든 것을 고칠 수 있는 마음에 여유를 가져야만 실패가 적다!"

1분 좋은 시

어차피 한순간이지만
날아오르려면 높이 날아올라라
헛된 욕망의 줄 끊어지면
의미가 있고
희망이 없다면
아무런 후회는 없다
아쉬운 시절에도 희망으로 날아라
하늘 높이 훨훨 날아라 _용혜원, '연'

영화·드라마 속 명대사 "우리가 함께한 시간은 단 1초도 변하지 않을 거야."
_영화, '시간 여행자의 아내'

캘리포니아만을 수영으로 건넌 최초의 여성 플로렌스 채드윅

목표가 있다면 분명하고 확실하게 이루어내야 한다.

목표가 있다면 분명하고 확실하게 이루어내야 한다. 플로렌스 채드윅은 1952년 7월 4일 수영으로 카타리나섬에서부터 캘리포니아만까지 도착하려고 바다에 뛰어들었다. 수영을 시작한 지 15시간 만에 피로와 저체온을 감당하지 못하고 물에서 나왔다. 플로렌스 채드윅은 목표지점이 불과 0.5마일밖에 남지 않았음을 그때 알았다. "만일 안개가 끼지 않아 목표지점을 볼 수 있었다면 피로를 이겨냈을 텐데." 2개월 후 다시 도전하였다. 이번에도 안개가 시야를 가렸지만, 목표가 어디쯤 있을 것이라는 확신을 지니고 수영을 계속하여 캘리포니아만을 수영으로 건넌 최초의 여성이 되었다.

1분 명언

자유는 세상 모든 사람에게 내려진 선물이다. _조지 부시

아무것도 모르는 사람이라도 선천적으로 자유롭게 태어났다는 것을 부인할 만큼 어리석을 수 있는 사람은 없다. _존 밀턴

인간은 자유다. 인간은 자유 그 자체다. _장 폴 사르트르

자유와 정의를 분리해 놓는다면 어느 것 하나도 안전하지 못하다.
_에드먼드 버크

자유가 스스로에게 진실하면, 모든 것은 자유에 예속된다. _에드먼드 버크

자유란 무엇인가? 그것은 어떠한 환경 속에서도, 어떠한 속박 속에서도, 어떠한 기회에도 노예가 되지 않는 것이다. _세네카

1분 인생 독본 조지 워싱턴은 말했다. "나는 아름다운 여자와 결혼할 것이다. 나는 미국에서 가장 큰 부자가 될 것이다. 나는 미국을 독립시키고 대통령이 될 것이다. 나는 열두 살 때부터 이 목표를 글로 적으며 하루도 꿈을 잊은 적이 없다. 그리고 마침내 꿈을 이루었다."

봄이 오는 길

꽃 피는 걸

시샘하듯 눈이 내린다

온 세상이 눈 천지다

때 아닌 눈이라고

봄이 오는 걸 막을 수 없다

춘설이 내려도 잠시뿐

녹고 나면 온 세상이 꽃 천지다 _용혜원, '춘설'

영화·드라마 속 명대사 "남의 것에 집착하지 말고 내가 가진 것에 만족하라." _영화, '괴물'

210 삶의 목표를 분명하게 가져라
경제적인 성공이 전부는 아니다.

1953년도 미국 하버드대 졸업생을 대상으로 한 유명한 연구가 있다. 이 연구에서 연구학자들은 무엇이든 목표를 세우는 학생들은 전체에 10%에 불과하며 그중에서도 자신의 목표를 글로 적어놓은 학생들은 3%에 지나지 않는 집단을 연구했다. 20년 후 연구학자들은 이제 직업과 가정을 꾸리는 그 클래스 학생들을 다시 인터뷰했다. 그 결과 20년 전 자신의 목표를 글로 적었던 바로 3%의 학생들이 현재 경제적인 측면에서 나머지 97%의 학생들의 부를 합친 것보다 더 높았다.

진정한 성공은 분명한 목표를 세우고 분명하게 이루어갈 때 생긴다. 성공이라면 경제적인 성공이 전부는 아니다. 삶에 목표가 분명하면 결과는 다르게 나온다.

1분 명언

목표는 기한 없는 꿈이다. _하이럼 스미스

사람은 살려고 태어난 것이지, 인생을 준비하려고 태어난 것은 아니다. 인생 그 자체, 인생의 현장, 인생이 가져다주는 선물은 숨이 막히도록 진지하다. _보리스 파스테르나크

위대한 정신의 소유자에게는 목표가 있으며 범인들에게는 소망이 있다. _워싱턴 어빙

자신의 100% 노력보다는 차라리 1백 사람에게서 각 1%의 노력을 갖겠다. _데일 카네기

어떠한 장애물에도 굴복하지 말라. 길에는 장애물이 있는 법이라는 사실을 인식하고 자신의 기대치에 그런 요소들을 포함시켜라. 남성이든 여성이든 잘 나갈 때와 어려울 때가 있게 마련이지만 아직도 남성 중심적인 사회에서 여성들은 더 자주 더 큰 장애물을 만날지도 모른다. _수잔 에이브럼스

1분 인생 독본 살아 움직이는 양심이 되어야 한다. 진리가 퇴색해가는 시대 일수록 참된 진리를 외치며 살아가야 한다. 왜 진리를 말하고 진실하게 살아야 하는가. 행한 대로 심은 대로 뿌린 대로 거두게 되기에 참되고 바르게 살아야 한다. 진리가 살아나면 우리의 양심이 살아 움직여야 한다.

1분 좋은 시

시인이 되려면
하늘을, 자연을
땅을 사랑하라 _용혜원, '시인'

영화·드라마 속 명대사 "당신을 모르고 100년을 사느니, 당신을 알고 내일 죽겠어요." _영화, '포카혼타스'

왕성한 건강을 유지하라
90세 때도 30대의 건강을 유지했다

노엘 존슨은 전 미국 노인 마라톤의 제1인자이며 세계 시니어 복싱 챔피언을 5번이나 방어한 노익장 선수다. 그러나 그는 70세까지는 완전히 폐인이었다. 심한 심장병으로 숨이 차서 단 10보도 걷지 못하는 중환자였다. 육체는 이같이 약했지만 이대로는 죽을 수가 없다는 강한 의지를 지녔다. 건강 관련 책을 수도 없이 읽었다. 쇠약해진 몸도 단련하면 재생할 수 있다는 것을 알았다. 불굴의 의지로 몸을 단련하고 또 단련한 결과 노인 마라톤과 권투에서 미국의 선수가 되어 대통령과 국회로부터 표창장을 받았다. 그는 90세 때도 30대의 건강을 유지했다. 나이로 늙어가지 말고 나이로 익어가는 삶을 살자.

1분 명언

건강과 지성은 인생의 두 가지 복이다. _필립 시드니

건강은 행복의 어머니다. _프랜시스 톰슨

건강한 몸은 응접실이며 병든 몸은 감옥이다. _프랜시스 베이컨

건강이란 건전한 육체에 깃드는 건전한 정신을 말한다. _호메로스

자신이 건강하다고 믿는 환자를 치유할 수는 없다. _앙리 프레데리크 아미엘

건강과 명랑은 서로서로 낳는다. _토머스 에디슨

건강보다 나은 재산은 없다. _영국 속담

1분 인생 독본 진실은 어디에서 오는가? 현대 사회에서는 불신과 무관심의 농도가 짙어만 간다. 많은 사람이 방관자적으로 살아가고 날마다 수많은 사건이 나라와 세계 속에서 일어난다. 웬만한 일들은 일어나지도 않은 것처럼 사람들의 관심에서 떠나버리나 진실은 가슴에서 시작되어야 한다.

내가 태어난 것은
숨은 그림 찾기였다
꿈을 찾아 희망을 찾아
사랑을 찾아 돌아다녔다
날마다 찾고 찾아도 끝이 없다
인생은 숨은 그림 찾기다 _용혜원, '숨은 그림 찾기'

영화·드라마 속 명대사 "바닥에 떨어지면 뭐가 좋은 줄 알아. 올라갈 길밖에 없다는 거야!"_영화, '씽'

212 episode 스스로 자랑하지 말라
과거를 되씹으며 자만을 경계하고 있다.

과거를 잊지 않고 마음에 새겨야 교만해지지 않는다. 프랑스의 어느 후작이 초라한 신분에서 높은 지위에 오르게 되었다. 어릴 때 양치는 목동이었던 그는 저택의 방 한 칸을 목동의 방이란 이름으로 따로 마련하였다. 거기에는 언덕과 산골짜기, 바위와 흐르는 개울 물 그리고 뛰노는 양무리를 생생하게 그대로 축소판으로 그려놓고 있었다. 여기에는 그가 어려서 사용하던 지팡이와 입고 있었던 헤진 옷들도 함께 진열되었다. 어느 날 손님이 찾아왔다가 이것을 보고 후작에게 이게 무슨 뜻이냐고 물었다. 후작은 이렇게 말했다. "내 마음이 버릇없이 교만해지려는 유혹을 받을 때 나는 이 방에 와서 과거를 되씹으며 자만을 경계하고 있다."

1분 명언
자기를 자랑하는 자는 빛날 수가 없다. _노자
자랑이 끝나는 시점이 곧 위엄이 시작되는 시점이다. _에드워드 영자랑을 늘어놓는 사람은 무언가 감추는 것이 있거나 두려운 것이 있다. 굳은 믿음만 있으면 모든 거래에 그 신념이 흘러나온다. _월레스 와틀스

1분 인생 독본 인생의 모든 두려움을 이겨내라. 세상에서 제일 두려운 것은 실패에 대한 두려움이다. 두려움에 떨고 있는 사람은 모든 의사결정을 자신이 피하고 싶은 것에 근거하여 내린다. 그런 사람들은 존경과 신용으로 움직이는 세계가 있는 것조차 믿지 않는다. 두려움과 맞서라. 그러면 두려움이 사라진다. 두려움에 맞서겠다고 결심한 순간 두려움은 증발한다.

1분 좋은 시
시냇가에 띄운
내 어린 날의 종이배
어디로 갔을까 궁금했는데
내 그리운 추억 속에
고스란히 남아 있다 _용혜원, '종이배'

영화·드라마 속 명대사 "이런 건 꿈에서나 가능하지. 현실에선 있을 수 없는 일이거든요. 물론 행복한 꿈이죠. 당신을 만난 게 꿈이거든요!" _영화, '노팅힐'

213 시계 선물
자신이 어떻게 살아야 할지 알아야 한다.

평생을 시계를 조립하며 살아온 사람이 있다. 아들에게 시계 하나를 특별하게 만들어 선물했다. 시침은 동으로, 분침은 은으로, 초침은 금으로 만들었다. 시계를 선물받은 아들이 아버지에게 "아버지, 이건 좀 잘못된 것 같은데요. 시침은 금으로, 분침으로 은으로, 초침은 동으로 만들었어야 되는 게 아닌가요?" 아들의 말을 들은 아버지가 말했다.

"초를 아끼지 않는 사람은 분과 시간을 아끼지 못한다. 우리 인간의 생활의 변화를 일으키는 것은 결국 초침이 하는 것이 아니겠느냐? 초를 허비한다는 것은 분과 시간을 허비하는 것이고, 그것은 인생을 허비하는 일이지. 초의 중요함을 늘 명심하라는 뜻에서 초침을 금으로 만들었단다. 내 뜻을 잘 알고 시계를 잘 사용하여라."

이 이야기는 우리의 삶에서 작은 시간이 얼마나 소중한가를 잘 알려주고 있다. 작은 시간을 소중하게 써서 삶을 변화시켜 나가야 한다. 아등바등 쫓기듯 살아가는 것이 아니라 자기 미래의 삶을 환하게 들여다보며 살아야 한다. 우리는 아무렇게나 딩굴듯 살아서는 안 된다. 우리가 삶을 무색, 무미, 무취하게 살아간다면 의미도 없어진다. 자신이 어떻게 해야 할지, 어떻게 살아야 할지를 잘 알아야 한다.

1분 명언

오늘의 당신의 삶을 바꾸라. 미래에 도박을 하지 말고 지금 당장 행동하라.
_시몬 드 보부아르

마음에 들지 않는 것이 있으면 바꿔라. 바꿀 수 없다면 태도를 바꿔라.
_마야 안젤루

변화는 고통이다. 그러나 그것은 항상 필요한 것이다. _토머스 칼라일

변화란 다른 사람이나 다른 때를 기다려서 오는 것이 아니다. 우리가 기다리는 변화의 주인공은 바로 자신이다. 우리가 추구하는 변화는 바로 우리가 만들어내는 것이다. _버락 오바마

1분 인생 독본 참된 유머는 머리로부터 나오기보다 마음으로 나온다. 그것은 웃음에서 나오는 것이 아니라 훨씬 더 깊숙이 놓인 조용한 미소로부터 나온다. 일주일 동안 행복하게 웃고 사는 방법은 다음과 같다. 월요일은 월요일 시작이라 웃고, 화요일은 화통하게 웃고, 수요일은 수수하게 웃고, 목요일은 목청껏 웃고, 금요일은 금방 웃고 또 웃고, 토요일은 토실토실하게 웃고, 일요일은 일단 웃고 또 웃는다.

당신에게 행복한 일,
축하할 일이 많아진다면
내가 더 행복할 것입니다 _용혜원, '축하할 일'

영화·드라마 속 명대사 "가족이 뭐 대수냐! 같은 집에 살면서 같이 살고, 같이 밥 먹고, 또 슬플 때 같이 울고, 기쁠 때 같이 웃는 게 그게 가족인 거지!"
_영화, '고령화 가족'

214 성공의 목표를 높여가라
그는 어김없이 대단한 성공을 했다.

성공하는 사람들은 늘 부지런하다. 남보다 앞서 나간다. 벨 펠드만은 최고로 인정받는 보험사원이다. 그가 체결한 계약은 한 회사 전체가 성사한 것보다 더 많다. 그도 처음에는 5천 달러짜리 보험을 계약하는 데도 상당히 애를 먹었다. 그렇게 어렵게 시작했던 일이 익숙해지기 시작했다. 그는 5천 달러에 0 하나를 더 붙인 보험 상품을 팔면 어떨까 하는 생각을 했다. 그는 이 아이디어를 추구하면서 점차 목표를 높여갔다. 얼마 지나지 않아 그는 5만 달러짜리 보험 상품을 손쉽게 팔게 되었다. 그는 다시 5만 달러에 0 하나를 더 붙여 오십만 달러짜리 보험 상품을 팔아야겠다는 결단을 내렸다. 그는 어김없이 대단한 성공을 일궈냈다.

1분 명언

결단 없는 계획은 단순한 꿈에 불과하다. _피터 페터슨
결단을 가지고 행하면 귀신도 겁을 먹는다. _사기
결단을 내리지 않는 것은 최대의 해악이다. _데카르트
결단력 없음은 약한 사람의 특징이다. _볼테르

결단력이 있는 사람에게는 실패가 종종 정상으로 밀어올리는 데 결단의 계기가 된다. 결단과 인내는 가장 고귀한 성질이다. _요한 볼프강 폰 괴테

결단해야 할 것을 하려고 결심하라. 반드시 실행하라. _벤저민 프랭클린

결단이 목표를 향한 첫 발걸음이다. _마크 퍼킨스

결단력 있는 자는 끝까지 간다._조지프 콘래드

1분 인생 독본 삶이란 '공수래 공수거' 빈손으로 왔다가 빈손으로 간다. 살아 있을 때 입는 옷에는 주머니가 있지만 수의에는 주머니가 없다. 희망에 사는 사람은 음악이 없어도 춤을 춘다. 삶이란 한 줌에 모래를 꼭 쥐었다 펴면 은빛 모래알 몇 조각 남는 추억뿐이다.

1분 좋은 시
밤새도록 파도가 칠 때마다
어둠을 한 움큼씩 물고
달아나기에
새벽이 오는구나 _용혜원, '밤바다'

영화·드라마 속 명대사 "슬픔이 파도처럼 덮치는 사람이 있는가 하면, 물에 잉크가 퍼지듯이 서서히 물드는 사람도 있는 거야."_영화, '헤어질 결심'

215 피와 땀과 눈물
자기 노력으로 최선을 다하여 성공을 만든다.

우리의 몸에서는 세 가지의 액체가 나온다. 피와 땀과 눈물이다. 우리가 성공을 만들어내기 위해서 최선을 다할 때 피와 땀과 눈물이 쏟아진다. 모든 성공은 피와 땀과 눈물이 이루어낸 것이다. 이것들을 흘리지 않고 성공한 사람은 없다. 우리는 눈물과 피와 땀을 흘리고 쏟아낼 줄 아는 열정이 있어야

한다. 피는 용기의 상징이요 눈물은 정성의 심볼이요 땀은 노력의 표상이다. 자기의 노력으로 최선을 다하여 성공을 만든다. 성공은 곧 자기의 피와 땀과 눈물이기에 그 무엇으로도 바꿀 수 없는 고귀한 것이다.

1분 명언

모든 이유는 원인을 갖는다. _윌리엄 셰익스피어

무엇이나 이유 없이 이루어지는 것이 없다. _세네카

인간이 불행한 것은 행복한 것을 모르기 때문이다. 단지 그 이유뿐이다.

_도스토옙스키

1분 인생 독본 웃을 시간을 가지십시오, 이는 영혼의 음악입니다. 생각할 시간을 가지십시오, 이는 힘의 원천입니다. 쉬는 시간을 가지십시오, 이는 영원한 젊음의 원천입니다. 책 읽을 시간을 가지십시오, 이는 지혜의 샘입니다. 사랑하고 사랑받을 시간을 가지십시오, 이는 하나님께서 주신 권리입니다. 친구가 될 시간을 가지십시오, 이는 행복에로의 길입니다. 뭔가를 줄 시간을 가지십시오, 이 기적이 되기에는 너무도 짧은 하루입니다. 일할 시간을 가지십시오, 이는 성공의 지름길입니다.

1분 좋은 시

거리에서 한 사람이
잔뜩 긴장한 얼굴로
정신없이 급하게 뛰어간다
회사에 지각했나
급한 일이 생겼나 큰일이 터졌나
눈에서 한 사람이 사라질 동안
이 생각 저 생각
별의별 생각을 다하고 있다
할 일이 많은 세상에 오지랖도 참 넓다 _용혜원, '한 사람'

216 수영 챔피언 제프리 패럴
고통에서 벗어나라.

제프리 패럴은 열성적이며 강한 동기를 가진 운동선수였지만 평생을 안고 가야 할 고통을 지니고 있었다. 생후 18개월 무렵에 생긴 손의 문제로 8세 어린 나이에 대수술을 받아 텍사스 스코티라는 병원의 단골 환자였다. 문제는 손만이 아니라 편두통과 함께 등 근육의 약화가 시작되었다. 그럼에도 이 젊은이는 야구와 농구 미식 추구를 즐기며 우등생으로 열심히 공부했다. 교내 오케스트라 단원이자 합창단원이며 팬 아메리카 시합에서 우승한 수영 챔피언으로 고통을 이겨내는 연습을 한 끝에 수영 챔피언의 자리까지 올랐다. 장애에 절망하지 않고 이를 이겨내는 사람에게는 한없는 찬사와 박수를 보내고 싶다. 그들은 위대한 사람이다.

1분 명언
동기는 무엇인가를 해야겠다는 의지를 제공한다. _지그 지글러
동기가 시동을 걸어준다면 습관은 계속 가게 해준다. _짐 론
당신에게 필요한 것은 계획, 로드맵 그리고 목적지를 향해 나아가는 용기뿐이다. _얼 나이팅게일
동기를 가진 사람들은 다른 사람의 지지가 없으면 성공할 수 없음을 알며 자기 인생의 책임을 진다. _조지 싱
성공의 무한동력은 끊임없는 동기부여다. _지그 지글러

1분 인생 독본
하버드대 심리학 교수는 하버드 대학에서 초등 교사 50명을 대상으로 실험을 했다. 25명에게는 그들이 가르칠 학생들이 낙제생이며, 가

족은 교육열이 높지 않다고 했다. 나머지 25명에게는 '당신들이 맡은 아이들은 훌륭해요. 그들은 우등생입니다. 그들의 가족은 교육열이 대단합니다.'라고 말했다. 학기 말에 전자의 학생들은 대략 25~30점 정도 점수가 떨어진 반면, 후자의 학생들은 50점 상승했다.

1분 좋은 시
삶이 온통 그리움인 걸
온 세상에 소문나면 어때
내가 널 사랑하는데
입맞춤하고만 싶은 붉은 입술로 피어나
간지럽게 번지는 웃음처럼
사랑을 노래하고 싶다 _용혜원, '베고니아'

영화·드라마 속 명대사 "내가 애들한테 하는 행동을 보면 나도 나랑 놀기 싫겠어!" _영화, '예스 데이'

217 미식 축구선수 스티브 리틀의 가혹한 시련
비극을 감당할 수 있는 용기를 주었다.

성공하는 사람들은 수많은 사람에게 동기부여해주고 감동을 주는 사람들이다. 스티브 리틀은 미식 축구선수로 이름을 날렸다. 그가 경기할 때 용감하게 돌파하는 모습을 보며 사람들은 환호하고 아낌없이 박수를 보냈다. 스티브 리틀은 알칸사스 대학 시절에 필드골 최고 기록을 세우며 루이스팀의 제1번으로 지명되기도 하였다.
그런데 그가 교통사고로 온몸이 마비되어 병상에 누워서 사투를 벌이고 있었다. 스티브 리틀은 어떡하든 이 가혹한 시련을 의연한 자세로 이겨냈다. 엄청난 시련을 이겨내는 노력을 거쳐 미식 축구선수로 거듭나며 진한 감동을 많은 사람에게 주려고 노력하였다. 그래서 그는 다른 사람들에게 비극을 감당할 수 있는 용기를 심어주는 역할에 충실하였다.

1분 명언
비극은 영혼을 따뜻하게 하고 마음을 드높여 영웅을 만들어내며 당연히 그래야 한다. 이런 뜻에서 대개 프랑스 대전투의 승리를 코네일 덕분으로 생각하고 있다. _나폴레옹 보나파르트

비극과 유머는 결코 대립하는 것이 아니다. 바꾸어 말하면 비극이 유머를 절실하게 요구하기만 하면 대립한다. _헤르만 헤세

1분 인생 독본 인생을 망치는 변명을 하지 말아야 한다. 일도 잘 못하고 변명이 많은 사람은 늘 먼저 이유를 대고 불평한다. 자기가 부족하다는 것을 감추려고 열을 내고 흥분을 잘한다. 변명을 일삼으며 살아가면 인생을 망친다. 변명으로 위기를 벗어나면 평생 습관이 된다.

1분 좋은 시
꼭 때려야 소리를 내는 종의 운명도 기구하다
텅 빈 속이 허무한데 쇠 방망이로 때려대니
모진 아픔에 소리를 낼 수밖에 없다
종은 아무리 세차게 때려도
뼈아픈 울음으로 울부짖지 않는다
아픔을 속으로만 삭이고 삭이면서
깊은 울림을 주는 종소리를 낸다 _용혜원, '종'

영화·드라마 속 명대사 "세상에서 위대한 것은 누군가를 사랑하고 그 사랑을 받는 것이다." _영화, '물랑 루즈'

지그 지글러의 성공하는 사람들의 특징

오늘을 충실하게 사는 사람들은 특징이 있다.

성공은 시간을 잘 사용하느냐 그렇지 못하냐에 따라 달라진다. 시간을 잘 활용하는 사람들이 성공한다. 지그 지글러는 성공하는 사람들 특징 중의 하나는 '오늘'을 충실하게 사는 것이라고 했다. 성공하는 사람들의 특징은 자기의 시간을 잘 조절하고 시간의 가치를 잘 알며 오늘을 충실하게 사용하는 사람들이다. 1시간 중 10~20분을 절약한다면 하루 1~2시간을 절약할 수 있고 일주일이면 8~10시간을 절약할 수 있다. 일 년이면 400~500시간이나 되는 엄청난 시간을 다시 잘 활용하여 쓸 수 있다. 성공하는 사람들은 시간을 잘 사용하는 사람들이다.

1분 명언

성공에 쉬운 길은 없다. _덱스터 예거

성공에는 노력과 헌신과 인내가 필요하다. _제프 켈러

성공으로 가는 길은 늘 공사 중이다. _덱스터 예거

성공의 사다리에 오를 때에는 더없이 튼튼한 건물에 기대어 있다고 확신하라. _스티브 코비

성공을 뽐내는 것은 위험하지만, 실패를 숨기는 것은 더 위험하다. _케네

성공의 비결은 없다. 준비와 노력, 실패에서 배운 결과이다. _콜린 파월

나는 성공을 꿈꾼 적이 없다. 단지 그것을 위해 일했을 뿐이다. _에스터 로데

1분 인생 독본

돈으로 살 수 없는 것은 무엇인가? 우리들의 삶에서 가장 소중한 것들은 돈으로 살 수 없다. 우리를 행복하게 하는 것도 돈으로는 살 수 없는 것들이 많다. 돈으로 살 수 없는 것은 ① 약속을 지키는 것 ② 비밀을 지키는 것 ③ 꿈을 꾸는 것 ④ 남을 사랑하는 것 ⑤ 미소를 미소로 받아들이는 것이다.

219 미국의 여성 코미디언 토크쇼 진행자 로지 오도넬

꿈을 꾸면 현실로 만들어준다.

로지 오도넬은 미국의 여성 코미디언이며 토크쇼 사회자다. 그는 어린 시절부터 배우가 되고 싶었으나 뚱뚱한 몸매 때문에 수많은 오디션에서 떨어지고 말았다. 어떤 기획자가 '그런 외모로 어떻게 배우를 하겠다는 거야?' 말했으나 끝내 포기하지 않았다. 자기 외모에 대한 편견을 깨뜨리기 위해서는 더욱 노력하는 길밖에 없다고 믿었고 자기 꿈을 접지 않고 계속 노력하였다. 그는 노력하여 자기 이름으로 토크쇼를 끌어가는 진행자가 되었고 2007년에는 '버라이어티'가 선정한 가장 영향력 있는 50인에 뽑혔다.

꿈은 이루어지기 때문에 꿈이다. 꿈을 꾸면 현실로 만들어준다.

나는 모든 것을 포기할 수 있다. 그러나 사치만큼은 안 된다. _오스카 와일드

많이 주고 기대하라. 그래도 얻지 못하면 그때엔 포기하라. _톰 피터스

한 걸음만 더 가면 된다. 포기하지 말라. _덱스터 예거

1분 인생 독본 돈은 장래를 대비해 저축할 수 있지만 시간은 저축할 수 없다. 돈은 필요하면 다른 사람에게 빌려 쓸 수 있지만 시간은 빌려 쓸 수 없다. 돈은 잃어버리면 나중에 다시 벌 수 있지만 한 번 잃어버린 시간은 영영 만회할 수 없다. 돈은 많이 가진 사람도 있지만 시간은 누구에게나 하루 24시간 공평하게 주어진다.

1분 좋은 시
누구나 하나쯤 갖고 살지 않을까
무지개라는 희망을
그래서 우리는 비가 와도 슬프지 않다 _용혜원, '무지개'

책 속의 좋은 말 평화란 사람들이 사물의 뜻과 있는 곳을 찾아냈을 때 그 사물의 존재를 통해 나타나는 얼굴 모습이다. 땅 속에 매장된 잡다한 광물들이 나무 속에서 서로 연결되듯이, 사물이 그 자체보다 더 큰 물체의 한 구성 요소로서 존재할 때 나타나는 얼굴 모습이 바로 평화이다.
_앙투안 드 생텍쥐페리, <전시조종사> 중에서

영화·드라마 속 명대사 "우리 모두 환자다. 감기를 앓듯 마음의 병은 수시로 온다. 그걸 인정하고 서로가 아프다는 걸 이해해야 한다. 그러면 세상은 지금보다 좀 더 아름다워 질 것이다."_드라마, '괜찮아 사랑이야'

마르틴 루터 킹의 꿈
나에겐 꿈이 있습니다.

"나에게는 꿈이 있습니다. 조지아 주의 붉은 언덕에서 노예의 후손들과 주인의 후손들이 형제처럼 손을 맞잡고 나란히 앉게 되는 꿈입니다. 나에게는 꿈이 있습니다. 이글거리는 불의와 억압이 존재하는 미시시피주가 자유와 정의의 오아시스가 되는 꿈입니다. 나에게는 꿈이 있습니다. 내 아이들이 피부색 기준으로 사람을 평가하지 않고 인격을 기준으로 사람을 평가하는 나라에서 살게 되는 꿈입니다."

1분 명언

사람의 평가는 그가 권력을 어떻게 행사하느냐에 달려 있다. _피타쿠스

성공하는 사람은 키나 체중이나 학력이나 집안의 배경으로 평가되지 않는다. 그들은 생각의 크기에 따라 평가된다. _데이비드 슈워츠

하나님도 한 사람에 대한 평가는 그 사람이 죽은 후에 내린다. _새뮤얼 존슨

다른 사람들이 나를 어떻게 생각하는지에 대해 고민하지 마라.그들은 네게 더 많은 시간을 할애하지 않을 것이다. _아르투어 쇼펜하우어

인간은 평안한 시기의 모습보다 도전과 논란을 겪을 때 더 정확하게 평가할 수 있다. _마르틴 루터 킹

자신들의 공헌이 평가되고 있다는 확신을 지니면 그들은 자기답게 행동할 용기를 길러간다. _콜린 터너

평균 지능을 과소평가한다는 것은 있을 수 없다. _헨리 애덤스

1분 인생 독본

마음을 편안하게 하라. 진흙이 든 병 속에 깨끗한 물을 한 방울씩 계속해서 떨어뜨리면 나중에 병 속은 깨끗한 물로 가득 찬다. 마찬가지로 불안과 감정적인 발작이 엄습해오면 긴장을 풀고 평화와 기쁨을 가져다 줄 위대한 진리로 바꿔 넣어라. 불안은 사라지고 마음은 평화를 되찾을 것이다.

내 마음의 숲에

너의 사랑이 깃들었으면

정말 좋겠다 _용혜원, '내 마음의 숲에'

영화·드라마 속 명대사 "이별은 이처럼 달콤한 슬픔이기에 내일이 될 때까지 안녕을 말하네." _영화, '로미오와 줄리엣'

221 프랭클린 루스벨트와 개
사랑이 많은 사람이 동물을 사랑한다.

사랑이 넘치는 사람들이 동물을 사랑한다. 루스벨트가 한 마리의 개를 키우고 있었다. 이 개는 싸움을 좋아했으나 늘 지고 말았다. 이런 일을 두고 어떤 사람이 루스벨트에게 말했다.

"이 개는 싸움 개가 아닌 것 같다." 이 말을 들은 루스벨트가 말했다.

"그렇지 않네! 이 개는 싸움 개야. 그런데 적을 제대로 파악하지 못하는 것이 문제일세!"

1분 명언

우리가 도저히 할 수 없는 이유는 그 문제가 어려워서가 아니다. 문제가 어려워지는 이유는 우리가 도무지 하지 않았기 때문이다. _세네카

문제는 풀릴 때까지 분명하게 정의되어야 한다. _윌리엄 페더

꿈을 멈추면 문제가 불어난다. 우리에게는 소중한 자신의 꿈에 물과 비료를 주고 키워 우리 자신을 성장시킬 책임이 있다. _덱스터 예거

꿈을 이루는 것을 불가능하게 만드는 유일한 한 가지가 있다. 바로 실패에 대한 두려움이다. _파울로 코엘료

1분 인생 독본 행복을 추구하는 것은 선택의 문제이다. 긍정적인 태도를 선택하는 것이다. 그것은 매일 아침 우리 집 문 앞에 배달되는 것은 아니며 더구나 창문을 통해 들어오는 것도 아니다. 우리를 기쁘게 하는 것이 현실이 아니라 그렇게 되기를 기다린다면 우리는 결코 다시 웃을 수 없다.

1분 좋은 시
동동 떠가는
허망한 뜬구름은
아무도 잡을 수 없다

가까이 다가오지 않고
이미 벗어났기 때문이다

한순간도 머물지 않고
훌쩍 아무 미련 없이
떠나버리기 때문이다 _용혜원, '뜬구름'

영화·드라마 속 명대사 "안녕하세요? 이 노래는 새로 만든 노래여서 아직 다 듬어지지 않았습니다. 이 노래는 도시에서 혼자 지낸 사람들을 위한 노래입니다."_영화, '비긴 어게인'

222 **최선의 정직**
지도자는 정직해야 한다.

미국의 제2대 대통령 존 애덤스는 백악관을 건축하고 처음으로 입주한 대통령이다. 그는 백악관에 들어가며 시골에 있던 아내에게 다음과 같은 기도문을 보냈다.

"앞으로 이 집에 사는 사람들이 한 명의 예외도 없이 정직하고 슬기롭도록 하나님께서 축복해주시기를 기도합니다."

그 후 루스벨트 대통령이 백악관의 주인이 되었을 때 애덤스 대통령의 기도문을 식당에 새겨놓았는데, 지금까지도 역대 대통령들이 식사할 때마다 이 기도문을 읽는다고 한다. 애덤스는 은퇴한 후 과거를 회고하면서 이런 고백을 하였다.

"나는 오랜 세월을 공직에 있었다. 어떤 자리에 있을 때나 판단과 결정을 할 때 하나님 앞에 부끄럽지 않도록 최선을 반영시켰다고 생각한다."

이 고백처럼 애덤스는 대통령이라는 중요한 직책을 맡으면서 모든 면에서 깨끗한 사람이었다. 지도자는 정직해야 한다.

1분 명언

가능성의 사고는 에너지를 준다. 가능성의 사고는 원대한 꿈을 꾸게 해준다. 가능성의 사고는 포기하지 않게 해준다. _존 맥스웰

우리가 가진 가능성과 실제로 공헌하는 위대한 삶에는 고통스러운 간격이 있다. _스티브 코비

자신 없는 가능성보다는 불가능한 것이 차라리 더 낫다. _아리스토텔레스

가능성은 무한하다. 가능성을 믿으면 무한한 기회가 열린다. _리처드 포스트

1분 인생 독본 어떤 사람이 돈을 벌까?

① 감사하는 마음으로 생활하는 사람 ② 수입 이하로 생활하는 사람 ③ 부부 사이가 좋은 사람 ④ 돈과 물건을 소중히 하는 사람 ⑤ 건강관리를 잘하는 사람 ⑥ 자립정신이 강한 사람 ⑦ 일을 취미 삼아 하는 사람 ⑧ 한 가지 일을 관철하는 사람 ⑨ 항상 절약하는 사람 ⑩ 요행을 꿈꾸지 않는 사람

1분 좋은 시

가슴이 멍해지는 허무함에
마음이 텅 비어버린 듯

짐승 울음이라도 울고 싶도록
허전하고 쓸쓸하다
가슴이 주저앉는 허무함에
마음에 구멍이 난 듯
서러워 통곡하고 싶도록
적막하고 외롭다 _용혜원, '허무'

영화·드라마 속 명대사 "장사란 말이야. 돈을 버는 게 아니라 사람을 버는 거야!" _영화, '상도'

223 제일 좋은 자리
그 식당 주인은 여유가 있고 멋있게 보인다.

어떤 식당 주인은 늘 밝게 웃으며 손님을 맞이한다. 그 식당에 손님이 들어서면 주인이 말한다. "손님 오셨다. 제일 좋은 자리로 안내해 드려라." 사실 그 식당은 허름한 한옥이라 그 자리가 그 자리다. 하지만 오는 손님 모두에게 식당에서 제일 좋은 자리로 안내해준다. 식당 주인이 잔잔한 미소와 함께 던지는 그 한마디에 손님은 기분이 좋다. 또한 음식을 먹은 후 밥을 볶아줄 때면 다시 말한다.
"제일 좋은 양념으로 특별히 맛있게 밥을 볶아드리겠다."
그 말 역시 모든 손님에게 하는 말이다. 그런 말을 들으면 손님들은 좋아한다. 그 식당 주인은 여유가 있고 멋있게 보인다.

1분 명언
여러분이 도움의 손길이 필요하다면 그것은 여러분의 팔 끝에 있다는 것을 기억하라. 나이가 들면 다른 손이 있다는 것을 기억하라. 첫 번째는 스스로를 돕는 것이고 두 번째는 다른 사람들을 돕는 것이다. _오드리 헵번

자비와 은혜로 태양처럼 돼라. 남의 결점을 감추는 데는 밤처럼 행동하라.
_루미

만약 당신이 다른 사람들이 행복하기를 원한다면 동정심을 실천하라. 행복해지고 싶다면 동정심을 실천하라. _달라이 라마

배려는 상대방을 이해하는 마음에서 비롯된다. _레오 버스카글리아

배려는 삶에 색깔을 더해주고 따뜻함을 전달한다. _앤서니 로빈스

1분 인생 독본 고통 속에서도 포기하기 싫어 잘못한 줄 알면서도 눈 질끈 감아준 것이 큰 실수다. 늘 조바심 탓에 일이 잘 엉클어지고 쥐어짠 고통이 오래간다. 주변의 살펴보는 차가운 시선이 가슴팍을 더듬을 때 등골에 소름이 돋아 싸늘해진다.

1분 좋은 시
커피를 타 놓고
잠시 잠깐 사이에 잊고 잊었다
다 식은 커피 제맛이 사라졌다

삶이나 커피나
뜨겁든지 차든지 해야
제맛이 난다
삶도 커피도 온도를 높여야 할 때가 있고
온도를 낮추어야 할 때가 있다 _용혜원, '식어버린 커피'

영화·드라마 속 명대사 "기억이 사라지면 영혼도 사라진다."
_영화, '내 머릿속의 지우개'

계획을 잘 실천하라

단 하루도 거르지 않고 연습하여 우승을 차지하였다.

토시코시 세코는 매일매일의 훈련을 잘하기 위하여 간단한 계획을 만들었다. 그리고 1981년 보스턴 마라톤 대회와 1983년 도쿄 마라톤 대회에서 우승을 차지하였다. 그는 계획대로 훈련하여 다른 유명한 세계적인 선수들을 이겼다. 그의 계획은 이렇다.

'아침에 10km, 저녁에 20km 연습' 이 계획의 전부였다. 너무 단순한 것 같지만 그는 365일 단 하루도 거르지 않고 연습하여 우승을 차지하였다. 프로 정신을 갖추었다. 프로란? ① 자기 일에 일생을 거는 사람이다. ② 자기 일에 자부심을 갖는 사람이다. ③ 선견지명을 갖는 사람이다. ④ 실수를 최소로 줄이는 사람이다. ⑤ 시간보다는 목표를 중심으로 일하는 사람이다. ⑥ 목표를 향하여 전력투구하는 사람이다. ⑦ 결과에 책임을 지는 사람이다. ⑧ 보수나 수입이 성과에 따라서 주어지는 사람이다. ⑨ 자기 스스로 싸우는 사람이다. ⑩ 능력 향상을 위하여 항상 노력하는 사람이다.

삶이 즐거운 사람은 인생을 성공으로 만든다. 일도 즐겁게 하기 때문이다.

1분 명언

남자는 엄격히 일하면 대부분의 일을 할 수 있도록 훈련 가능한 가축과도 같다. _질리 쿠퍼

고통없는 승리가 없고 가시 없는 왕관이 없으며 쓴맛 없는 영광이 없고 십자가 없이는 면류관도 없다. _윌리엄 펜

엄한 훈련은 모든 본질을 향하며 약간 지나치게 하여 결국 일을 가르친다.

_에드먼드 스펜서

1분 인생 독본
절박함을 느낄 때가 있다. 벼랑에 대롱대롱 매달린 듯 지독한 절박함을 느낄 때가 있다. 가진 돈 한 푼 없고 살길 막막하고 무엇인가 뚜렷이 할 것도 없을 때가 있다. 사방이 막혀 답답해 하소연하고 싶어도 찾아갈

사람도 반겨줄 사람도 없을 때도 하늘은 항상 나를 받아준다.

▼ 1분 좋은 시
비가 쏟아져 내리는데
슬픈 일이 있어
내 눈물도 쏟아진다 _용혜원, '슬픈 일이 있어'

▼ 영화·드라마 속 명대사
"지평선이 바닥에 있으면 흥미롭고, 지평선이 꼭대기에 있으면 흥미롭고, 지평선이 가운데 있으면 더럽게 재미없어. 자, 행운을 빈다." _영화, '파벨만스'

225 올리버 허포드와 웃음
유머는 사람들의 마음에 웃음을 일으키는 발전소다.

사람들을 잘 웃기기로 유명한 올리버 허포드라는 사람이 있었다. 이 사람에게 어떤 부인이 점잖게 물었다. "사람을 웃기는 것 말고 꼭 해보고 싶은 일이 없나요?", "물론 있습니다. 언제든지 꼭 하고 싶은 일이 있어요.", "그럼, 그게 어떤 일인가요?", "돌아가는 선풍기에 달걀을 넣어서 한 번 깨뜨려보고 싶어요." 유머는 웃음으로 만드는 맛있는 요리이며, 사람들의 마음에 웃음을 일으키는 발전소다.

▼ 1분 명언
유머는 친밀감을 만든다. 유머는 팀을 이루고 사기를 높인다. 유머로 설득하라. _밥 로저스
웃어라, 그러면 세상도 그대와 함께 있다. 울어라, 그러면 그대는 혼자 울게 된다. _엘라 휠러 윌콕스
유머는 나 자신에게서 찾는 것이다. _존 맥스웰

유머는 훌륭한 세일즈 도구다. _로저 도슨

당신 주변의 사람이 이상한 얼굴 안에 마찬가지로 똑딱거리는 소리를 내는 사람이라는 것을 알려주는 데는 유머만한 것이 없다. _에드워드 보노

유머란 오직 인간만이 가질 수 있는 신성한 능력이다. _구스타프 칼 융

무조건 웃어라. 웃음은 모든 것을 긍정적으로 바꿔 놓는다. _탁 닛한

1분 인생 독본 훌륭한 유머 감각이 살아 있어야 한다. 훌륭한 유머 감각은 우리를 깨우치며 우리가 당하는 모든 일을 심각하게 생각하지 않도록 돕는다. 계속 가여운 마음을 고수하고 의식적으로 긴장하지 않음으로써 우리는 훨씬 더 객관적인 태도를 가질 수 있다.

1분 좋은 시

사람이 머물다 떠나면

두고 간

이야기가 있다 _용혜원, '나무 그늘'

영화·드라마 속 명대사 "진정한 자유를 느끼려면 모든 것을 다 잃어봐야 해!" _영화, '파이트 클럽'

226 **라이언 프랭클린 유머학**
미소 작전으로 세일에 성공하였다.

웃음은 사람들을 행복하게 만든다. 프랭클린은 세인트루이스 카디널스의 유명한 3루수였다. 그는 선수 생활을 끝내고 보험 사업에 뛰어들어 대성공을 거두었다. 그 비결이란 미소를 잃지 않은 사람은 늘 누구에게나 환영을 받는다는 사실을 실천한 것이었다. 그래서 고객을 찾을 때는 반드시 자기가 그에게 감사할 일을 여러 가지 생각해내고는 진심으로 우러나오는 웃음을

머금고 그 기분이 사라지기 전에 고객을 만나 간단한 미소 작전으로 세일에 성공하였다.

1분 명언

한 사람을 미소짓게 할 수 있다면 세상을 바꿀 수 있다. 물론 모든 세상을 바꿀 수는 없겠지만, 적어도 그 사람의 세상은 바꿀 수 있다는 것이다. _존 스펜스

미소를 지어라. 그러면 당신은 알게 될 것이다. 삶이 여전히 살 가치가 있는 것이라는 것을 말이다. _찰리 채플린

한때 자신을 미소짓게 했던 것을 절대 후회하지 마라. _엠버 데커스

미소는 당신의 얼굴에서 가장 좋은 화장품이다. _말콤 포브스

미소는 어떤 언어보다도 모든 문을 열어 준다. _로버트 컬리어

미소는 입모양을 구부리는 것에 불과하지만 수많은 것을 바로 펴주는 힘이 있다. _로번트 이안 시모어

미소를 보내면 사람들은 경계심을 늦춘다. _잭 켄필드

1분 인생 독본 웃음은 우리에게 큰 기쁨을 준다. 웃음은 대가를 원하지 않는다. 그것은 누구에게나 무료이며 피로를 들어주고 안락함을 주며 슬픔을 없애주고 기쁨을 준다. 좋거나 나쁘거나 고민하는 사람들에게 위안이 되어준다. 우리들의 마음에서 우러나오는 가장 자연스러운 몸짓이다. 웃음은 악한 마음에 희망을 주며 우리를 뻔뻔스러움에서 벗어나게 한다. 웃음을 머금은 자는 군중을 이끌 힘 있는 사람이다. 그는 인상을 쓰는 사람보다 더 많은 일을 해낼 것이다.

1분 좋은 시

깊이 파고들어야 한다.
흔들리지 않도록 심장 속을 꿰뚫어야 한다.
견디기 위하여 살아남기 위하여 고정되어야 한다.
말이 필요 없다. 두들겨 박히면 박힐수록

나는 너를 걸어둘 수 있는

하나의 의미로 살아남는 것이다. _용혜원, '못'

영화·드라마 속 명대사 "인생은 둘이 더 나아요. 누구나 부조종사가 필요하

죠."_영화, '인 디 에어'

227 스콧 대장과 남극점
우리는 엔진이 되어서 주체적으로 움직여야 한다.

유행이나 상황에 따라 흔들려서는 안 된다. 엔진이 되어서 주체적으로 움직여야 한다. 영국의 스콧 대장과 탐험대원은 영웅적인 노력 끝에 남극점을 찾은 후 얇은 천으로 된 조그만 텐트 안에서 죽음을 맞이했다. 그 지점 위에 십자가 하나가 세워져 있고 거기에는 다음과 같은 말이 쓰여 있다.

"투쟁한다! 찾는다! 발견한다! 그리고 포기하지 않는다!"

성공과 실패에는 분명한 분기점이 있다. 긍정적인 마음과 가능성을 찾아내는 눈이 있느냐 없느냐에 따라 성공과 실패를 갈라진다. 특히 가능성을 찾아내는 눈은 성공하는 데 매우 중요하다. 가능성은 꿈을 찾는 것이다. 꿈은 마음으로 강력하게 원해야 현실이 된다. 즉 자신감을 지니고 앞으로 이루어질 일을 기대하며 끈기 있게 실천해 나갈 때 가능성은 현실이 된다.

1분 명언

가장 지혜로운 자는 허송세월을 가장 슬퍼한다. _단테 알리기에리

과학은 정리된 지식이다. 지혜는 정리된 인생이다. _임마누엘 칸트

지혜란 받는 것이 아니다. 우리는 그 누구도 대신해줄 수 없는 여행을 한 후, 스스로 지혜를 발견해야 한다. _마르셀 프루스트

가장 지혜로운 마음은 계속 무언가를 배울 여유를 가진다. _조지 산타야나

1분 인생 독본 끼란 무엇인가? 그 사람의 재능을 말한다. 자신의 재능을 제대로 발휘할 줄 아는 사람이 성공하는 사람이다. 끼가 있는 사람은 자신의 감정을 초월할 수 있는 능력을 지닌 사람이다. 끼가 있는 사람이 예술가도 되고 사업가도 되고 달인도 되고 명인도 된다. 그냥 평범하면 능력 있는 사람이 될 수가 없다. 성공하려면 끼가 있어야 한다. 끼는 전문가가 되라는 말이다.

1분 좋은 시
피곤한 도시의 오후 빌딩 사이로
하늘에 뜬 해의 얼굴이 붉다
분주하게 돌아가는 도시의 시간 속에
해가 홀로 세상을 비추기가 힘들었나 보다
하늘에 외롭게 떠 있던
해도 잠시 악몽을 꾸었나
해의 얼굴이 피곤해보인다
내일 다시 뜨는 해의 얼굴은
오늘의 피로를 풀고 빛나는 얼굴로 떠오를 것이다 _용혜원, '해의 얼굴'

영화·드라마 속 명대사 "고통스럽지. 하지만 백 년 후 영화를 다시 트는 순간 당신은 되살아날 거야!" _영화, '바빌론'

228 옛날의 한 선비
촛불을 켜놓으시오!

옛날에 한 선비가 어두운 방에 들어가면서 불평스럽게 말했다.
"아니, 이 방은 왜 이렇게 어두운가?" 이 말을 들은 옆의 선비가 말했다.
"어둠을 불평하지 말게. 자네가 방에 촛불을 켜놓으면 환해질 게 아닌가?"

끈기 있게 노력을 계속하면 누구라도 뛰어난 사람이 될 수 있다. 행복하게 지내는 사람은 노력가다. 게으름뱅이가 행복하게 사는 것을 봤는가! 누구도 참된 행복을 누릴 수 없다. 수확의 기쁨은 그 흘린 땀에 정비례한다.

1분 명언

불평은 어리석은 짓이다. _발타자르 그라시안

불평은 자기에 대한 남들의 신뢰를 무너뜨릴 뿐이다. 남들의 동정을 구하기보다는 그들의 견해에 맞서는 자신감을 당당하게 보여주는 것이 낫다.
_발타자르 그라시안

불평하는 것은 이미 사랑의 죽음을 의미한다. _마를레네 디트리히

1분 인생 독본 도둑에게도 배울 것이 있다. ① 밤늦도록 일한다. ② 자신이 목표한 일을 하룻밤에 끝내지 못하면 다음 날 밤에 다시 도전한다. ③ 함께 일하는 동료들의 모든 행동을 자기 자신의 일처럼 느낀다. ④ 적은 소득에도 목숨을 건다. ⑤ 아주 값진 물건에도 집착하지 않고 몇 푼의 돈과 바꿀 줄 안다. ⑥ 시련과 위기를 잘 견디어낸다. 시련과 위기는 그에게 아무것도 아니다. ⑦ 자신이 하는 일에 최선을 다하며 자기가 지금 무슨 일을 하고 있는지 안다.

1분 좋은 시

밤새 눈 뜨고 있더니

졸음이 오는지

깜박거리고 있다 _용혜원, '새벽별'

책 속의 좋은 말 삶에서 정말 중요한 것은 당신이 갖고 있는 소유물이 아니라 당신 자신이 누구인지 알고 무엇을 하느냐인 것이다. 단지 생활하고 소유하는 것은 장해물이 될 수도 있고 짐이 될 수도 있다. 우리가 가지고 있는 것이 아니라 그것으로 우리가 어떤 일을 하느냐가 진정한 가치를 결정한다.

▼ **영화·드라마 속 명대사** "내 잎사귀가 다 지는 것 같아!"_영화, '더 파더'

229 돈을 잘 관리하라
빌려 쓴 돈은 낭비가 많다.

돈의 사용처를 알면 인격을 알 수 있다. 저축, 지출, 금전 거래, 유산 속에는 삶의 모습이 있다. 성공하는 사람은 돈을 잘 관리한다. 다른 사람의 도움 없이 많은 재산을 모은 사람이 성공을 이룬 것이다. 돈을 버는 것도 중요하지만 어떻게 쓰느냐가 중요하다. 근면과 검소와 절약과 성실의 매력을 가진 사람은 어려움과 역경도 뚫고 이겨낼 수 있는 저력이 있다.

돈이 따라오게 해야지 돈을 따라가서는 안 된다. 돈은 돌고 돌아서 돈이라는 이야기가 있다. 돈을 자신에게 들어오게 하고 잘 관리하는 것이 중요하다. 들어온 돈보다 많은 지출이 된다면 실패한다. 돈이 들어오면 늘어나게 하는 사람이 있고 돈이 들어오면 점점 더 줄어드는 사람이 있다. '꾸어 쓴 돈이 낭비가 많아 헤프다.'는 속담이 있다. '공짜가 가장 비싸다. 싼 것이 가장 비싸다.'는 말도 있다. 모든 것은 제값을 치러야 제 몫을 한다. 어떤 것이든지 제값을 치르고 제대로 관리를 해야 한다.

▶ **1분 명언**

돈은 비료와 같은 것으로 뿌리지 않으면 쓸모가 없다. _프랜시스 베이컨
돈은 양으로 따질 뿐 질로 따지는 것이 아니다. _게오르크 짐멜
돈을 빌려주기 좋아하는 사람은 그냥 주는 사람이다. _조지 허버

▶ **1분 인생 독본** 돈을 모으는 지혜가 있어야 한다. ① 돈을 사랑하라. 돈도 사랑하는 사람에게 따른다. ② 작은 돈을 무시하지 말라. 그것이 쌓여서 큰돈

이 된다. ③ 투기와 도박으로 큰돈 벌 생각은 하지 말라. 한눈 팔면 돈은 도망간다. ④ 수입과 지출을 정확하게 기록하라. 그리고 예산에 맞게 돈을 써라. ⑤ 무조건 아낀다고 모이지 않는다. 때로는 기회가 왔을 때 쓸 줄도 알아야 한다. ⑥ 무리하지 말고 힘을 키워라. 힘과 돈은 비례하니 힘이 넘칠 때 돈이 넘친다. ⑦ 남의 이익에 먼저 신경을 써라. 분배되지 않은 이익은 결코 오래가지 못한다. ⑧ 돈이 나가는 구멍이 있으면 빨리 막고 적당한 지출이라면 과감히 써라. ⑨ 돈이 들어오면 내일 찾을 경우라도 즉시 저축하라.

1분 좋은 시
집 안이 텅 빈 것 같아
쓸쓸하고 외로워
아무것도 하기 싫고 정이 그립다 _용혜원, '혼자 남던 날'

영화·드라마 속 명대사 "우리는 왜 넘어지는 걸까? 그것은 스스로 일어나는 것을 배우기 위해서야!" _영화, '베트맨'

230 우리의 마음은 방과 같다
우리의 마음 방에는 꿈과 자신감을 넣어두어야 한다.

방도 용도에 따라 쓰임새가 달라진다. 방에다 밥상을 갖다 놓으면 금방 식당이 된다. 방에다 책상을 갖다 놓고 책꽂이 책을 꽂아 놓으면 공부방이 된다. 방에다 방석을 깔아 놓고 차를 대접하면 응접실이 되고 이불을 깔면 침실이 된다. 우리의 마음도 무엇을 주장하느냐에 따라 달라진다. 우리 마음의 방에는 꿈과 비전과 자신감을 넣어두어야 한다.

1분 명언
재미가 없다면, 왜 그것을 하고 있는 건가? _제리 그린필드

한 번 실패와 영원한 실패를 혼동하지 말라. _스콧 피츠제럴드

행복의 비결은 자기가 좋아하게 되는 일이다. _제임스 발리

나에 대한 믿음이 꿈을 이루는 최고의 비결이다. _랠프 월도 에머슨

성공은 최고의 복수다. _ 프랭크 시나트라

1분 인생 독본 쓸데없는 걱정을 하지 마라. 걱정을 일부러 만들어서 산다면 참 멍청하고 어리석다. 일어나지 않을 일이나 별로 신경 쓰지 않아도 되는 일을 걱정하는 것은 핑계요 태만일 뿐이다. 진짜 걱정해야 할 것이 있어도 걱정하는 시간에 일한다면 걱정이 저만큼 멀리 사라진다.

1분 좋은 시

작은 모래알 속에 수많은 이야기가 살고 있다

바위가 모래알이 되기까지

흘러간 세월 속에 수많은 이야기가

빼곡하게 들어있다

산의 골짜기를 지나 시냇물을 지나

강물을 지나 바다에 오기까지

지나간 세월 속에 수많은 이야기가 가득 차 있다

모래알 속에는 빗물과 골짜기 물과

강물과 바닷물의 이야기가 들어있다 _용혜원, '작은 모래알 속에'

영화·드라마 속 명대사 "예술을 알고 나니 이 작은 방이 감옥이 되었다!"

_영화, '시저는 죽어야 한다'

노스웨스트 항공사 사보

우리는 계속 번영할 것이다.

손님에게 친절한 서비스는 회사를 성장시키고 번영하게 만든다. 노스웨스트 항공사 사보에 미국에서 가장 성공한 기업가 중의 한 사람이자 컴퓨터 업계의 거물인 마이클 텔에 관한 기사가 실렸다. 그 기사에서 텔은 자신과 직원들이 고객들과 독특한 관계를 맺는 것이 바로 회사의 성공 요인이며 그로 인해 자기 회사는 앞으로도 계속 번창할 것이라고 말했다.

"고객이 원하는 것에 계속 관심을 기울이고 그들에게 의미가 있으며 월등한 가치를 전해주는 제품과 서비스를 제공하는 한 계속 번영할 것이다."

1분 명언

번영은 우리의 악을 드러내주고 역경은 우리의 덕을 드러내준다.

_ 프란시스 베이컨

발전의 기술이란 변화 중에서 질서를 유지하는 것이요, 질서 중에서 변화를 유지하는 것이다. 인생이란 절대로 가만히 있는 것이 아니다.

_알프레드 노스 화이트헤드

대지의 개발과 그 산물의 분배, 이 두 가지를 통해서 번영이 이루어진다.

_칼릴 지브란

1분 인생 독본
꼴은 그 사람의 모습이다. 꼴은 사람의 생김새나 됨됨이를 말할 때 쓰는 말이다. 꼴은 자신의 인생 표현이다. 꼴은 단순히 사람의 얼굴을 말하는 것만은 아니다. 외모, 체격, 체구와 마음까지를 말한다. 꼴은 모양이다. 우리 삶의 모양을 어떻게 만들어야 하는가? 빈틈없이, 정확하게, 확실하게, 착오 없이 만들어야 한다. 최고의 걸작품을 만들어야 한다. 음식도 모양이 좋은 음식이 맛있다. 사람도 느낌이 좋은 사람이 참 좋다.

영화·드라마 속 명대사 "그대가 있어 세상은 얼마나 아름다운가!"

"단 하루만이라도 영웅이 될 수 있다."_영화, '물랑 루즈'

232 포기하지 않는 열정을 가져라

중간에 포기한 사람을 기억하지 않는다.

이 세상에서 포기한 사람이 성공한 적은 없다. 운동 경기도 포기한 사람은 승리할 수 없다. 미식 축구팀의 한 코치가 시즌 중반에 고등학교 출전선수들을 불러모아 놓고 말했다.

"농구 선수 마이클 조던이 중간에 포기한 적이 있는가?" 선수들이 큰 소리로 대답했다. "안 했다!" "비행기를 발명한 라이트 형제가 중간에 발명을 포기했는가?" "안 했다!" "엘머 윌리엄스가 포기한 적이 있는가?" 이 말에는 아무도 대답하지 못했다. 궁금한 선수가 물었다. "그 사람은 누구입니까? 그런 이름은 처음 들었습니다." 코치가 선수들에게 말했다.

"너희들은 모를 것이다. 이 사람은 중간에 포기한 사람이다."

중간에 포기한 사람은 다른 이들에게 기억되지 않는다.

1분 명언

내게 포기란 없다. 나는 결코 승리할 기회가 없다고 생각하지 않는다.

_아놀드 파머

돌담은 우리를 막기 위해 있는 것이 아니라 우리 외에 다른 사람들을 막기 위해 있는 것이다. _랜디 포시

355

도움이 될 만한 사람과 그 일을 함께하라. 누군가와 함께하면 혼자 하는 것보다 효과적이고 포기하지 않는다. _윌리엄 메닝거

실패자는 너무 빨리 단념하는 패착을 낳는다. 어려울 때, 힘들 때일수록 더욱 열심히 연마해야만 성공의 풍선을 터트릴 수 있는 것이다. _노만 V. 필

1분 인생 독본 마라톤 선수가 초반에 아무리 잘 뛰어도 소용없다. 마지막 순간까지 잘 뛰어야 한다. 그래야 박수를 받을 수 있다. 야구 경기도 9회 말 투아웃 투 스트라이크 쓰리볼에서 만루 홈런을 칠 때의 감격이란 대단한 것이다. 인생도 마찬가지다. 최후까지 최대의 힘을 발휘해야 한다. 우리 인생의 막이 내릴 때까지 멋지게 성공하는 삶을 살자.

1분 좋은 시
흘러간 지난날이
추억의 집을
만들어놓았다 _용혜원, '추억의 집'

영화·드라마 속 명대사 "바람은 속삭임입니다. 우리가 들을 때가 있습니다." _영화, '엘리멘탈'

233 단편 소설 <운수 좋은 날>
운수 좋은 날이 아니라 고통의 날이었다.

현진건이 지은 <운수 좋은 날>은 1924년 6월 '개벽' 잡지에 기고한 단편 소설이다. 한국 단편 소설 중의 명작이다. 소설의 주인공인 인력거꾼 김첨지는 어느 날 손님이 많아 돈이 벌리자 운수 좋은 날이라고 좋아했는데 도리어 아내가 죽는 불행을 겪는다. 그날따라 돈이 잘 벌려 아내가 그리도 먹고 싶어 하던 설렁탕 국물을 사서 집으로 가려는데 또 손님을 만나 인력거를 끌어주

고 돈을 받는다. 그리고 오늘은 돈이 잘 벌리는 날이라며 기분좋게 설렁탕 국물을 사 들고 집으로 왔더니 이미 아내는 죽고 빈 젖꼭지를 빨고 있는 개똥이만 기다리고 있을 뿐이었다. 운수가 좋던 날이라고 생각했는데 아내가 죽어 있어 김첨지는 혼자 비통하게 울부짖는다. 운수 좋은 날이 아니라 고통의 날이었다.

1분 명언

행복할 때는 행복에 매달리지 말라. 불행할 때는 이를 피하려 하지 말고 그냥 받아들이라. 그리고 자신의 삶을 순간순간 지켜보라. 맑은 정신으로 지켜보라. _법정 스님

불행한 사람은 갖지 못한 것을 사모하고 행복한 사람은 갖고 있는 것을 사랑한다. _하워드 가드너

불행은 우리가 바꿀 수 없는 것에 집착할 때 생겨난다. _에픽테토스

불행은 올 때 날개를 달고 갑작스레 오고, 떠날 때는 천천히 걸어서 나간다. _로버트 슐러

1분 인생 독본 홀로 살아가지 말고 함께 살아가고 실망하게 하는 사람이 되지 말고 믿을 수 있는 사람이 되자. 남을 도울 줄 아는 마음으로 살아가며 꿈을 가지고 땀 흘리며 늘 완주하는 사람의 삶이 아름답다. 최선을 다한 사람은 골인에 도착할 때 분명히 환호와 박수를 받는다.

1분 좋은 시

혼자는
고독한 죽음이다
한 그루의 나무를
아무도
숲이라 하지 않는다 _용혜원, '외로움'

234 태도의 중요성
태도가 사실보다 중요하다.

사람은 태도가 중요하다. 태도 속에 그 사람의 마음가짐이 나타난다. 칼 메닝거라는 심리학자는 '태도가 사실보다 더욱 중요하다.'고 했다. 아이젠하워 미 대통령도 처음 미국 육군사관을 졸업한 다음에 배치받은 곳이 식당 장교였다고 한다. 처음에는 자신의 보직에 불만을 지녔지만 이내 마음을 다잡고 이 자리에서 무엇을 남보다 더 뛰어나게 할 수 있을까 생각하다가 가상 작전 연구를 하게 되었다. 이것이 그를 작전의 명수가 되게 하였고 노르망디 상륙 작전의 명장으로 만들었다. 흘러가는 세월 속에서도 노력하는 사람은 성공한다.

1분 명언
태도가 그 사람의 모든 것이다. _톰 피터스
당신의 태도는 인생에서 당신의 고도이다. _제론 라니어
태도가 모든 것이니, 좋은 것을 골라라. _ 웨인 다이어
태도는 시간이 지나면서 형성된 기분이나 지배적인 감정이다. _존 맥스웰
인생의 유일한 장애는 나쁜 태도이다. _ 스콧 해밀턴
태도를 통제하는 것은 자기 자신이다. _제프 켈러

1분 인생 독본 친절이란? 미소 짓는 것, 언어와 표정을 부드럽게 하는 것, 행동을 자연스럽게 하는 것이다. 일생 한 번도 친절하지 않고 남에게 참된 기쁨도 주지 않고, 남을 돕는 일도 없이 보내는 것은 노후 인생을 아름답게 비추는 추억을 간직하는 기회를 놓치는 것이다. 친절은 살맛을 만들고 행복을 만들고 웃음을 만든다.

235 데이비드 스튜어트 재능은행

인간은 누구나 성공할 수 있는 재능을 가졌다.

데이비드 스튜어트는 미국 노스캐롤라이나에서 살고 있으며 '재능은행'을 설립하였다. 그는 신입 사원이 들어오면 반갑게 맞으며 '인간은 누구나 성공할 수 있는 재능을 가졌다.'고 말해주었다. 그리고 그들이 자신의 재능을 찾고 개발하도록 하였다. 이 방법은 놀랍게도 나이, 학력, 직업과 관계없이 효과가 있었다. 다른 사람의 재능을 발견하고 개발하도록 도와줌으로써 자신의 재능도 함께 개발된다는 사실을 알아냈다.

남에게 웃음을 주었을 때 자신도 웃는 것과 같은 현상이다. 웃음을 주는 사람은 행복을 주는 사람이다.

1분 명언

만약 마음 속에서 '나는 그림에 재능이 없어.'라는 음성이 들려오면 반드시 그림을 그려보아야 한다. 그 소리는 당신이 그림을 그릴 때 잠잠해진다.

_빈센트 반 고흐

빛이 있는 동안 일하라. 그대는 자신에게 맡겨진 재능에 대한 책임이 있다.

_앙리 프레데리크 아미엘

재능이 존재하느냐 아니냐는 당신 자신에게 달려 있다. 해결책은 지금 바로 그것을 실행해보는 것이다. _프랑수아 드 라 로슈푸코

재능은 게임에서 이기게 한다. 하지만 팀워크는 승리를 가져온다. _마이클 조던

가장 위대한 재능은 사물의 가치를 정확하게 평가할 수 있는 힘이다. 가장 위대한 재능은 사물의 가치를 정확하게 평가할 수 있는 힘이다.

_프랑수아 드 라 로슈푸코

▼

1분 인생 독본 걱정이란 결코 언덕에 오르지도 못한다. 걱정이란 결코 계산서를 내밀지 못한다. 걱정이란 결코 눈물을 마르게 하지도 못한다. 걱정이란 결코 두려움을 진정시키지도 못한다. 걱정이란 결코 끼니를 요리해내지도 못한다. 걱정이란 결코 부서진 수레바퀴를 수선해놓지도 못한다. 마지막으로 걱정이란 결코 어떤 사람에게 직업을 얻어준 것도 없다. 사실상 걱정은 결코 이루어낼 필요가 있는 그 어떤 것도 해낸 적이 없다.

▼

1분 좋은 시
거리로 나갔다
갈 곳이 없었다
다만 살아 있다는 것을
인파 속에서
느끼고 싶었다. _용혜원, '어느 날'

▼

영화·드라마 속 명대사 "왼손으로 악수합시다!" _영화, '지옥의 계절'

236 나이 든 남자의 휴식
휴식도 일이라네!

나이가 든 남자와 젊은 사내가 나무를 베는 일을 함께하게 되었다. 이른 아침부터 벌목을 시작했다. 나이가 든 사람은 힘이 들어서 천천히 일을 했다. 50분 일하고는 꼭 10분을 휴식하였다. 그러나 젊은이는 힘이 좋아서인지 쉬

지도 않고 부지런히 일을 했다. 오후가 되었다. 두 사람은 잘라낸 나무를 서로 비교했다. 그런데 젊은이는 놀라지 않을 수 없었다. 나이 든 사람이 더 많이 잘랐다. 젊은이는 영문을 몰라 이유를 묻자 나이 든 사람이 말했다.

"휴식도 일이라네. 에너지도 충전하고 톱날도 갈고 말일세."

1분 명언

휴식은 지상에서 가장 소중한 것이다. _프리드리히 헤겔
휴식은 노동의 달콤한 감미료다. _플루타르크
휴식은 좋은 것이지만 권태는 그 형제다. _볼테르
휴식과 노동을 번갈아 해야 오래간다. _오비디우스
휴식을 취하라. 휴식을 취한 땅은 풍성한 수확물을 준다. _오비드
지나친 휴식은 녹이 슨다. _월터 스콧
마음의 힘은 휴식하는 것이 아니라 운동하는 것이다. _알렉산더 포프

1분 인생 독본
오렌지 나무는 1백 년 이상 열매를 맺는다. 이처럼 나무들이 열매를 맺고 사는데, 더구나 성공을 원하는 사람들이 열매를 맺고 살지 않는다면 그 삶이 어찌 되겠는가? 성공을 원한다면 시절을 좇아 열매를 맺어야 한다. 그날그날의 24시간이야말로 인생의 양식이다. 시간이 있으면 가능하나 시간이 없으면 아무것도 이룰 수 없다.

1분 좋은 시
인생의 마지막 순간에
잘 살았다고
마침표를 찍고 싶다 _용혜원, '인생의 마지막 순간에'

영화·드라마 속 명대사 "노인은 보잘것없는 것에 지나지 않는다."
_영화, '노인을 위한 나라는 없다'

맥아더 장군과 한국 병사

후퇴하라는 명령이 없었습니다.

맥아더는 UN군 총사령관이었다. 한국전쟁에 참여하여 인천상륙작전을 성공적으로 지휘하였다. 북한군과 대처하여 지극히 위험할 때 꼼짝하지 않고 병거를 지키는 한국 병사에게 물었다. "전세가 아주 위급한데 왜 병사는 도망가지 않는가?" 한국 병사는 대답했다. "후퇴하라는 명령이 없었습니다." 병사의 말에 감동한 맥아더 장군은 병사의 소원이 있으면 들어주겠다고 했다. 병사는 '충분한 실탄과 총을 지원해주십시오!'라고 말했다. 후퇴 명령을 내려달라고 말할 줄 알았는데 이 말에 감동했다. 그리고 맥아더는 말했다. "우리는 전력을 다해서 한국을 지켜야 한다."
결국 맥아더 인천상륙작전에서 승리하였다.

1분 명언

승리는 내면의 싸움에서 시작된다. _칼 루이스

승리는 쉬울지 모르지만 쉬운 것은 쓸모가 없다. _데브라 벤트

승리의 의지 없이 전쟁에 뛰어드는 것은 죽음을 자초하는 것이다.
_더글러스 맥아더

승리는 목적이 아니다. 목적에 이르는 하나의 단계이며 장애물을 제거하는 데 지나지 않는다. 목표를 잃으면 승리도 공허하다. _네루

1분 인생 독본 어려움에 헛손질만 할 것이 아니라 혼신을 기울인다면 달라진다. 한 치 앞도 보이지 않고 불안할 때도 따뜻한 피가 돌도록 헤아려줄 수 있는 푸근한 마음이 필요하다. 흥미로운 것만 좋아하고 어려운 일을 피하면 절벽 같은 고통을 견디지 못한다. 열정과 자신감 속에 어떤 어려움도 이겨내라. 성공이란 물감으로 모든 실패를 지워버려라.

1분 좋은 시

마음의 상처는 눈시울 붉히는

아주 작은 상처로부터 닦달하다

헤어나오기 힘든 큰 상처까지

수많은 갖가지 상처가 있다 _용혜원, '마음의 상처'

책 속의 좋은 말 인간은 태어날 때 대리석과 그것을 연마하는 데 필요한 도구를 가지고 태어난다. 일생 그것을 다듬지 않고 끌고다닐 수도 있고 혹은 하나의 멋진 조각으로도 만들 수 있다. _리처드 바크, <갈매기의 꿈> 중에서

영화·드라마 속 명대사 "인도에는 두 가지 인도가 있다. 빛의 인도와 어둠의 인도가 있다."_영화, '화이트 타이거'

238 미국 20대 대통령 가필드
10분을 잘 활용하라.

미국의 20대 대통령 가필드가 대학생 때의 일이다. 같이 공부하는 학생 중에 수학 성적이 뛰어난 학생이 있었다. 남에게 뒤지기 싫어하는 성격의 가필드는 그를 따라잡기 위해 열심히 노력했다. 하지만 언제나 그 학생을 이길 수 없었다. 기숙사에서 생활하던 가필드는 유심히 관찰한 끝에 그 친구 방의 불이 자기 방보다 10분 나중에 꺼진다는 것을 알아냈다.

"그래. 그가 나보다 항상 10분을 열심히 했기 때문에 잘하는 것이로구나!"

그 후 가필드는 친구 방에 불이 꺼진 다음에도 10분을 더 공부하고 잠을 청했다고 한다. 마침내 가필드는 친구보다 좋은 성적을 내었다. 가필드가 대통령이 되었을 때 그는 취임사에서 말했다.

"10분을 잘 활용하라. 10분이 모든 일을 성공으로 이끄는 동기가 된다. 노력을 당해내지는 못한다."

1분 명언

너 자신을 최대로 활용하라. 그것이 너에게 주어진 전부다. _랠프 월도 에머슨

하루의 가장 달콤한 순간은 새벽에 있다. _엘라 휠러 윌콕스

시간을 잘 활용하고 싶다면 무엇이 중요한지 알아야 하고, 그 일에 당신의 모든 능력을 쏟아부어야 한다. _아이아코카

성공 열쇠는 숨겨진 재능을 찾고 활용할 장소를 찾는 것이다. _워렌 베니스

1분 인생 독본 곁에 있는 쓸 만한 사람을 버리고 필요할 때 이용할 사람만 두는 사람은 가까이해서는 안 된다. 목소리 색깔이 자주 바뀌고 욕정에 사로잡혀 수단과 방법을 가리지 않고 부모 형제 사이가 원만하지 않은 사람, 금전에 인색하고 화려한 세계를 동경하는 사람은 멀리하라.

1분 좋은 시

봄바람은 지나간 자리마다

새싹이 돋게 한다

여름바람은 먹구름을 몰고 와

비를 내린다

가을바람은 산들의 나뭇잎들이

단풍 들게 한다

겨울바람은 온 땅에 하얀 눈을

내리는 바람이다 _용혜원, '사계절 바람'

영화·드라마 속 명대사 "가야 할 때 가지 않으면 말이야, 가려 할 때 갈 수가 없단다." _영화, '세상에서 가장 빠른 인디언'

239 초청받지 않은 사람

남을 배려할 줄 아는 큰 인물이다.

유대인 랍비가 '내일 아침에는 여섯 사람이 모여서 문제를 해결할 것이다!' 고 말했다. 그런데 다음 날 아침에 일곱 사람이 모였다. 누군가 한 사람이 부르지도 않는데 와 있었던 것이다. 랍비는 일곱 번째 사람이 누구인지 몰라서 말했다. 그래서 랍비는 "여기에서 초청받지 않은 사람은 곧 돌아가 주시오!" 그러자 그중에서 가장 유명한 인물이며 누가 생각해도 초청받았을 만한 사람이 일어나서 나갔다.

그가 왜 그랬을까? 그것은 초청받지 않았거나 또는 어떤 착오로 인해 오게 된 사람이 굴욕감을 느끼지 않게 자기가 먼저 나갔던 것이다. 남의 마음을 배려할 줄 아는 큰 인물이다.

1분 명언

다른 사람을 배려하지 못하는 사람은 결코 자기 자신 또한 배려하지 못한다.
_몽테뉴

말 속에 담긴 배려는 자신감을 만들어내고 생각 속에 담긴 배려는 심오함을 만들어내고 베푸는 행동에 담긴 배려는 사랑을 만들어낸다. _노자

파트너십에도 돈이 필요하다. 돈은 어떤 비즈니스 관계에서도 중요하기 때문이다. 그러나 파트너십에는 존경과 같은 인간에 대한 기본적인 배려가 우선 필요하다. _샘 월튼

타인에 대한 애정과 타인이 필요로 하는 것에 대한 배려야말로 사람이 가진 가장 강력한 에너지다. 상대방에게 베푼 것은 없어지지 않는다. _컬린 터너

1분 인생 독본 존 웨슬리는 이렇게 외쳤다. "선을 행하라. 할 수 모든 선을 행하라. 할 수 있는 모든 방법으로, 할 수 있는 모든 장소에서, 할 수 있는 모든 사람에게, 온 힘을 다해서 선을 행하라." 위대한 사람은 남을 살리는 사람들이다.

알 수 없고 볼 수 없고 불안한 것들은

늘 궁금증을 만들어놓는다

왜 그럴까 어떻게 될까

의문표가 자꾸 찍혀 나갈 때 궁금증이 생긴다

궁금증의 시간이 계속되어 흘러가면

답답하고 불안하고 초조해진다

사람들은 궁금증을 풀고 싶어하고

궁금증을 풀고 해답을 얻고 싶어한다 _용혜원, '궁금증'

▼ **영화·드라마 속 명대사** "왜 내가 그림을 좋아해서 샀다고 생각 안 했어요?"

_영화, '타인의 취향'

240 지그 지글러와 기회
저에게도 저런 기회를 주세요!

성공하려면 기회와 조건을 만들어야 한다. 미국의 연설가이며 작가인 지그 지글러는 미국의 대공황기에 남부의 한 작은 동네에서 태어나 자랐다. 미국인들이 모두 어려움에 빠졌던 시절, 지그 지글러는 식료품 가게에서 당밀을 겔런으로 달아서 판매하였다. 어느 날 당밀을 아주 좋아하는 소년이 가게에 왔다. 가게에 오면 언제나 큰 당밀 통에 달려가서 당밀 통을 열고 손가락을 당밀 통에 쑥 넣었다 뺀 후 빨아먹었다. 주인은 소년에게 하지 말라고 여러 번 야단을 쳤다. 어느 날 다시 소년이 당밀 통에 손가락을 넣자, 화가 난 주인이 소년을 당밀 통으로 집어던졌다. 천천히 당밀 속으로 가라앉으며 통 속의 당밀을 전부 맛보았다. 지그 지글러는 이 광경을 바라보며 말했다.

"저에게도 저런 기회를 주세요!"

1분 명언

조건 없는 사랑은 아이뿐만 아니라 모든 인간의 가장 깊은 갈망이다.
_에리히 프롬

모든 조건이 같을 때 앞서 나가는 사람은 그가 대단한 일을 하기 때문이 아니라 그가 창출한 우위 때문이다. _제프리 데이빈슨

살아있는 것은 극히 다양한 조건에 순응하고 더구나 싸워 얻은 결정적인 일정한 자립성을 버리지 않는다는 천성을 가지고 있다. _요한 볼프강 폰 괴테

1분 인생 독본 인생의 목적은 끊임없는 전진이다. 밑에는 언덕이 있고 냇물도 있고 진흙도 있다. 걷기에 평탄한 길만 있는 것이 아니다. 먼 곳을 항해하는 배가 풍파를 만나지 않고 조용히만 갈 수는 없다. 풍파는 언제나 전진하는 벗이다. 고난 속에 인생의 기쁨이 있다. 풍파 없는 항해란 얼마나 단조로운가! 고난이 심할수록 내 가슴은 뛴다. 괴로워하거나 불평하지 말라. 사소한 불평은 눈감아버려라. 어떤 의미에서는 인생의 큰 불행까지도 감수하고 목적만을 향해 똑바로 전진하라.

1분 좋은 시

내 마음의 유리창에
때 묻은 마음을 닦아놓으렵니다
그대가 나에게 준
사랑의 마음을 남겨놓으렵니다
그대가 내 마음을 볼 수 있도록
언제나 맑게 닦아놓으렵니다 _용혜원, '내 마음의 유리창'

영화·드라마 속 명대사 "옳음과 친절 속에 하나를 선택할 때 친절을 선택하라!"_영화, '원더'

241 의사가 된 이유

꿈을 갖는 것은 이루어가겠다는 마음이다.

에드워드 로우즈나우는 미국 메이요 종합병원 의사로 명성이 대단했다. 미네소타에 살던 어린 시절에 의사가 되고자 하는 영감을 받았다. 동생이 병으로 위험 상태에 이르렀을 때 부모는 의사에게 왕진을 요청하였다. 에드워드 로우즈나우는 그때를 회상하였다.

"나의 아버지와 어머니의 얼굴은 공포와 걱정으로 극도로 긴장하고 있었다. 의사가 동생을 진찰하고 나왔을 때 의사는 우리 가족에게 미소를 지으며 말했다. '이제는 안심해도 좋아요. 긴장을 푸세요!' 그때 내 어머니와 아버지 얼굴에 밝은 빛이 스며드는 것을 보았다. 그때 나는 결심하였다. 나는 커서 의사가 되어 사람들의 얼굴에 빛을 선물하겠다!"

꿈을 갖는 것은 이루어가겠다는 마음이다.

▼ 1분 명언

마음은 가능한 모든 것의 시작이다. _구스타프 칼 융

마음은 자신이 원하는 것을 원한다. 이런 것들에는 논리가 없다. 누군가를 만나고 사랑에 빠지는 것이 바로 그것이다. _우디 앨런

마음에 들어가서 그 마음을 따르라. _장자

▼ 1분 인생 독본

눈물로 일생을 보내서는 안 된다. 그렇다고 웃기만 하면서 일생을 보내서도 안 된다. 무엇을 두고 웃느냐에 따라 그 사람의 인품을 알 수 있다. 웃음으로 현실을 심각하게 대하지 않고 현실이란 파괴되기 쉬운 것임을 끊임없이 인식하여 극복할 수 있다. 불편한 상황에서 의도적으로 유머를 구사하는 것은 감정 조절에 유익하다.

▼ 1분 좋은 시

키 작은 슬픔을 넘어

날마다 신비롭고 행복해

하늘을 보며 피어난다 _용혜원, '채송화'

영화·드라마 속 명대사 "누구나 한 번쯤은 박수받을 자격이 있다!"_영화, '원더'

242 견습공의 작품
아름다움에 감탄하여 아낌없는 찬사를 보냈다.

외국에서 큰 교회를 지었을 때의 일이다. 공사의 책임을 맡은 감독이 견습공 청년 때문에 매우 골치가 아팠다. 견습공이 교회의 여러 창문 중 하나를 새로운 유리로 디자인해서 배열하고 싶다는 것이다. 감독은 청년의 의욕을 꺾고 싶지는 않았으나 비싼 재료를 낭비할까 싶어 작은 창문을 가지고 마음대로 해보라고 기회를 주었다. 청년은 신이 나서 못쓰게 된 유리 조각과 잘린 유리들을 모아서 정말로 보기 드문 아름다운 작품(스테인드글라스)을 만들었다. 교회가 완성되어서 많은 사람이 보게 되었을 때 사람들은 견습공이 만든 창문 앞에서 그 아름다움에 감탄하여 아낌없는 찬사를 보냈다. 사람들은 아름다운 것을 보면 감동의 박수를 보내며 추억으로 남기고 싶어한다.

1분 명언
내가 작품 하나를 위해 얼마나 공을 들이는지 안다면 사람들은 내 작품을 보고 그다지 놀라지 않을 것이다. _미켈란젤로

작가는 작품의 빛으로 세상에 나타난다. 멀리서 보면 그 빛은 시선 끌기에 충분할 만큼 아름답다. 아마 작가의 생활을 가까이에서 보는 것은 그만두라. 그것은 마치 여름밤에 들이나 정자 그늘에서 반짝이는 그 아름다운 빛의 무리와 흡사하다. _하인리히 하이네

1분 인생 독본 얼굴 모습은 만들어진다. 나이가 들어도 곱게 늙어가는 사람

을 보면 존경심이 생긴다. 삶을 얼마나 아름답게 살아왔으면 저렇게 멋지게 나이가 드는 것일까? 사람은 자기 모습이 얼굴에 그대로 나타난다. 삶을 진실하게 살아서 얼굴에 삶의 흔적을 잘 남겨야 한다. 표정이 살아야 인생이 산다.

1분 좋은 시

나는 가만히 있는데 생각이 출타하여
오락가락 방랑을 시작했다
오만가지 다른 생각들을
가져와 뒤섞어놓으면 머리가 복잡해진다
생각이 방랑하지 않고
집중할 때가 단순해져서 좋다
생각은 이탈하고 방랑하기를 좋아한다
생각이 방랑하기에 갖가지 생각을 할 수가 있고
새로운 생각을 해낼 수 있다 _용혜원, '생각의 방랑'

영화·드라마 속 명대사 "어디서 처음 맛보았는지 모르지만 중요한 것은 마지막 맛이다."_영화, '지상에서 영원으로'

243 청바지의 시작
절망을 이겨내고 성공하게 되었다.

1850년대에 미국 서부에서는 황금을 캐려고 수많은 사람이 전국에서 모여들었다. 레비 스트라우스는 금광 부근에서 천막을 만들고 있었다. 그러던 어느 날 대량 물량의 천막 주문이 들어왔다. 그는 너무나 기뻐서 빚내어 공장을 짓고 직공도 불러모아 천막 천을 다 완성했다. 그런데 레비 스트라우스에게 이번에는 충격적인 소식이 들려왔는데 납품을 할 수 없게 되었다는 것이다. 빚 독촉을 받았고 직공들에게 봉급을 줄 수 없었다.

어느 날 레비 스트라우스는 카페에서 금을 캐던 사람들이 헤진 바지를 꿰매는 모습을 보았다. 그는 갑자기 좋은 아이디어가 떠올랐다. 질긴 천으로 바지를 만들어 입으면 튼튼해서 오래 입을 수 있으니 좋겠다는 생각이었다. 그는 용기를 내어 천막 천을 이용한 청바지를 만들어냈고 드디어 성공하게 되어 오늘날 리바이스 청바지를 탄생시켰다. 고통과 고난을 극복하는 사람은 신념과 집념이 강하다.

1분 명언

용기에는 천재성, 힘 그리고 마력이 들어 있다. _요한 볼프강 폰 괴테
때때로 용기는 정복자의 마음마저 움직인다. _베르길리우스
용기의 최고 단계는 위험에 처했을 때의 대담성이다. _클라피에르 보브나르그
용기는 무모함이 아니라 자신감의 필수적이다. _돈 슐라
성공은 대담한 용기의 아들이다. _벤저민 디즈레일리

1분 인생 독본 꿈이 돼라. 꿈은 자기 분야에 전문가로 최고의 실력을 발휘할 줄 안다. 전문가가 되기 위하여 노력해야 하고 자기 분야의 책을 3,000권 이상 읽고 저술가가 되고, 강연자가 되고 전문가가 돼라. 자기 일에 최고 장인으로 일꾼이 아닌 자기 분야에서 최고의 꾼이 돼라.

1분 좋은 시

조각달에 외로움을
걸어놓았더니
고독이 심각하다 _용혜원, '조각달'

영화·드라마 속 명대사 "제가 여러분 모두를 살려서 집으로 데려오겠다고 약속할 수 없습니다. 그러나 여러분과 전능하신 하나님 앞에서 맹세하건대 우리가 전투에 나설 때 제가 제일 먼저 전쟁터에 발을 디딜 것이고 마지막에

물러날 것입니다. 아무도 남겨두지 않을 것입니다. 죽든, 살아 있든 우리는 모두 집에 올 것입니다. 도와주십시오. 하나님!" _영화, '위 워 솔저스'

244 통로를 찾는 사람들
삶과 뜻에 분명한 방향을 가진 사람이다.

현대인들은 만족결핍증을 앓고 있다. 인생의 진정한 만족은 술이나 향락, 부유함에 있지 않다. 미국의 작가 게일 휘일은 '통로를 찾는 사람들'이란 글에서 참 만족을 갖고 사는 사람들의 조건에 관해 다음과 같이 말했다.

① 삶과 뜻에 분명한 방향을 가진 사람
② 허무와 실망에 매이지 않은 사람
③ 앞날의 계획을 믿음과 용기로 성취하는 사람
④ 누군가를 무척 사랑하는 사람
⑤ 신뢰할 친구가 많은 사람
⑥ 낙천적이고 비밀이 없는 사람
⑦ 자기 비평에 신경 쓰지 않는 사람
⑧ 큰 두려움이 없는 사람

우리 모두 만족결핍증에서 벗어나 만족이 충족되는 삶을 가꾸는 통로를 찾아야 한다.

▼
1분 명언

만족은 천연의 재산이다. _소크라테스

만족이 바로 행복이다. _서양 명언

민족은 여성의 얼굴에 최고의 화장이다. _덴마크 속담

만족은 가난한 사람을 넉넉하게 하고 넉넉한 사람을 가난하게 한다.
_벤저민 프랭클린

만족하게 살고 때때로 웃으며 많이 사랑한 사람이 성공한 사람이다. _스탠리

1분 인생 독본 강인함이란 온갖 시련을 이겨내 어려움에 용감하게 맞서고 슬픔과 고통을 견디는 힘이다. 절망의 웅덩이에 빠져보고 나서야 인생의 쓴 맛을 알 수 있다. 비바람과 태풍 속에서도 일어나야 하고 한겨울 꽁꽁 얼어 버릴 것 같은 강추위 속에서 강해진다.

1분 좋은 시

등불을 수없이 켜놓고
간절히 기다리는 것을 보면
가슴이 저리도록
보고픈 이가 있나 보다 _용혜원, '감나무'

영화·드라마 속 명대사 "어머니, 어쩌면 제가 오늘 죽을지도 모릅니다. 그 많은 적이 그냥 물러갈 것 같지는 않으니까 말입니다. 어머니, 죽음이 무서운 게 아니라, 어머님도 형제도 못 만난다고 생각하니 무서워지는 것입니다."

_영화, '포화 속으로'

245 프랑스 영웅 소녀 잔 다르크
강한 신념을 갖고 있었다.

프랑스의 영웅 잔 다르크는 양을 치던 12세 소녀 시절부터 '영국과 전쟁할 때 프랑스 군의 지휘관을 하겠다.'는 강한 신념을 가졌다. 잔 다르크는 17세 때 샤를 황태자(뒷날 샤를 7세) 앞에 나가 자기 신념을 말하였다. 이에 깊은 감명을 받은 샤를 황태자는 갑옷과 군대의 지휘권을 잔 다르크에게 주었으며 드디어 잔 다르크는 난공불락이었던 오를레앙 요새를 공격하여 함락시켰다.
항상 당신의 능력보다 한 단계 높여서 목표를 세워라. 당신이 뛰어넘을 수 있는 일을 시도해보라.

1분 명언

신념은 인격의 기대를 결정한다. _브라이언 트레이시

신념은 생각에 창조적인 힘과 행위를 더해주는 영원한 불로불사의 약이다. _나폴레온 힐

믿음이 없다면 사람은 아무것도 해낼 수가 없다. 그것이 있다면 모든 것은 가능하다. _윌리엄 오슬러

신념을 가지고 있는 한 명의 힘은 관심만 가지고 있는 99명의 힘과 같다. _존 스튜어트 밀

믿음이란 아직 어두운 새벽에 노래하는 같다. _라빈드라나드 타고르

신념은 연애와 같은 것이어서 강요할 수는 없다. _아르투어 쇼펜하우어

1분 인생 독본
마음의 들판을 가꿔라. 사람의 마음은 들판과 같다. 토끼와 사슴이 뛰놀게 할 수 있고, 사자와 호랑이와 여우가 먹이를 찾아다니게 할 수도 있다. 마음을 유혹에 넘어가도록 방치하면 수많은 상처를 받을 수 있다. 잘못된 생각을 던져버리고 행복이 쑥쑥 자라도록 만들어야 한다.

1분 좋은 시
시작은 설렘이고
시작은 감동이며
기대가 이루어져가는 시간이다
시작은 참 좋은 시간이다
자기가 원하는 일을 하기 위해 출발하고
자기 원하는 삶을 만들어가는 시간이다 _용혜원, '시작'

영화·드라마 속 명대사
"이게 다 꿈이었으면 좋겠어! 이따 눈 뜨면 우리 집 안방이고 난 아침을 먹으면서 형한테 얘기할 거야. 정말 진짜 같은 꿈을 꾸었다고!" _영화, '태극기 휘날리며'

스피노자의 거절
자기의 사상을 펼칠 자유로운 학문을 원했다.

스피노자는 네덜란드 출신의 유명한 철학자이자 사상가이며 신학자이다. 그는 암스테르담 유대인 가정에서 태어나 풍부한 학식과 심오한 철학과 사상을 지녔음에도 안경 렌즈를 깎으며 생계를 유지하였다. 스피노자의 학식과 심오한 철학의 깊이가 널리 알려지자, 유명한 라이덴 대학에서 교수로 와달라는 초청을 받았다. 그러자 스피노자는 이렇게 말하며 거절하였다.

"교수의 자리도 극히 좋은 자리라고 하지만 학교 당국의 비위를 맞춰야 할 경우도 있을 테고 내 사상과 자유를 얽매는 경우도 있을 것이니 차라리 아무 구속받지 않는 안경 렌즈나 깎아주는 일이 내게는 대학교수보다 자유로운 것 같다."

자기의 사상을 펼칠 수 있는 자유로운 학문을 원했던 것이다.

1분 명언
학문이나 일을 함에 있어서 그 방법을 강구해야 한다. _주양자

학문은 배움으로 얻어진다. 결코 아버지에게서 아들에게로 물려지지 않는다. _존 게이

학문은 수은과 같아서 숙련된 솜씨에 의하면 세상에서 가장 강력하고 뛰어난 것이 되나 미숙한 솜씨에 의하면 가장 해로운 것이 된다. _알렉산더 포프

배우기만 하고 사색하지 않는다면 도리를 파악할 수 없고, 사색만 하고 배우지 않으면 시야가 좁아져서 그 학문은 위태로워진다. _논어

1분 인생 독본
스트레스에서 벗어나는 길이 있어야 한다. 스트레스에서 벗어나려면 생각을 밝게 가져야 한다. 자기 능력을 철저히 활용하고 매사에 쉽게 실망하지 말아야 한다. 쓸데없는 적개심을 품지 말고 어려움으로 하던 일이 막히면 스트레스를 받아 기죽을 것이 아니라 사라지도록 풀어야 한다.

폭 빠져들고픈 평화로움에
물수제비 띄워
마구 흔들어놓고 싶다 _용혜원, '호수'

영화·드라마 속 명대사 "나는 배를 살릴 테니 너는 사람들을 살려!"
_영화, '연평 해전'

247 최선을 다한 덴젤 워싱턴
마음에는 확신과 자신감이 넘쳤다.

'트레이닝 데이'에서 타락한 형사역을 맡아 열연하여 제74회 아카데미 남우
주연상을 수상한 덴젤 워싱턴은 미국 흑인들의 우상이다. 뉴욕 태생인 덴젤
워싱턴은 목사인 아버지와 미용실을 운영하는 어머니 사이에서 성장하였
다. 덴젤 워싱턴은 학비를 벌려고 우체국 보조원, 청소원 보모 등 갖가지 일
에 종사하였다. 그러나 그의 말대로 최선을 다했더니 아카데미 주연상을 타
게 되었다. 덴젤 워싱턴의 마음에는 확신과 자신감이 넘쳤다. 다른 사람이
인정하는 사람은 자기 삶에 확고한 자신감을 지니고 매사에 신념이 넘친다.

1분 명언
우리들을 도와주는 것은 친구의 도움 그 자체라기보다 친구의 도움이 있다
는 확신이다. _에피쿠로스
보통 생각할 수 있지만 확신은 능력에 따른 페이스를 유지하는 것이다.
_새뮤얼 존슨
경험 없는 확신은 난폭함을 낳는다. _플래너리 오코너
강한 확신은 위대한 행동보다 우선한다. _제임스 프리먼 클라크
개인이나 기업이 성공을 확신할 때마다 발전은 멈춘다. _토머스 왓슨

1분 인생 독본 애벌레가 세상이 끝났다고 하는 순간 나비가 되었다. 불행의 원인은 늘 나 자신이다. 몸이 굽어지니 그림자도 없다. 어찌 그림자 굽은 것을 한탄할 것인가! 나 외에는 아무도 나의 불행을 치료해줄 사람은 없다. 불행은 내 마음이 만드는 것과 같이 불행도 내 자신이 만들 뿐이요, 또 치료할 수 있을 뿐이다. 마음을 평화롭게 가져라. 그러면 표정도 아름다워진다.

1분 좋은 시
버릇은 자기도 모르는 사이에
만들어져 뿌리 내린다
버릇이 단단하게 굳어
그 사람의 생활을 만들어놓는다
버릇을 보면 그의 삶의 모습이 나타난다
버릇이 깊어지면 그 사람의 운명까지
만들어놓을 수 있다 _용혜원, '버릇'

영화·드라마 속 명대사 "인간은 패배하도록 창조된 게 아니야. 인간은 파멸할 수 있을지 몰라도 패배할 수는 없다!"_영화, '노인과 바다'

248 신문 왕 노스클리프
자신감을 지니고 도전할 때

신문 왕이라고 일컬어지는 노스클리프는 어린 시절부터 글을 쓰는 능력이 뛰어났다. 15세부터 여러 신문에 자주 글을 실어서 독자들에게 사랑을 받기 시작했고 독자들은 그를 대단한 문필가로 여겼다. 그는 17세가 되었을 때 '유스'라는 잡지의 편집일을 하면서 어느 날 브레이크라는 부호를 취재하였다. 그 사람은 배운 것도 재산도 없었으나 신발바닥에 정을 쳐서 보호하는 아이디어로 백만장자가 되었다. 노스클리프는 노인의 방으로 들어가자마자 물었다. "브레이크 선생님은 백만장자이시지요? 어떻게 그렇게 많은 돈을 벌게 되었나요?" 브레이크는 말했다. "나는 무슨 일을 찾아서 하든지 돈벌이가 되지 않는 것은 생각하지 않았다. 오직 그 일만 생각하고 걸어왔다."

이 말을 듣고 노스클리프는 깊이 깨달았다.

"성공하는 비결이 여기에 있구나. 이것도 해보고 저것도 해보자고 생각하다가는 아무것도 이룰 수가 없겠다. 한 가지만 생각하면 성공하지 못할 이유가 없겠지? 그렇다면 내가 걸어갈 길은 신문밖에 없다."

1894년 그는 드디어 신문 사업에 착수하여 파산 직전에 있던 <런던 이브닝 프레스>를 새롭게 발간하였다. 같은 해에 <데일리 매일>을 창간했다. 1900년까지 100만 부를 발행하는 당시 최대의 신문을 만들었다. 1908년에는 <런던 타임즈>의 대주주가 됨으로 신문 왕으로 불렸다.

1분 명언

불편하고 불행하고 불만족스러울 때가 깨달음의 순간이다. 그 순간 불만족은 우리를 떠밀어 평소 익숙한 길에서 벗어나 새로운 방법, 더 확실한 해답을 탐색하게 만든다. _스콧 펙

배움은 깨달음이다. 깨달음은 그릇된 것을 아는 것이다. 그릇된 것을 어떻게 깨달을 것인가? 평소 사용하는 말에서부터 그릇됨을 깨달아야 한다. 그릇된 것들을 하나하나 바로잡아 나가야 한다. 그릇된 것들이 제거된 마음가짐이 우리에게 무엇보다 필요한 것이다. _정약용

1분 인생 독본 실패에 이르는 지름길은 바로 요구되는 수준까지만 일하고 발전이나 도약하지 않는 것이다. 일을 하기 싫어하고 최대한 마지막까지 계속해서 미루려고 한다. 자기 실수는 고치지 않고 적절히 감추고 숨기려 한다. 나에게 들려오는 양심의 소리에 귀를 기울이지 않는다. 끝까지 옹고집으로 버티려고 한다.

1분 좋은 시

물기가 촉촉하게 살아야지
오장육부 씹어대며 독하게 살면
구겨지고 썩어들어
억겁 시름 씻어낼 수 없다 _용혜원, '세상살이'

영화·드라마 속 명대사 "세상에서 제일 쓸데없고 해로운 말이 '그 정도면 잘
했어야!' 이야."_영화, '위플래쉬'

249 <트로이 헬렌의 사생활>의 작가 존 어스킨

자투리 시간이 모여 위대한 작품을 만든다.

시간의 틈을 잘 사용하는 사람이 하고자 하는 일을 해낸다. 부지런한 사람은
원하는 일을 한다. 대학교수이자 강연자인 존 어스킨은 14세 때 삶의 가장
귀중한 교훈을 얻었다고 한다. 매일 1시간씩 피아노 연습을 하겠다는 그에
게 피아노 교사가 준 교훈이다.

"존, 피아노 연습을 위해서 하루에 1시간을 일부러 만들려고 하지 마라. 네
가 어른이 될수록 하루에 1시간씩 연습하기가 더 어려워질 거야. 차라리 시
간을 낼 수 있을 때마다 단 몇 분이라도 연습해라. 학교 가기 전에 5분, 점심
식사한 다음에 10분, 잠자리 들기 전에 15분, 휴식 시간이나 자투리 시간을
이용해 피아노 연습을 하면 음악은 너의 일부가 될 거야!"

이후 존 어스킨은 책을 집필하는 데 이 원리를 이용했다. <트로이 출신 헬렌
의 사생활>이라는 책을 전차 안에서 썼다.

1분 명언

새로운 원리는 새로운 견해의 무한한 원천이다. _클라피에르 보브나르그

너의 원리들을 적용할 때 검투사처럼 하지 말고 레슬링을 혼합한 격투기 선

수처럼 돼라. 왜냐하면 검투사는 자기가 사용하는 칼을 떨어뜨리면 그것을 다시 잡거나 살해되는 반면에, 격투기 선수는 자기 손을 항상 사용할 수 있고 그것을 잘 보존하기만 하면 되기 때문이다. _마르쿠스 아우렐리우스

1분 인생 독본 인생 목표는 행복과 성공일 것이다. 성공이란 물질적으로 풍요하고 정신적으로 만족하는 것이며 건강하고 평화로운 삶을 말한다. 물질적 성공은 사업가로서 성공한다. 사업을 통해서 자신도 윤택해지고 가능한 많은 사람을 윤택하게 한다. 자신의 사업에 항상 새로운 업무를 개척한다. 정신적 성공은 살아가는 궁극적인 목적이 나를 포함한 세상이 존재하는 것이다. 그것을 위해서 심신을 정화하고 인격을 높인다. 주위 사람들에게 관심을 지니고 자기 일에 매력을 느끼는 사람이 된다.

1분 좋은 시
등골이 빠지도록
후회를 끌어안고
걱정 근심을 쌓아놓고
고민하는 것처럼
어리석은 일이 없으니
깨끗하게 지워버리고
훌훌 몽땅 다 털어버리고
새로운 출발을 하라 _용혜원, '후회'

영화·드라마 속 명대사 "내가 사람을 죽일 때마다 나는 집에서 멀리 떨어진 것을 느낍니다." _영화, '라이언 일병 구하기'

250 캐나다 브리티시 컬럼비아주 감옥

감옥의 허술한 벽

생각이 전혀 없으면 행동도 없다. 캐나다의 브리티시 컬럼비아주에 새로운 감옥을 지을 때다. 이 감옥은 오랫동안 죄수들을 수용하던 포트 알칸 감옥을 허물고 새롭게 만들어야 했다. 죄수들은 새로운 감옥으로 옮겨진 후 전에 있던 감옥의 철거 작업을 하였다. 전기 장치와 가스관을 분리하는 일도 매우 피곤하였다. 마지막으로 교도관의 지휘 아래 감옥의 벽을 헐었다. 벽을 허물던 죄수들은 깜짝 놀랐다. 감옥의 육중한 문마다 커다란 자물쇠가 굳게 잠겨 있고 두께가 5cm나 되는 쇠창살이 막고 있던 감옥의 벽이 종이와 흙으로 만들어졌기 때문이다. 수감되어 있는 동안 한 번이라도 벽을 세게 걷어찼다면 충분히 탈옥할 정도로 약한 벽이었다. 그들은 탈옥을 꿈도 못 꾸었다.

1분 명언

우리는 감옥을 세우고 쌓아올리고 있으며, 비극은 우리의 눈에 이 감옥의 벽이 보이지 않는다는 것이다. _디팩 초프라

우리는 이미 추구를 통해 잘못된 사고방식을 바로잡고 편견에서 스스로 풀려나 열쇠를 찾아서 이 감옥의 문을 열 수 있다. _알렉스 파타코스

이제 안으로 들어가서 나 자신을 살펴볼 시간이다. 내게 남은 시간을 최대한 활용할 때가 되었다. 상상의 감옥 창살은 쇠창살이 아니다. _로드니 크로웰

1분 인생 독본
단순하게 살아라. 삶이 얽히고설키면서 복잡하게 살지 말고 단순하게 살아야 한다. 불륜, 도박, 잘못된 인간관계와 고집불통으로 어지럽게 하는 사람이 있다. 삶을 삶답게 살아가는 사람들은 욕심을 버리고 마음이 이끄는 대로 즐겁고 편안하고 단순하게 산다. 소박한 기쁨을 느끼며 산다.

1분 좋은 시
거칠고 모진 세상도 견디고 살다보니

나를 괴롭히고 힘들게 하던 일들도
잦아든 파도처럼 몽땅 다 사라지고
내 눈 앞에 보이는 환한 주마등처럼
나의 희망이 온 세상에 깔리기 시작했다 _용혜원, '살기 힘든 세상'

영화·드라마 속 명대사 "싸우는 이유가 뭔데, 내 확실히 알고 있었어. 근데 너무 오래 돼서 잊어버렸어!" _영화, '고지전'

251 발레리나 스테파니 바스토스
낙심을 뚫고 나갈 힘을 가져야 한다.

뉴욕 이사도라 던컨 발레단의 무용수 스테파니 바스토스, 그녀는 1995년인 17세 때 뜻하지 않은 교통사고를 당했다. 이 사고로 그녀는 발레리나로서 사형선고나 마찬가지인 발목 절단 수술을 받았다. 6세 때부터 발레를 시작한 전문 무용수였지만, 한쪽 발목을 잃은 스테파니를 보며 사람들은 그녀가 더 이상 무대에 설 수 없을 거라고 생각했다.

절망의 나날을 보내는 그녀에게 어머니가 말했다. "얘야! 의족을 신고 춤을 추어보아라. 내가 잃은 것은 오른쪽 발목 하나뿐이다." 스테파니 바스토스는 어머니의 말에 용기를 갖고 새롭게 출발하여 피나는 노력으로 재기에 성공, 동료들에게까지 존경받는 최고의 무용수가 됐고 미국 링컨 센터에서 발레 공연을 펼칠 수 있었다.

1분 명언

나는 영웅이란 낙심케하는 난관에도 불구하고 인내하고 견뎌낼 힘을 찾아내는 평범한 개인이라고 생각한다. _크리스토퍼 리브

세상에는 낙심하게 하는 것이 많으나 믿음의 사전에는 그런 말이 없다. 다른 사람들에게 낙심되는 것들이 신자들에게는 하나님의 길로 들어서는 것을

알리는 신호다. _존 뉴턴

1분 인생 독본 당신을 슬프게 하고 괴롭히는 것이 있을 때 생각하라. 그 이상으로 마음을 괴롭히는 일이 나와 또 타인에게 얼마든지 일어날 수 있다. 과거에도 지금처럼 슬프고 괴롭던 사건이 있었지만 지금은 조용하고 덤덤하게 회상할 수 있다. 나를 슬프게 하고 괴롭히는 것은 나의 정신력을 발휘할 능력을 키워주고자 하는 시련에 불과하다.

1분 좋은 시
겨울 풀잎 찬바람에
몸 떨며 죽은 듯 숨 멈춘 듯

희망조차 버린 듯
추위를 견디며 살더니

봄 햇살에 봄비에
새순 돋아 힘차게 살아난다 _용혜원, '겨울 풀잎'

영화·드라마 속 명대사 "인생은 예측불허야. 하지만 우리에게는 선택의 자유가 있어."_영화, '러브 액츄얼리'

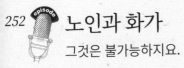

252 **노인과 화가**
그것은 불가능하지요.

어느 노인이 그림 한 장을 가지고서 유명한 화가 한 사람을 찾아갔다. "선생님! 이 그림을 봐주십시오." 화가는 그림을 보고는 놀랐다. "누가 이 그림을 그렸소?", "이것은 열두 살 소년이 그렸소." 화가는 그 말에 다시 한번 놀라더니 그 소년을 데려오라고 했다. 소년을 이 시대 최고의 화가로 키우겠다는 화가의 이야기를 듣자, 노인은 허공을 응시하며 생각에 잠기더니 말했다. "죄송합니다. 그것은 불가능하지요. 그 열두 살 먹은 소년이 바로 저입니다."

1분 명언

모든 것이 불가능한 것으로 판명되기까지는 가능성이 열려 있다. 심지어 불가능해도 지금 시점에서 불가능한 것일 뿐이다. _펄 벅

사랑을 하면서 동시에 현명해지는 것은 불가능하다. _프랜시스 베이컨

이런 일은 도저히 불가능하다고 자신이 믿고 시작하는 것은 그것을 자기가 불가능하게 만드는 수단이다. _그라 나츠이

1분 인생 독본

죽음의 공포보다 강한 것은 사랑의 감정이다. 헤엄을 못 치는 아버지가 그 자식이 물에 빠진 것을 구하기 위해서 물속으로 뛰어드는 것은 사랑의 감정이 시킨 것이다. 사랑은 나 외의 사람에 대한 행복을 위해서 발현된다. 인생에는 허다한 모습이 있지만 그것을 해결한 길은 오직 사랑뿐이다. 사랑은 자신을 위해서는 약하고 남을 위해서는 강하다.

1분 좋은 시

최면에 걸린 듯
머릿속이 환상과 몽상으로 가득하다
부드럽고 매혹적이고 간들거리는
속삭임의 덫에 걸려 고통이 찾아왔다
심장이 망치질하듯 거세게 뛰고
잠시 정신을 잃었는데 한숨이 터져 나왔다
끊임없이 도망치려 할수록
자석에 이끌리듯 질질 끌려 들어갔다 _용혜원, '유혹'

영화·드라마 속 명대사 오늘은 역사입니다. 오늘은 기억될 것이며 몇 년 뒤 젊은이들이 이날에 대해 궁금해하며 물어볼 것입니다. 오늘은 역사이고 당신은 역사의 일부입니다. _영화, '쉰들러 리스트'

253 보아 전쟁 때 유죄 판결을 받은 사람
낙담을 시키는 자

눈물은 세월을 적시지만 세월은 눈물을 마르게 한다. 구겨진 종이를 던지면 더 멀리 날아간다. 낡은 시계에서도 새로운 시간이 울린다. 보아 전쟁 (1899~1902)이 일어났을 때 아주 독특한 죄로 재판에서 유죄 판결을 받은 사람이 있다. 그의 죄명은 바로 '낙담시키는 자'였다. 그는 병사들 사이를 돌아다니며 적이 얼마나 강한지, 왜 방어하기가 어려운지를 말했다. 그리고 결국엔 전쟁에서 질 것이라고 소문을 퍼뜨렸다. 그는 총을 사용하지 않았다. 그의 말을 들은 병사들은 열등감과 무력감에 빠져들고 말았다.

1분 명언
낙담은 절망의 어머니다. _존 키츠

낙담하도록 자신을 내버려두지 말라. 어떤 시간에 어떤 것을 얻으리라 기대했는데 얻지 못했을 때 실패라고 생각할 수 있다. 그러나 신념을 잃지 않는다면 그것이 실패가 아니라는 것을 깨달을 것이다. _월레스 와틀스

나는 어떤 경우에 처해도 낙담하지 않는다. 가치 있는 일을 완수하기 위해서는 필요조건이 세 가지가 있다. 첫째는 근면, 둘째는 끈기, 셋째는 상식이다. _토머스 에디슨

1분 인생 독본
직업에 자부심을 지녀라. 자신이 하는 일을 떳떳하게 생각하고 행동하는 자부심을 지니는 것이 중요하다. 강하고 담대한 자부심을 지니고 도전하는 사람은 용기가 있다. 자신이 하는 일에 확신이 있고 자신의 직

업에 자부심을 지닐 때 힘과 능력을 나타낼 수 있다.

1분 좋은 시
눈물은 보고픈 사람을 만날 때
반가운 마음에 평안을 주고
감동의 기쁨을
만들어주는 행복이다

떠나간 사람을
허공에 그리며 그리워하며
눈에서 흘리는 눈물은
씁쓸한 뒷맛이 뼈아프다 _용혜원, '눈물'

영화·드라마 속 명대사 "전쟁의 목적은 조국을 위해 죽는 것이 아니라, 상대를 조국을 위해 죽게 만드는 것이다."_영화, '패튼'

254 우리가 바로 성벽입니다
강한 나라는 강한 국민이 만든다.

자기 나라 백성이 강하다는 자부심은 나라를 하나로 만들 수 있다. 그리스에 여러 작은 나라들이 있었다. 그곳에는 스파르타라는 나라도 있었다. 다른 나라들은 다 성을 쌓고 사는데 이 스파르타에는 성이 없었다. 어떤 사람이 물어보았다. "다른 나라는 다 성을 쌓고 살아가는데 왜 이 나라는 성을 쌓고 살지 않습니까?" 스파르타인이 말했다.
"우리 스파르타는 국민 하나하나가 나라를 지키는 하얀 벽돌입니다!"
강한 나라는 강한 국민이 만든다.

1분 명언

위기는 기회가 된다. _윈스턴 처칠

생사가 달린 위기 상황에서 결정을 내릴 시간이 촉박하다면 우리는 리더들이 자신의 실용적인 상식을 활용하여 결정을 내릴 것을 기대한다. _존 어데어

리더에게 피할 수 없는 사건은 되풀이되는 위기이다. _피터 드러커

1분 인생 독본 삶을 확 바꾸려면 생각부터 바꾸고 남의 불행을 즐거워하지 않고 짜증과 원망을 뽑아버리면 확 달라진다. 두통도 사라지고, 기분도 좋아지고, 건강이 회복되고, 행복에 눈을 뜨고 행동이 변하기 시작한다. 인생을 당당하게 바라보자. 성공은 최고를 추구하는 것이다. 고독은 모든 뛰어난 인물의 운명이다.

1분 좋은 시

겨울 산은 눈이 내리면
하얀 옷을 입는다
날씨가 추운데 하얀 옷을 입은
겨울 산은 춥지 않겠다
날씨가 따뜻해 산 아래 눈이 녹아
꼭대기만 눈이 남아 있으면
하얀 모자를 쓴 것 같다
겨울 산은 겨울마다 하얀 눈옷을 입는다 _용혜원, '겨울 산'

책 속의 좋은 말 경멸은 늘 정중한 말 속에 교묘히 감춰져 있다.

_스탕달, <적과 흑> 중에서

영화·드라마 속 명대사 "전쟁은 누가 옳은지 결정하는 것이 아니라, 누가 남을지 결정할 뿐이다!" _영화, '마지막 사무라이'

영화 '슈퍼맨'의 주인공 크리스토퍼 리브
짙은 향기처럼 마음에 깊은 감동을 준다.

세상을 떠나도 살아온 삶이 감동을 주는 사람이 있다. 크리스토퍼 리브는 1978년 '슈퍼맨' 주인공으로 발탁되었을 당시 코넬대학을 졸업한 이력과 잘생긴 외모까지 갖추어 영화 속 슈퍼맨처럼 모든 것이 아주 완벽해보였다. 그러다 1995년 낙마 사고로 하루아침에 전신마비가 되었다. 크리스토퍼 리브는 좌절하지 않고 휠체어 앉아 영화에 출연도 하고 감독도 했다. 이후 9년간 휠체어 생활을 했지만 죽기 전까지 몸의 70% 이상의 감각을 찾았다. 장애인에게 재활 의지를 심어준 공로로 2004년 미국의 레스카상 공공부문의 상을 수상했다. 그가 세상을 떠나고 나서는 평상시에 타고 다니던 밴을 전신마비 소년에게 기증하였다. 그는 세상을 떠나고 없지만 그의 정신과 불굴의 의지는 짙은 향기로 남아 깊은 감동을 준다.

1분 명언
몸은 가꾸고 단련하며 자랑하며 세월이 흐르면 믿고 의지하게 된다.
_마사 그레이엄

순간을 미루면 인생마저 미루게 된다. _마틴 베레가드

의지가 약하면 생활이 흔들린다. _랠프 월도 에머슨

남에게 의지하지 말라. _한비자

불굴의 의지로 나아가라. _덱스터 예거

당신은 의지의 주인이 돼라. _유대 격언

자신을 이기려는 의지가 없는 사람은 도와줘도 소용없다. _데일 카네기

1분 인생 독본 나는 열정이 넘치는 인생을 사랑한다. 단 한 번뿐인 인생은 속절없이 꺼져가는 촛불이 아니라 활활 타오르는 열정의 횃불이다. 나는 열정의 횃불이다. 나는 열정의 횃불처럼 타오르고 있다. 이 횃불 열정을 다음 세대들에게 넘겨주고 싶다. 열정의 횃불로 밝게 불타오르고 싶다.

하늘 높이 치솟아 올라가면

어디쯤에서

그대 보일까 _용혜원, '그네'

영화·드라마 속 명대사 "내가 오늘 한 행동 때문에 날 미쳤다고 생각해도 좋아. 사실 난 네 옆에 있으면 바보가 되는걸, 더위를 먹은 건 아닌 것 같아. 날 용서해주겠니?"_영화, '어톤먼트'

256 당신은 어떤 사람을 쓰겠습니까?
실패하여도 실망하거나 낙담하지 않는 사람

미국의 잡지 시스템에서 사업가들에게 설문서를 보냈다.

"당신은 어떤 사람을 쓰겠는가?"

사업가들이 보낸 것 중에 가장 많이 나온 10개 사항은 다음과 같다.

① 말이 약속어음의 대용이 되는 사람, ② 의지가 돌같이 굳고 잘 흔들리지 않는 사람, ③ 어떤 일에도 자기의 일정한 의견을 가진 사람, ④ 작은 일도 큰일처럼 전력을 다하는 사람, ⑤ 자기만을 위한 야심이 아니고 사회와 인류를 위해 큰 포부를 가진 사람, ⑥ 자신에게 주어진 기회를 민첩하게 잡는 사람, ⑦ 용기와 결단력이 있는 사람, ⑧ 많은 사람 가운데서도 자기 개성을 잃지 않는 사람, ⑨ 아무리 천한 일이라도 고통을 느끼지 않는 사람, ⑩ 실패하여도 실망하거나 낙담하지 않는 사람이다.

1분 명언
꽃을 피우기 위해서는 제대로 된 씨앗뿐만 아니라 제대로 된 토양이 필요하다. 좋은 생각을 키울 때도 마찬가지다. _윌리엄 번바흐

글로 적는 방법을 배우는 것은 생각하는 방법을 배우는 것과 같다. 우리가

글로 적을 수 없는 것은 그것을 분명히 알지 못한 것이다. _하야카와

세상사는 생각하기에 달렸다. _피스톨

좋은 생각을 떠올릴 최상의 방법은 많은 생각을 하는 것이다. _라이너스 폴링

1분 인생 독본 스스로 해결하라. 당신은 모든 위대한 사람들이 소유한 것을 가졌다. 두 팔과 두 손, 두 다리, 두 눈, 그리고 지혜롭게 사용할 수 있는 두뇌가 있다. 그들은 모두 이러한 장비를 갖고 시작했다. 당신이 하려고만 한다면 위대하게 될 수 있다. 당신이 선택하는 싸움을 할 준비가 잘 갖추어진 것이다. 당신에겐 사용할 다리와 팔, 두뇌가 있다. 위대한 일을 행한 사람도 당신과 다를 바 없는 삶을 시작했다.

1분 좋은 시
고독한 날
책 속의 글자는
눈에 들어오지 않고
저 멀리 혼자 걸어가고 있다 _용혜원, '독서'

영화·드라마 속 명대사 "어찌 내가 왕이 될 관상인가?" _영화, '관상'

257 로마의 멸망 원인
스스로 시련을 찾아오게 만든다.

로마 제국 멸망 원인 중의 하나가 부도덕의 성행과 가정의 붕괴였다는 것은 이미 널리 알려진 사실이다. 로마 제국의 역사가 무너져가는 모습을 바라보던 로마의 한 철학자가 말했다.

"애국자여, 가정을 지켜라!" 그는 기도하는 가운데 말했다. "하나님이시여, 기도하는 가정을 로마에 다시 일으켜 세워주시옵소서!" 그는 또 말했다. "로

마의 부강은 하나님을 두려워하고 가정을 소중히 여기는 데 있다!"

시련을 스스로 찾아오게 만들어 극복해야 한다. 로마의 부흥은 바로 시련을 극복하는 힘에 있었다. 그런데 사람들이 정의를 떠나서 악하게 살았기 때문에 결국 멸망할 수밖에 없었다.

▼ 1분 명언

시련이란 무엇인가? 그것은 어떤 목표를 성취하는 데 필요한 능력이 어느 정도인가를 알려주는 말일 뿐이다. 또 노력이 필요하다는 것을 깨닫게 해주는 것일 뿐이다. 그것은 어린애와 바보에게는 괴물처럼 보이지만 장부에게는 단지 하나의 자루에 불과하다. _새뮤얼 워렌

시련은 더 나은 내일을 위한 연습이다. _케일 건브런

시련은 당신을 더 강하게 만들 것이다. _ 프리드리히 니체

시련이 없는 생활은 최대의 시련이다. _앙드레 마송

▼ 1분 인생 독본
성공하려면 과거를 던져버려라. 흘러간 물은 물레방아를 돌리지 못한다. 오늘은 어제 죽어간 사람이 그토록 살기를 원했던 내일이다. 내일의 삶을 위하여 새로운 결심을 하자.

▼ 1분 좋은 시
어둠 속에서
한 줄기 빛나는 빛은
희망의 시작이다 _용혜원, '희망의 시작'

책 속의 좋은 말 "눈으로 본 것은 모조리 보고하라. 귀로 들은 것도 모조리 보고하라. 본 것과 들은 것을 구별해서 보고하라. 눈으로 보지 않은 것과 듣지 않은 것은 일언반구도 보고하지 말라." _김훈, <칼의 노래> 중에서

영화·드라마 속 명대사 "벗을 알면 내가 더 깊어진다." _영화, '자산어보'

최초로 고침을 받은 사람

우리는 자기를 위하여 불행을 이용할 수 있다.

유명한 의사인 버니 사겔은 아직 단 한 번도 치료된 일이 없는 불치의 병에 걸린 환자에게 종종 이렇게 말했다.

"당신은 이 병에서 최초로 치료받아 고침을 받은 사람이 되고 싶지 않는가?"
불행을 불행으로 끝을 맺는 사람은 지혜 없는 사람이다. 불행 앞에서 우는 사람이 되지 말고 불행을 하나의 출발점으로 이용할 수 있는 사람이 돼라. 불행은 예고 없이 여기저기에서 우리를 기다리고 있다. 어떠한 총명함을 가져도 미리부터 불행을 막을 길은 없다. 그러나 불행을 밟고 그 속에서 새로운 길을 발견할 힘은 우리에게 있다. 불행은 때때로 유익한 자극제가 될 수 있다. 우리는 자기를 위하여 불행을 이용할 수 있다.

1분 명언

쉬운 일을 다룰 때는 어려운 일을 하듯이, 어려운 일을 다룰 때는 쉬운 일을 하듯이 처리하라. _발타자르 그라시안

위대한 경영자는 모든 문제의 해결이 다른 사람의 처리 능력을 개발시켜 주는지를 질문한다. _찰스 핸디

자기 일을 처리하기 위해 타인의 지혜를 사용할 수 있는 자는 위대하다.
_피아트

1분 인생 독본 행복하게 살려면 머리에는 지우개, 입술에는 미소, 가슴에는 사랑, 손에는 일을 갖자. 자기가 진심으로 좋아하는 것을 하라. 자신의 진가를 알라. 오늘은 왠지 좋은 일이 생길 것 같다. 나는 뭐든지 할 수 있다는 자신감을 갖자. 사람은 머물면 집을 만들고 떠나면 길을 만든다. 오늘 만나는 사람과 지금하는 일에 최선을 다하는 하루를 살자.

새는 날갯짓으로
하늘을 날아가는데

아주 작은 새도 비상하며
아무 불안 없이
하늘을 날아가는데

나는 무엇으로
세상을 살아갈까 _용혜원, '새'

▼
영화·드라마 속 명대사 "넌 수고했다. 넌 흥분했다. 넌 살아냈다. 늦지 않았
다. 우리의 삶은 우리 거니까!" _뮤지컬, 'HOPE'

259 **백화점 왕, 워너메이커**
성공이라는 꿈은 마음을 새롭게 해준다.

미국 백화점 왕으로 유명한 존 워너메이커는 어린 시절 가난 때문에 학교를
제대로 다니지 못하고 벽돌공장에서 직공으로 일했다. 그러나 교회만큼은
열심히 출석했다. 하루는 목사가 설교를 마치고 이렇게 말했다.

"우리 교회가 이제 많이 낡아져 개축해야 합니다. 여러분들의 정성스러운
건축 헌금을 부탁합니다."

워너메이커는 '나도 교회를 위해서 무언가 하고 싶은데 돈이 없으니 어떻게
하면 좋을까?'하고 고민을 거듭했다. 그리고 헌금으로 낼 돈은 없고 기꺼이
교회에 무언가 헌납하고 싶었던 그는 자기가 일하는 곳의 벽돌을 대신 바쳐
야겠다고 작정했다. 그래서 워너메이커는 벽돌공장 주인에게 가서 간곡하
게 부탁했다. '더 열심히 일할 테니 교회 개축에 필요한 벽돌을 바칠 수 있게

해달라.'고 부탁해 허락을 받았다. 그리고 수레에 벽돌을 가득 싣고 목사님을 찾아갔다. 목사는 어린 워너메이커의 마음에 감동해서 그에게 뜨거운 감사기도를 해주었다.

훗날 워너메이커는 100만 달러를 들여서 교회를 지어 헌당할 때 '어린 시절 가난했지만 정성껏 헌금을 했더니 하나님께서 나에게 이런 축복을 주셨다.'라고 고백했다. 자기 일에 정성을 다하던 그는 백화점 왕으로 성공했다.

1분 명언

재난은 인간의 시금석이다. _플레처

재난이 일어날 것이라는 사실을 모르기 때문이 아니라, 그런 일이 일어나지 않을 거라는 막연한 믿음 때문에 위험에 처한다. _마크 트웨인

재난은 우리를 무너뜨리지 않는다. 우리가 어떻게 반응하느냐에 따라 다르다. _루디 아드 키플링

재난은 완전한 거울로서 그 거울에 비친 자신을 보고 있다. _윌리엄 데이브난트

재난을 예견하는 자는 그 재난을 두 번 이겨내는 것이다. _베일비 포르티우스

1분 인생 독본 적극적으로 자신을 표현하라. 자기 인식을 올바르게 갖고 적극적으로 자신을 평가하자. 자신을 콘트롤하며 존재감을 부여하도록 하라. 큰 기대를 걸고 자기 이미지를 갖도록 하라. 확실한 목표를 설정하고 적극적으로 자신을 훈련하도록 하라. 올바른 인생관을 적극적으로 표현하라.

1분 좋은 시

무섭다
반응이 없고 응답이 없고
무관심 속에 침묵할 때
너무나 두렵고 무섭다 _용혜원, '무섭다'

영화·드라마 속 명대사 "아버지가 없다고 슬퍼할 필요없어. 아버지가 평생

해줄 사랑을 단 한 푼도 아끼지 않고 살아 있는 짧은 시간 동안 최선을 다해 너에게 모든 걸 주었으니 그것은 앞으로 조수아 네 삶에서 엄청난 원동력이 되어 삶에 큰 뿌리로 작용할 거야!" _영화, '인생은 아름다워'

260 진정한 혁명가
자기가 맡은 업무를 온전히 수행하라.

세상에 옳고 바른 사람들이 있어야 정의가 살고 바른 나라가 된다. 멕시코 이그나시오 코몬포르트라는 훌륭한 군인 정치가가 있었다. 코몬포르트는 1855년 1월 국민의 추대를 받아 행정부 장관이라는 중요 직책을 맡았다. 그러나 그는 정부가 하는 일에 불만을 품고 개혁을 꿈꾸어오다가 드디어 동지를 모아 혁명을 일으켜 성공했다. 혁명은 성공했지만 1858년 코몬포르트는 행정부 장관인 자신을 파면하고 국외 추방을 결정하였다. 혁명에는 성공했으나 자신이 행정부 장관의 업무를 다 수행하지 못했기 때문이다.

▼ 1분 명언
혁명은 하나의 불행이다. 더욱 큰 불행은 실패한 혁명이다. _하인리히 하이네
혁명을 성공시키는 것은 희망이지 절망이 아니다. _표트르 크로포트킨
혁명이란 작은 일이 아니다. 그러나 혁명은 작은 일에서 일어난다.
_아리스토텔레스

혁명은 만들어지는 것이 아니라 오는 것이다. 하나의 혁명은 참나무가 자라듯이 자연적인 성장 순서를 따른다. 그것은 과거로부터 온다. 그것의 기초는 이미 과거에 놓아졌다. _웬델 필립스
혁명의 최상 보장책은 과오의 계속적 수정과 필요한 진보의 도입이다. 재건을 필요하게 만드는 것은 시의적절한 개선을 무시한 결과다. _리처드 위틀리
혁명은 마치 가장 더러운 오물과 같다. 그러나 그것이 밭에 뿌려졌을 때 가장 귀한 야채를 만들어낸다. _나폴레옹 보나파르트

1분 인생 독본 자신의 색깔을 나타내라. 바닷물이 짜야 고기들이 살고 소금이 생산될 수 있다. 나무들의 색깔이 초록이어야 푸르고 생기가 돌아서 자란다. 나뭇잎이나 풀잎, 꽃잎이 검은색이라면 모두 다 절망하고 말았을 것이다. 삶도 자기의 색깔이 분명해야 자신을 올바르고 아름답게 표현할 수 있다.

1분 좋은 시
내 마음에 겹겹이 쌓이는
지나간 날들이 쌓여
추억이 된다
떠나간 날들이 찾아온다
지나간 날이 늘 푸르게 남아 있다 _용혜원, '추억'

영화·드라마 속 명대사 *"우린 헤어진 건가?"_영화, '어쩌면 우린 헤어졌는지 모른다'*

261 다리 위의 참새
작가는 때로는 마술 같은 이야기를 만들어낸다.

미국의 노교수가 <빙하의 촛불>이라는 수필집을 출간하였다. 수필 가운데 '다리 위의 트럭과 참새'라는 제목으로 된 이야기가 있다.

"어떤 다리가 놓여 있다. 그 다리가 지탱하는 힘은 4천kg였다. 그 다리 앞의 팻말에 이런 말이 씌여 있었다. '이 다리는 4천kg 이상의 짐을 견딜 수 없음' 그런데 그 다리 위를 4천kg 무게의 한 트럭이 지나가게 되었다. 그 트럭이 다리 한가운데 왔을 때 어디선지 참새 한 마리가 날아와서 그 트럭 위에 앉았다. 그 순간 그 다리는 트럭 위의 짐을 견딜 수 없어서 무너지고 말았다. 트럭은 물속으로 빠져버리고 참새는 어디론가 날아가 버렸다."

마술 같은 수필 이야기가 아주 그럴 듯한데 미스터리 같기도 하고 웃음을 주기도 히는 참 묘한 이야기다. 작가는 때로는 마술 같은 이야기를 만들어낸다.

1분 명언

짐 벗고 요기할 날 없다. _한국 속담

짐하고 병은 가벼울수록 좋다. _한국 속담

짐을 스스로 지면 무겁지 않다. _영국 속담

인생은 영원한 전장이다. 거기에서는 끊임없이 과거와 미래가 싸우고 있다. 이 전장에서는 늘 새로운 법칙이 낡은 법칙을 대신한다. _로맹 롤랑

하나님은 짐에 맞는 어깨를 준다. _독일 격언

책 속의 좋은 말 "갈매기에는 모든 다른 갈매기가 어떻게 하면 물고기 한 마리를 더 먹느냐로 분주할 때, 이 갈매기는 고공을 비상하는데 전심전력을 다 쏟는다. 모든 다른 갈매기들은 비웃었다. 그러나 이 갈매기는 아랑곳하지 않고 높이 날아가는 연습을 계속했다. 그리고 다른 갈매기들에게 '내 말을 들어주세요. 우리는 수천 년 동안 물고기 대가리만 쫓고 살았어요. 그러나 우리의 의미와 목적은 물고기 대가리가 아니라 더 높이 비상하는 방법을 배우기 위하여 태어난 것입니다.'"

그렇다. 수천 년 동안 물고기만 쫓아다니던 삶에서 높이 날며 자기를 정복하는 갈매기 같은 삶의 의미와 목적을 배우는 것이다. 가장 높이 비상한다는 것은 가장 높이 자기를 정복한다는 것이다. _조너던 리빙스턴, <갈매기> 중에서

1분 좋은 시

나에겐 큰 물음표가 하나 있다

삶이란 질문이다 _용혜원, '물음표'

영화·드라마 속 명대사 "조금 걱정이 되네요!"

"뭐가요? 제가 실수라도 할까봐요. 탱고는 실수할 게 없어요. 인생과는 달리 단순하죠. 탱고는 정말 멋진 거예요. 한 번 실수하면 스텝이 엉키고 그게 바로 탱고죠. 한 번 해봅시다!" _영화, '여인의 향기'

윈스턴 처칠의 가장 짧은 연설

가장 힘 있고 훌륭한 연설이었다.

영국 수상이었던 윈스턴 처칠이 임기를 마쳤을 때 옥스퍼드 대학에서 강의를 요청해왔다. 윈스턴 처칠은 중절모를 쓰고 자리에 앉았다. 사회자가 강연자를 소개하자 강단에 올라 양손으로 단상을 붙잡고 말없이 청중을 바라보았다. 청중은 윈스턴 처칠의 연설을 잔뜩 기대하고 있었다. 청중을 응시하던 윈스턴 처칠이 입을 열었다. "결단코, 결단코 포기해서는 안 됩니다" 말하고는 침묵이 흘렀다. 이번에는 가슴에 남을 말을 하겠지 하며 청중은 기다렸다. 윈스턴 처칠은 또다시 말했다.

"결단코, 결단코 포기해서는 안 됩니다."

그리고 청중을 바라보고 자리로 돌아서 앉았다. 이 연설은 모든 연설 중의 가장 짧은 연설로 기록되었다. 그리고 가장 힘 있고 훌륭한 연설로 기억되고 있다.

1분 명언

기억을 가장 잘 살려주는 것은 향기다. _윌리엄 맥피

기억은 이성의 모든 작용에 필요하다. _블레즈 파스칼

기억을 증진시키는 가장 좋은 약은 감탄하는 것이다. _탈무드

기억은 우리가 그의 밖으로 쫓겨나갈 수 없는 유일한 낙원이다.
_장 파울 리히터

기억하는 것이나 기억되는 것은 모두가 순간이다. _마르쿠스 아우렐리우스

기억은 잃어버린 것을 찬양함으로써 소중하게 된다. _윌리엄 셰익스피어

1분 인생 독본 슬럼프를 극복하고 빠져나오도록 노력해야 한다. 슬럼프에서 나오려면 분명한 원인을 알아야 한다. 혹시 매너리즘에 갇혀 있지 않은가? 도전하지 않고 피하고 있지 않은가? 원인을 알고 해답을 찾아 벗어나야 한다.

1분 좋은 시

노을 지는 언덕에 서면
그리움이 몰려온다
아름다운 노을에 창문마다 붉게 탄다
노을이 얼마나
아름다운지 꼭꼭 마음에 담고 싶다
노을이 떠나기가 얼마나 아쉬우면
온 세상을 붉게 물들일까 _용혜원, '노을'

영화·드라마 속 명대사 "너의 재능을 따라가 봐! 그러면 성공이 뒤따라올 거
야." _영화, '세 얼간이'

263 제일 싼 방

참된 생활로 인도하는 길은 좁다.

석유왕 존 록펠러가 워싱턴의 월라드 호텔에 묵었을 때 일이다. 그는 욕실이
없는 제일 싼 방을 달라고 주문했다. 그러자 안내원이 물었다. "록펠러 씨,
아드님은 여기 묵으실 때 제일 좋은 방에 묵는데 당신은 왜 제일 싼 방을 달
라고 하십니까?" 록펠러는 대답했다.

"내 아들에게는 돈 많은 부친이 있네. 그러나 나는 그런 행복을 타고나지는
못했네!"

스스로 자기 삶을 어떻게 살아가야 한다는 생각을 가진 사람은 행복하다. 자
기 삶에 자부심을 느끼고 항상 당당하게 살아간다. 참된 생활로 인도하는 길
은 좁다. 소수의 사람만이 그것을 발견한다. 왜냐하면 그 길은 사람들 자신 속
에 있기 때문이다. 그리고 자기의 길을 찾는 사람도 극히 적다. 대부분의 많은
사람은 다른 길을 찾고 있으므로 자기의 길을 찾으려고 생각하지 않는다.

1분 명언

우리는 누구나 잘못을 저지르기 쉽다. 아홉 가지 잘못을 찾아 꾸짖는 것보다는 단 한 가지의 잘한 일을 발견해 칭찬해주는 것이 올바르게 인도하는 큰 힘이 될 수 있다. _데일 카네기

인생을 가장 아름답게 인도하는 힘은 의지력이다. 기둥이 약하면 집이 흔들리는 것처럼 의지가 약하면 생활이 흔들린다. _랠프 월도 에머슨

1분 인생 독본

우리는 날마다 삶을 삶답게 살아가는가? 아니면 겨우 살아내기도 허덕허덕 바쁜 것은 아닌가? 깨닫고 살펴보아야 한다. 살아가는 데도 삶의 기술이 필요하다. 사람을 완성하는 것은 노동이다. 우리가 인생을 아름답게 멋지게 살아가려면 분명한 목적을 가지고 행동하는 삶을 살아야 한다.

1분 좋은 시

모두 다 떠나고
혼자 남았다
모두 다 남고
혼자 떠났다
나는 언제나 혼자였다 _용혜원, '삶'

영화·드라마 속 명대사 "음악은 지나쳐 버릴 뿐, 결코 머무르는 법이 없잖아. 음악은 사랑과 비슷해." _영화, '접속'

264 워싱턴 인더스트리사 창건자 존 맥코넬
상대방 입장을 생각하라.

돈만 생각하면 망할 수밖에 없다. 워싱턴 인더스트리사를 창건한 존 맥코넬은 경이적인 성장을 거듭하여 연 오백만 달러라는 획기적인 수익을 올릴 수

있었던 이유가 자신의 한 가지 신념 때문이었다고 고백한다. 그 신념은 바로 '남에게 대접받기를 원하는 대로 남을 대접하라.'는 것이다. 쉽게 생각하면 남들이 내게 해주기를 원하는 대로 내가 먼저 베풀어야 한다는 것이지만 조금 다르다. 남의 입장을 나의 처지로 바꾸어놓고 그 사람의 입장을 생각할 줄 알아야 한다. 서로의 입장을 생각해 줄 수 있는 사람이 모인 회사라면 당연히 성공할 수밖에 없다.

1분 명언
이렇게 대접할 손님이 있고 저렇게 대접할 손님이 따로 있다. _한국 속담
겉과 속이 다르지 않게 다른 사람을 대하면 자기도 똑같은 대접을 받을 수 있다. _컬린 터너
있는 그대로 사람을 대접하라. 그러면 그는 그대로 남아 있을 것이다. 사람을 그가 될 수 있는 만큼 대접하라. 그러면 그는 마땅히 되어야 할 인물이 될 것이다. _지미 존슨
우리는 스스로 되고 싶어하는 사람으로 대접받고 싶어한다. _말콤 포브스

1분 인생 독본 자기 신뢰감을 가져라. 성공의 열쇠는 그 사람의 인격과 기량, 그리고 자신감에서 나온다. 사람은 자기 그릇 이상 크지 못한다는 말이 있다. 그 사람의 그릇 크기가 자신감이다. 어설프고 나약하면 플러그가 빠진 컴퓨터나 전자제품과 같아서 엉터리 전시품이다. 먼저 자신을 개선하라.

1분 좋은 시
밤새도록 달빛이
어둠을 벗겨놓아
아침이 찾아왔다 _용혜원, '아침이 찾아왔다'

영화·드라마 속 명대사 "화해를 권유하는 사람이 있을 것이다. 그놈이 배신자다. 명심해라." _영화, '대부'

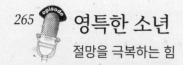

영특한 소년
절망을 극복하는 힘

영국에 영특한 한 소년이 있었다. 소년은 학교에서 작은 천재로 불릴 만큼 총명했다. 어느 날 소년이 눈에서 피가 흐르는 채로 집에 돌아왔다. 부모는 깜짝 놀라 소년에게 이유를 물었다. "친구가 쏜 새총에 눈을 맞았어요!" 소년은 결국 실명하고 말았다. 부모는 시력을 잃은 아들을 보며 절망했으나 소년의 표정은 항상 밝았다. 오히려 부모님들에게 "슬퍼하지 마세요. 비록 제 눈은 기능을 잃었으나 아직 머리가 남아 있잖아요." 하며 위로했다.

그는 희망을 버리지 않고 열심히 점자를 읽혔다. 그리고 성장하여 국회의원이 되었다. 그 사람의 이름은 '헨리 포세트'로 영국의 교통부 장관까지 지냈다. 절망은 때로는 우리를 깊은 수렁에 빠지게 하지만 이 절망을 극복할 힘은 긍정적으로 즐겁게 살아가는 것이다.

1분 명언

영웅이 위대한 점은 좀처럼 절망하지 않는다는 것이다. _제임스 존슨

절망하지 마라. 그러나 설령 절망해도 계속 일하라. _에드먼드 버크

절망의 발걸음을 조심하라. 가장 어려운 날이로되 내일까지 살아라. 절망은 이미 지나갔을 것이다. _윌리엄 카우퍼

인생은 절망의 반대편에서 시작한다. _장 폴 사르트르

1분 인생 독본

부주의한 말 한마디가 불씨가 되고, 잔인한 말 한마디가 삶을 파괴한다. 쓰디쓴 말 한마디가 증오의 씨를 뿌리고, 무례한 말 한마디가 사랑의 불을 끈다. 은혜로운 말 한마디가 길을 평탄하게 하고 즐거운 말 한마디가 하루를 빛나게 한다. 때에 맞는 말 한마디가 긴장을 풀어주고 사랑의 말 한마디가 축복을 준다. _김수환 추기경

봄이 오면 봄 향기가

온 세상에 널리 퍼져 나간다

봄꽃 향기, 쑥 향기, 달래 향기, 곰취 향기

봄은 향기가 춤추는 계절이다

봄이 오면 초록잎 향기가

온 세상에 널리 퍼져나간다

온갖 나무들이 초록잎을 마음껏 펼치며

초록 향기 봄 향기를 내뿜고 있다 _용혜원, '봄 향기'

영화·드라마 속 명대사 "아직 만난 적이 없는 너를 찾고 있어!"

"말하려고 생각했어. 네가 세상 어디에 있어도 반드시 한 번 더 만나러 가겠다고." _애니메이션, '너의 이름은'

266 간디와 신발
가난한 사람이 사용하도록 그냥 놔둬라.

이웃을 생각하고 이웃에게 사랑을 나누는 사람은 진실하다. 인도의 마하트마 간디가 어느 날 기차에 올라타다 신발 한 짝이 벗겨져 철로에 떨어졌다. 기차가 움직이는 바람에 그것을 다시 주울 수가 없었다. 동행했던 사람들이 보기에 놀랍게도 간디는 조용히 다른 한 짝을 벗더니 먼저 떨어진 그 한 짝 곁으로 던졌다. 곁에 있던 사람이 간디에게 왜 그렇게 했는지 물어보니 그가 미소를 지으며 이렇게 대답하였다.

"철로에 놓인 신발을 발견하게 될 가난한 사람이 사용할 수 있도록 두 짝 모두 놔두려고 그렇게 했지요."

1분 명언

가난은 부르기만 하면 언제든지 온다. _골드 스미스

가난은 부정적인 정신자세에서 비롯되는 것이다. _나폴레온 힐

가난에 대한 두려움은 다른 두려움까지 만들어낸다. 육체적인 고통과 정신적인 고통에 대한 두려움도 가난에 대한 두려움이다. _나폴레온 힐

가난해도 만족하는 사람은 부자다. _윌리엄 셰익스피어

가난은 학자들의 공통된 운명이다. _중국 격언

가난한 집 자식은 찬미를 받을 것이다. 인류에게 예비를 가져다주는 것은 그들이기 때문이다. _탈무드

1분 인생 독본 말은 마음과 마음을 이어주고, 정다운 인사 한마디가 짧지만 행복을 만들어준다.

"사랑해! 고마워! 미안해! 잘했어!", "넌 항상 믿음직해! 넌 잘될 거야!", "네가 내 곁에 있어서 참 좋아!"

이렇게 행복을 주는 말을 정답게 표현하면 행복이 찾아온다.

1분 좋은 시

추운 겨울 빙어는

꽁꽁 언 강물 속에서

당당하게 헤엄친다 _용혜원, '추운 겨울 빙어'

영화·드라마 속 명대사 "사랑은 같이 했지만 이별은 나 혼자 하라는 거야? 그래 얼굴 보니까 이제 알겠다. 사랑도 나혼자 했구나. 나만 사랑이었구나."_영화, '연애 말고 결혼'

맥도날드 햄버거

최선을 다한다면 성공한다.

햄버거 하나로 전 세계를 장악한 회사는 바로 맥도날드다. 더운 나라든 추운 나라든 이 회사의 햄버거가 없는 곳이 없다. 종교를 추월한 모든 나라에서 이 회사가 사랑을 받고 있다. 얼마나 이 회사의 영업 전력이 뛰어났으면 모든 나라에서 영업할 수 있겠는가? 그들의 성공 비결은 철저한 준비에 있다.

맥도날드 회사는 하나의 점포를 개설하기 위하여 모든 준비를 철저하게 한다. 햄버거 고기를 얼마의 두께로 자를 것인가에서부터 몇 도의 온도에서 굽고 몇 분 동안 익힐 것인지 꼼꼼하게 기록해 놓는다. 또 후렌치 후라이용 감자는 몇 센티로 자를 것인지 매장의 화장실은 어떤 사항들을 점검할 것인지 종업원의 복장은 어떻게 하고 매장 안의 조명은 어떻게 할 것인지 등을 정확한 문서로 기록해 놓은 후에 사업을 시작한다.

자기 상품을 팔 때 준비가 철저하고 그 분야에서 최선을 다한다면 성공은 분명하다.

1분 명언

준비를 갖추어놓고 때를 기다리며 때가 이르렀을 때 일을 성사시킨다. _관자
준비가 다 된 사람에게는 지연시키는 것처럼 해로운 것이 없다. _루칸
무엇이고 떠나 보낼 준비가 되어 있어야 한다. 사랑했던 사람을 놓아주지 않고 마음에 담아두는 한 누구도 그 사람을 대신할 수 없다. _앤드류 매튜스
싸울 준비가 된 사람은 이미 절반을 싸운 것이다. _미겔 데 세르반테스

1분 인생 독본
예술가로서 남보다 뛰어나고 싶다면 모든 일을 제쳐두고 전념해야 한다. 그렇기에 예술가는 창작의 희열보다도 현실의 고통에 먼저 익숙해져야 한다. 과거나 현재의 위대한 예술가 중에는 비록 학교 교육도 받지 못했으나 철저한 자기 수양으로 재능을 인정받은 작가가 많다.

그리워하다가
꼭 감았던
눈을 떴을 때
그대 내 앞에 서 있다면 _용혜원, '기대'

▼

영화·드라마 속 명대사 "내가 아무리 세상에 맞추려고 해도 안 돼. 그러느니 차라리 세상을 나한테 맞추는 게 편하지." _영화, '죽거나 혹은 나쁘거나'

268 마이크의 삶

그해 장한 카운슬러상을 받았다.

마이크는 어렸을 때 소아마비에 걸렸다. 2세 때부터 목발을 짚고 다니다가 15세 때부터 휠체어를 타고 다녔다. 21세 때 209달러를 받던 직장을 그만두었으나 헌신적이며 열정적인 그의 성품 때문에 어디를 가나 환영을 받았다. 마이크는 한 달 안에 구직 카운슬러로 취직이 되었다. 이 회사는 1,300명의 직원이 있는 국제직장협회였다. 마이크는 소네스타 비치 호텔에서 개최한 대회에서 그해의 장한 카운슬러상을 받았다. 장애인이었음에도 그는 헌신적으로 살았기에 성공적인 삶을 살아갈 수 있었다.

▼

1분 명언

욕심에 눈이 먼 사람도 있지만 욕심에 새로운 눈을 뜨는 사람도 있다. 욕심은 못 하는 말이 없고 못하는 역할이 없다. 심지어 욕심 없는 사람의 역할도 해낸다. _프랑수아 드 라 로슈푸코

사람은 동물적 욕구 충족만으로 만족하기를 거부하는 유일한 동물이다.
_알렉산더 그레이엄 벨

욕구를 절제하는 사람은 욕구가 절제될 수 있을 만큼 약한 것이기 때문에 절

제한다. _윌리엄 블레이크

1분 인생 독본 골프공이 처음 나왔을 때 매끈한 공이었다. 연구한 끝에 까칠 까칠한 공이 더 멀리 나갈 수 있다는 것을 알게 되었다. 골프공 제조업자들이 공의 표면을 약간 패이게 만들기 시작했다. 우리들의 삶도 마찬가지다. 앞으로 나가기 위해서는 어떠한 굴곡도 이겨낼 수 있어야 한다.

1분 좋은 시
비 뿌리고 나면
남은 것은 역마살뿐
떠돌이가 되어 떠나간다 _용혜원, '구름'

책 속의 좋은 말 소유의 행복은 아무런 관련이 없다. 당신의 마음속에 감사한 생각이 없다면 당신이 아무리 많은 것을 쥐고 있더라도 파멸의 노를 젓는 것이다. 다른 공부보다 먼저 감사할 줄 아는 방법을 배우라. 감사의 예술을 배울 때 비로소 진정한 행복을 맛볼 수 있다. _바넷 깁슨, <행복한 하루> 중에서

영화·드라마 속 명대사 "너, 진짜 무서운 게 뭔 줄 알아? 뭔가 잊고 싶은 게 있는데, 깨끗하게 지워버리고 싶은 게 있는데, 도저히 잊지도 못하고 지워지지도 않는 거 있지. 근데 그게 평생 붙어다녀. 유령처럼." _영화, '장화, 홍련'

269 episode 윌리엄 셰익스피어 이야기
청년은 자기 일에 몰두했다.

유명할수록 행동을 바르게 해야 사람들이 본받는다. 영국의 문호 윌리엄 셰익스피어가 런던의 한 레스토랑에서 식사하는데 사람들이 그를 만나보려고 모여들었다. 그리고 윌리엄 셰익스피어에게 경의를 표하고 정중하게 대했

다. 그때 현관을 청소하던 한 청년이 들고 있던 빗자루를 내동댕이치며 '휴' 하고 한숨을 쉬었다. 윌리엄 셰익스피어가 청년의 어깨를 어루만지며 이유를 묻자 "같은 남자로 태어나서 선생님은 사람들의 존경을 받고, 저는 사람들의 발자국이나 쓸어야 한다는 게 한심스럽습니다." 윌리엄 셰익스피어는 말했다.

"자네와 나는 똑같은 일을 하는 것이네. 나는 펜으로 하나님께서 지으신 우주의 일부분을 청소하는 것이네. 결국 우리는 모두 세상을 아름답게 하는 것이네."

이 말을 들은 청년은 고개를 끄덕이며 자기가 하던 일에 몰두했다.

1분 명언

사람이 자신이 하는 일에 열중할 때 행복은 자연히 따라온다. 무슨 일이든지 지금 하는 일에 몰두하라. 그것이 위대한 일인지 아닌지는 생각하지 말고 방을 청소할 때는 완전히 청소에 몰두하고 요리할 때는 거기에만 몰두하라.
_오쇼 라즈니쉬

몰두는 당신이 하는 일이 진짜로 자기가 하고 싶은 일일 때 발견할 수 있다.
_컬린 터너

필요한 것이라곤 한 잔의 차와 조명 그리고 음악뿐, 내가 반복해서 외우는 주문은 집중과 단순함이다. _ 스티브 잡스

그대가 자신의 불행을 생각하지 않게 되는 가장 좋은 방법은 일에 몰두하는 것이다. _루트비히 판 베토벤

1분 인생 독본 영국 <런던 타임스>에서 '가장 행복한 사람은 누구인가?'를 공모했다. 4위_어려운 수술을 성공적으로 끝내고 한 생명을 구한 의사, 3위 _세밀한 공예품을 완성하고 휘파람 부는 목공, 2위 _아기의 목욕을 막 마친 어머니, 1위_모래성을 완성한 꼬마 아이가 선정되었다.

270 영국의 정치가 로이드경
자부심을 지니고 베푼 선행

자기 직업에 자부심을 지니고 베푼 한 사람의 선행으로 영국 역사에 획을 긋는 훌륭한 정치가를 탄생시켰다. 영국 웨일스 지방의 깊은 산골에 홀어머니와 외아들이 살았다. 어느 날 외아들이 병에 걸렸지만 워낙 가난한 살림이라 어머니는 아이를 병원에 데리고 가지도 못했다. 하지만 죽어가는 아들을 그냥 보고 있을 수가 없어서 용기를 내어 산 아랫마을로 의사를 찾아갔다.

"선생님! 저는 가난해서 치료비를 낼 수가 없습니다. 하지만 제 아들을 그냥 죽일 수는 없습니다. 제 아들의 병만 고쳐주신다면 그 은혜를 반드시 갚겠습니다."

어머니의 간곡한 부탁을 받은 의사는 아이를 치료해주었다. 아이는 건강을 되찾았다.

수십 년이 지난 어느 날 의사는 영국의 유명한 정치가 로이드경이 재무상에 취임하는 파티에 참석하였다. 로이드경의 얼굴을 바라보던 의사는 깜짝 놀라고 말았다. 그는 바로 자신이 고쳐주었던 산골 마을의 소년이었던 것이다.

1분 명언

자부심은 스스로가 자신을 어떻게 생각하는가 하는 것으로 스스로에게 가

치를 부여해야만 가질 수 있는 마음가짐이다. 이것은 바로 당신의 삶에 긍정적 영향을 준다. _지그 지글러

자부심을 지니고 머리를 높이 세우자. 그러면 우리는 한 발짝 한 발짝 하나님에게 가까이 다가서게 될 것이다. _엘버트 허버드

자부심이 강한 사람은 무례한 사람과 바보 같은 사람 사이에 존재하며 양자로부터 이루어지고 있다. _장 드 라 브뤼예르

자부심을 지닌 것에 대해서는 양보하지 마라. 그것이 오히려 나라는 자신의 가치를 높여줄 것이다. _에릭 시겔

1분 인생 독본 정치가, 과학자, 출판업자이며 저술가인 벤저민 프랭클린에게도 나쁜 습관이 있었다. 그는 자신의 나쁜 습관을 고치기로 결심했다. 노트에다 자신의 나쁜 습관을 하나하나 적기 시작했다. 그 나쁜 습관을 하나씩 반성하면서 고쳐나가기 시작했고 얼마 후 나쁜 습관을 모두 고칠 수 있었다.

1분 좋은 시
너의 마음을 열 수 있는
열쇠는 어디 있을까?
사랑이란 이름의 열쇠 _용혜원, '열쇠'

영화·드라마 속 명대사 "그날 날씨에 영향을 받기보다 그 시대의 기후에 발맞추어야 한다." _영화, '세상을 바꾼 변호인'

A miscellaneous dictionary
of episodes for creators

A Perfect Book For Humblebrag

Episode IV.

271
·
·

큰 강에 돌을 던져도 강은 흐름을 망치지 않고 흘러간다.

믿음이 있는 사람이라도 욕설을 듣고 마음을 망친다면

그 사람은 큰 강이 아니라 웅덩이에 지나지 않는다.

·
340

271 힌덴부르크의 웃음

화가 날 때 휘파람으로 분노를 날려버린다.

독일의 대통령과 군사령관을 지낸 힌덴부르크의 얼굴에는 항상 밝은 웃음이 있었다. 성격이 낙천적인 힌덴부르크는 일상생활에서도 화가 나는 일이 있어도 아주 슬기롭게 극복하여 여간해서는 화를 내지 않았다. 하루는 기자가 대통령이었던 힌덴부르크에서 물어보았다. "대통령께서는 감정 조절을 어떻게 하시나요? 특별한 비결이 있으신가요?" 힌덴부르크는 밝게 웃으며 말했다.

"화가 날 때마다 휘파람을 불어 분노를 날려버리는 것이 제 비결이지요!"

자신의 마음과 감정을 잘 다스리는 사람이 위대한 사람이다. 마음을 다스리면 모든 것을 잘 할 수 있다. 세상만사가 마음을 잘 다스리는 데서 시작하기 때문이다.

1분 명언

분노하여 가하는 일격은 종국에 우리 자신을 때린다. _윌리엄 펜

분노는 대단히 비싼 사치다. _이탈리아 속담

분노의 창으로 원한이 날아간다. _윌리엄 셰익스피어

분노는 일시의 광기이다. 네가 분노를 억제하지 않으면 분노가 너를 제압하리라. _호라티우스

분노는 어리석게 시작하여 후회로 끝난다. _피타고라스

분노는 빨리 털어버려야 앞으로 나아갈 수 있다. _레인 네메스

1분 인생 독본 큰 강에 돌을 던져도 강은 흐름을 망치지 않고 흘러간다. 믿음이 있는 사람이라도 욕설을 듣고 마음을 망친다면 그 사람은 큰 강이 아니라 웅덩이에 지나지 않는다. 인생에서 가치 있는 것은 어느 것이나 우연히 주어지지 않는다. 만약 우리에게 진실로 가치 있는 것이 생겼다면 그것의 중요성을 알고 그것을 얻기 위해 헌신했기 때문이다.

1분 좋은 시
누가 버렸을까
애지중지 아껴주었을 텐데
버림받아 슬프고
힘든 기색이 역력하다 _용혜원, '낡은 인형'

영화·드라마 속 명대사 "사랑에 푹 빠지렴, 서로 죽도록 사랑할 그런 사람 만나렴!"_영화, '조 블랙의 사랑'

272 찰스 스펄전과 독서
인생은 한 권의 책과 같다.

인생은 한 권의 책과 같다. 바보들은 그것을 아무렇게나 넘기지만 현명한 사람들은 차분히 그것을 읽는다. 왜냐하면 그들은 단 한 번밖에 그것을 읽지 못한다는 것을 알고 있다. 찰스 스펄전이 어렸을 때부터 100여 번이나 탐독한 책은 <천로역정>이다. 그는 6세 때 목사관 2층의 어두침침한 방에서 <천로역정> 복사판을 발견했는데 그 책의 표지는 목판화로 되어있었다. 아래층으로 가지고 내려와서 밝은 불빛에서 본 표지의 그림을 평생 잊을 수가 없다고 하였다. 등에 무거운 짐을 진 예수의 모습이 대단히 인상적이었다. 그는 18세의 나이로 워터비치의 작은 침례교회 목회자가 되었다. 그후 스펄전은 전국에서 화제의 인물이 되었고 그의 설교는 문서화되어 전 세계 사람들에게 읽혔으며 그 후 40년 동안 무수한 사람들 앞에서 메시지를 전하였다. 한 권의 책이 한 사람의 삶을 위대하게 만들어놓았다.

1분 명언
현명한 생각보다 신중한 행동이 중요하다. _키케로
현명한 사람은 기회를 행운으로 바꾼다. _토머스 풀러

현명한 사람은 실패로부터 배운다. _새뮤얼 스마일스

현명한 사람은 귀가 길고 혀는 짧다. _독일 속담

현명하게 되는 방법은 관망하는 것을 아는 것이다. _윌리엄 제임스

1분 인생 독본 성공을 위한 독서 방법은 사전과 참고서적을 활용하는 데 있다. 책을 읽을 때 서평을 빠뜨리지 않고 읽는다. 책에다 그때그때 메모하고 써넣는다. 베스트셀러를 읽는다. 전문잡지를 읽는다. 잡지는 아이디어의 창고이다. 한 저자의 모든 작품을 다 읽는다. 그 작가의 일생을 읽고 만날 수 있다. 사업에 관계된 잡지를 모아두면 언제나 활용할 수 있다. 독서의 폭을 넓혀 다양한 책을 읽는다. 잡학도 독서하면 쓸 데가 있다. 책의 중요한 부분은 색연필로 표시를 해둔다.

1분 좋은 시
마음을 깨끗이 비우면
더 많이 더 가득히
더 수북하게 채워진다 _용혜원, '빈 마음'

영화·드라마 속 명대사 "사랑을 받아본 사람이 사랑할 수 있고, 용서를 받아본 사람만이 용서할 수 있다는 걸 알았다. 남들이 보기에는 먼지 같아도 그게 내 상처일 때는 우주보다 더 아픈 거예요!" _영화, '우리들의 행복한 시간'

273 늘대를 사냥하는 법
탐욕스러운 늑대처럼 자멸의 위험에 빠진다.

에스키모인들이 늑대를 사냥하는 방법은 독특하다. 칼자루를 얼음에 파묻히게 묻는다. 싱싱한 큰 고깃덩어리를 칼날에 꽂아서 얼도록 내버려둔다. 늑대들은 멀리서도 이 고기의 피 냄새를 맡고 탐식하러 온다. 늑대 떼들은 그

얼어붙은 고깃덩어리를 핥아대면서 점점 광폭해진다. 곧 늑대들은 면도칼 같이 예리한 칼날에 그들의 혀를 베이고 자기들의 피로 허기를 채우기 시작한다. 그들은 천천히 피를 흘려 죽을 때까지 핥는다. 마찬가지로 우리 인간도 위험성을 인식하지 못하고 자신이 어떤 위험에 사로잡혔는지 알지 못하고 내버려두면 탐욕스러운 늑대들처럼 자멸의 위험에 빠진다.

1분 명언

탐욕은 일체를 얻고자 욕심을 내어도 도리어 모든 것을 잃어버린다. _몽테뉴
탐욕으로부터 걱정이 생기고 두려움이 생긴다. 탐욕이 없는 곳에 걱정이 없으니 그 어디에 두려움이 있겠는가. _불경
탐욕자는 금을 얻어도 옥을 얻지 못한 것을 한탄하고, 공이 되어도 제후가 되지 못한 것을 불평한다. 족함을 아는 사람은 명아죽도 고깃국이나 쌀밥보다 맛있게 여긴다. 베 도포도 여우 가죽옷보다 따뜻이 아나니 서민으로서도 왕공을 부러워하지 않는다. _채근담
논밭은 잡초 때문에 손해를 보고 사람은 탐욕 때문에 손해를 본다. _법구경

1분 인생 독본
얼음덩어리를 꺼내 열을 가하면 한동안은 아무런 변화를 보이지 않는다. 온도가 높아지면 얼음이 녹기 시작한다. 우리가 무슨 일을 하든지 처음에는 아무런 변화가 없는 것처럼 보인다. 그러나 열정을 갖고 계속하여 나가면 눈에 보이는 변화가 온다. 이 법칙은 단순한 것 같지만 가장 정확한 법칙이다. 이 법칙을 기억하고 서두르거나 자포자기를 하지 말고 꾸준히 나가라. 눈에 보이는 변화가 기다리고 있을 것이다.

1분 좋은 시
한적한 오후
배 한 척이 물살을 가르며
강을 올라가고 있다
나도 같이 타고 싶다 _용혜원, '한적한 오후'

274 백만장자의 심리 불안 상태
쓸데없는 걱정으로 살지 말자.

한 백만장자가 있었다. 돈과 명예와 아름다운 가정을 소유한 그는 영원히 살고 싶은 생각을 했다. 그래서 점쟁이를 찾아가 몇 살까지 살 수 있을지 물었다. 점쟁이는 백만장자의 얼굴을 보더니 "얼마 안 남았네. 일주일 후면 죽어!"라고 말했다. 백만장자는 그날부터 죽음의 공포에 시달리기 시작했다. 밥에 독이 들어 있을까 걱정이 되어 먹지 않았고 물조차 마시지 않았다. 밖으로 나가는 일도 못 하고 잠도 잘 수가 없었다. 일주일이 지나자, 백만장자는 심리적인 불안 상태가 지속되어 심장마비로 죽고 말았다.

쓸데없는 걱정으로 살지 말자. 걱정의 40%는 절대 현실에 일어나지 않는다. 걱정의 30%는 이미 일어난 일에 대한 것이다. 걱정의 20%는 사소한 고민이다. 걱정의 5%는 우리의 힘으로 어쩔 수 없는 일에 대한 것이다. 걱정의 나머지 5%는 우리가 바꿔놓을 수 없는 것이다.

1분 명언

걱정은 내일의 슬픔을 덜어주는 것이 아니라 오늘의 힘을 앗아가는 것이다.
_코리덴 품

걱정은 출처가 무엇이건 간에 우리를 약화시키는 것이요, 용기를 앗아가는 것이요, 그리고 인생을 단축하는 것이다. _존 랑카스터 스팔딩

걱정거리는 대개 우리가 처음 생각한 것보다 훨씬 더 심각하다. _나폴레온 힐

걱정 같은 나쁜 습관 대신 어떤 상황에서도 고요하고 침착하며 태연하면서도 집중된 모습을 그려보는 좋은 습관을 가져라. _잭 켄필드

1분 인생 독본 나는 강하다! 나는 기쁘다! 이런 무한한 힘을 공급받기를 원

한다면 매일 한 번씩 다음 구절을 소리내어 읽어라. 똑바른 자세로 깊이 심호흡하고 말해보라. "나는 강하다! 나는 생동감이 있다! 나는 무한한 힘으로 충만하다! 내 몸은 건강하다! 나는 행복하다! 나는 열정적이다!" 매일매일 반복한다면 무한한 힘이 샘솟을 것이다.

1분 좋은 시

놀랍다
느림의 여유를 누리며
넓은 바다가 제 것마냥
능청스럽게 살고 있다 _용혜원, '거북이'

영화·드라마 속 명대사 "모든 관계의 시작은 서로가 다름을 인정하는 것부터다!"_영화, '완벽한 타인'

275 episode 가난한 이들에게 주세요
돈을 가난한 사람에게 보내세요.

선한 사람들은 베푸는 사람들이다. 노벨평화상을 받은 빈민의 성녀 마더 데레사가 호주를 방문했을 때다. 호주의 한 젊은 프란체스코 수사가 데레사에게 수행원으로 같이 동행하게 해달라고 하였다. 이 수사는 훌륭한 데레사 수녀를 매우 가까이에서 수행한다는 기대감에 부풀어 그녀에게 많은 것을 배우고 보고 듣기를 원했다. 그녀 가까이 있었으나 언제나 다른 사람들이 데레사 수녀를 만나고 있어서 말 한마디도 건넬 기회가 없었다. 그런데 데레사 수녀가 모든 일정을 마치고 뉴기니로 떠나게 되었다. 수사는 너무 실망하여 데레사 수녀에게 청원했다. "뉴기니행 여비를 제가 부담한다면 비행기 옆자리에 앉아 배울 수 있을까요?" 마더 데레사는 그를 똑바로 쳐다보며 물었다. "뉴기니로 갈 항공료를 낼 만한 돈은 가지고 있어요?", "네", "돈을 가난한 사람에게 주세요. 내가 말하는 것보다 많은 것을 배우게 됩니다."

1분 명언
미래는 우리가 만들어가는 것이다. _폴 웰스

기대를 품고 살면 세상은 희망으로 가득 찬다. _헨리 롤린스

기대가 커야 더 좋은 결과를 얻을 수 있다. 이것은 과학이나 수학, 독서, 축구, 심지어 밴드 활동에서도 나타나는 진실이다. _지그 지글러

미래를 창조하기 위해서는 기대를 갖고 행동해야 한다. _피터 드러커

기대하는 것에 대한 소통은 상호이해와 상호존중을 필요로 하기 때문에 그것을 분명하게 하기 위해서는 모든 행동을 동원해야 한다. _스티븐 코비

1분 인생 독본 자기가 원하는 일도 할 수 있다고 생각하면 해낸다. 그러나 할 수 없다고 생각하면 해낼 수 없다. 삶의 태도는 나의 참모습을 나타낸다. 태도의 뿌리는 속에 있지만 열매는 겉으로 나타난다. 태도는 우리의 가장 친한 친구가 되거나 가장 나쁜 적이 된다. 태도는 과거 경험에 따라 나타나는 모습이다. 태도는 표현하기 전까지는 완전하지 않다.

1분 좋은 시
지나온 모든 것들은
내 마음속에서 그리워지는
풍경이 되어 남아 있다 _용혜원, '내 추억의 창고에는'

영화·드라마 속 명대사 "그는 당신이 바보라고 생각하진 않아요. 단지 귀머거리구나 하고 생각하겠죠. 정말 바보는 귀머거리를 바보라고 생각하는 정상인들이에요." _영화, '작은 신의 아이들'

하인리히 슐리만의 꿈

꿈은 이루어지기에 꿈이다.

하인리히 슐리만은 아홉 살 때 아버지로부터 고대 그리스의 트로이라는 도시가 땅속에 묻혀 있다는 이야기를 들었다. 슐리만은 이때부터 단지 신화 속의 땅일지도 모를 그 유적을 찾아보겠다는 결심을 하였다. 그러나 부모님도 돌아가시고 그도 병을 앓게 되어 좀처럼 발굴에 필요한 자금을 마련하지 못했다. 그러나 그는 낙심하지 않고 여러 직업에 종사하면서 돈을 모았고 틈만 나면 고고학 공부를 열심히 하였다. 슐리만이 마흔네 살이 되었을 때 드디어 그는 발굴 작업을 착수할 수 있었다. 놀랍게도 땅속 7m 지점에서 성벽이 차츰 모습을 드러내며 고대 역사의 위용을 보여주었다.

슐리만은 어린 시절의 꿈을 실현해낸 것이다. 꿈을 갖는 것이 중요하다. 꿈은 이루어지기에 꿈이다. 깨어진 꿈은 모든 꿈의 마지막이 아니다. 부서진 희망은 모든 희망의 마지막이 아니다. 비록 많은 꿈이 재난에 무너져 내리며 고통과 상한 마음이 세월의 물결에서 그대를 넘어뜨릴지라도 그대의 눈물에서 새로운 교훈을 배우기에 힘써라.

1분 명언

오랫동안 꿈을 그리는 사람은 마침내 그 꿈을 닮아간다. _앙드레 말로

자신의 꿈이 가리키는 방향으로 꾸준히 나아가면 그리고 꿈꾸던 삶을 살기 위해 노력하면 어느 날 문득 예기치 않았던 성공과 만날 것이다.
_헨리 데이비드 소로

꿈은 작은 것이나마 위대함을 담고 있다. _존 루소

꿈은 우리의 내부에 있는 초상화다. 우리의 비전을 찾아내서 무엇을 원하는지 알려준다. _오프라 윈프리

1분 인생 독본

꿈이 현실이 되었을 때 감동은 대단하다. 우리는 감동을 만들어가야 한다. 성공한 사람들의 특징은 꿈꾸는 사람, 꿈을 가진 사람들이다.

우리의 마음에 성공을 향한 이글이글 불타는 꿈이 있다면 그 꿈이 성공으로 인도할 것이다. 인류 역사상 각 분야에서 성공한 사람들은 수없이 많다.

1분 좋은 시
그대 눈빛만 보아도 행복해지는데
그대 마음을 준다면
그 사랑에 푹 빠져
헤어나오지 못한다 하여도
나는 좋습니다 _용혜원, '그대 마음을 나에게 준다면'

영화·드라마 속 명대사 "사람들은 용기가 부족한 것이 아니라 의지가 부족한 것이다." _영화, '노트르담의 꼽추'

277 험한 산을 어떻게 올랐나?
나는 발밑을 보고 걸었다.

등산가들은 산을 사랑한다. 산의 마음을 읽는다. 산과 마음을 나눈다. 산이 오라 하기에 등산한다. 네팔과 중국의 국경에 있는 8,848m의 에베레스트산은 세계 최고봉으로 모든 등반가가 등반하고 싶어하는 명산 중의 명산이다. 세계 최초로 에베레스트산을 정복한 힐러리에게 어떻게 그 험한 산을 정복했느냐고 물었다. 힐러리는 대답하였다.

"산정에 오르기 위하여 나는 어떤 고난도 참고 한 발자국씩 꾸준히 움직였더니 마침내 산꼭대기였다. 나는 산 위를 보고 오른 것이 아니라 발밑을 보고 걸었다."

1분 명언
예술은 정복된 인생이다. 생명의 제왕이다. _로맹 롤랑 사람들은 정상을 정복하기 위해서 목숨을 걸고 모험하기를 좋아한다. 그들은 그것 속에 있는 스릴을 만끽한다. 그리고 그것이 바로 인생이다.
_레온 하리슨

어려운 일을 선택하라. 그것은 당신에게 좋은 것이다. 만일 당신이 이미 정복한 것보다 더 어려운 일을 해내려고 노력하지 않는다면 당신은 절대로 성장하지 못할 것이다. _로널드 오스본

▼ **1분 인생 독본** 슬럼프가 찾아올 때가 있다. 위기가 없으니 아무런 발전도 없다. 위기 앞에 포기하면 최악이지만, 위기를 자기 변화의 기회로 삼고 주어진 환경을 잘 안다면 위기는 자신을 알아볼 것이다. 시련이나 역경을 부정적으로 보면 저주가 되고 긍정적으로 보면 축복이 된다. 미소와 악수는 시간이나 돈이 들지 않는다. 그리고 사업을 번창시킨다.

▼ **1분 좋은 시**
높이 쌓으면 쌓을수록
홀로 갇히고 말지만
헐면 헐수록
넓은 마음으로 살 수 있다 _용혜원, '담'

▼ **영화·드라마 속 명대사** "인생을 바꿀 기회는 1분마다 찾아온다."
_영화, '바닐라 스카이'

278 episode **슈바이처 박사와 노벨평화상**
나를 필요로 하는 곳을 찾아다닌다.

슈바이처 박사가 1960년대 노벨평화상을 받기 위하여 아프리카를 떠나 유럽으로 향했다. 파리까지는 비행기를 타고 와서 다시 노르웨이로 가는 기차

를 타고 가야 했다. 슈바이처 박사가 온다는 소식을 전해 들은 기자들이 취재하기 위하여 함께 기차를 탔다. 기차 안에서 기자들은 여러 질문을 던지려고 특등실을 찾았으나 그곳에는 슈바이처 박사가 없었다. 1등실에도 2등실에도 없었다. 기자들은 3등실에서 가장 가난한 시골 사람들 틈에서 그들을 진찰해주는 슈바이처를 찾을 수 있었다. 한 기자가 물었다.

"박사님, 어떻게 이렇게 누추한 3등실에서 고생하며 가시나요?"

이 말을 들은 슈바이처 박사는 태연하게 대답했다.

"나는 즐길 곳을 찾아서 살아온 것이 아니라 나를 필요로 하는 곳을 찾아다니며 살아왔다. 지금도 나는 그렇게 살아가고 있다."

1분 명언

고생을 많이 한 사람이 많은 것을 안다. _그리스 격언

고생의 날을 보내는 자를 위하여 내가 울지 아니하였는가? 빈궁한 자를 위하여 내 마음에 근심하지 아니하였는가? _찰스 스펄전

고생하지 않고 얻을 귀중한 것은 하나도 없다. _토머스 에디슨

사람들이 좌초하여 고생하는 재난을 하나님이 보시는 일은 드물다.
_제러미 테일러

과거에 일어났던 고생을 상기하는 것은 얼마나 유쾌한 일인가. _에우리피데스

1분 인생 독본 사과하는 용기는 인간관계를 잘 이루어가게 하는 좋은 계기가 된다. 사과는 인간만이 할 수 있다. 어떤 동물이나 식물도 할 수 없다. 사과는 인간관계를 잘 이루어주는 소중한 행동이다. 그러므로 사과할 때는 기분 좋게 즐거운 마음으로 하면 넓은 마음이 된다.

1분 좋은 시

날마다 마음속에 행복을 주는
꽃들이 아름답게 피어나면
우리는 날마다 행복하게

즐거움 속에서 살아갈 수 있다 _용혜원, '삶 속에 피어나는 꽃'

영화·드라마 속 명대사 "난 정말 운이 좋았어. 원하는 걸 얻지 못했지만, 다음 생애에선 다른 일을 해보자. 좀 더 웃고, 좀 더 사랑하고, 세계 구경도 하는 거야. 두려워하지만 않으면 돼!" _영화, '라스트 홀리데이'

279 한국 최초 미국 PGA 우승자 최경주
위대한 꿈이 있었고 꿈을 이루기 위해 노력했다.

최초가 참 어렵다. 아무도 시도하지 않은 일에서 일군 성공은 다른 사람에게 길을 열어주는 것이다. 최경주는 고등학교 시절 집안 형편이 어려운데 골프를 시작하자 모두가 비웃었다. 골프장에서 아르바이트하면서 타석이 비는 틈을 이용하여 골프 연습을 했다. 겨울에도 차디찬 방에서 지내는 날이 많았다. 무리한 연습으로 손이 갈라졌지만 좌절하지 않았다. 포기하지 않는 불굴의 정신으로 국내 프로 골프계를 휩쓴 최경주의 오랜 꿈이었던 PGA에 진출하여 우승하였다. 하루에 7시간 넘게 연습할 정도로 위대한 꿈을 가졌고 꿈을 이루기 위해 노력했다.

1분 명언
긍정적인 정신자세는 실패와 좌절, 역경에서도 그에 합당한 보상의 씨앗을 찾아내어 그 씨앗을 자신에게 이익이 되는 방향으로 발아시키겠다는 의지다. _나폴레온 힐
변화의 욕구는 언제나 변화의 두려움과 좌절감을 동반한다. _레인 네메스
눈앞의 실패를 좌절하지 않게 만드는 정기적인 목표를 반드시 가지고 있어야 한다. _찰스 C 노블

1분 인생 독본 그리워지는 시간을 만들자. 살아가면 살아갈수록 삶이 소중

하고 짧기만 한데 사랑의 기억을 남기며 살자. 우리 곁에 살고 있는 사람들이 곁에 있을 때나 떠나 있을 때나 삶을 서로 사랑하였기에 언제나 꺼내보아도 그리워지는 시간을 만들자.

1분 좋은 시
온몸에 가시를
뻗쳐놓고
꼿꼿이 서 있는 걸 보면
성깔 한번 까칠하다 _용혜원, '선인장'

영화·드라마 속 명대사 "세상을 보고 무수한 장해물을 넘어 벽을 허물고 가까이 다가가 서로를 알아보고 느끼는 것, 그것은 우리가 살아가는 인생의 목적이다."_영화, '월터의 상상은 현실이 된다'

280 집념의 소유자 스티브 잡스
세계에서 가장 창의성이 뛰어난 경영자

세계 최초로 퍼스널 컴퓨터를 개발했으며 애플 컴퓨터 경영자였던 스티브 잡스는 애플사를 설립해서 스물다섯이라는 나이에 백만장자가 되었다. 서른 살에 회사에서 쫓겨났지만 좌절하지 않았다. 특유의 천재적인 감각과 창의력으로 3D 애니메이션 '토이 스토리', '인크레더블'을 만들어 성공 신화를 다시 썼다. 최초의 3D 애니메이션 '토이 스토리'는 할리우드를 뒤흔들었고 '아이패드'는 세상을 다시 한번 놀라게 했다.

시대를 앞서가는 감각과 집념으로 대중의 마음을 사로잡은 스티브 잡스는 세계에서 가장 창의성이 뛰어난 경영자로 선정되기도 했다. 창의성이 뛰어난 사람들이 성공하는 시대다. 남보다 한발 앞서서 새로운 것들을 만들어내는 사람들이 뛰어난 사람들이다.

1분 명언

창의성이란 아이디어를 생각해내는 것이다. _존 맥스웰

창의성은 낯선 것에 대한 즐거움이다. _어니 젤렌스키

창의성은 거의 모든 문제를 해결할 수 있다. 독창성으로 습관을 깨는 창의적 행동으로 모든 일을 극복할 수 있다. _조지 로이스

창의성 없는 정신은 잘못된 해답을 찾을 수 있다. 하지만 잘못된 질문을 찾아내려면 창의적 정신이 필요하다. _앤터니 제이

1분 인생 독본 하루를 시작할 때 희망이 가득 찬 말로 시작하면 삶이 달라진다. 삶의 확신이 생기고 힘이 솟고 기대감이 넘친다. 살다 보면 절망을 느낄 때도 있다. 그것을 이겨내는 것이 삶이다. 꿈의 초점을 잃으면 그 꿈을 이루어낼 수 없다. 확신을 지니고 자기 꿈에 초점을 맞추고 자신감으로 꿈을 이루어가라. 꿈에 초점을 맞추면 꿈이 현실이 된다.

1분 좋은 시

시끌벅적

보고 사고 먹고 즐기는

사람 사는 소리

힘이 솟고 기분이 좋다 _용혜원, '야시장'

영화·드라마 속 명대사 "그 모든 거절과 그 모든 실망이 당신을 여기로 이끌었어. 이 순간을 절대 잊으면 안 돼!" _영화, '에브리씽 에브리웨어 올 앳 원스'

281 **맛있는 커피**
솜씨가 뛰어난 사람이 성공한다.

솜씨가 뛰어난 사람이 성공한다. 톰슨은 맛없는 커피 한 잔 때문에 대 요식

업자가 되었다. 톰슨이 28세 되던 해에 갓 결혼한 아내와 함께 시카고에서 열린 세계 박람회를 구경하다가 근처 식당에서 커피 한 잔을 마시게 되었다. 그가 커피를 한 모금 마시더니 짜증 난 목소리로 '내가 끓이면 훨씬 더 맛있는 커피가 될 텐데.'라고 큰소리로 중얼거리자 식당 주인은 '그렇다면 당신이 끓여 보시오!'라고 말했다. 이 말을 들은 톰슨은 '한 번 해보겠다! 충분히 할 수 있다.'고 말했다. 톰슨이 끓인 커피는 향이 좋고 맛이 있었다. 식당 주인은 톰슨에게 말했다.

"손님께서 이 식당을 사셔서 경영을 해보시죠! 그러면 아주 잘될 것입니다!"
톰슨은 식당을 구입하여 장사를 시작했다. 이 작은 동기로 인하여 자신감을 얻어 시작한 사업은 후에 톰슨을 전 미국에 식당업 체인을 형성해 한해 5천3백만 명의 식사를 공급하는 대 요식업자로 만들었다.

▶ 1분 명언

커피는 마지막 한 방울까지 맛있다. _프랭클린 루스벨트
내게 정신을 차리게 만드는 것은 진한 커피. 아주 진한 커피다. 커피는 내게 온기를 주고, 특이한 힘과 기쁨과 쾌락이 동반된 고통을 불러일으킨다.
_나폴레옹 보나파르트

아! 맛있는 커피, 천 번의 키스보다 황홀하고 머스 카텔 포도주보다 달콤하다. 커피가 없으면 나를 기쁘게 할 방법이 없다!" _요한 제바스티안 바흐
한 잔의 커피를 만드는 원두는 나에게 60여 가지의 좋은 아이디어를 가르쳐준다. _루트비히 판 베토벤

▶ 1분 인생 독본

커피에는 인생의 맛이 그대로 담겨 있다. 커피의 쓴맛은 삶의 절망, 고통, 아픔과 같다. 단맛(설탕)은 삶의 기쁨, 감동, 환희와 같다. 프림 맛은 무언지 모를 맛이지만 조화를 이루어주는 맛이다. 김 오르는 뜨거운 커피가 맛있을 때가 있고, 얼음이 동동 떠 있는 차가운 냉커피, 생두 커피, 자판기 커피가 맛있을 때가 각각 있다. 커피의 맛도 감정에 따라 맛이 달라진다.

1분 좋은 시

사랑이 녹고 슬픔이 녹고 미움이 녹고
온 세상이 녹아내리면 한 잔의 커피가 된다
모든 삶의 이야기들을
마시고 나면 언제나 빈 잔이 된다
나의 삶처럼 _용혜원, '한 잔의 커피'

영화·드라마 속 명대사 "당신이 아침에 눈을 뜨면 커피를 가져다드리고 싶어요!"_영화, '누구를 위하여 종을 울리나'

282 빌 클린턴의 꿈

목표가 분명하면 행동으로 옮겨져 가슴으로 안을 수 있다.

미국의 대통령이었던 빌 클린턴이 대통령의 꿈을 꾸기 시작한 것은 고등학교 시절 존. F 케네디를 만난 이후였다. 당시 미국에서는 전국 각 주에서 뽑은 우수한 학생들에게 대통령 표창을 수여하였다. 바로 이때 빌 클린턴은 수상의 자리에서 존. F 케네디를 만났고 자신도 대통령이 되겠다는 큰 꿈을 가졌다. 빌 클린턴은 케네디 대통령에게 더 많은 관심을 가졌고 관심을 가질수록 꿈은 더욱더 커져만 갔다. 그는 도전하였고 행동으로 옮겼다. 빌 클린턴도 케네디처럼 40대에 대통령이 되었고 재선하였다. 누구나 목표가 분명하면 행동으로 옮겨서 성공을 가슴에 안을 수 있다.

1분 명언

행동에 부주의하지 말며 말에 혼동되지 말며 생각에 방황하지 말라.
_마르쿠스 아우렐리우스

당신이 진정으로 원하는 목표를 달성하기 위해 행동에 착수하는 순간, 두려움은 녹아 없어지기 시작한다. _로버트 앨런 이탈리아 사람은 행동하기 전에, 독일 사람은 행동 중에, 프랑스 사람은 행동한 뒤에 현명하다. _조지 허버트

1분 인생 독본 허물만 들춰내고 함부로 침을 뱉지 마라. 당신도 그럴 때가 있다. 잘못만 찾아내어 함부로 욕하지 마라. 당신도 그럴 때가 있다. 부족을 밝혀내어 함부로 비난하지 마라. 당신도 그럴 때가 있다. 실수만 골라내어 함부로 탓하지 마라. 당신도 그럴 때가 있다

1분 좋은 시
삶 중간중간
정류장이 있는 듯하지만
끝에는 정류장이 없다
영원한 퇴장이다 _용혜원, '정류장'

영화·드라마 속 명대사 "나는 당신을 격렬하게, 미친 듯이, 영원히 사랑하오!" _영화, '지바고'

283 세계적인 소설가 미겔 데 세르반테스
감옥에 갇혀서 쓴 책이 바로 <돈키호테>다.

세계적인 소설가 세르반테스는 53세에 자신이 하던 일을 모두 다 실패했다. 말단 공무원으로 취직했다가 곧 해고되었다. 그리고 전쟁에서 다친 오른손은 항상 그를 우울하게 만들었다. 그러던 어느 날 세르반테스는 감옥에 갇히고 말았다. 그의 삶은 영영 가능성이 없어 보였다. 그러나 세르반테스는 가장 절망적인 상황에서 도리어 뜨거운 창작 욕구를 느꼈다. 감옥에 갇혀서 쓴 책이 바로 <돈키호테>다 .
다른 사람보다 뛰어나려면 다른 사람이 아직 손대지 않은 일을 시작하라. 그

러나 그 일을 하루아침에 이루려고 조급하게 서두르는 것은 잘못이다. 꾸준히 노력하여 수양해야 한다.

1분 명언
욕구는 힘의 표현이다. 음악 연주는 표현과 계발을 찾는 힘이다. 기계 장치 발명의 욕구 역시 표현과 계발을 찾는 힘이다. _월레스 와틀스
욕구를 조절하면서 축적하고 소유하고 쌓아두려는 우리의 성향을 신중하고 독립적인 사고의 방향을 바꿔야 한다. 그래야만 천부적인 재능을 발휘할 수 있을 만큼 자유로워질 수가 있다. _마이클 린버그

1분 인생 독본 목표를 달성하고 싶으면 그것을 기록하라. 목표 달성에 헌신하겠다는 마음으로 목표를 기록하라. 행동이 다른 곳에서의 움직임을 끌어낼 것이다. 목표를 이루려면 일단 목표를 기록하라.

1분 좋은 시
우리 만났을 때 그때처럼 처음처럼
언제나 그렇게 순수하게
사랑하고 싶습니다.
처음 연인으로 느꼈던 그 순간 느낌대로
언제나 그렇게 아름답게 사랑하고 싶습니다.
퇴색되거나 변질하거나 욕심부리지 않고
우리 만났을 때 그때처럼 처음처럼 _용혜원, '처음처럼'

책 속의 좋은 말 진실은 인간을 자유롭게 만든다. 더 나은 세상을 만들기 위해 싸워야 한다. 사랑은 세상에서 가장 강력한 힘이다.
_미겔 데 세르반테스, <돈키호테> 중에서

영화·드라마 속 명대사 "아마추어들은 태양을 쫓아가다 불타버리지. 권력은

그림자 속에 숨어 있어!"_영화, '오펜하이머'

284 소설가 월터 스콧
너는 언젠가 위대한 인물이 될 것이다.

소설 <아이반호>으로 유명한 월터 스콧은 영국의 계관 시인이다. 어린 시절 그는 멍청한 아이로 놀림을 받으며 침울하게 지냈다. 그러나 스콧은 문학에 관심이 있어 좋은 시를 보면 열심히 외웠다. 그가 열세 살쯤 되었을 때 유명한 문인들의 모임에서 시 암송을 했는데 그의 시 낭송을 들었던 당시의 유명한 시인 번즈가 이렇게 말해 주었다.

"너는 언젠가 양국의 위대한 인물이 될 것이다."

이런 칭찬은 그야말로 멍청한 아이로 놀림받던 월터 스콧에게 용기를 주었던 것이다. 그는 그때부터 용기와 꿈을 가지고 삶을 새롭게 개척하여 갔다. 월터 스콧은 영국의 위대한 시인, 소설가로 이름을 날렸다.

1분 명언
성취하려면 행동뿐만 아니라 꿈을 꾸어야 하며 계획을 세울 뿐만 아니라 그것을 믿어야 한다. _아나톨 프랑스

불가능이 무엇인가는 말하기 어렵다. 어제의 꿈은 오늘의 희망이며 내일의 현실이기 때문이다. _로버트 고다드

1분 인생 독본 우리가 새롭게 되기 위하여 버려야 할 것들 ① 게으름 ② 무책임 ③ 무기력 ④ 교만함 ⑤ 거짓말 ⑥ 고집불통 ⑦ 무관심 ⑧ 간섭 ⑨ 편견 ⑩ 비난과 모함을 버려야 한다.

1분 좋은 시
기죽고 살지 말자

헛다리 짚은 고달픈 인생살이라고

한 치 앞도 안 보인다고

매가리 하나 없이 기죽어 살지 말자

세상에 잘난 사람 많고 많아도 나 같은 사람 딱 하나다

얼굴에 절망이 다닥다닥 붙고 서글프고

화딱지가 벌컥 나고 목소리에 가시가 돋혀도

핏기 하나 없이 꺼벙하게 파김치가 되지 마라 _용혜원, '기죽고 살지 말자'

영화·드라마 속 명대사 "삶이 너를 힘들게 할 때 넌 어떻게 해야 할지 알아. 그냥 계속해서 헤엄치면 돼!" _영화, '니모를 찾아서'

285 넬슨 만델라 의지
자기 삶을 포기하지 않음으로써 수많은 사람에게 자유와 희망을 주었다.

고난과 고통으로 수없이 포기하고 싶었을 삶을 살았던 만델라는 포기하지 않음으로써 수많은 사람에게 자유와 희망을 주었다. 자신의 내일에 대한 확고한 신뢰와 자신감이 없는 사람이라면 포기했을 것이다. 그리고 그는 병들거나 지쳐서 쓰러지고 말았을 것이다. 넬슨 만델라는 역사상 최초 흑인으로 남아공의 대통령이 되었다. 그는 수많은 관심을 받았고 화제를 만들었다. 사람들은 젊은 시절에 감옥에 들어갔다가 백발이 되어서 풀려난 만델라 건강에 관심을 보였다. 그는 사람들의 예상과는 달리 훨씬 더 건강했다. 만델라는 그의 건강 비결을 자서전에서 이렇게 소개했다.

"다른 사람들은 죄수에게 주어지는 중노동을 해야 할 때면 원망과 분노하는 마음으로 끌려갔지만, 나는 좁은 감옥보다 넓은 자연으로 나간다는 즐거움에 몸은 노동으로 힘들어도 하늘을 보고 새소리를 듣는 기쁨으로 일했다."

넬슨 만델라는 다른 사람들이 감옥에서 좌절과 분노로 치를 떨 때 고통을 이길 자신이 있었다. 만델라는 감옥 뒤뜰에 채소를 가꾸며 창조의 아름다움과

기쁨을 느끼며 26년을 견디어냈다. 그 고통 후에 국민의 지지를 받아 남아 공의 대통령이 되었다.

1분 명언
성공하려면 실패에 대한 두려움보다 성공에 대한 열망이 더 커야 한다.
_빌 코스비

실패는 성공에 풍미를 더하는 양념이다. _트루먼 카포티

실패했다고 인생이 끝나는 것이 아니다. 포기해야 끝나는 것이다. _리처드 닉슨

실패는 좀 더 스마트하게, 더 강하게, 더 영리하게, 다가서게 도와준다.
_새뮤얼 스마일스

절대로 포기하지 말고, 무릎 꿇지 마라. _후버트 험프리

1분 인생 독본 삶은 두 길이다. 위대함으로 가는 길과 평범하게 사는 길이다. 높은 산은 올라가기 힘들지만 올라가야 드넓은 광야가 보인다. 세상을 향하여 가슴을 확 열어라. 삶에 행운을 불러들여라. 일할 때 나쁜 상상하지 말고 행복한 상상, 멋진 상상을 하자. 보기 좋게 성공한 모습을 그려라. 어떤 경우에도 행운의 주인공이 돼라.

1분 좋은 시
남몰래 사랑한
그리움을 끊지 못해
손톱 끝이라도
붉게 물들여 남기고 싶다 _용혜원, '봉선화'

영화·드라마 속 명대사 "불꽃은 삶의 목적이 아니다. 인생을 살 준비가 되면 마지막 칸은 채워져!"_영화, '소울'

소설가 마크 트웨인

내가 타인에게 웃음을 보내면 다시 메아리되어 찾아와 웃는다.

극기의 고통과 슬픔에서도 좌절하지 않는다면 지난 과거를 잊고 사람답게 살아갈 수 있다. 내가 타인에게 웃음을 보내면 다시 메아리가 되어 찾아와 나를 웃게 한다. 미국의 소설가 마크 트웨인은 <톰 소여의 모험>을 쓴 동화작가로 유명하다. 그러나 그의 유명세와는 다르게 삶은 매우 비참했다. 마크 트웨인이 젊었을 때 두 형과 누나가 죽었다. 그리고 마크 트웨인의 네 아이들도 차례로 죽었다. 작가는 동화를 통하여 타인에게 웃음을 주면 메아리로 돌아와 자신을 웃게 만들었음을 알았다.

1분 명언

극기는 당시에는 고통이지만 결국에는 매우 기분 좋은 것이다. _티롤

극기를 가르치고 그것을 실천하기를 즐거워하게 하라. 그리하면 가장 열광적인 몽상가의 두뇌에서 세상을 위해 일찍이 나온 것보다 더 고상한 운명을 창조할 수 있다. _월터 스콧

극기는 그 특징으로서 종교에 속하는 것은 아니다. 그것은 인간 생활에 속한다. 그대가 높은 경지로 오르기를 원한다면 보다 낮은 본성을 언제나 거부해야 한다. 짐승과 달리 인격자가 되고, 예술가가 되고, 정직한 인간, 나은 그리스도인이 되기 위해서는 자기를 부인하는 일이 더욱 필요하다. 어떠한 즐거움도 참된 종교에서 솟아나는 것과 같은 것은 하나도 없다. _헨리 워드 비처

1분 인생 독본

스티븐 알터번은 말했다. "크게 승리하려면 작은 것에서부터 승리하라. 또한 무엇을 하든지 간에 탁월하게 하라. 동시에 봉사하라. 다른 사람에게 봉사하기 위해 성공하는 사람은 오로지 권력만 추구하는 사람들이 결코 얻을 수 없는 진정한 성공을 얻게 될 것이다." 우리 삶에는 반드시 좌절이나 고난이 찾아오나 전화위복의 기회로 삼아야 한다. 가장 어려운 때를 기반으로 성공적인 삶을 만들어내는 사람은 자신감이 분명하다. 삶에서

기쁨을 누리게 되는 것은 삶에서 불확실하게 여겼던 것을 확실하게 만들어 놓을 때다.

287 공수 특공대원 코린스
가장 행복한 사람

어떤 악조건에서도 스스로 행복을 만드는 사람이 있다. 코린스는 공수특공대원으로 월남전쟁에 참여했다. 전투 중에 팔과 다리를 하나씩 잃었다. 1967년에 그의 모습은 몸무게 42kg, 남은 다리에는 여러 개 구멍이 났을 만큼 비참했다. 온몸에는 고무 튜브가 주렁주렁 달려 있었다. 코린스는 병원을 찾아온 디크라는 친구를 만나자, 참았던 울음을 터뜨리고 말았다. 디크는 전쟁 때문에 팔다리를 잃고 비참해진 친구를 보고 같이 울고 싶었지만 태연하게 대했다.

디크와 친구들은 근로자의 날이 되자 코린스를 데리고 사람들이 붐비는 거리를 네 시간이나 끌고 다녔다. 불편한 몸으로 정상적인 사람들 사이를 돌아다녀야 한다는 사실 때문에 잔뜩 긴장하고 있는 코린스를 설득해서 레스토랑에 데려갔다. 그때 코린스는 최초의 고공낙하, 총격전, 간신히 살아남은 고통이 되풀이되는 듯한 괴로움을 겪었다. 이듬해 디크는 해변에서 강제로 코린스의 의족과 의수를 벗어버리게 하고 그를 업고 바닷물 속으로 뛰어들었다. 그 덕분에 용기와 삶의 자신감과 의미를 회복한 코린스는 무엇이든지 마음만 먹으면 가능하다고 생각했다. 코린스는 후에 성하지 못한 몸으로 대학과 대학원을 졸업했다. 팔과 다리 각각 하나만으로 스키를 배웠고 또다시 낙하산을 탔으며 여름이 되면 세계 여러 나라를 돌아다녔다. 불쌍해서 도움을 받아야 할 사람이 아니라 세계에서 행복한 사람이 되었다.

1분 명언
행복한 생활은 마음의 평화에서만 시작한다. _키케로
자신도 모르게 열린 문 사이로 행복이 스며들 때가 있다. _존 배리무어
행복한 사람은 항상 선량하다. _도스토옙스키
열심히 나누어주는 사람은 누가 뭐래도 행복한 사람이다. _에릭 버터워스

1분 인생 독본
우리의 마음에는 유감스러운 자아, 조심스러운 자아, 저돌적이며 모험을 좋아하는 자아, 육체적 욕망에 빠져 버린 자아, 야망을 지니고 앞날을 설계하는 자아, 성공의 방법을 찾는 자아가 있다. 이것들이 조화를 이룰 때 성공을 향하여 나가는 큰 힘이 생긴다.

1분 좋은 시
다 떠내려갔다
남은 것은 상처투성이
슬픔뿐이다 _용혜원, '홍수'

영화·드라마 속 명대사
"여기 머물면 여기가 현재가 돼요. 그럼 또 다른 시대를 동경하겠죠. 현재란 그런 거예요. 늘 불만스럽죠. 삶이 원래 그러니까!"
_영화, '미드나잇 인 파리'

살아 있는 나무는 성장한다

나무들은 죽을 때까지 성장한다.

살아 있는 모든 것은 자란다. 성장이 멈추면 죽음이다. 어느 식물학자가 나무를 옮겨 심는 법을 지도하는 것을 보고 한 사람이 물었다.

"이 나무들은 성장할 수 있을까요?" 그때 그는 이렇게 말했다.

"네. 나무들은 죽을 때까지 성장합니다. 살아 있는 나무치고 성장하지 않는 나무는 없습니다. 사람들은 종종 나를 보고 이런 말을 합니다. '이 나무는 다자랐는가요?' 그러나 그것은 틀린 말입니다. 나무는 죽어야만 성장이 멈춥니다. 살아 있는 나무는 죽을 때까지 성장합니다."

▼ 1분 명언

성장은 새로운 일을 시도하려는 용기와 자신감을 의미한다. _조지 싱

오직 도전을 통해 자신이 무엇을 할 수 있는지 알 수 있다. _마리 퀴리

성장은 남들에게 영감을 주는 것이다. _스티브 잡스

사랑은 성장이 멈출 때만 죽는다. _펄벅

빨리 성장하는 것은 빨리 시들고 서서히 성장하는 것은 영원히 존재한다. _홀랜드

참으로 위대한 일은 언제나 서서히 이루어지고 눈에 보이지 않게 성장해간다. _세네카

무엇이 성장인지 설명할 수 없지만 성장은 조용한 가운데 부지불식간에 이루어진다. 식물이 얼마나 자랐는지 알아보자고 뿌리까지 파볼 수는 없다. _에밀리 카

모든 성장은 풍족하고 강력한 기반에서부터 퍼져나간다. _컬린 터너

▼ 1분 인생 독본

양보하는 마음을 가져야 한다. 아픔이 기쁨을 덮칠 때 손해볼 것 같아 속이 부글부글 끓어오를 때 생떼만 부리지 말고 바로 보고 바로 알아 깨달아야 한다. 욕심이 늘 불행을 일으킨다. 조금만 양보하면 삶이 달

라진다는 진실을 깨닫고 살아야 한다. 양보하는 마음은 인격을 완성하는 데 필요 양식이다.

▼ 1분 좋은 시
네 향기를 풀어놓으면
찾아오는 벌 나비
어떻게 감당하려는가 _용혜원, '아카시아'

▼ 영화·드라마 속 명대사
"인생에는 당연히 빈틈이 있기 마련이야. 그걸 미친 놈처럼 일일이 다 매울 순 없어!" _영화, '우리도 사랑할까'

289 탁월한 사람
탁월한 사람은 창의적이고 헌신적인 사람이다.

우리가 살아가는 세상은 5%의 머리 좋은 사람과 95%의 평범한 사람들이 살아가고 있다. 5%의 사람들은 정신적인 일을 하지만 95%의 사람들은 육체적인 일에 종사하며 살아간다고 할 수 있다. 95%의 사람들을 리드하면서 살아가는 5%의 사람들이 5%의 자신감을 가진 사람들이다. 그러므로 우리는 탁월한 사람이 되고자 하여야 한다. 리더는 비전 있는 사람이다. 리더는 큰 꿈을 꾸려는 사람이다. 탁월한 사람은 꿈이나 어떤 개념 또는 비전이나 목적이 큰 사람이다. 탁월한 사람은 창의적이고 헌신적이다.

▼ 1분 명언
탁월한 기량은 노력에 의해서만 얻을 수 있다. _새뮤얼 스마일스
탁월한 잠재력은 일을 하면서 재능을 계발하고 꿈을 추구하면서 계발된다. _마이클 린버그

탁월함을 추구한다는 것은 곧 성숙의 표시다. 그러나 힘을 추구한다는 것은

어린아이 같다는 표시다. _맥스 루케이도

모든 사람은 남이 없는 어떤 탁월함이 있다. _푸블릴리우스 시루스

아무리 탁월한 재능이라도 무위도식하면 사멸한다. _몽테뉴

1분 인생 독본 다양한 사람들을 만나고 헤어지면 기쁨과 슬픔과 분노와 즐거움이 뒤섞여 나타난다. 우리는 진실하고 정직한 마음으로 당당하게 살아가며 좋은 인연을 맺고 싶어한다. 말하지 않아도 그 느낌만으로도 향기가 전해오는 맑은 호수 같은 인연을 만들고 싶어한다.

1분 좋은 시

너무나 조용한 오월의 정오

창밖의 모든 것이 어제와 같다

바람도 잠잠한데

내 마음만 이렇게 흔들리고 있다 _용혜원, '오월의 정오'

영화·드라마 속 명대사 "인생은 모두가 함께하는 여행이다. 매일매일 사는 동안 할 수 있는 건 최선을 다해 이 멋진 여행을 만끽하는 것이다."
_영화, '어바웃 타임'

290 **세 가지 악마 이야기**
다시 회복할 수가 없었다.

세 종류 악마가 함께 모여서 내기 시합을 했다. 각자 인간을 한 명씩 선택하여 수단과 방법을 다 동원하여 이겨야 하는 것이다. 첫째 악마가 시합을 시작했다. 인간에게 실패를 주는 것이다. 실패만큼 인간에게 절망적인 패배감을 안겨주는 일은 없다고 생각했다. 그러나 인간은 딛고 일어나 실패를 이겨냈다. 둘째 악마가 시합을 했다. 인간에게 시련을 주었다. 그러나 악마가 시

련을 주어도 인내하며 시련도 극복하고 말았다. 셋째 악마는 인간에게 미루는 습관을 주었다. 인간이 일을 하려고 하면 다가가서 부드럽게 말했다. "시간 많잖아. 괜찮아. 내일 해도 돼!" 악마의 유혹에 넘어간 인간은 할 일을 날마다 미루기 시작하여 다시 일어나서 회복할 수가 없었다.

1분 명언
신이 죽음을 데리고 올 때, 악마는 상속인을 데리고 온다. _스웨덴 속담

악마는 신보다 많은 순교자를 갖고 있다. _독일 속담

악마가 무력할 때는 여자를 사자로 보낸다. _러시아 속담

악마는 자기 구역에서는 충실한 주교다. _스코틀랜드 속담

사람은 가난하면 할수록 악마를 만난다. _중국 속담

악마는 이 세상을 무신론과 미신으로 갈라놓는다. _조지 허버트

1분 인생 독본 자기 마음을 열지 않고는 남의 문을 열 수 없다. 타인의 경계심을 풀게 하려면 먼저 자신의 문을 활짝 열어야 한다. 예의는 세상 사람이면 누구나 갖추어야 할 것이다. 사람에게 호감을 사려면 한번 약속한 일은 반드시 지켜야 한다. 인생에서 가장 멋진 일은 사람들이 당신이 해내지 못한다고 장담한 그 일을 당신이 해내는 것이다.

1분 좋은 시
바다가 뱃길을 내주며
활짝 웃는다
만선의 배가
돌아오나 보다 _용혜원, '만선'

영화·드라마 속 명대사 "소중한 순간이 오면 따지지 말고 누릴 것. 우리에게 내일이 있으리란 보장은 없으니까." _영화, '창문 넘어 도망친 100세 노인'

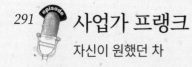

사업가 프랭크
자신이 원했던 차

꿈을 그려놓은 사람은 그 꿈을 눈앞에 현실로 만든다. 프랭크라는 사업가가 자기 회사의 게시판에 빨간색 벤츠 승용차를 그려놓았다. 빨간 벤츠는 자기가 가지고 싶은 자동차였다. 자신이 그려놓은 비전을 이루고 싶었던 것이다. 프랭크는 <길과 트랙>이라는 스포츠카 잡지에서 오려낸 사진을 매일 보았다. 그는 자기가 차 안에 앉아서 거리를 운전하며 백만장자가 된 기분을 비전으로 그렸다. 프랭크는 돈을 모았을 때 그 차를 주문했다.

그렇지만 도착한 주문차를 보니 자기가 원했던 차와 색깔이 달랐다. 그는 자신이 상상했던 그 차를 구매하려고 애써왔기 때문에 어쨌든 비전이 되었던 차를 구하고자 하였다. 대리점에서는 프랭크가 원하는 색상의 차가 있지만 그곳까지 가려면 1,600km나 떨어져 있다고 말했다.

심사숙고 끝에 프랭크는 거리가 멀더라도 그 차를 구매하고자 했다. 그곳에 가서 보니 자신이 원했던 차가 있었다. 너무나 멋있었다. 차를 몰고 집으로 와서 보니 잡지에서 보았던 사진의 차와 똑같았다.

1분 명언

비전은 지성의 눈으로 미래를 보는 것이다. _스티븐 코비
비전이란 다른 사람들에게는 보이지 않는 것을 보는 예술이다. _조너선 스위프트
비전은 진정한 의미에서 업적을 남길 수 있는 절대적인 영역이다. _데브라 벤트

1분 인생 독본
남의 비판을 극복해야 마음이 편안하고 자기 일을 추진해 나갈 수 있다. 먼저 자기 부족과 자기 들보는 먼저 깨달아야 한다. 비판자를 도리어 축복하고 사랑하라.

1분 좋은 시
아무도 반기지 않아도 서성거리기보다는

스스로의 길을 가야 하기에
살아야겠다는 열망으로 생명의 줄을 이어갑니다.
이름 모를 꽃이 피더라도 누군가 사랑해주면
한동안의 행복도 가져보지만
버려진 땅에서 진한 목숨만은 어쩔 수 없어
언제든 오신다면 쉬어갈 자리는 비워놓겠습니다. _용혜원, '잡초'

영화·드라마 속 명대사 "대담하게 살아요. 끝까지 밀어붙여요. 안주하지 말아요. 그냥 잘 살아요!"_영화, '미 비포 유'

292 episode 미국의 가수 밥 딜런
내 모든 열정을 다 쏟아 노래를 부른다.

대중의 사랑받는 가수는 다 그 이유가 있다. 미국의 가수 밥 딜런은 모든 포크에 전자 기타를 과감히 도입했다. 그는 포크 록(folk-rock)이라는 새로운 장르를 만들어냈다. 그는 어린 시절에 엘비스 프레슬리를 흉내 내고 노래를 따라 불렀다. 자신감을 가지고 가수의 꿈을 이루어나갔다.

밥 딜런은 스무 살이 되자 당시 유명한 가수였던 우디 거스리를 만나고 싶었다. 하루는 무작정 뉴욕으로 날아가 그를 만나려고 몇 시간 동안 조르며 기다렸다. 그의 고집에 우디 거스리는 방문을 허락했다. 밥 딜런은 드디어 자기가 존경하는 우디 거스리를 만나자 자기 고민을 털어놓았다.

"선생님, 저는 목소리가 약하고 기타 연주도 뛰어나지 않습니다. 그렇지만 노래를 부를 때가 가장 행복합니다. 제가 가수가 될 수 있겠습니까?"

밥 딜런의 말을 듣고 잠시 생각하던 우디 거스리는 대답했다. "너의 노래를 불러라. 네가 진정 부르고 싶은 노래를 불러라." 이 말은 들은 밥 딜런은 자신감이 생겼다. 세월이 흘러 밥 딜런은 드디어 열렬한 대중의 사랑을 받는 가수가 되었다. 어느 날 기자가 물었다. "당신의 노래를 무엇이라 말하는

가?" 밥 딜런은 대답했다.

"나는 단순한 기교에 감정만으로 노래하지 않는다. 내 모든 열정을 다 쏟아 노래를 부른다!"

1분 명언
열정이 없다면 세상은 푸르지 않을 것이다. _닐 암스트롱

열정은 기회를 낳는다. _메리 케이

열정은 단순한 재능보다 더 중요하다. _노만 아우구스틴

열정은 감정적 몰입과 추진력을 의미한다. _스티븐 코비

1분 인생 독본 실패는 성공의 첫걸음이다. 만약 실패했다면 기뻐하라. 여기에서 성공으로 한 걸음 다가갔다고 생각할 수 있는 사람은 반드시 성공한다. '실패는 성공의 어머니'라는 말이 결코 위로의 말만이 아니다. 성공한 사람들은 실패했다고 걱정하지 않는다. 오히려 기쁘게 생각한다. 실패에서 성공으로 도전하려면 생각에서 행동으로 바뀌어야 한다.

1분 좋은 시
홀로 가는 인생길 걸어가다가
외롭고 쓸쓸하고 고독하면 우리 만나요

손끝에서 발끝까지 그리움이 몰려오면
보고 싶다는 말을
수없이 말해도 아무 소용이 없어요
우리 만나요 _용혜원, '우리 만나요'

영화·드라마 속 명대사 "꿈을 이루고나면 아무것도 남지 않을까 봐 한편으로는 무서워!"
"그럼, 또 다른 꿈을 꾸면 되는 거야!"_영화, '라푼젤'

444

시카고 이안 그룹 회장 클레멘트 스톤
말의 위력을 과소평가해서는 안 된다.

작은 것들을 과소평가해서는 안 된다. 작은 것들이 이 세상의 모든 것의 기초이고 기본이다. 진짜 힘은 작은 것 안에 있다. 시카고의 이안 그룹 회장인 클레멘트 스톤은 매일 아침마다 직원들에게 외치게 했다.

"나는 오늘 기분이 좋다! 나는 오늘 건강하다! 나는 오늘 멋있다!"

클레멘트 스톤은 확신에 담긴 이 세 문장의 말로 수십만 명의 영업 사원들을 훈련해 회사를 대 그룹으로 만들었다. 한 사람의 자신감 있고 확신에 찬 행동이 수많은 사람을 행복하게 만든다. 말의 위력을 과소평가해서는 안 된다.

1분 명언

자신을 과소평가하는 것은 과대평가하는 것과 마찬가지로 하나의 커다란 오류다. _요한 볼프강 폰 괴테

행복해져야 하는 의무만큼 과소평가되는 의무는 없다. _로버스 루이스 스티븐슨

고객에 대한 사과의 힘을 절대 과소평가하지 마라. 기대를 만족시키지 못한 데에 사과하는 행위의 중요성은 아무리 강조해도 지나치지 않는다. _론 젬크

1분 인생 독본
헨리 허드슨은 의지가 있는 곳에 길이 통한다고 말했다. 처음부터 길이 있는 것은 아니다. 길은 만들어가는 것이다. 우리는 실패도 잘 활용할 줄 알아야 한다. 성공은 실패를 발판으로 삼아 이루어진다. 실패도 잘 받아들여야 성공을 성취할 수 있다. 성공하려면 의지가 필요하다. 성공은 수많은 실패와 좌절 끝에 이루어진다.

1분 좋은 시

늘 지켜보며
무언가를 해주고 싶었다
네가 울면 같이 울고

네가 웃으면 같이 웃었다

깊게 보는 눈으로

넓게 보는 눈으로

널 바라보고 있다 _용혜원, '관심 '

영화·드라마 속 명대사 "난 어떤 사람이 되고 싶은가? 늘 자신에게 이 질문을 던져야 해!"_영화, '원더'

294 작곡가 프란츠 요제프 하이든
모든 것이 하늘에서 나왔다.

무에서 새로운 것을 만들어내는 사람들은 뛰어난 재주가 있는 사람들이다. 작곡가 프란츠 요제프 하이든은 자신이 작곡한 오라토리오 '천지창조'가 공연되는 비엔나 대음악관에 참석했다. 고령으로 신체가 약해진 위대한 작곡가는 휠체어에 앉아 있어야 했다. 그의 웅장한 작품이 연주되는 동안 청중은 큰 감동에 휩싸였다. '빛이 있으라'는 부분에 도달했을 때 합창단 오케스트라의 연주는 웅장해서 청중은 그 흥분과 열정을 더 이상 참을 수가 없었다. 장엄한 음악, 또 작곡가가 함께 참석하여 있다는 것이 많은 청중에게 자기도 모르는 사이에 자리에서 일어나 우렁찬 박수갈채를 그에게 보내게 했다. 하이든은 불편한 몸을 겨우 일으켜서 손짓으로 조용히 하라고 했다. 그는 팔을 들어 하늘을 가리키며 말했다.

"아니오, 아니오, 이것은 나에게서 나온 것이 아니고 모든 것이 하늘에서 나온 것이오!"

영광과 찬사를 창조주에게 돌리고 하이든은 자기 휠체어에 앉았다.

1분 명언

진정한 영광은 묵묵히 자기를 이기려는 노력에만 주어진다. 어떠한 정복자

라도 이것 없이는 결코 노예와 다르지 않다. _새뮤얼 스마일스

누가 가장 영광스럽게 살아가는 사람인가? 한번도 실패하지 않고 사는 것이 아니라 실패할 때마다 조용히 그러나 힘차게 다시 일어나는 사람이다. _골드 스미스

하나님이 우리 영혼 안에서 행하시는 일은 최종적으로 영광스럽게 완성될 때까지 계속될 것이다. _마틴 로이드 존스

1분 인생 독본 쉴 새 없이 보다 나은 사람이 되고자 노력하자. 인생의 참된 의미가 포함되어 있다. 어떻게 계속해서 앞으로만 나아갈 것인가. 그것은 오직 노력으로 가능하다. 노력 없이는 결코 나은 사람이 될 수 없다. 아무리 높더라도 인간이 도달할 수 없는 곳은 없다. 믿음과 자신감, 근면을 가지고 이를 행해야 한다. 갈 길이 높다고만 불평하지 말고 노력으로 올라가자.

1분 좋은 시
무엇을 잘못한 것일까
여름날 그 찬란한 햇살 속에
아름답기만 하던 옷들을 다 벗어놓고는
가지마다 외로움을 비비며 추위에 떨고 있다.
아니다 아니다 벌써 봄이 오는걸
기다리고 싶은 마음에
모든 손을 들고 환영하기 시작한 모양이다 _용혜원, '겨울나무들'

영화·드라마 속 명대사 "엄마와 나는 결정했다. 우리가 무엇을 좋아하는지 몰랐음에 전부 다 해보기로!"_영화, '룸'

295 미국의 경영학자 알트 링크레터
뒤늦게 깨달은 삶

삶에 고난은 늘 찾아온다. 미국의 유명한 경영학자 알트 링크레터는 정부 고문이었으며 박사학위가 10개나 되었다. 그러나 알트 링크레터는 자기 능력만 믿고 자만했다. 어렸을 때 가졌던 신앙을 버리고 교회를 멀리했다. 자기 마음대로 살 줄 알았다. 그런데 어느 날 딸 아니안이 집을 나가버렸다. 얼마 후 딸에게서 인생은 스스로 책임을 지겠다는 편지를 받았다. 결국 딸은 자살하고 말았다. 알트 링크레터는 실의에 빠지고 말았다. 뒤늦게 자기 딸의 죽음을 보고 하나님을 떠나 어린 딸에게 바른 신앙을 심어주지 못한 자신을 회개하고 신앙을 찾았다.

1분 명언

죽음은 공짜지만 인생을 지불해야 한다. _유대 속담

인간이 품고 있는 죽음의 공포는 모두 자연에 대한 인식의 결여에서 유래한다. _루크레티우스

인생에게 종말이 없었다면 누가 자기 운명에 절망할 것인가. 죽음은 비운을 더없이 괴로운 것으로 만든다. _클라피에르 보브나르그

죽음을 피하기보다 죄를 삼가는 것이 더 낫다. _토마스 아 켐피스

죽은 제왕보다는 살아 있는 거지가 더 낫다. _장 드 라 퐁텐

1분 인생 독본
사랑은 대담하게 하면서도 동시에 간격을 지켜야 한다. 간격이란 공간적 거리만이 아니라 품위를 지킬 거리감을 의미한다. 아무튼 내가 상상하는 사랑은 이런 영웅적인 간격 속에 있다. 그것은 한 인간의 타인에 대한 일종의 존경이자 숭배이며 동시에 엄격함이다.

1분 좋은 시

푸르른 청춘 젊은이들이여

희망을 가져라

부질없는 허망에 빠져

헤매지 말고

절망에 빠져

허우적거리지 말고

마음을 강하게 하고 담대하게 가져라 _용혜원, '젊은이들이여 희망을 가져라'

영화·드라마 속 명대사 "나쁜 기억은 행복의 홍수 밑으로 보내버려. 수도꼭지를 트는 일은 내 몫이란다." _영화, '마담 프루스트의 비밀정원'

296 어떤 노인의 과수원
나도 아버지처럼 미래의 후손을 위하여 일하고 있는 걸세.

어떤 노인이 과수원에서 묘목을 심고 있었다. 마침 지나가던 나그네가 물었다. "노인께서는 언제쯤 그 나무에 열매가 열릴 것으로 생각하나요?" 노인은 무표정한 얼굴로 대답했다. "70년쯤 지나면 열릴 것일세." 나그네가 다시 물었다. "노인께서는 그때까지 사실 수 있으신가요?" 노인은 빙그레 웃으면서 말했다. "아닐세. 그렇지 않네. 내가 태어났을 때도 우리 과수원에는 열매가 많이 열려 있었네. 내가 태어나기도 전에 아버지께서 나를 위해 묘목을 심어 놓았기 때문일세. 나도 나의 아버지처럼 미래의 후손을 위해 일하는 걸세."

1분 명언
미래를 예견하는 것은 미래를 창조하는 것이다. _스티븐 코비

미래는 현재에 의해 얻어진다. _새뮤얼 존슨

미래의 위치를 꿈속에서 그려보라. _데브라 벤트

미래의 모습으로 자신을 바라보라. _덱스터 예거

미래의 변화를 원한다면 현재를 변화시켜라. _컬린 터너

1분 인생 독본 이 순간이 남은 삶의 시작이다. 순간마다 새로운 출발이다. 영원히 반복될 날의 출발이 순조롭지 못하다면 처음부터 다시 시작해야 한다. 특별한 순간이 찾아올 것이다. 늘 남보다 한 걸음 먼저 달려가고 지치고 힘들어도 한 번만 더 힘내어 달려가라. 힘들더라도 내일을 생각하며 한 번만 더 힘을 내고 허무한 생각이 나더라도 한 걸음 앞서라. 도전하는 마음이 가득할 때 밝은 내일이 보인다.

1분 좋은 시
웬 슬픔인가
웬 통곡인가
몇 날 며칠을 하늘이 뚫린 듯
울어대는 이유는 무엇인가 _용혜원, '장마'

영화·드라마 속 명대사 "내일은 내일의 태양이 뜬다." _영화, '바람과 함께 사라지다'

297 가장 빨리 가는 방법
가장 좋은 친구와 함께 가는 것이다.

영국의 한 신문사에서 '영국 외곽에서 런던까지 가장 빨리 가는 방법이 무엇인가?'에 대한 조사를 현상공모한 적이 있다. 사람들은 여러 가지 답을 보내왔다. 비행기를 이용해서, 기차를 이용해서, 자동차를 이용해서, 등등 갖가지 방법이 나왔는데 그중에 일등을 차지한 정답은 '가장 좋은 친구와 함께 가는 것'이었다.

1분 명언
친구란 모든 것을 알면서도 사랑해주는 인간이다. _엘버트 허버드
친구란 '자유'라는 의미를 지닌 말에서 유래되었다. 친구란 우리에게 쉴 만

한 공간과 자유로움을 허락하는 사람이다. _데비 엘리슨

친구란 내 슬픔을 등에 지고 가는 자라는 뜻이다. _인디언 속담

친구는 기쁨을 두 배로 하고 슬픔은 반으로 해준다. _프리드리히 실러

1분 인생 독본 크고 위대한 일을 해낸 사람들은 갑자기 성공한 것은 아니다. 작은 일들을 이루어감으로써 크고 거대한 일들을 이루어냈다. 산에 올라가 보라. 산이 큰 나무로만 이루어졌는가? 이름 모를 풀이 온 산을 덮고 있다. 그 모든 것이 산을 아름답게 만든다. 작은 것도 아주 소중하다.

1분 좋은 시

내 삶에 당신이 있기에

살아갈 이유가 있고 살아갈 목적이 됩니다

지울 수 없도록 사랑을 가슴에 새겨놓은

당신이 없다면 무엇을 해도 의미가 없고

살아갈 이유가 없습니다

당신을 만나고 당신을 사랑하며 살아가는 것이

내 삶의 의미이며 전부입니다 _용혜원, '당신'

영화·드라마 속 명대사 "우리는 우리의 정의를 위해서 인류를 잊고 살지 않는다!" _영화, '인터스텔라'

298 웅변가 제임스 얼 존스
자신감을 얻고 유명한 웅변가가 되었다.

유명한 웅변가인 제임스 얼 존스는 8세 때부터 말 더듬는 문제가 심각했다. 교사들은 그의 성적을 측정하기 위해서 학습한 내용을 글로 쓰도록 해야만 했다. 그는 할아버지 농장의 짐승들과는 말할 수 있었지만 처음 보는 사람들

앞에서나 큰 소리로 읽으려 할 때는 금방 얼어버렸다. 제임스 얼 존스는 천부적인 재능이 있었으나 그것을 발휘할 자신감이 없었다.

14세 되던 해 영어 선생님인 도널드 크라우치는 제임스가 자기가 쓴 시들을 교실에서 크게 소리 내어 읽으려 하지 않았지만 시를 읽고 쓰는 것을 좋아한다는 사실을 발견했다. 지혜와 통찰력을 가진 크라우치는 제임스의 기억 속에 담긴 시를 소리 내어 읽음으로 자기가 시를 썼다는 사실을 증명하라고 했다. 조소하는 급우들의 얼굴을 바라보며 부들부들 떨던 제임스는 시 낭송을 시작했고 마지막까지 순조롭게 낭송을 마쳤다.

제임스 얼 존스는 분명한 재능을 가졌다. 도널드 크라우치 선생이 찾아줄 때까지 그 재능이 묻혀 있었을 뿐이다. 그는 자신감을 얻고 미시건대학에 진학했고 유명한 웅변가가 되었다.

1분 명언

재능 가운데 가장 소중한 재능은 한 마디면 될 때 두 마디하지 않는 재주이다. _토머스 제퍼슨

재능이란 오랫동안의 노력으로 얻어진 노력의 선물이다. _귀스타브 플로베르

재능이란 자기 자신을 믿는 것이고 자신의 힘을 믿는 것이다. _막심 고리키

재능은 고독 속에서 가장 크게 발전할 수 있지만, 인격은 이 세상 험한 풍파 속에서 형성된다. _요한 볼프강 폰 괴테

1분 인생 독본 많은 사람이 마음의 문을 자물쇠로 닫고 감옥에 갇혀 살고 있다. 모두가 의심과 불안과 초조에서 나오는 잘못되고 그릇된 현상이기에 마음의 벽을 허물어야 한다. 가정도, 마을도, 국가도 벽을 허물고 열두 대문을 활짝 열듯이 마음의 문을 열어야 한다.

1분 좋은 시

손놀림과 발놀림
어깨춤과 표정에

삶의 모든 것을
그대로 담고 있다 _용혜원, '춤'

영화·드라마 속 명대사 "인류의 발전이 더디게 느껴질지도 모르겠지만, 그 과정에서 위대한 것이 나타날 수도 있어." _영화, '이터널스'

299 생각을 정리할 수 있는 시간
가장 중요한 것부터 순서를 정했다.

우리 인생은 빈손으로 시작한다. 빈손이기에 원하는 것을 손에 쥘 수가 있다. 찰스 럭맨은 빈손으로 출발해 수중에 지닌 것이 별로 없었다. 그는 열심히 일해 펩소던트 회사에서 12년 만에 많은 연봉과 대단한 수입을 올리는 인물이 되었다. 찰스 럭맨은 자기에게 있는 두 가지 능력을 개발함으로써 초고속 승진을 거듭했다. 그는 능력 개발에 대해서 말했다.

"나는 내 기억이 닿은 까마득한 옛날부터 새벽 5시면 일어나는 습관을 길러 왔다. 하루 중에 그 시간이 생각을 가장 잘 정리할 수 있는 시간이었다. 오늘 해야 할 일들의 계획을 세우고 가장 중요한 것 순서대로 일을 처리했다."

1분 명언

내가 목표에 달성한 비밀을 말해줄게. 나의 강점은 바로 끈기야.

_루이 파스퇴르

계획을 착수한 이상 언제까지나 사정이 생겨도 일정 불변하게 동요하지 않고 서서히 진행시켜야 한다. _워너메이커

계획을 끝마치기 전에 하루를 시작하지 말라. _짐 론

당신은 오늘의 계획을 또 내일의 설계를 생각해야 한다. 그리고 성실한 마음으로 그 계획을 실행해야 한다. _스탕달

미리 계획하는 쥐들에게는 겨울도 아무 해를 끼치지 못한다. _독일 속담

하고자 하는 일은 반드시 착수하기 전에 충분히 연구하라. _데일 카네기

계획하는 것만이 의미가 있다. 계획 자체는 아무것도 아니다. _헬무스 몰케

1분 인생 독본 빈 마음을 무심이라고 하는데, 마음을 비우며 살 수 있어야 넉넉하게 채울 수도 있다. 때로는 텅 비울 수 있어야 거기 울림이 있고, 울림이 있어야 여유롭다. 빈 마음이 채워질 때 충만해지면 신선하고 활기차게 살아갈 수 있다.

1분 좋은 시

누구든 오세요. 다 받아들이겠어요
내 몸에 안겨보세요. 움츠러들지 말아요
손을 내밀어요. 얼굴을 들어요
내 품 안에서 살아요. 욕심을 부리지 말아요
있는 모습 그대로가 아름다워요 _용혜원, '흙'

영화·드라마 속 명대사 "누구나 무엇이든 될 수 있으니까! 그 누구도 내 꿈에 대해 이러쿵저러쿵 못해!" _영화, '주토피아'

300 계획의 명수 프랭크 베트거
자신감 있는 사람들은 계획을 잘 세운다.

급한 일도 제대로 처리해야 한다. 급하게 처리하면 실수하기 쉽다. 프랭크 베트거는 새벽 다섯 시에 일어났다. 자기 일을 제대로 처리하기 위해서다. 그는 미국에서 가장 눈부신 성공을 거둔 보험 세일즈맨이 되었다. 다음날 어느 정도의 판매액을 달성할 것인지를 그 전날 밤에 미리 계획했다. 그 계획을 달성하지 못하면 나머지 부분이 다음날로 밀려간다. 경험을 통해서 언제나 중요한 일부터 먼저 순서를 정해야 한다는 것도 알았다. 제일 급한 일을

제일 먼저 처리하는 것이 가장 좋은 방법임을 알고 자신감을 가지고 처리하여 성공했다. 성공하는 사람들은 시간 관리의 명수다. 자신감 있는 사람들은 일의 계획을 잘 세운다.

1분 명언
오늘 하루를 헛되이 보냈다면 그것은 커다란 손실이다. 하루를 유익하게 보낸 사람은 하루의 보물을 파낸 것이다. 하루를 헛되이 보냄은 내 몸을 헛되이 소모하고 있다는 것을 기억해야 한다. _앙리 프레데리크 아미엘
어떤 중요한 일을 처리할 때는 그것이 현실이냐 비현실이냐를 따지기보다는 먼저 그 일이 바른길이냐 어긋난 길이냐를 따져서 결정하라. _김구
병든 사상은 병든 육체보다 더 처리하기가 어렵다. _키케로

1분 인생 독본 일할 때 감탄사가 나오게 하라. 아무리 좋은 배라도 항구에 정박하고만 있으면 고철에 불과하다. 아무리 비가 온 땅을 적시며 내려도 땅속에 있는 수많은 씨앗 중에서 비를 받아들인 씨앗만이 싹을 틔우고 자라나 꽃을 피우고 성장하여 열매를 풍성하게 맺는다. 자기 자신을 뛰어넘어 춤추는 자가 돼라.

1분 좋은 시
치솟는 불길 속에
사르고 타올라도
연정은 고스란히
검은덩어리로 남았다 _용혜원, '숯'

영화·드라마 속 명대사 "잘못된 일만 신경 쓰지 마. 늘 되돌릴 방법은 있으니까!"_영화, '인사이드 아웃'

301 역경을 극복하라
새로운 도전으로 성공적인 삶을 만들어낸다.

온 세상을 다 받아들이고 싶다면 가슴을 활짝 열고 마음껏 표현해야 한다. 많은 사람이 자기 능력을 10%밖에 사용하지 못하고 있다. 흐트러진 마음을 가지런히 하나로 모아 삶의 능력을 강력하게 만들어야 마음껏 다 쏟아낼 수 있다. 프랭클린 루스벨트, 헬렌 켈러, 윈스턴 처칠, 알버트 슈바이처, 마하트마 간디, 아인슈타인 등 300명의 성공한 사람 중에 4분의 1이 시각장애인, 청각장애인, 소아마비의 장애를 가지고 있었다. 나머지 4분의 3중에도 가난했거나 파산한 가정의 출신 등 불우한 환경 속에서 자란 사람이 많았다. 성공한 사람들은 자신의 수많은 역경을 어떻게 극복했는가? 그것은 바로 믿음이다. 그들은 실패에 이유를 달고 있기보다는 새로운 도전으로 성공적인 삶을 만들어낸다.

1분 명언
만일 겨울이 없다면 산뜻한 봄날의 즐거움도 없다. 역경의 겨울을 치른 자가 번영의 새봄을 즐기게 된다. _브라이언 맥클라렌

악전고투! 이런 힘겨운 투쟁을 통해서 우리를 성장시키고 더욱 강하게 단련시키기 위해 자연이 만들어낸 장치가 바로 역경이다. 역경은 시련일 수도 있지만 그 원인을 찾아 해결할 기회가 주어진 것에 감사해야 할 보람 있는 경험일 수 있다. _나폴레옹 보나파르트

역경에 부딪치면 대부분 과감하게 싸워 이기고 싶은 욕망을 갖는다.
_아서 웰링턴

1분 인생 독본 결심이란? 마음을 먹는다는 의미다. '마음을 먹다'가 '마음을 갖는다'보다는 훨씬 강한 느낌을 준다. '갖는 것'에 비해 '먹는 것'은 몸속에 담아야 하기 때문이다. 행복하게 살자.

1분 좋은 시

한 가족 사랑이
얼마나 꿀맛 같으면
한 송이가 되어 떨어질 줄 모를까 _용혜원, '포도'

책 속의 좋은 말 가슴속에 증오심을 갖지 말고, 마음속에 걱정을 갖지 말라.
검소하게 생활하며 기대는 적게 하고 많이 베풀어라. 인생을 사랑으로 채워
라. 자신을 잊어버리고 남을 생각하라. 남이 해주기를 바라는 대로 행동하
라. _후쿠나가 호겐, <행복으로 가는 길> 중에서

영화·드라마 속 명대사 "누군가 손을 내밀려 할 때 마음을 알아채는 게 중요
해. 내민 손을 잡아주지 않는 건 죄악이고 평생 후회하게 될 거야!"
_영화, '실버라이닝 플레이북'

302 **프랭클린 루스벨트의 사람 만나는 법**
사람을 만날 때마다 확신을 지니고 만났다.

삶은 사람들과 만남 속에 이루어진다. 그러므로 누구를 어떻게 만나느냐에
따라 삶의 모습도 달라진다. 루스벨트는 누구든지 만날 사람이 있으면 그 사
람이 특히 좋아할 만한 문제에 대하여 그 전날 밤늦게까지 책을 찾아보고 연
구했다. 사람의 마음을 사로잡는 지름길은 상대방이 가장 깊이 관심을 보이
는 문제를 화제로 삼으라는 것을 알고 있었다. 그래서 자기 나름의 연구 결
과로 사람들을 만날 때마다 확신을 지니고 만났다.
큰 사람이 되는 비결은 자기 소유에 집착하지 않고 먼저 너그러운 사람이 돼
야 한다. 동정할 줄 아는 사람이 돼라. 마음을 좁게 먹지 말고 통이 크고 넓
게 살아 큰 사람이 돼라.

1분 명언

동정은 자신의 사고방식을 견지하면서 자신과 다른 사고방식을 가진 사람들과 같이 활동할 때 그들을 부드럽고 이해심 있게 받아들인다.

_레오 버스카클리아

동정은 상호의존적 열정이다. _스티븐 코비

애초에 동정은 사랑의 적이기 때문에 연인은 서로 동정해서 만나면 안 된다.

_미겔 데 세르반테스

자기를 동정해주는 사람을 사랑한다는 것은 매우 쉬운 일이다. 하지만 자기를 배반하고 속이고 모략하는 사람을 비난하지 않는 것은 대단히 어렵다.

_불경

1분 인생 독본 사랑을 많이 받은 사람이 자신감이 넘치고 겸손하다. 베풀 줄 아는 마음을 가지고 있다. 우리가 베푸는 따뜻한 마음, 칭찬을 해주는 언어, 정겨운 눈동자, 명랑한 목소리, 힘 있는 악수, 이 모든 것이 자신감을 주고 주변의 사람들에게도 희망과 사랑을 나누어준다. 목표를 달성하면 새롭게 변화한다. 할 수 없다고 생각했던 일을 하면 놀랄 정도로 자기 모습이 달라진다. 자신에게 주어진 시간을 최대한 활용해야 한다. 문제가 있다면 해결해나갈 수 있다.

1분 좋은 시

누구를 기다리는가
초롱불 밝히며
온종일 기다려도
아무도 찾아오지 않는다 _용혜원, '초롱꽃'

영화·드라마 속 명대사 "누군가 사랑하고자 한다면 너 자신을 먼저 사랑해야 해!"_영화, '미녀와 야수'

보마르셰와 돈

친한 사이일수록 금전 거래를 하지 않는 것이 좋다.

<피가로의 결혼>을 쓴 극작가로 알려진 보마르셰에게 한 사람이 돈을 빌리러 왔다. "보마르셰! 지금 돈이 필요하다네. 한 달 후에 갚을 테니 돈을 빌려주게." 이 말을 들은 보마르셰가 말하였다. "자네가 빌린 돈을 한 달 후에 갚는다고? 만약에 한 달 후에 갚지 못하고 두 달이 되면 어떻게 하겠나?", "그거야 다툼이 일어나겠지?", "하하하! 그럼, 그때 다툴 것이 아니라 지금 다투고 돈을 빌려주지 않으면 되겠군!" 아무리 절친한 사이도 돈은 다툼을 일으킨다. 친한 사이일수록 금전 거래는 하지 않는 것이 좋다.

1분 명언

돈이 돈을 낳는다. _존 로이

돈은 자유의 특징이다. _도스토옙스키

돈과 죄는 모일수록 더러워진다. _서양 속담

돈의 결핍은 범죄의 뿌리다. _조지 버나드 쇼

돈이 당신을 찾아오도록 하라. _잭 켄필드

돈이란 바닷물과 같다. 그것은 마시면 마실수록 목이 마른다.
_아르투르 쇼펜하우어

돈은 거짓말하지 않는다. 돈 앞에 진실하라. _이병철

젊어서 고생은 돈 주고도 못 산다. _한국 속담

1분 인생 독본 우리가 신뢰하는 마음을 갖고 있으면 다른 사람의 단점보다 장점을 많이 본다. 사람들과 만남도 신뢰하는 사람들과 함께할 때 마음이 편하다. 사람을 항상 경계할 필요는 없다. 마음의 장벽을 쌓을 필요가 없다. 사람들의 속마음을 먼저 의심할 필요가 없다. 서로 신뢰하는 마음가짐이 매우 중요하다.

1분 좋은 시

꽃은 햇빛과 비
땅이 만들어놓은
최고의 걸작품 중 하나다 _용혜원, '꽃'

영화·드라마 속 명대사 "네 잘못이 아니야. 상처는 아물고 길이 열릴 거야."

_영화, '모아나'

304 키스의 의미

사랑을 보여주는 최상의 스킨십이다.

키스를 형용사로 나타내면 달콤함, 황홀함, 부드러움, 짜릿함으로 나타낼 수 있는 사랑을 보여주는 최상의 스킨십이다. 손에 하는 키스는 존경을 나타내고, 발에 하는 키스는 헌신을 나타내고, 이마에 하는 키스는 우정을 나타내고, 뺨에 하는 키스는 감사를 나타내고, 눈에 하는 키스는 희생을 나타내고, 입술에 하는 키스는 사랑을 나타내고. 목에 하는 키스는 욕망을 나타내고, 귀에 하는 키스는 정열을 나타내고, 가슴에 하는 키스는 안식을 나타내고, 배에 하는 키스는 평화를 나타낸다.

1분 명언

키스는 벼락처럼 왔다가 안개처럼 사라진다. _크리스티안 도플러

백 권의 연애소설에 실린 키스보다 실제로 한 번의 키스가 마음을 움직인다.
_벤저민 프랭클린

키스하려는 사람은 계속해서 하려는 성질을 가지고 있다. _아이작 뉴턴

인생을 가장 비참하게 만드는 것은 거짓말을 하는 것이 아니라 거짓으로 살아가는 것이다. _나다니엘 브랜든

1분 인생 독본 풀꽃 하나만 피어도 시 한 편이 된다. 꿈이 이루어지는 것을 기대하며 열심히 살아가는 사람은 늘 기쁘다. 인생의 코스를 상승기류로 전환하고 바꿔 타라. 상승기류란 공기가 따뜻해지면 밀도가 작아진다. 쉽게 말해서 가벼워진다. 그러면 차가운 공기는 무거우니까 내려오고 따뜻한 공기는 올라간다. 따뜻한 공기는 주위보다 가벼워서 올라가는 것을 상승기류라고 한다. 성공하고 싶다면 상승기류를 타라.

1분 좋은 시
차갑고 쓸쓸한 세상
비 맞고 살기 싫어
우산부터 쓰고 나오는구나 _용혜원, '버섯'

영화·드라마 속 명대사 "영원한 빛이 없으니 빛날 때 만끽하자!", "우리가 안 되는 이유는 백만 가지지만 나는 너를 사랑해!"_영화, '엘리멘탈'

305 포옹_ 게오프 가드비
포옹이야말로 마음의 병을 치료하는 지름길이다.

펜실베이니아 주립대학의 게오프 가드비 교수는 포옹이 몸과 마음의 병을 치료해 준다고 주장한다. 포옹이야말로 마음의 병을 치료하는 지름길이다. 포옹은 스트레스와 싸울 수 있는 훌륭한 무기다. 따뜻하고 사랑스러운 포옹은 상대방의 마음을 든든하게 하고 평안함을 느끼게 한다. 포옹하는 순간 긴장 수치는 수직 강화되어 외부에 대한 감정 변화가 긍정적으로 된다.
포옹은 혈압을 급상승시키고 긴장감을 불러일으키는 분노 감정도 맥 못추게 만드는 효력이 있으며 고독과 외로움을 달래줄 유일한 수단이며 탁월한 정신 치료제이다. 배우자나 가족들과 관계를 계속 지속하고 싶으면 주저 말고 부드럽게 껴안아라. 포옹은 상대방과 가장 밀접하게 관련을 맺고 있다는 증거이다.

1분 명언

포옹은 상대방의 마음으로 들어가는 것이다. _잭 켄필드

포옹할 때 느낌이 나뭇잎처럼 흔들릴 적에는 그런 흔들림 속으로 들어가라.
_첸 플레시

포옹이 순간적으로 만들어내는 친밀감은 따뜻하면서도 즐겁다. 다른 때 같았으면 절대 하지 않았을 사람들도 포옹을 많이 하면 할수록 자신감이 생겨난다. 인간의 삶에서 포옹이 얼마나 중요한지 새롭게 깨달을 수도 있다.
_잭 켄필드

포옹이 예술의 한 형태라면 많은 예술가, 특히 포옹을 열심히 연습하여 완벽한 수준에 이른 사람들이 있을 것이다. _잭 켄필드

1분 인생 독본
내가 웃으니 세상이 웃고, 내가 웃으니 직장이 웃고, 내가 웃으니 가정이 웃고, 내가 웃으니 내 마음도 따라 웃는다. 어려움이 닥치면 삼류 인생은 운다. 이류 인생은 입술을 깨문다. 일류 인생은 크게 웃는다. 웃음은 값싸고 가장 효과적인 만병통치약이다. 웃음은 우주적인 약이다.

1분 좋은 시
오랫동안 말도 못 하고
혹시나 마음 졸이고 걱정만 하고 근심만 하며
애태우던 마음속 이야기를
훌훌 털어놓아도 고개를 끄덕이며
들어줄 사람이 있다면
마음이 따뜻해질 것이다 _용혜원, '마음속 이야기'

영화·드라마 속 명대사
"인생에서 가장 중요한 것은 선택이다."
_영화, '하울의 움직이는 성'

야구선수 미키 멘틀과 훈련

훈련은 승리의 지름길이다.

훌륭한 선수들은 하나같이 열심히 훈련한다. 야구선수 미키 멘틀은 어릴 때 하루에 3시간에서 5시간을 아버지가 오른팔로 던지는 공과 그다음에는 할아버지가 왼팔로 던지는 공을 치는 훈련을 감행한 결과 좌우 양 투수의 공을 치는 위대한 야구선수가 되었다.

폴 앤더슨은 하루도 빠짐없이 여러 시간 동안 피나는 역기 훈련을 통하여 세계에서 가장 힘센 역도 선수가 되었다. 미식축구 선수 테리 브래드쇼도 맹훈련 결과로 우수한 선수가 되었다. 빌리 진 킹의 19차례 테니스 대회에서 우승한 것도 훈련의 결과였다. 이들의 훈련은 승리의 대명사다.

1분 명언

문 하나가 닫히면 다른 문이 열린다. 그러나 우리는 닫힌 문을 바라보며 오랫동안 후회하다가 우리를 향해 열린 문을 미처 보지 못한다. _알렉산더 그레이엄

한쪽 문이 열리면 한쪽은 닫힌다. _스페인 격언

미리 당신 마음속으로 어떤 일들을 완벽하게 해내는 연습을 하며 시간을 보내라. 크게 성공한 사람들은 이미 다들 그렇게 하고 있다. _앤드류 매튜스

성공의 가능성이 희박하다고 여겨지는 일이라도 훈련을 게을리하지 말고 노력하라. 왼손은 연습 부족 때문에 다른 모든 일에 익숙하지 못하지만 말고삐를 잡는 일만은 오른손보다 월등하게 뛰어나지 않은가? 그것은 왼손이 그 일에 많은 연습을 거듭했기 때문이다. _마르쿠스 아우렐리우스

1분 인생 독본 백 년도 못 사는 인간이 천 년의 근심으로 산다고 한다. 몸과 마음에 상처를 입어 어려움이 있을 때 마음의 움직임을 알 수 있다. 피해를 당했을 때 겸손이 얼마나 중요한지 알게 된다. 고민은 우리의 용맹성을 시험하고 유혹은 우리의 저력을 시험한다. 우정은 우리의 의리를 시험하고 실패는 우리의 끈기를 시험한다.

1분 좋은 시

해바라기 목덜미를

누가 간지럽게 했기에

기분 좋게 웃고 있을까 _용혜원, '해바라기'

영화·드라마 속 명대사 "그래 살아 있어야 팥죽도 맛난 것, 이 칼은 나를 위
해서만 뽑는 것이다. 꼭 기억해 두어라!"_영화, '광해, 왕이 된 남자'

307 동물 세계 전쟁

지혜로운 사람은 단점을 장점으로 살려 쓴다.

동물 세계에 전쟁이 일어났다. 사자가 총지휘관이 되었고 동물들이 사방에
서 몰려들었다. 동물들은 한심하다는 듯 각자 수군거렸다. "당나귀는 멍청이
같아 전쟁에 방해될 것이니 돌아가라!", "토끼 같은 겁쟁이가 어떻게 싸움하
냐, 한심하다!", "개미는 힘이 약해서 어디다 쓰겠냐!", "코끼리는 덩치가 커
서 적에게 금방 들통이 날 것이다!" 불만만 늘어놓았다. 총지휘관 사자가 호
통을 쳤다.

"시끄럽다. 조용히 해라! 당나귀는 입이 길어서 나팔수로 쓴다! 토끼는 걸음
이 빠르니 전령으로 쓸 것이다! 개미는 작아서 눈에 안 띄니 전진에 게릴라
로 파견할 것이다! 코끼리는 힘이 세니 전쟁 물자를 운반할 것이다!"

지혜는 무엇인가? 우리에게 최선이 무엇이며 그것을 얻는 최선의 길이 무엇
인지 아는 지식이다. 결국 지혜로운 사람은 단점을 장점으로 살려 쓴다.

1분 명언

지식을 얻으려면 공부를 해야 하고 지혜를 얻으려면 관찰을 해야 한다.

_마릴린 보스 사번트

지혜란 우리가 얻어야 하는 어떤 것이 아니다. 지혜란 우리 자신이 점차적으

로 그렇게 되어야 하는 어떤 것이다. _레이첼 나오미 레멘

내면의 지혜를 듣는 일은 근력처럼 훈련을 통해 강화된다. _로비 개스

지혜는 다른 사람들의 생각과 감정을 존중하고 이해하는 것이다. _달라이 라마

인생은 폭풍이 지나가기를 기다리는 것이 아니라 빗속에서 춤추는 법을 배우는 것이다. _비비안 그린

1분 인생 독본 빨리 가려면 혼자 가라. 멀리 가려면 함께 가라. 빨리 가려면 직선으로 가라. 깊이 가려면 굽이 돌아가라. 외나무가 되려거든 혼자 서라. 푸른 숲이 되려거든 함께 서라. 혼자 만들면 기억이지만 둘이 만들면 추억이 된다. 부자가 되고 싶다면 돈에 집중하자. 건강해지고 싶다면 건강에 집중하자. 행복하고 싶다면 행복에 집중하자. 사랑하고 싶다면 사랑에 집중하자. 성공하고 싶다면 성공에 집중하자.

1분 좋은 시
아지랑이가 피어오르면
봄길이 보인다 _용혜원, '아지랑이'

영화·드라마 속 명대사 "인생은 모든 게 맞는 거 아니야. 가끔은 틀려도 괜찮아!"_드라마 '이태원 클래스'

308 **어리석은 근심**
평안 속에 살아가는 삶이 행복하다.

근심이 해결해놓는 것은 아무것도 없다. 마음만 아프게 하고 괴롭힐 뿐이다. 걱정과 근심에서 떠나 평안 속에 살아가는 삶이 행복하다. 어느 깊고 어두운 밤에 한 남자가 험하고 어둡고 가파른 길을 가다가 빠지고 말았다. 절벽 아래로 떨어지는 듯한 충격을 느끼며 곁에 있던 나무를 붙잡고 있는 힘을 다해

매달렸다. 그의 힘은 점점 더 빠지고 죽게 될 것만 같았다. 그런데 힘이 다 빠져서 떨어져 보니 불과 30cm밖에 안 되는 웅덩이였다. 어리석은 근심이 결국 두려움을 만들어 쓸데없는 고생만 한 것이다.

1분 명언
근심 걱정을 치료하는 데는 위스키보다 일이 낫다. _토머스 에디슨
근심이란 하나님이 우리를 돌볼 수 없다는 상황 표시다. _오스왈드 챔버스
근심은 자신감이 강한 사람에게서 멀리 달아난다. _발타자르 그라시안
근심의 가장 큰 대책은 인의와 용기다. _칼 힐티
근심 걱정은 자신감으로 지워버린다. _조지 싱
근심 속에 낙이 있고, 낙 가운데 근심이 있다. _이황
근심 걱정은 인생의 독약이요, 많은 죄와 엄청난 비극의 어머니다.
_휴 블레어
근심은 손님처럼 왔다가 재빨리 주인이 된다. _데스델 보비
근심은 떨쳐버리기가 어렵다. 슬픔은 시간이 지나면 되지만 근심은 더욱 쌓일 뿐이다. _장 폴 리히터

1분 인생 독본 인간관계는 신뢰를 바탕으로 시작한다. 인간관계에서 성공한 사람은 모두 마음의 그릇이 큰 사람들이다. 어떤 일이든지 적극적이며 끊임없이 생각을 실천에 옮겨놓는 사람이 무언가를 이룬다.

1분 좋은 시
누군가 만나고 싶어
마구 달려가면
꿈에 그리던 것들이
그곳에 있을까 _용혜원, '봄 들판'

영화·드라마 속 명대사 "공주를 구한 왕자는 그다음에 어떻게 되지?"

"그다음에는 공주가 왕자를 구해줘요!" _영화, '귀여운 여인'

309 위를 보라
눈앞의 현실을 두려워하지 말자.

한 젊은 선원이 처음으로 승선하여 항해를 떠났다. 북대서양에서 폭풍우를 만났다. 그는 돛대 위로 가서 항로를 조정하라는 명령을 받았다. 젊은 선원은 그곳에 기어서 올라가다가 출렁이는 파도를 보고 겁을 먹었다. 그는 휘청거리며 몸의 균형을 잃고 있었다. 그때 그를 본 나이 든 선원이 외쳤다.
"여보게, 위를 보게, 위를!"
젊은이는 그의 말을 듣고 위를 바라보고 다시 몸의 균형을 잡았다. 눈앞에 닥친 현실만을 두려워하지 말고 앞을 보거나 위를 바라보며 살아야 할 때도 있다.

1분 명언
두려움은 용기로 바뀔 수 있다. _나폴레온 힐

두려움이 없다면 자신에게 완전히 솔직해질 수 있다. _엘프리다 밀러

두려움은 어떤 형태라도 실패를 부르는 가장 큰 걸림돌이다. _나폴레온 힐

두려움이 당신의 조언자가 되게 해서는 안 된다. _보도 섀퍼

두려움을 회피하는 것은 지는 전략이다. _제프 켈러

두려움은 언제나 무지에서 샘솟는다. _랠프 월도 에머슨

1분 인생 독본 부정적으로 볼 때 삶은 날마다 똑같다. 똑같은 아침에 일어나서 똑같은 일을 하고 똑같은 밥을 먹고 사람을 만나야 한다. 내일을 향한 비전과 도전이 없다면 그날이 그날로 다가올 뿐이다. 삶에 변화를 일으켜야 새롭다. 가능성은 상상하여 눈에 보이게 하고 어려움을 극복하여 행복한 결말을 기대하게 만든다.

1분 좋은 시

그리움이 마음의 모퉁이에서
눈물이 고이도록 번져나가면
간절한 맘 잔뜩 쌓아놓지 말고
망설임의 골목을 지나
우리 보고 싶으면 만나자 _용혜원, '우리 보고 싶으면 만나자'

영화·드라마 속 명대사 "정직한 사람은 두려운 것이 없는 법이지. 그래서 난 최선을 다해 두려워하지 않는다."_영화, '캐치 미 이프 유캔'

공짜는 없다

310 episode

인생을 사는 가장 좋은 방법

어떤 지혜로운 왕이 하루는 신하를 불러 놓고 지시를 내렸다. "너희들이 백성에게 가르쳐줄 삶의 방법을 연구해 와라!" 명령을 받은 신하들은 머리를 다 짜내어 열두 권의 책을 만들어 왕에게 가져왔다.

"마마, 드디어 모든 연구를 마친 열두 권의 책이 바로 삶을 살아가는 방법입니다."

그러나 왕은 신하들에게 호통을 쳤다. "아니 이 많은 책을 어떻게 읽고 백성들이 살아가겠느냐, 한 줄로 줄여 가지고 오너라!" 그래서 신하들은 연구를 거듭한 끝에 한 줄로 줄여 가지고 왕에게 왔다. "마마! 드디어 한 줄로 줄여 가지고 왔습니다.", "그럼, 말해보아라!", "마마! 인생을 사는 가장 좋은 방법은 공짜는 없다는 것이옵니다!"

1분 명언

용기는 당면한 문제를 해결한다. _랠프 월도 에머슨

용기는 자신을 위한 일상적인 선택을 하는 것이다. _매리 앤 라드먼 용기란 두려움을 없애는 것이 아니다. 두려움에 맞서고 저항하는 것이다.
_마크 트웨인

용기란 두려워하는 일을 하는 것이다. 두렵지 않으면 용기도 있을 수 없다.
_에디 리켄바커

용기가 모든 덕목 중에서 가장 중요한 것은 용기가 없으면 다른 어떤 덕목도 꾸준히 실천할 수 없기 때문이다. _마야 안젤루

용기는 어떤 것을 두려워하지 않는 것이 아니라 두려움을 극복하는 것이다.
_넬슨 만델라

1분 인생 독본 20년 세월을 감옥에서 보냈던 신영복 교수는 <담론>에서 "아름다움은 '앎, 알다, 깨닫다'라고 말한다. 아름다움의 반댓말은 모름다움이라고 했다. 인생의 아름다움, 멋짐, 소중함을 깨닫고 알자.

1분 좋은 시
봄이 온다기에
봄소식 전하려 했더니
그대 마음은
아직도 겨울이었습니다 _용혜원, '봄소식'

영화·드라마 속 명대사 "사랑이 온다면 나는 첫눈에 알아볼 거야!"
_영화, '시라노'

311 episode # 기적이란 무엇인가?
오직 한 길을 가는 사람들이다.

미국 인텔 본사 입구에는 '미친 사람들만 살아 남는다(only the paranoids survive).'라고 써 있다. 세상은 정말 자기 일에 미친 사람들만이 살아남는

다. 오직 한 길을 가는 사람들이다. 언제나 노력하고 열정을 쏟아붓고 최선을 다하는 사람들이다. 그들은 분명히 자기가 원하는 것을 누릴 수 있다. 오직 한 길에 매진하여 끼를 발휘해서 꾼이 된 사람들은 행복하게 살아갈 특권이 있는 사람들이다.

1분 명언

자신을 사랑하면 기적을 만들어낸다. _루이스 헤이

기적이란 무엇일까? 말로는 표현하기 힘든 것이지만 누구에게나 일어날 수 있는 것이라는 기적은 기적을 믿는 자에게 일어난다. _비나드 브렌슨

기적을 바라는 것은 좋다. 그러나 기적을 믿어서는 안 된다. _유대 격언

기적은 변화가 있는 곳에서 일어난다. _보도 섀퍼

기적은 자연의 모순이 아니라 우리가 자연에 대해 알고 있는 것의 모순이다.
_아우구스티누스

1분 좋은 시

언제 올지도 모르는데

기다리고 있습니다

내 마음에 분명히 오리라는

확신이 있기에

모진 바람에도 쓰러지지 않고

오랜 세월 멀다 않고 기다리고 있습니다 _용혜원, '망부석'

책 속의 좋은 말 세상을 바꿀 수 있다고 생각할 만큼 미친 사람들이 결국 세상을 바꾸는 사람들이다. _카렌 블루멘탈, <스티브 잡스 전기> 중에서

그냥 미치면 바보가 되지만 꿈에 미치면 신화가 된다. _강헌구, <가슴 뛰는 삶> 중에서

영화·드라마 속 명대사 "인생은 항상 이렇게 힘든가요? 아니면 어려서 그런가요?", "항상 그렇단다." _영화, '레옹'

312 피에로의 지혜
나는 늙어서 죽기를 원한다.

어느 왕을 항상 즐겁게 해주는 피에로가 있었다. 그 피에로는 왕이 괴로움이나 슬픔에 빠져 있을 때면 곧잘 흥을 돋워주었는데 어느 날 이 피에로의 노력이 부족했는지 왕의 기분이 풀리지 않았다. 화가 난 왕은 피에로를 감옥에 가두어둔 다음 사형에 처하려고 하였다. 그러다가 왕은 생각해보니 한편으로는 피에로가 안 됐다는 측은한 생각이 들어 자비를 베풀기로 하였다.

왕은 피에로에게 화형을 당하든 교수형을 당하든 사약을 먹든 죽는 방법을 선택하게 하였다. 그리고 모래시계를 거꾸로 놓더니 모래가 다 쏟아질 때까지 결정하라고 명령했다. 모래가 다 떨어졌고 왕이 불렀다. "너는 어떻게 죽기를 원하느냐? 네가 원하는 대로 죽게 해주마!" 그 말을 들은 피에로는 웃으며 말했다. "왕이시여! 나는 늙어서 죽기를 원합니다!" 왕은 지혜로운 피에로의 말을 듣고는 감옥에서 풀어주었다. 피에로가 발휘한 지혜는 무엇이었을까? 자기가 살길을 얻는 최선의 길이 무엇인지 아는 지식을 가졌던 것이다.

1분 명언

두려움은 미신의 근본이며 잔인함의 근원이다. 두려움을 정복하는 것이 지혜의 시작이다. _버트런드 러셀

지혜는 자신의 행복을 다른 사람들과 나누는 것이다. _프랑수아 드 라 로슈푸코

지혜는 적절한 시간에 적절한 말을 하는 것이다. _페르시우스

남을 아는 사람은 지혜 있는 자이지만, 자기를 아는 사람이 더욱 현명한 자이다. 남을 이기는 사람은 힘이 있는 자이지만, 자기 스스로 이기는 사람은 더욱 강한 사람이다. _노자

1분 인생 독본 행복은 두 가지로 나눌 수 있다. 남이 보기에는 행복하나 불행한 사람이 있고, 남이 보기에 불행하나 행복한 사람이 있다. 남이 보는 행복과 스스로 느끼는 행복이 다르다. 행복의 조건을 다 갖추었어도 절망의 늪

속에서 헤매는 사람이 있는가 하면 행복의 조건을 갖추지 못한 것처럼 보이나 행복한 사람이 있다.

1분 좋은 시
산에 오르다
우연히 눈빛이 마주친
이름 모를 야생화
첫인상이 참 예쁘다 _용혜원, '야생화'

영화·드라마 속 명대사 "우리다 행복했으면 좋겠어. 쨍하고 햇볕 난 것처럼 구겨진 것 하나 없이!"_드라마, '나의 해방일지'

313 존 듀이의 인생 비법
산을 오르지 않는다면 이미 인생도 끝난 것이라네.

교육 철학자 존 듀이의 90세 되는 생일 잔치에 많은 사람이 축하하러 모였다. 그들은 한마디씩 축하 메시지를 전했다. 그런데 한 젊은 의사는 이런 질문을 던졌다.

"선생님, 저는 선생님께 궁금한 것이 있습니다. 어떻게 해서 연로하신 나이에도 젊은 사람들 못지않은 정열을 가지고 삶을 사시는 비결은 어디에 있습니까?"

"비결? 나는 산에 오른다네. 자네도 산에 한 번 올라 보게나."

"산에는 왜 오르십니까?"

"산에 오르면 올라가야 할 다른 산이 있다는 것을 알게 된다네. 그래서 내려와서 다음 산에 오르고 다시 올라가야 할 산이 있다는 것을 알게 되네. 만일 자네가 올라가야 할 산을 보려고 계속해서 산을 오르지 않는다면 이미 인생도 끝난 것일세."

존 듀이는 나이를 뛰어넘어서 산을 향해 끊임없이 도전장을 내밀었다. 이런 도전 정신이 나이를 초월한 정열적인 삶의 원동력이었다.

1분 명언
인생이란 느끼는 자에게는 비극, 생각하는 자에게는 희극이다. _장 드 라 브뤼예르
인생이란 사랑이며 그 생명은 정신이다. _요한 볼프강 폰 괴테
인생은 그 사람의 생각 산물이다. _마르쿠스 아우렐리우스

1분 인생 독본 기대감이 있는 삶을 살아가는 사람은 희망과 기쁨이 넘친다.
앞으로 일어날 일의 기대감으로 살아가면 감동과 감격의 순간이 언제든 찾아온다.

1분 좋은 시
온 세상은 음악이다
빗소리 바람소리 파도소리
새들의 울음소리 온갖 벌레들의 울음소리로
만들어지는 거대한 하모니다
온 세상이 음악이다
꽃들이 피어남 햇빛이 쏟아짐
푸른 하늘을 수놓은 구름들
나무들의 외침으로 만들어지는 위대한 하모니다 _용혜원, '온 세상은 음악'

책 속의 좋은 말 목표를 달성하고 싶으면 그것을 기록한다. 목표 달성에 헌신하겠다는 마음으로 목표를 기록하라. 그러면 그 행동이 다른 곳에서의 움직임을 끌어낼 것이다. 목표를 이루려면 일단 목표를 기록하라.
_헨리엔트 앤 클라우, <종이 위의 기적, 쓰면 이루어진다> 중에서

영화·드라마 속 명대사 "인생을 즐겨라. 시간이 얼마 없다!" _영화, '애덤 프로젝트'

314 인간의 감옥

현대인은 감옥에 살고 있다.

현대인들은 감옥에 살고 있다. 이 감옥에서 벗어나야 행복하게 살 수 있고 따뜻한 미소를 지으며 살아갈 수 있다. 심리학자 케이 치프 노이드는 관계가 단절된 인간은 6가지의 감옥에서 살고 있다고 말하고 있다. ① 자기의 예쁜 면만을 볼 줄 아는 자기도취의 감옥, ② 다른 사람의 나쁜 점만을 보는 비판의 감옥, ③ 오늘과 내일을 암담하게 보는 절망의 감옥, ④ 옛날만 황금시대로 보는 과거 지향형 감옥, ⑤ 다른 사람만 부러워하는 선망의 감옥, ⑥ 다른 사람이 잘되는 것을 싫어하는 증오의 감옥이다.

1분 명언

인간은 자기가 갇힌 감옥의 문을 두드릴 권리가 없는 죄수다. 인간은 신이 소환할 때까지 기다려야 하며 스스로 생명을 끊어서는 안 된다. _소크라테스

이 세상은 감옥이다. 우리는 같은 문으로 들어가지만, 각기 다른 방에서 생활한다. _반츠족 속담

신뢰 없이 삶을 견뎌내기란 불가능하다. 그것은 자신이라는 최악의 감옥에 갇히는 것이다. _헨리 그레이엄 그린

1분 인생 독본

양심은 '무엇을 함께 안다'는 뜻이다. 자신의 마음을 자신이 깨닫도록 도와주는 내적인 지식이다. 양심은 어떤 나쁜 행동을 했을 때 느끼게 되는 마음의 고통이다. 창문이 더러워지면 빛이 많이 들어오지 못하는 것처럼 마음이 더러워지면 빛은 어둠에 휩싸인다.

1분 좋은 시

사람 사는 세상살이
거기가 거긴데
뭘 부러워하고 탓하며 살아갈까

이 세상 누구 하나
날마다 행복한 사람들은 없고
울기도 하고 웃기도 한다

사람 사는 세상살이
똑같은 반복이 계속되는데
뭘 짜증 내고 투덜대며 살아갈까

이 세상 누구 하나
평생 건강하기만 한 사람 없고
앓기도 하고 눕기도 하며 살아간다 _용혜원, '사람 사는 세상살이'

책 속의 좋은 말 선물 가운데 최고는 역시 여행이다. 시간과 돈 그리고 가족의 협력까지 모두 제공되어야 하는 다소 어려운 선물이다. 자기 자신이 가장 대견한 순간 주저 없이 여행을 선물해보는 것은 어떨까?
_최영선, <마돈나, 결혼을 인터뷰하다> 중에서

영화·드라마 속 명대사 "상상력은 중요한 것이다. 지식은 제한되어 있지만, 상상력은 무한하다."_영화, '알버트 아인슈타인과 원자폭탄'

315 딱정벌레의 힘
끈기와 결단력이 힘이다.

인내와 끈기는 성공을 만드는 힘이다. 미국 콜로라도주의 롱 피크에는 수령이 사백 년이 되는 고목이 있었다. 이 나무는 살아 있는 동안에 열네 번씩이나 벼락을 맞았다. 수도 없이 잦은 폭풍우에 시달렸고 엄청난 산사태를 만났다. 근방의 나무들은 모두 다 쓰러져 버려도 이 나무만 버텨왔다. 그런데 결국엔 쓰러지고 말았다. 이 고목을 쓰러뜨린 장본인은 바로 아주 작은 딱정벌레였다. 딱정벌레들이 밑동부터 갉아먹어 들어가자 이 나무는 서서히 병들어 쓰러졌다.

세상에 어떤 것도 끈기를 대신할 수는 없다. 재능도 끈기를 대신할 수는 없다. 재능을 가지고 실패한 사람이 부지기수다. 천재도 끈기를 대신할 수 없다. 빛을 보지 못한 천재는 너무 흔해 빠진 얘기다. 그 어떤 것도 끈기를 대신할 수 없다. 이 끈기와 결단력이 큰 힘이다.

1분 명언

성공은 제 발로 찾아오지 않는다. 당신이 성공을 향해 나아가야 한다.

_마틴 고헤

아무리 높다 하더라도 인간이 도달할 수 없는 곳은 없다. 노력으로 한 발 한 발 다가가자. 근면으로 차근차근 올라가자. 자신 있게 조금씩 성취하자.

_요한 군나르 안데르센

1분 인생 독본 늘 부지런하게 살자. 꾸물거리거나 서성거리거나 망설이지 말고 매사에 부지런히 일하며 살자. 늘어지고 나태해지면 일을 자꾸 뒤로 미루고 일도 손에 잡히지 않는다. 나태함은 정신 상태를 태만하게 만들고 일을 자꾸 뒤로 미루는 게으름은 악마가 주는 악한 마음이다.

1분 좋은 시

빈 가슴에 따스함이
솔솔 전해올 때
사랑을 느낄 수 있어
살짝궁 좋아진다 _용혜원, '정'

책 속의 좋은 말 매일 무슨 옷을 입을까? 고르는 것과 마찬가지로 무슨 생각을 할까? 고르는 법을 배워야 해. 그건 네가 얼마든지 기를 수 있는 힘이야.

네가 정말로 네 인생을 통제하고 싶다면 마음을 훈련해. 그거야말로 네가 세상에서 유일하게 통제할 수 있는 거니까!

_엘리자베스 길버트, <매일 기도하고 사랑하라> 중에서

▼
영화·드라마 속 명대사 "기록을 남기려고 왔습니까? 아니면 기억을 남기려고 왔습니까?"_영화, '드림'

316 꿈과 희망을 이루어 가는 용혜원 시인
꿈과 희망을 기록하고 목표를 만들었다.

이 책의 저자인 용혜원은 시인이며, 한국강사협회, 한국경제신문사 선정 명강사 제38호다. 2024년 73세인 지금도 시를 쓰고 강의하며 살고 있다. 용혜원 시인 젊은 시절부터 꿈과 희망을 기록하고 목표를 만들었다. 그리고 기도하며 실행하여 나갔다.

"책을 내 키만큼 쓰겠다. 시를 3만 편 쓰겠다. 강의를 만 번 이상 하겠다. 방 5개가 있는 집에 살겠다. 전 세계 여행을 하겠다." 많은 것을 기록하고 꿈을 이루어갔다. 꿈은 이루어졌다. 책을 216권 저술을 하였으며 시를 3만 편 이상 썼고, 강의를 만 번 이상하였다. 아내와 세계여행을 하였고 현재 방 5개가 있는 집에 살고 있다. 지금도 계속 시를 쓰고 저술하고 강의하고 있다.

▼
1분 명언
희망에 살라, 가련한 사람들이여! 죽음도 슬픔도 언젠가는 사라지고, 지병도 언젠가는 나아지며 지옥의 감옥도 영원히 지속되는 것은 아니다. _빅토르 위고
희망은 영원한 기쁨이다. 인간이 소유하는 토지 같은 것이다. 해마다 수익이 오르고 결코 사용해도 없어지지 않는 확실한 재산이다. _로버트 루이스 스티븐슨
희망을 품는다는 것은 인간을 믿는 것이며 미래를 믿는 것이다. _로널드 레이건

1분 인생 독본 남의 이야기를 들어주라. 내 이야기만 죽 늘어놓고 살면 고정된 사고는 변할 수 없어 마음의 폭이 줄어든다. 남의 이야기를 끝까지 들어주며 고개를 끄덕이고 가슴에 담아주자. 다른 사람이 다가올수록 마음을 열어주면 편안해지고 세상마저 넓게 보이기 시작한다.

1분 좋은 시
내일을 위하여
활짝 열린
성공의 문이다 _용혜원, '희망은'

책 속의 좋은 말 함께 있으면 당신이 향상되는 사람들과 함께 있는 시간을 많이 만들자. 동일한 영적 가치에 삶의 토대를 두는 사람들과 장기적으로 만날 때 특히 도움이 된다. _에크낫 이스워런, <마음의 속도를 늦추어라> 중에서

영화·드라마 속 명대사 "금메달은 참 좋은 거야. 하지만 그게 없어서 채워지지 않는다면 있어도 채워지지 않아."_영화, '쿨 러닝'

317 나치 수용소에서 생존한 빅터 프랭클
사람들에게 희망을 보여주기 위해 끝까지 견디겠다.

인간이 겪은 고통과 실패는 꿈과 희망으로 가는 계단을 찾게 한다. 빅터 프랭클은 세계적으로 유명한 심리학자다. 그는 저서에 이렇게 기록하고 있다.
"나치 수용소에서 겪은 잔인한 고문이나 무서운 형벌, 비인간적인 학대 속에서도 나를 생존하게 만든 것은 희망이었다."
그는 나치의 고문을 받으면서도 마음속으로 꿈을 키웠다.
"이들의 시대는 언젠가는 끝난다. 그때 나는 이 수용소를 나가서 내가 붙잡은 삶의 희망을 수많은 사람에게 전해주겠다. 끔찍하고 절망적인 고문을 넘

어선 곳, 저 건너편에 있는 희망을 사람들에게 보여주기 위해 나는 끝까지 견뎌내겠다."

빅터 프랭클은 그가 간직한 희망대로 극적으로 살았다. 죽음의 수용소에서 살아남은 몇 안 되는 생존자 중의 한 명이었다. 그 후 그는 전 세계를 돌아다니며 삶의 희망을 전하는 위대한 전도자요 심리학자가 되었다.

1분 명언

믿음은 거꾸로만 의미가 있는 것을 미리 믿는 것이다. _필립 얀시

신의 기적은 별과 같다. 여러분은 그것들을 항상 볼 수는 없겠지만, 그것들이 항상 거기에 있다는 것을 알고 있다. _밥 고프

내일의 실현을 가로막는 유일한 한계는 오늘에 대한 우리의 의심뿐이다.
_프랭클린 루스벨트

1분 인생 독본 삶에서 중요한 것은 무엇인가? 삶에서 정말 중요한 것은 가진 재산이나 소유물이 아니라, 어떤 모습으로 살고 있느냐가 중요하다. 삶의 가치는 가지는 것이 아니라 어떤 일을 어떻게 하고 있느냐가 삶의 진정한 가치이다.

1분 좋은 시

들판에서 떠드는 소리가 들려
헐레벌떡 뛰어갔더니
클로버 잎들이 모여서
한바탕 수다를 떨고 있다. _용혜원, '클로버'

책 속의 좋은 말 바쁜 일상 속에 간혹 비치는 오아시스 앞에 앉은 듯한 고요한 순간이 찾아와도 우리는 그것이 우리 삶의 다음 단계로 이행을 예비해주는 귀중한 순간이라는 걸 알지 못한다. _파울로 코엘료, <연금술사> 중에서

영화·드라마 속 명대사 "우리를 끝까지 달리게 하는 힘은 어디서 오는 걸까요? 우리의 마음입니다."_영화, '불의 전차'

318 episode 최선의 것

태양이 될 수 없으면 별이 돼라.

산꼭대기에 있는 소나무가 될 수 없다면 골짜기의 관목이 돼라. 그러나 시냇가에서는 제일 좋은 관목이 돼라. 나무가 될 수 없다면 나뭇가지가 돼라. 나뭇가지가 될 수 없다면 다른 사람을 위해 무엇인가를 해주는 잔디가 돼라. 노루가 될 수 없다면 농어가 돼라. 그러나 호수에서 가장 생동적인 농어가 돼라. 우리는 모두가 선장이 될 수 없는 법, 누구나 선원이 되어야 한다.

여기 우리 모두를 위한 일이 있다. 사람들이 해야 할 크고 작은 일들이 있으니 우리가 해야 할 일은 가까이 있다. 고속도로가 될 수 없으면 철도가 돼라. 태양이 될 수 없으면 별이 돼라.

1분 명언

최선을 다한다고 해서 충분한 능력을 갖춘 것은 아니다. _에드워즈 데밍

최선을 다하는 성실한 생활 태도는 인간으로서 마땅히 갖출 자질이다.
_새뮤얼 스마일스

최선을 다해 일하고, 받기보다는 주는 가운데 우리는 완전해지는 것을 느낀다. 이를 통해 이기심이나 거짓보다는 친절, 너그러움 그리고 정직이 우리의 마음에 나타난다. _마이클 린버그

나는 최선을 고를 수가 없다 최선이 나를 고른다. _라빈드라나드 타고르

최선을 다하는 성실한 태도는 인간으로 갖출 자질에 해당한다. _새뮤얼 스마일스

최선으로 출발하는 것은 최악으로 끝날 수 없다. _로버트 브라우닝

1분 인생 독본 성인이란 어른이 됐다는 것이다. 육체적인 성장보다 더 중요

480

한 것은 정신적인 성장이다. 성인이란 지(知), 정(正), 의(義)를 갖춘 삶을 살아갈 사람이다. 자기 자신에게 책임을 질 줄 알고 꿈과 비전이 있고 사랑할 줄 알고 삶에 열정이 가득한 사람을 성인이라고 할 수 있다.

1분 좋은 시
끊임없이
12개의 숫자를 맴돌며
내 생명을 갉아먹는
소리를 내고 있다 _용혜원, '벽시계'

영화·드라마 속 명대사 "오늘의 특별한 순간들은 내일의 추억이야!"
_영화, '알라딘'

319 피겨스케이트 선수 김연아
넘어지는 것은 실패와 고통이지만 일어나는 것은 희망이요 도전이다.

나라와 민족을 돋보이게 하고 빛내는 사람들이 영웅이다. 대한민국의 자랑인 김연아 선수는 1996년 스케이트를 처음 타기 시작하였다. 초등학교 때부터 탁월하게 운동신경이 발달하고 재주가 있어서 각종 경기에서 우승하며 재능을 보여주기 시작하였다. 어린 나이 12세에 피겨스케이트 트리플 점프 5종(토룹, 살코, 룹, 풀립, 리츠)를 완성한 대단한 선수다. 국내와 국제 대회에서 수많은 메달을 따서 국민에게 기쁨을 주었고 전 세계에 대한민국을 빛낸 선수다. 김연아는 10년 동안 공중회전 연습을 12만 번 했다고 한다. 그중에서 3만 번은 넘어졌다. 김연아 선수는 말했다.
"넘어지는 것은 실패와 고통이지만 일어나는 것은 희망이고 도전이다!"
뛰어난 사람들은 자기 삶에 책임을 지고 결단하고 행동하여 멋진 삶을 살아간다.

1분 명언

당신 인생에서 가장 큰 결단은 당신의 정신자세를 바꿈으로써 스스로 삶을 변화시키는 것이다. _알베르트 슈바이처

당신만 느끼지 못할 뿐 당신은 매우 특별한 사람이다. _투투

어떤 일을 하는 사람이 그 일을 바르게, 더 훌륭하게 하려고 노력할 때 그 활동은 창조적인 것이 된다. _존 업다이크

1분 인생 독본 자기의 부족함을 느낄 때 힘이 빠지고 기력이 쇠하게 될 때 자신과 싸워서 이겨내야 한다. 언제나 자신과 쓸데없는 타협을 하지 말고 부족함을 채워나갈 확고한 정신력을 가져야 한다. 나약한 거미줄도 모으면 크고 사나운 사자도 꽁꽁 묶어놓을 수 있다고 한다. 아주 작고 힘없어 보이는 것들도 하나가 되면 엄청난 힘을 발휘한다.

1분 좋은 시

가을이 떠난 후
낙엽이 떨어진 거리
겨울 전주곡이 들린다 _용혜원, '가을이 떠난 후'

책 속의 좋은 말 수백 년 동안 졌다고 해서 시작하기도 전에 이기려는 노력도 하지 말아야 할 까닭은 없으니까. _하퍼 리, <앵무새 죽이기> 중에서

영화·드라마 속 명대사 "전투의 격렬함은 마약과 같아서 중독에 빠져나올 수 없을 정도로 중독된다." _영화, '허트 로커'

320 **마지막 순간의 승리**
톰 뎀시는 새로운 기록을 세웠다.

장애를 극복하고 꿈을 이루는 사람은 기적을 만든다. 1970년에 미식 축구 디트로이트 라이언스팀과 뉴올리언스 세인츠팀의 대결이 있었다. 디트로이트 라이언스팀이 세인츠팀을 물리칠 절호의 기회가 왔다. 경기 시간은 11초 남았는데 디트로이트 라이언스팀이 1점을 이기고 있었다. 2초를 남겨두고 볼은 디트로이트 45야드 지점에 있었다. 뉴올리언스 세인츠팀은 톰 뎀시에게 필드 골을 차넣게 했다. 감독도 이것은 불가능한 도전임을 알았다. 이제까지 가장 긴 필드 골은 56야드였다. 45야드에 골대까지 거리를 합치면 63야드가 되기 때문에 정상적인 선수들도 수십 년간 이루지 못했다. 톰 뎀시는 공을 치고 나서도 골대 안으로 들어갔는지 몰랐다. 심판이 손을 번쩍 들고 골인 선언을 했다. 톰 뎀시는 새로운 기록을 세우며 2점 차로 이겼다. 톰 뎀시는 오른쪽 발가락이 없는 장애인 선수로 역경을 딛고 결함을 극복하여 미식 축구 역사상 가장 긴 필드 공을 성공시키며 팀에 승리를 안겼다.

1분 명언

습관이 미래를 결정한다는 것이다. _잭 켄필드
습관을 바꾸는 사람들은 성공을 위해서 노력하는 사람들이다. _피터 코헨
하나의 습관이 다른 습관을 정복한다. _토마스 아 켐피스
좋은 습관은 좋은 결과를 낳는다. 나쁜 습관은 나쁜 결과를 낳는다. _잭 D. 핫지
습관의 힘이 얼마나 강력한지는 누구나 잘 알고 있다. _찰스 다윈

1분 인생 독본 겨울나무를 보면서 기다림의 아름다움을 배운다. 나무는 한겨울 매서운 찬 바람이 불어도 끄떡하지 않고 제자리를 지키고 서 있다. 눈보라가 몰아치고 손발이 시려도 모든 손을 하늘로 뻗치고 모든 발을 땅속에 묻고 기다린다. 무엇을 기다리는 것일까? 봄이다. 꽃이 피고 나뭇잎이 새롭게 돋아나는 봄, 그 찬란한 봄을 알기에 나무는 추위를 아랑곳하지 않고 굳건히 견딘다.

고독은 바위와 같이 굳은 것일까

아니다 아니다

고독은 바위 틈새에서 피어난 꽃이다

고독은 닫혀 있는 문일까

아니다 아니다

누군가 활짝 열어주기를 바라는 문이다 _용혜원, '고독은'

영화·드라마 속 명대사 "세상엔 연인들만 만나는 게 아니에요. 인연이란 말은 시작할 때 하는 말이 아니라 모든 게 끝날 때 하는 말이에요." _영화, '동강'

321 episode 가로등을 켜는 사람
거리를 밝혀 사람들의 길을 인도하여 주었다.

이 세상은 누군가의 수고 때문에 아름다워진다. 로버트 루이스 스티븐슨은 오랫동안 병을 앓아서 침상에 누워있을 때 받은 인상을 잊을 수가 없다고 한다. 그의 침상은 스코틀랜드 에든버러시의 거리와 마주하고 있었다. 거리가 어두워오면 매일 가로등에 불을 켜는 사람이 나타난다. 그는 거리의 가로등 앞에 서서 불을 켜고는 다음 가로등에 불을 켜서 온 거리를 밝게 한다. 로버트 루이스 스티븐슨은 그 당시를 떠올리며 말했다.

"내가 지금도 선명하게 기억할 수 있는 것은 매일 저녁 가로등 램프에 불을 켜는 사람이 지나가면 거리에 밝은 빛이 넘쳐난다. 그가 남겨놓은 빛은 어두운 거리를 밝혀 사람들의 길을 인도하여 주었다."

1분 명언

실패한 자가 패배하는 것이 아니라 포기한 자가 패배하는 것이다. _장 파울

자애, 자식, 자제, 이 세 가지만이 인생을 옳은 길로 인도하고 귀한 힘에 이

르게 하는 것이다. _알프레드 테니슨

자기 신뢰는 위대함의 토대이다. 자기 신뢰는 직관, 내면에서 들려오는 '고용하고 자그마한 목소리'에 귀를 기울이는 것에서 비롯된다. 우리는 내면의 목소리에 귀를 기울이기 시작하면서 그리고 걸음걸음이 어떤 더 높은 힘에 인도된다고 확신하면서 위대해지기 시작한다. _브라이언 트레이시

운명은 의지가 있는 자는 인도하지만 의지가 없는 자는 질질 끌고 다닌다.
_클레안테스

모방은 자주 우리를 잘못 인도하는 안내자이다. _프랑수아 드 라 로슈푸코

1분 인생 독본 강점은 굳세고 힘찬 것을 말한다. 강점은 한 가지 일을 완벽에 가까울 만큼 일관되게 처리하는 능력을 말한다. 자기 강점은 최대한 활용하고 약점을 잘 관리해야 한다. 자기가 모든 짐을 질 것이라는 생각을 버려야 한다. 자신에게 주어진 일을 즐겁게 받아들이는 습관이 필요하다. 어떤 어려움도 쉽게 생각하면 쉬워지고 어렵게 생각하면 더 꼬인다.

1분 좋은 시
누가 바다 끝에
저렇게 아름다운
금 하나를
그어 놓았을까 _용혜원, '수평선'

영화·드라마 속 명대사 "우리가 무엇을 바꿀 수 없다면 그것을 받아들여야 한다. _영화, '델마와 루이스'

고통을 이겨낸 조 제이콥

사랑은 나누고 건네는 것이다.

322

조 제이콥은 건축회사 제이콥 엔지니어링으로 성공을 이뤘다. 그러나 그도 한때 여러 번 대수술을 받아 죽음의 문턱을 헤매면서 고통을 당했다. 제이콥은 자기가 이겨낸 역경을 이렇게 말했다.

"나에게 새로운 힘을 불어넣어 소망을 지니게 만든 한마디의 말을 들은 것은 수술이 끝나 중환자실로 옮겨진 직후였다. 너무 고통스러워 고래고래 소리를 질렀다. 이때 간호사가 다가왔다. 나를 보며 말했다. '제이콥 씨, 한순간만이라도 불평과 신음소리를 멈춘다면 당신은 아직도 숨 쉬고 있다는 것을 알게 될 것입니다.' 그 순간 나는 깨달았다. 나에게 말할 수 없는 고통이 있었지만 나에게 생명이 있다는 증거임을 알았다."

사랑은 이렇게 따뜻한 말 한마디를 건네고 나누는 것이다. 따뜻한 말 한마디의 힘이 소중하다.

1분 명언

나눔이라는 신성한 행위를 실천하지 않은 사람은 영원한 행복으로 이어지는 진정한 길을 발견하지 못한다. 행복은 자신에게 주어진 축복을 나눌 때 찾아온다. _나폴레온 힐

열심히 나누어주는 사람은 누가 뭐래도 행복한 사람, 마음이 든든한 사람, 만족하며 사는 사람 그리고 잘 사는 사람이다. _에릭 버터워스

성공은 드문 일이 아니다. 흔한 일이다. 노력을 조정하고 다른 사람들이 필요로 하는 것을 베풀어주는 능력에 달린 문제다. 성공은 나누어주는 일에서부터 시작한다. _헨리 포드 시니어

1분 인생 독본 진정한 사랑은 과식하는 법이 없다. 그러나 욕정은 마침내 과식하여 죽고 만다. 진실한 사랑은 진실이 넘쳐나고 욕정은 허망에 가득 차 있다. 욕망의 노예가 되어 주변 사람을 괴롭히지 마라. 피부가 고독한 사람

은 바람을 피우고 마음이 고독한 사람은 인생을 작품으로 만든다.

1분 좋은 시
이 작은 물 한 방울이
놀랍고 고귀한
소중한 생명의 시작이다
씨앗을 눈 뜨게 해
모든 생명을 살린다
모든 것은 작은 것에서 시작한다 _용혜원, '물 한 방울'

영화·드라마 속 명대사 "그녀의 눈을 보고 있으면 눈물이 날 것 같아!"
_영화, '싱 스트리트'

323 긍정적인 사람
이 넓은 하얀 바탕은 왜 볼 줄 모르는가?

어떤 회사에서 세일즈맨들의 능률이 오르지 않자 사장이 세미나를 개최하였다. 사장은 귀퉁이에 까만 점 하나를 찍은 하얀 수건을 세일즈맨들에게 펼쳐보이면서 '무엇이 보이냐고?'고 물었다. 그들은 '까만 점'이 보인다고 대답하였다. 그러자 사장은 다시 물었다.
"자세히 보십시오. 다른 것은 보이지 않습니까?"
그들은 여전히 까만 점밖에는 보이지 않는다고 대답했다.
그때 사장은 이렇게 말했다.
"여러분! 까만 점은 이 구석에 하나밖에 없는데 왜 이 넓은 하얀 바탕은 볼 줄 모르나요?"

1분 명언

결점이 없는 사람은 생명이 없는 사람이다. _영국 속담

남의 결점은 좋은 교사다. _레에만

결점을 감추는 사람이 있는 반면에 장점조차 발휘하지 못하는 사람도 있다. _프랑수아 드 라 로슈푸코

결점이 많다는 것은 나쁜 일이지만 그것을 인정하지 않는 것은 더 나쁜 일이다. _블레즈 파스칼

결점을 찾지 말고 치료법을 찾아라. _헨리 포드

1분 인생 독본 아메리칸 인디언들은 화살을 만들 때 한 가지 과정을 거친다고 한다. 모든 인디언은 자기 화살에 특정한 그림을 그리거나 어떤 표시를 한다. 그래서 만일 다른 인디언들과 사냥하러 나갔을 때 인디언들이 화살을 쏘아도 다시 쉽게 자기의 화살을 찾을 수가 있었다. 자기의 화살에 특별한 표시가 그려진 것을 보고 그것이 바로 자기의 화살임을 알고 남들에게도 확인해 줄 수 있었다.

1분 좋은 시

녹차 한 잔
입술에 적시니
초록 향기가
입 안 가득하다 _용혜원, '녹차'

책 속의 좋은 말 인간은 항상 자기 자신의 환경을 스스로 진실이라고 믿는 이미지에 따라 행동하고 느끼며 살아간다. _맥스웰 몰츠, <성공의 법칙> 중에서

영화·드라마 속 명대사 "사람들은 사랑에 빠진다. 그것은 진정한 행복을 찾는 유일한 기회가 되기 때문이다." _영화, '티파니에서 아침을'

하늘을 나는 말
미래의 일을 누가 알겠는가?

유대인의 이야기 가운데 '하늘을 나는 말'이 있다. 어떤 사람이 왕의 노여움을 사서 사형선고를 받았다. 그는 왕에게 '일 년 여유를 주신다면 왕이 애지중지하시는 말에게 하늘을 날도록 가르치겠습니다. 일 년이 지나도 하늘을 날지 못한다면 그때 가서 죽여 주십시오!'라고 말했다. 이 탄원이 받아들여져서 말이 하늘을 날지 못하면 사형에 처한다고 하였다. 동료 죄수들이 물었다. "말이 어떻게 하늘을 난단 말인가?" 그는 대답하였다.

"일 년 이내에 왕이 죽을지도 모른다. 혹시 내가 죽을지도 모른다. 그 말이 죽을지도 모르지 않은가? 일 년 이내에 무슨 일이 일어날지 미래의 일을 누가 알겠는가? 일 년 뒤에 말이 정말 하늘을 날지도 모르는 일이지."

이 이야기는 어떤 절망 상태에서도 체념하면 안 된다는 사실을 가르쳐준다.

1분 명언

체념은 우리를 자신과 고통 사이에 하나님을 두는 것이다. _스베친

깨끗한 체념은 인생길을 나서는 준비에 무엇보다도 중요하다.
_아르투어 쇼펜하우어

인생에 있어서 어떤 목표를 향해 힘차게 나아가는 의지력이 꼭 필요하지만, 또한 이미 지나간 일에 대해서는 체념하는 것도 필요하다. 힘차게 나아갈 때 나아가고, 물러설 때는 물러설 줄 아는 것이 가장 현명한 지혜이다.
_버트런드 러셀

약한 사람은 불행이 닥치면 체념해 버리고 만다. 그러나 위대한 사람은 불행을 딛고 일어선다. _워싱턴 어빙

1분 인생 독본
마사 베크는 '모험은 세상의 경험을 제공해 줄 뿐만 아니라, 두려움의 경계를 무너뜨리고 삶의 길에 놓여있는 방해물을 제거해준다.'고 했다. 갑작스럽게 큰일을 당하면 겁에 질려 당혹감에 허둥대고 심장이 뛴다.

다리가 후들후들 떨리고 심장이 조여들어와 감당하지 못할 때도 있다. 그 순간에도 자신은 존재하고 살아 있기에 극한 상황도 돌파하고 이길 수 있다.

1분 좋은 시
음식이 맛있으면
입이 마중을
쑥 나온다 _용혜원, '음식이 맛있으면'

영화·드라마 속 명대사 "우리가 선택하는 것이 아니라 선택이 우리를 찾는다."_영화, '해리포터와 죽음의 선물'

325 페트리샤 헤이맨의 세 부류의 사람
노력 없이 이루어지는 것은 아무것도 없다.

이 세상에 노력 없이 이루어지는 것은 아무것도 없다. 노력이란 무엇인가? 노력이란 목표를 달성하기 위하여 부단히 실행해 나가는 것이다. 인생은 짧고 그것을 달콤하게 만드는 것은 자신에게 달려 있다. 페트리샤 헤이맨은 세 부류의 사람이 있다고 말한다. ① 무언가를 이루는 사람, ② 그것이 이루어지는 것을 지켜보는 사람, ③ 이미 일어난 일에 감탄하는 사람이다.
성공하는 사람을 노력하는 사람이다. 노력하는 사람은 부지런하고 성실하고 근면한 사람들이다. 꾸준한 노력을 이겨낼 것은 아무것도 없다. 노력하는 사람들이 꿈을 이루고 성공하는 삶을 살아간다. 성공의 주역들은 모두 다 노력하는 사람들이다.

1분 명언
사람은 생각하는 갈대다. _블레즈 파스칼
사람의 일생에는 불꽃의 시기와 재의 시기가 있다. _앙리 드 레니에 사람은 자기가 한 약속을 지킬 만한 좋은 기억력을 가져야 한다.
_프리드리히 니체

사람의 본성은 다 같지만 행함으로 차이가 벌어진다. _공자

사람마다 어두운 면이 있는데 절대로 그쪽은 보이려 하지 않는다. _마크 트웨인

1분 인생 독본 갈 곳이 없다. 외로움이 메말라 까칠하고 그리움이 쩍쩍 벌어져 멍이 드는 데 갈 곳이 없다. 홀로 서럽고 외로운 외톨이가 되어 버렸다. 서러움이 겹겹이 박혀 이끄는 대로 가고 싶은데 불러도 올 사람이 하나도 없다. 외로울 때 가족이 있다는 것이 얼마나 좋은가. 인생에서 가장 어려울 때 가족이란 사랑의 끈이 주는 힘은 강하다.

1분 좋은 시
온 세상이
쏟아지는 비에
흠뻑 젖듯이
그대 사랑에
흠뻑 젖고 싶다 _용혜원, '비 내리던 날'

영화·드라마 속 명대사 "우리는 모두 책의 주인공이다. 우리가 쓴 삶의 이야기를 만들어가는 것이다." _영화, '노트북'

326 episode
진정한 의미의 가정
사랑이 바탕이 된 보금자리여야 한다.

1984년 기네스북에는 가장 이혼을 많이 한 사람으로 스콧 월프라는 사람이 등장한다. 이 사람은 무려 26번째 이혼을 하고 27번째 아내를 찾는 중이라고 했다. 그가 죽기 얼마 전에 친구가 물었다. "자네의 인생에 후회가 있다

면 어떤 것인가?" 그는 말했다.

"내 인생에 진정한 의미에서는 가정이 없었네. 내가 다시 인생을 시작할 수 있다면 나는 한 아내와 더불어 평생 살고 싶네!"

1분 명언

가정은 도덕의 학교다. 가정에서의 인성 교육은 중요하다.
_요한 하인리히 페스탈로치

가정은 민족의 행운과 불운의 원천이다. _마틴 루터

가정은 인생의 첫 번째 학교이며 교육의 시작이다. _호레이스 만

가정은 공동체의 작은 단위이며 공동체는 사회의 기본 단위이다.
_윌리엄 제임스

가정의 화목은 서로의 차이를 이해하고 존중하는 것에서 시작된다.
_에드워드 에버렛 헤일

가정은 마지막 희망으로서 찾는 장소다. 철야 영업 중이다. _앰브로스 비어스

1분 인생 독본 승리하는 사람은 언제나 '예'와 '아니요'의 선택이 분명하다. 그러나 실패하는 사람은 '예'와 '아니요'의 선택이 분명하지 않다. 승리하는 삶을 살아가는 사람은 쓰러지면 언제나 앞을 보지만 실패하는 사람은 쓰러지면 뒤를 돌아본다. 승리하는 사람의 주머니에는 꿈이 들어있고 실패하는 사람의 주머니에는 욕심이 가득하다. 사랑을 받는 것이 행복이 아니다. 사랑을 주는 것이 진정한 행복이다.

1분 좋은 시

햇살 모여드는
초록 들판에서
들풀들의 순결한 이야기가
수많은 색깔로 피어난다 _용혜원, '들판'

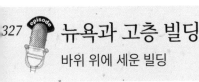

뉴욕과 고층 빌딩
바위 위에 세운 빌딩

미국의 도시 중 하나인 뉴욕시는 전 세계에서 고층 빌딩이 많기로 유명하다. 라디오 시티 빌딩, 크라이슬러 빌딩 특히 엠파이어 스테이트 빌딩은 102층으로 고층 빌딩이다. 밑에서 걸어 올라가면 1시간 이상 걸리고 그 건물 안의 엘리베이터는 70대나 된다. 뉴욕시에서 이런 고층빌딩을 세울 수 있는 이유는 단 하나다. 이 지역 지반이 강철처럼 견고하기 때문이다. 단단한 바위로 되어 있어서 아무리 높은 빌딩을 건설하여도 튼튼하다는 것이다. 뉴욕의 빌딩은 반석 위에 세운 빌딩이다.

1분 명언

하늘의 기회는 견고한 요새에 미치지 못하고 견고한 요새도 사람의 화합에는 미치지 못한다. _맹자

행복한 결혼에는 애정 위에 언젠가는 아름다운 우정이 접목되게 마련이다. 이 우정은 마음과 육체가 서로 결부되어 있기에 한층 견고하다. _앙드레 모로아

아직 잔잔한 때 평온의 기반을 견고히 하라. 아직 나타나기 전에 예방하라. 없애야 할 것은 커지기 전에 미리 없애도록 하라. 버려야 할 것은 무거워지기 전에 빨리 버리도록 하라. 무슨 일이든지 그 일이 터지기 전에 주의해야 한다. 터진 뒤에는 이미 때가 늦다. _노자

성공하는 사람들은 다른 사람들이 자신에게 던진 돌로 견고한 기초를 쌓을 수 있는 사람이다. _데이비드 브링클리

1분 인생 독본 마음에 가장 오래 남는 후회는 행동하지 않은 후회다. 사람들

은 늘 후회하면서 산다. 그때 그랬으면 좋았을까? 그때 할 걸 그랬다. 왜 나는 그런 선택을 했을까? 왜 나는 이별을 했을까? 그때 다른 선택을 했다면 지금 어떤 모습일까? 내가 행동하지 않으면 결과는 없다.

1분 좋은 시

붉은 유혹에
한 입 덥석 깨물었더니
피는 쏟아지지 않고
하얀 속살만 보인다 _용혜원, '사과'

영화·드라마 속 명대사 "스승님! 저것은 나뭇가지가 움직이는 겁니까? 바람이 움직이는 겁니까?", "무릇 움직이는 것은 나뭇가지도 아니고 바람도 아니고 네 마음뿐이다." _영화, '달콤한 인생'

328 인간의 여섯 가지 기본적인 감정
무언의 의사소통은 말보다 진실을 잘 표현한다.

찰스 다윈은 감정, 욕구, 욕망 등을 표현하는 신화가 생존의 필수적인 요소라고 했다. 무언의 의사소통은 말보다 진실을 더 잘 표현한다. 사람들은 다음의 기본적인 여섯 가지 감정을 식별할 수 있다.

① 슬픔: 눈썹이 올라가고 이마가 인상을 쓴다.
② 놀람: 눈썹이 올라가고 입이 벌어진다.
③ 분노: 눈썹이 내려가고 매서운 눈초리와 치아가 보인다.
④ 행복: 입과 눈언저리가 웃는 표정이며 입이 벌어져 있다.
⑤ 공포: 눈썹이 올라가고 눈을 크게 뜨며 입이 벌어진다.
⑥ 혐오감: 코를 찡그리고 입을 벌린다.

1분 명언

진실은 그 어떤 시련도 두려워하지 않는다. _토머스 풀러

진실은 당신이 원하는 것이 아니라 있는 그대로이며, 당신은 그 힘에 굴복하거나 거짓된 삶을 살아야 한다. _미야모토 무사시

진실은 무거운 것이다. 그러므로 젊은이들밖에 운반할 수 없다. _탈무드

진실의 목소리는 한 가지다. 그것은 당신 자신의 통합된 정신이다. _컬린 터너

진실 없는 삶이란 있을 수가 없다. 진실이란 삶 그 자체다. _프란츠 카프카

1분 인생 독본

비가 시원하게 쏟아져 내려와 온 세상을 적셔주었으면 참 좋겠다. 마음의 묵은 때를 시원하게 씻어주었으면 좋겠다. 위선이 가득한 얼굴을 깨끗하게 씻어주었으면 좋겠다. 비를 맞으며 오랫동안 걸으면 나의 몸과 마음이 깨끗해질 것 같다.

1분 좋은 시

초승달은 하늘 손톱을
깎아놓은 듯
떠 있다 _용혜원, '초승달'

영화·드라마 속 명대사

"사실은 내가 안 괜찮아. 내가 무서워서 진짜 방법이 없을까 봐 못 물어봤어. 미안해!" _영화, '인생은 아름다워'

329 훌륭한 연설

포드 62세의 일이다.

모든 훌륭한 연설가들도 처음에는 형편없는 연설가였다. 이 말을 증명하는 훌륭한 본보기가 1976년 미국의 포드가 공화당에서 행한 대통령 후보 수락 연설이다. 이 연설은 포드 생애에서 최고의 연설이었다. 그의 연설은 대의원

들의 용기를 북돋아주었고 그들에게 승리의 희망을 안겨주었다. 그동안 연설할 때마다 무디고 재미없는 사람이라는 포드의 이미지를 완전히 바꾸어 청중을 사로잡는 강력하고 다이나믹한 연설가라는 이미지를 심어주었다. 포드의 연설문은 여러 주간에 걸쳐 만들어졌고 그는 전문가를 두고 2주일 동안 매일 같이 연습했다. 이런 노력의 결과로 청중을 사로잡는 연설을 하였고 연설 도중 65회나 청중의 환호와 박수를 받았다. 포드가 62세 일이다.

1분 명언

웅변술은 귀에 대해서 혀가 발휘하는 교활함이지만, 웅변은 마음과 영혼의 결합이다. _칼릴 지브란

우리들은 연설에서 무엇인가를 배우기보다는 즐겁게 듣는 쪽을 선택한다. 본래 누구에게서 배운다고 하는 것은 그다지 기분 좋은 일은 아니다. 무지하다고 인정받는 것이나 마찬가지니까 말이다. _필립 체스터필드

연설할 때는 한 점의 의혹도 없게 하라. 절대적으로 진실하라. 설득력 있는 사례를 인용하라. _러셀 H. 콘웰

진정한 웅변은 필요한 것을 전부 말해 버리지 않고 필요치 않는 것은 일절 말하지 않는 데 있다. _알랭 드 보통

1분 인생 독본
정직해서는 이 험한 세상을 살 수 없다지만 정직하게 살아야 한다. 세상 온통 흙탕물이고 먹물이라도 더럽히면서 행복하기를 바라면 안 된다. 물이 더러워지면 맑은 물을 찾듯이 진실을 잃어가는 세상일수록 정직해야 한다. 정직이 삶의 신용장이고 마음의 보물이다.

1분 좋은 시

그리운 얼굴 꿈속에서 만난
곱디고운 소녀처럼
해맑게 웃는다 _용혜원, '민들레'

330 탐험가 프리드쇼프 난센

인생은 싸움터다.

노르웨이 탐험가 난센은 27세 때 그린란드 560km를 횡단하였다. 난센은 이때 그린란드가 얼음 벌판이라는 걸 확인하였다. 32세 때에는 목숨을 걸고 북극을 탐험하였다. 이 탐험으로 북극의 해류에 관한 자기의 가설을 증명하기도 하였다. 탐험가 난센의 삶은 자신과의 싸움이며 자연과의 싸움이었다. 그는 탐험가로 성공하여 노벨평화상을 받기도 하였다. 인생은 싸움터다. 이 싸움터에서 승리하는 사람이 성공하는 삶을 산다.

1분 명언

20년 후에 당신은 저지른 일보다는 저지르지 않은 일에 더 실망할 것이다. 그러나 밧줄을 풀고 안전한 항구를 벗어나 항해를 떠나라. 돛에 무역풍을 가득 담고 탐험하고 꿈꾸며 발견하라. _마크 트웨인

우리는 소유한 것의 탐험을 중단하지 말아야 한다. 탐험이 끝날 때 출발했던 곳에 도착할지니 우리는 처음으로 그곳을 알게 될 것이다. _T.S. 엘리엇

뛰어난 재능은 이미 트인 길을 경멸한다. 아직 탐험하지 않은 지역을 추구하기 때문이다. _에이브러햄 링컨

1분 좋은 시

길가의 돌멩이 하나
어느 산의 등뼈 같은 바위에서 떨어져 나왔을까
세파에 얼마나 시달렸으면 빤질빤질하게 되었을까
길가의 돌멩이 하나
고향은 어디일까 돌아갈 수 있을까
홀로 떨어져 외톨이가 되었다 _용혜원, '돌멩이 하나'

영화·드라마 속 명대사 "지난 일에 대하여 새로운 눈물을 낭비하지 말아라."
_영화, '신과 함께: 죄와 벌'

---

331 episode **마돈나 상**
성공하는 사람들은 꿈을 찾아내는 사람이다.

마돈나 상을 조각하기 위해 백단향 나무를 오랫동안 찾아다니던 조각가의 이야기가 있다. 이 조각가는 원하는 나무를 찾지 못해 마돈나 상을 만들지 못할까 봐 걱정이 많았다. 그러던 어느 날 꿈을 꾸었는데 꿈에서 본 대로 평범한 땔감인 통나무로 조각했는데 상상 이상으로 걸작을 만들어내었다.
이같이 많은 사람이 좋은 일과 아름다운 일들 그리고 그들이 꿈꾸는 위대하고 찬란한 일들을 실현하기 위한 기회를 기다리고 만들어간다. 조각가는 마돈나 상을 조각하기 위하여 백단향을 찾았으나 그가 꿈꾸던 마돈나 상을 조각하기 위한 재료는 흔한 곳에 있는 평범한 통나무 속에 숨어 있었다. 성공하는 사람들은 꿈을 찾아내는 사람이다.

1분 명언
열정과 기다림 사이에서 균형을 잡아라. _레인 네메스

기다림을 배워라. 성급한 열정에 휩쓸리지 않을 때 인내를 가진 위대한 심성이 드러난다. 사람은 먼저 자기 주인이 되어야 한다. 그런 다음에야 타인을 다스릴 것이다. 길고 긴 기다림 끝에 계절은 완성되고 감춰진 것은 무르익게 한다. 신은 우리를 채찍으로 길들이지 않고 시간으로 길들인다. _필립 2세

모든 것은 기다릴 수 있는 사람에게 돌아간다. _프랑수아 라블레

1분 인생 독본 가장 행복할 때가 언제인가? 사랑할 때다. 사랑할 때란 나를 생각하지 않고 남에게 몰두할 때다. 자기를 포기하는 것이 아니라 잊어버린다. 그것은 남의 눈을 의식하기보다 남의 것을 내 것으로 볼 때를 의미한다. 사랑할 때가 가장 행복할 때다.

1분 좋은 시
잠을 자야 하는 시간

마음이 편하지 않고 괴로워

쪼그리고 새우잠을 잔다

마음 편하게 쉼을 가져야 할 시간에

머릿속에 잡히는 생각과 마음이

불안에 쫓겨 잠들지 못한다

한세상 살다 떠나는데

마음이 이리 약해서

어찌하는가 나는 참 약하다 _용혜원, '새우잠'

영화·드라마 속 명대사 "난 단지 생존하고 싶지는 않소. 난 살고 싶소."

_영화, '노예 12년'

332 간편하다고 다 좋은 건 아니다
엄청난 비극이 찾아왔다.

로마의 폭군 네로는 31세에 죽었다. 당시 로마 귀족들의 수명은 놀랍게도 평균 수명이 22~25세였다고 한다. 그 원인 중의 하나는 납 중독이었다. 로마 시대에는 이미 수도가 있었는데 그 수도관이 납으로 만들어졌고 그릇이며 냄비며 도자기의 유약이며 화장품이며 욕조까지도 모두 납으로 만들었다고 한다. 구리로 만든 제품은 녹이 생기고 맛이 이상했기 때문에 채굴이나 가공이 간단한 납을 사용했는데 이로 인해 엄청난 비극이 찾아왔다.

삶에서 사용하기가 간편하다고 다 좋은 것은 아니다. 편리하지만 해를 주지 않아야 좋은 제품이다. 참된 사람들이라면 스스로 판단할 줄 알아야 한다. 스스로 무덤을 파는 어리석은 일은 하지 않아야 한다.

1분 명언

비극이 일어날 때까지 기다려서는 안 된다. _존 발도니

인생의 비극은 목표를 달성하지 못하는 데 있는 것이 아니라 달성할 목표가 없는 데 있다. _벤저민 메이즈

세상은 느끼는 자에게는 비극이지만 생각하는 자에게는 희극이다.

_호레이스 월폴

1분 인생 독본 빅토르 위고는 이렇게 말했다.

"나는 40년 동안 시와 산문과 소설 극과 풍자 가운데 나의 사상을 담았다. 그러나 나는 내 사상의 100분의 1도 말하지 못했다. 나는 지상에서의 마지막 날이 찾아올 때 병상에서 잠이 든다고 하면 다음 날 아침 천국에서 잠이 깰 때는 평시와 같이 나의 일을 계속하고자 한다."

1분 좋은 시

하늘 손톱을

깎아놓은 듯

초승달이 떠 있다 _용혜원, '초승달'

영화·드라마 속 명대사 "이거 하나만 기억하렴. 우리의 몸과 마음은 단 한 번 주어진다. 그런데 나도 모르는 사이에 마음이 닳아 헤지고, 몸도 그렇게 되지. 지금의 그 슬픔, 그 괴로움, 모두 다 간직하렴. 내가 느꼈던 기쁨과 함께!" _영화, '캐롤'

333 결코 잊을 수가 없다
어린아이의 얼굴을 결코 잊을 수가 없다.

<흑야>의 저자 엘리 비젤은 15세에 유대인이라는 이유로 아우슈비츠 강제수용소에 끌려갔다. 그날 밤, 사랑하는 누이동생과 어머니가 산 채로 연료로 공급되어 난로 속으로 사라져가는 것을 보았다. 그 후 몇천 명의 동포를 불태우는 검은 연기를 매일 계속해서 보았다. 그 아픈 마음을 다음과 같이 쓰고 있다.

"나는 결코 잊을 수가 없다. 나의 인생을 하나의 길고 긴 밤으로 만들어버리고 일곱 번이나 봉인한 그날 밤을 나는 결코 잊을 수가 없다. 푸른 하늘 아래 솟아오르는 연기로 변해버린 어린아이들의 그 작은 얼굴들을 나는 결코 잊을 수가 없다. 나의 신앙을 영원히 앗아가버린 그날 밤의 그 침묵을 나는 결코 잊을 수가 없다."

1분 명언
시련이 없는 생활은 최대의 시련이다. _앙드레 마송
엄청난 시련은 거대한 임무를 맡기 위한 필수 코스다. _에드워드 톰슨
역경은 본질적인 시련이다. 그 시련 없이 인간이 정직한지 아닌지 좀처럼 알 수 없다. _헨리 필딩

큰 시련은 큰일을 준비하는 데 꼭 필요한 것으로 본다. _에드워드 톰슨
내일은 시련에 따르는 새로운 힘을 가져올 것이다. _칼 힐티

1분 인생 독본 괴로움은 두 가지 문을 가지고 있다. 그 둘은 같은 힘, 같은 무게, 같은 넓이로 나타나지 않는다. 대개 사람이 여는 문은 가볍고 크고 누구나 다가가기 쉬운 절망의 세계로 통하는 문이다. 하나의 문은 좁고 무거워 열려면 힘들지만 생명을 열어주는 문이다. 행복은 여행길이지 종착역이 아니라는 것을 명심하라.

1분 좋은 시

해맑은 태양은
하늘이
웃는 모습이다 _용혜원, '해맑은 태양'

영화·드라마 속 명대사 "자꾸 거울을 보게 된다면, 휴대폰이 꺼져 있는지 확인하게 된다면, 그 사람 앞에 서면 가슴이 턱 막혀 온다면, 그건 바로 연애하고 있다는 증거." _영화, '사랑을 놓치다'

334 시작이 중요하다
무엇을 어떻게 시작한 것인가?

두 남자가 스코틀랜드에서 미국 캘리포니아로 이민을 왔다. 이들은 자기 고향에서 가장 귀한 것을 가지고 왔다. 한 사람은 스코틀랜드의 엉겅퀴 씨를 가지고 왔고 다른 한 사람은 꿀벌을 가지고 왔다. 오늘날까지 농부들이 엉겅퀴를 보고 있고, 꿀벌은 오늘날까지 산과 들에서 부지런히 꿀을 만드는 작업을 하고 있다. 시작이 중요하다. 무엇을 어떻게 시작할 것인가? 시작과 처음은 아주 중요하다. 나중에 결과를 만들어놓기 때문이다.

1분 명언

시작했으면 반은 이룬 것이다. _영국 속담

시작은 그 일의 가장 중요한 부분이다. _플라톤

시작하고 실패하는 것을 계속하라. 실패할 때마다 무엇인가 성취할 것이다. 네가 원하는 것은 성취하지 못할지라도 가치 있는 것을 얻는다. 시작과 실패를 계속하라. _앤 설리번

시작은 오묘하다. 사람들은 시작이 현실화되기를 바라지만 동시에 두려움도 가지고 있다. _윌리엄 브리지스

인생은 절망의 반대편에서 시작된다. _장 폴 사르트르

1분 인생 독본 희망을 마음껏 펼쳐라. 환경이나 조건 때문에 삶을 포기하는 일은 없어야 한다. 살아 있는 작은 물고기는 세차게 흐르는 물을 거슬러 올라가지만, 죽은 물고기는 아무리 커도 둥둥 떠내려가고 만다. 세월 따라 헛되이 흘러가며 사는 것은 참 어리석다. 커다란 날개를 단듯이 품은 희망을 세상에서 마음껏 펼쳐라.

1분 좋은 시

캄캄한 밤하늘에
누가 그려놓았을까
아주 잘생긴 동그라미 하나
잘 그려져 있다 _용혜원, '달'

책 속의 좋은 말 결국 삶은 관계였고 소통이었다. 행복은 멀리 있지 않고 내 옆의 사람들과 마음을 나누는 데 있음을 이제 깨달았다.

_김호연 장편소설, <불편한 편의점> 중에서

영화·드라마 속 명대사 "가장 소중한 순간은 가장 힘든 순간일 때이다."

_영화, '마블 어벤져스 엔드 게임'

335 공짜를 제공하는 대통령

일한 자에게 삶이 있다.

아르헨티나에 후안 페론 대통령이 있었다. 그는 나라를 위하여 많은 일을 하였다. 부자들의 농토를 빼앗아 가난한 사람들에게 나누어주었다. 부에노스아이레스에서는 큰 거리에 길목마다 큰 상자에 빵을 가득 채워놓고 누구든지 그 빵을 공짜로 가져갈 수 있도록 했다. 그때는 국민이 대통령 페론을 다 좋아했다. 그러나 결국에는 나라의 경제가 매우 어렵게 되었다. 공짜가 결코 좋은 것이 아니다. 일한 자에게 삶이 있고 노동의 대가가 있다.

1분 명언

하루의 노동과 우리를 둘러싼 안개를 비추는 것에서 행복을 찾아라.
_앙리 마티스

노동은 세 개의 악, 즉 지루함과 부도덕, 가난을 제거한다. _볼테르

어떻게 해서든 자신의 생활을 노동이 필요한 조건하에 두어야만 한다. 노동 없이 청결하고 바람직한 생활은 있을 수 없다. _안톤 체호프

노동은 남성의 존엄이다. _에른스트 모리츠 아른트

노동만이 거룩하다. _토머스 칼라일

1분 인생 독본

잘 걷기 위해서는 많이 걸어야 한다. 잘 달리기 위해서는 많이 달려야 한다. 잘 읽기 위해서는 많이 읽어야 한다. 지금까지의 습관을 중지하면 점점 그 습관은 쇠퇴해진다. 열흘간 잠만 자다가 일어나면 걷기가 힘들고 발이 약해졌음을 알게 될 것이다. 어떤 습관에서 벗어나기를 원한다면 그것을 중단해야 한다. 정신적인 노력도 마찬가지다. 사악한 사상과 투쟁할 때는 우선 자신보다 교양이 높은 사람들을 만나서 대화하고 현인들의 교훈을 명심해야 한다.

1분 좋은 시
내 삶 한복판으로 그대가
사랑이라는 이름의 열차가 되어
전속력으로 마구 달려온다면
두 팔을 들고 환호하며
내 가슴을 열고 기쁘게 맞아들일 것이다
오라 그대여! 그대는 내 사랑이다 _용혜원, '사랑이라는 열차'

책 속의 좋은 말 "내 안의 소리를 믿자. 나는 나를 믿어. 신념을 굽히지 않고 내게 주어진 일을 누구보다 성실하게 스스로 부끄럽지 않게 해야 할 거야. 그것이 진짜 내 모습이야!" _이나모리 가즈오, <왜 일하는가> 중에서

영화·드라마 속 명대사 "이겨서 얻는 돈은 번 돈보다 두 배로 달콤해!"
_영화, '허슬러'

336 episode

기회를 잡아라
나의 이름은 기회다.

그리스의 한 도시에는 이상하게 생긴 동상이 하나 있다. 앞머리에는 머리숱이 무성하고 뒷머리에는 대머리이고 발에는 날개가 있다. 그 동상 아래에는 이런 글자가 새겨져 있다.
앞머리가 무성한 이유: 사람들이 나를 보았을 때 쉽게 붙잡을 수 있게 하려고. **뒷머리가 대머리인 이유:** 내가 지나가면 사람들이 다시는 붙잡지 못하게 하려고. **발에 날개가 달린 이유:** 최대한 빨리 사라지기 위하여, 그리고 동상 아래는 이렇게 쓰여 있다.
'나의 이름은 기회다.' 기회란 적절한 시기를 말한다. 기회란 절호의 순간이 왔음을 알려준다. 삶에서 사람들 모두에게 주어지는 것은 아무것도 없다. 원

하는 사람들에게, 기다리는 사람들에게, 찾는 사람들에게 기회는 찾아온다. 기회를 잘 잡고 나가야 성공할 수 있다.

1분 명언

기회는 온갖 노력의 최상 선장이다. _소포클레스

기회는 어려움의 한가운데 있다. _알버트 아인슈타인

기회는 오고 가지만 아무것도 하지 않는다면 당신도 그렇게 될 것이다.
_리체 놀튼

기회는 결코 자리에 앉지 않는 새이다. _클로드 맥도널드

인생은 짧고 예술은 길다. 기회는 놓치기 쉽고 경험은 의심스럽고 판단은 어렵다. _히포크라테스

1분 인생 독본 인생의 출발은 길에서 시작한다. 당신이 첫발을 내딛는 순간부터 새로운 길은 시작된다. 내가 이 세상에 필요한 존재가 되는 것은 축복이다. 사람이 죽는 데 1분도 안 걸리고 장례식도 3분도 안 걸린다. 참으로 한 순간이다. 그러므로 살아가는 동안 참으로 멋지고 신나고 행복하게 살아야 한다.

1분 좋은 시

많이 잡아도
적게 잡아도
떠날 때는 다 놓고 간다 _용혜원, '인생이란 낚시'

영화·드라마 속 명대사 "아침에 일찍 일어나 생각해본 적이 있어요. 좀 더 열심히 살았더라면 역사에 이름을 남길 수도 있었을 텐데. 아침에 일찍 일어나 생각해 본 적이 있어요. 내가 시인이 될 수도 있지 않았을까?"
_영화, '잉글랜드 이즈 마인'

열정의 온도
열정이 없으면 도전할 능력도 약하다

물은 99도에서는 끓지 않는다. 물을 끓이기 위해서는 마지막 1도의 불꽃이 더 필요하다. 마지막 1%의 불꽃을 피우기 위해서 100도가 되어야 한다. 인생의 온도도 100도 이상 끌어올려 열정으로 펄펄 끓게 만들어야 한다. 도자기를 만드는 문경 지역의 도공들은 가스 가마를 쓰지 않고 전통적인 장작 가마를 쓴 적이 많았다. 장작 가마 온도는 1,300도로 올려야 한다. 소나무로 1,300도를 만드는 데 24시간 또는 72시간이 걸린다. 1,300도가 되면 도자기를 만드는 흙과 물과 불의 조화로 변화가 일어난다. 이것을 '변요'라고 한다. 뜨거운 불길 속에서 진정한 도자기가 나온다. 불타는 열정이 있어야 뜨거운 마음으로 도전하여 성공을 만든다.

1분 명언

열정의 본질은 용기다. _스티븐 코비

열정은 닫힌 문을 열어준다. _앤드류 우드

하늘은 태만하게 보냈던 현재의 삶을 만회하도록 두 번째 삶을 허락하지 않는다. _토머스 제퍼슨

세상을 바꿀 수 있다고 생각할 만큼 정신 나간 사람들은 실제로 세상을 바꾼다. _스티브 잡스

1분 인생 독본
단 한 번뿐인 삶이다. 살 때는 철저하게 전부를 살고 죽을 때는 철저하게 전부를 죽여야 한다. 우리의 삶은 1인용 냄비 사랑이 아니라 퍼주어도 퍼주어도 남는 가마솥 사랑이 되어야 한다. 바람만 잔뜩 든 풍선 같은 사랑이 아니라 옥수수 알맹이처럼 알차게 살아야 한다. 멋지게 성공하고 싶다면 100도 이상 열정의 온도를 확 높이고 자신의 끼를 살려 온몸을 활활 불태울 수 있어야 한다.

나는 날마다
삶이라는 여행을 떠난다

늘 서툴고
늘 어색하고
늘 뒤처져서

언제나 떠나면
다시 돌아올 줄 알았는데
떠나기만 하는 여행이다 _용혜원, '날마다 떠나는 여행'

영화·드라마 속 명대사 "나는 환경에 지배당하고 싶지 않다. 내가 환경을 지배하고 싶다."_영화, '디파티드'

---

338 물의 신비
가장 낮은 자리가 물의 자리다.

물은 신비스럽다. 모양도 없고 냄새도 없다. 그런데 물은 0도에서 얼고 100도에서 증발한다. 물은 자기 모양이 없다. 컵에 담으면 컵이 되고 사발에 담으면 사발이 되고 호수에 담으면 호수가 되고 강에 담으면 강이 되고 바다에 담으면 바다가 된다. 물은 모든 것을 수용한다. 설탕을 타면 설탕물이 되고 쓴 것을 타면 쓴 물이 되고 소금을 타면 소금물이 되고 더러운 것을 타면 더러운 물이 되고 빨강 물감을 타면 빨강 물이 되고 노란 물감을 타면 노란 물이 된다. 물은 낮은 곳으로만 흐른다. 불은 높은 곳으로만 올라가려고 하지만 물은 낮은 자리만 찾아간다. 가장 낮은 자리가 물의 자리다. 물은 우리에게 진정한 삶의 모습을 보여준다.

1분 명언

물을 보고 이용하지 못하는 것은 물이 없는 것과 같다. _박지원

물에서 배우라. 물은 생명의 소리, 영원히 생성하는 것의 소리다. _헤르만 헤세

물은 건너보아야 알고 사람은 지내봐야 안다. _한국 속담

물이 고요하다고 해서 악어가 없다고 생각하지 말라. _말레이시아 격언

물이 너무 맑으면 고기가 없고 사람이 지나치게 살피면 친구가 없다. _전한서

강한 인간이 되고 싶다면 물과 같아야 한다. _노자

1분 인생 독본 끈기를 갖고 발전시켜 나가야 자신의 목적을 확실하게 이룰 수 있다. 강한 열망을 온전히 믿고 내일의 계획을 분명하게 세워야 한다. 정확한 지식으로 서로 협조하고 끈기 있게 생각을 모아야 한다. 일의 가치를 높이기 위하여 효과적으로 일해야 한다.

1분 좋은 시

오늘도 얼마나 많은 사람이
상처받고
고통을 당하고
절망하며 죽어가지만
아마 모르는 사람이 많을 거야 _용혜원, '아마 모르는 사람이 많을 거야'

영화·드라마 속 명대사 "가난하다고 꿈까지 가난해야 해?" _영화, '맨발의 꿈'

339 **겸손한 프랑스 대통령**

저는 선생님께 배운 제자입니다.

위대한 사람들은 겸손하다. 스스로 자기를 낮추고 남을 높인다. 프랑스 대통령 푸앵카레는 대통령으로 일할 때 모교 소르본 대학에서 한 교수의 교육

50주년 기념식이 열렸다. 대통령은 모교의 스승 라비스 박사를 축하하기 위해 참석했다. 기념식에서 라비스 박사가 답사하기 위하여 단상에 올라가보니 대통령이 내빈석도 아닌 학생석 맨 뒤 자리에 앉아 있었다. 라비스 박사가 놀라서 황급하게 단상에서 내려가 대통령을 단상으로 모시려 했으나 사양하면서 말했다.

"선생님, 저는 선생님께 배운 제자입니다. 오늘의 주인공은 선생님이십니다. 저는 오늘 대통령의 자격으로 이 자리에 온 것이 아니라 제자의 한 사람으로 오늘의 영광스러운 선생님을 축하하러 온 것입니다."

단상에 오른 라비스 박사는 말했다.

"저렇게 훌륭하신 대통령이 나의 제자라니 꿈만 같습니다."

대통령은 영광을 스승에게 돌리므로 한층 더 유명한 대통령이 되었다.

1분 명언

도움은 예기치 않은 데서 찾아온다. _제프 켈러

도움의 요청에 귀를 막는 무자비한 사람이 되어야 한다는 뜻은 아니다. 전통적인 방법으로 가난을 박멸하려 해서는 안 된다. 가난과 관련된 모든 것을 뒤로하고 목적을 성취하라. _월레스 와틀스

위대한 군주마저도 자격이 충분한 신하들을 거느리는 경우가 매우 드물다는 사실을 우리는 역사를 통해 알 수 있다. 사람을 보는 안목이 부족하거나 베푸는 데 너무 인색한 군주라면 그렇다 해도 별로 놀랍지 않다.
_프란체스코 귀차르디니

한 개의 촛불로서 많은 촛불에 불을 붙여도 처음 촛불의 힘은 약해지지 않는다. _탈무드

1분 인생 독본 마술을 부릴 수 있다면, 지금 막 자살하려는 사람의 마음에 사랑을 부어주어 살게 하고 싶다. 사업이 파산한 사람에게 희망을 던져주어 다시 시작하게 하고 싶다. 이혼하려는 하는 사람과 도적질하려는 사람의 마음을 돌려놓고 싶다.

1분 좋은 시

눈이 많이 내리던 날

겨울새 한 마리 나뭇가지에서 울고 있다

온 세상에 눈밭이라 먹이를 찾을 수도 없고

날아갈 수도 없고 걱정이 많아진 모양이다

금방 눈이 개고 하늘이 맑아지자

울음을 울던 겨울새는

어느 사이에 어디론가 날아갔다 _용혜원, '겨울새'

영화·드라마 속 명대사 "당신은 결코 그 누구든 대신할 수 없다. 모든 사람은 아름답고 독특한 디테일로 이루어졌기 때문이다." _영화, '비포 선셋'

340 술의 정체
나는 얼굴 없는 역사상 최대 흉악범이다.

나는 얼굴 없는 역사상 최대 흉악범이다. 나는 역사적으로 한 번도 체포된 적이 없다. 나는 건강한 사람을 환자로 만들 수 있다. 나는 멀쩡한 사람을 야수로 만들 수 있다. 나는 지혜로운 사람을 우매자로 만들 수 있다. 나는 돈이 많은 사람을 거지로 만든다. 나는 장래가 촉망되는 젊은이를 당장 파면시킬 수 있다. 나는 행복이 넘치는 가정을 불행하게 만들 수 있다. 나는 사람을 양같이 온순하게 할 수 있다. 나는 사람을 난폭하게 할 수 있다. 나는 돼지같이 더럽게도 할 수 있다. 나는 사슴같이 춤추고 노래를 부르게 할 수 있다. 나는 모든 사람을 죽일 수도 있다. 지금까지 내 손에 쓰러진 사람이 많다. 누구도 나를 죽이지 못하지만 내 힘을 약하게 하는 것은 자제력과 맑은 물뿐이다. 나는 술이다.

1분 명언

술은 사람을 홀리는 악마요, 달콤한 독약, 기분좋은 죄악이다. _아우구스티누스

술은 인간의 성품을 비추는 거울이다. _아르케시우스

술은 비와 같다. 비가 오면 나쁜 흙은 진창이 되어버리지만 좋은 흙은 꽃을 피운다. _존 헤이

술은 행복한 자에게만 달콤하다. _존 키츠

술잔의 크기는 비록 작으나 술잔에 빠져 죽은 자가 물에 빠져 죽은 자보다 훨씬 많다. _퍼블릴리어스 사이러스

1분 인생 독본

1분 인생 독본 조금 일찍 출근하라. 매사에 준비를 철저히 하면 그만큼 손해를 보는 일이 줄어든다. 부지런하면 천하에 어려움이 없다는 말도 있다. 출근도 조금만 일찍 하면 음악을 듣고, 커피를 마시며 기분 좋게 일할 수 있지만, 늦게 출발하면 도로가 막혀 짜증내면서 하루를 시작한다.

1분 좋은 시

비었던 빈들에는 온갖 풀들이 간격을 좁히고
각축을 벌이며 자라나 풀밭이 된다
황무지 같았던 땅에는 풀들이 초록 세상을 만든다
풀이 있으면 벌레가 찾아오고
벌레가 있으면 새들이 찾아오고
새들이 있으면 짐승이 찾아온다
풀들은 텅 빈 빈터도 새로운 생명의 시작을 만들어간다 _용혜원, '빈들'

영화·드라마 속 명대사 "당신 덕분에 행복하게 떠날 수 있소!"_영화, '왕과 나'

장래에 대하여 생각하고 이야기하고 기록해보라. 모두를 낙관적으로 생각하라. 생각하고 기록된 내용을 일주일 동안 또 생각하고 정리하라. 오늘부터 소극적인 사고에서 적극적인 사고로 전환하도록 노력하라. 적극적인 사고방식을 가지고 있는 친구와 교제하라. 가급적 논쟁을 피하라.

1분 인생 독본